rororo

rororo

Von A wie Abgeordnete über J wie Joint Venture bis Z wie Zweitstimme: Seit über dreißig Jahren ist das «Jugendlexikon Politik» eine Institution; ob seiner klaren und zuverlässigen Darstellung gern genutzt auch von Eltern und Lehrern. Ein heimlicher Bestseller, der mittlerweile über 350 000 Käufer gefunden hat.
Was ist der Unterschied zwischen paraphieren und ratifizieren? Zwischen Immunität und Indemnität? Zwischen Marktwirtschaft und Planwirtschaft? Wie kommen Gesetze zustande? Und was macht eigentlich der Ältestenrat des Bundestages? – Diese vollständig überarbeitete sowie inhaltlich und graphisch aktualisierte Ausgabe erläutert in gut 800 Stichwörtern politische Begriffe und Sachverhalte kurz und verständlich. Nicht die umfassende Darstellung politischer Zusammenhänge ist beabsichtigt, sondern die Erklärung vieler Begriffe aus dem Tagesgeschehen, die immer wieder in Zeitungen, Radio, Fernsehen oder Internet verwendet werden.

Elisabet Bartsch, geboren 1932 in Berlin, begann ihre journalistische Laufbahn 1953 als Reporterin beim RIAS. Später arbeitete sie viele Jahre für das ZDF. Sie lebt in Berlin.
Hilde Kammer, geboren 1928 in Hamburg, ist ausgebildete Schauspielerin und Logopädin. Von 1977 bis 1997 war sie an der Freien Universität und der Hochschule der Künste in Berlin tätig. Sie lebt in Berlin.

Von den Autorinnen stammt auch das erfolgreiche «Jugendlexikon Nationalsozialismus», rororo 62335.

Hilde Kammer/Elisabet Bartsch

Jugendlexikon Politik

800 einfache Antworten auf schwierige Fragen

Rowohlt Taschenbuch Verlag

Vollständig überarbeitete Neuausgabe, Juni 2011

Originalausgabe
Veröffentlicht im Rowohlt Taschenbuch Verlag,
Reinbek bei Hamburg, August 1974

Graphiken und Karten von Peter Palm, Berlin
Umschlaggestaltung ZERO Werbeagentur, München
(Abbildung FinePic, München)
Satz pagina GmbH, Tübingen
Druck und Bindung Druckerei C. H. Beck, Nördlingen
Printed in Germany
ISBN 978 3 499 62755 2

Ein paar Hinweise für die Leser:

1. Am Anfang des Buches, Seite 7 bis Seite 13, ist ein Register zu finden. In diesem alphabetischen Verzeichnis sind Begriffe aufgeführt, die nicht unter einer eigenen Überschrift, sondern innerhalb eines anderen Artikels erklärt werden: der Begriff «Aktie» zum Beispiel unter dem Begriff *Börse*, «Plenarsaal» unter *Plenum*.

2. In vielen Artikeln sind einige Wörter kursiv, das heißt schräg gedruckt. Das bedeutet, sie sind als Begriff für sich im Buch erklärt. Wer sie nicht kennt oder nicht genau weiß, was sie bedeuten, kann sie also an entsprechender Stelle nachlesen.

3. Die am Schluss zahlreicher Begriffe stehende Aufforderung «Siehe ...» bedeutet, dass die hier aufgeführten Begriffe zur Ergänzung gelesen werden sollten. «Siehe auch ...» bedeutet, dass die angebotenen Begriffe gelesen werden können, wenn man Lust hat.

Register

Charta der Vereinten Nationen		Vereinte Nationen
CIA		Geheimdienste
DAG	*siehe*	ver.di
Demokratie Jetzt		Parteien im Bundestag (Bündnis 90/Die Grünen)
Demokratische Bauernpartei Deutschlands, DBD		DDR
Demokratischer Aufbruch, DA		DDR
Demokratischer Zentralismus		SED
Demontage		Reparationen
Depression		Konjunktur
Deputierte		Deputation
Deutsche Forumspartei		Parteien im Bundestag (FDP)
Deutsche Soziale Union, DSU		DDR
Deutsches Reich		Deutschland
Diäten		Bundestagsabgeordnete
Dienstleistungen		Wirtschaft
Dividende		Aktiengesellschaft
Dokumentarfilm		Dokument
Einheitslisten	*siehe*	Nationale Front
Emigrant		Migration
Endlager		Kernkraftwerk
Entnazifizierung		Nationalsozialismus
ERP		Marshallplan
Ersatzdienst		Wehrpflicht
Erster Staatsvertrag		Einigungsvertrag, DDR
Etatrecht		Haushaltsplan
Europäische Kommission für Menschenrechte		Europarat
Europäische Verteidigungsgemeinschaft, EVG		Deutschland-Vertrag
Europäischer Gerichtshof für Menschenrechte		Europarat
Eurozone		Europäische Zentralbank, EZB
EWG		Europäische Union, EU
Finanzausgleich	*siehe*	Finanzen
Finanzhoheit		Finanzen
Floating		Abwertung und Aufwertung
föderativ		Föderalismus
Fragestunde		große und kleine Anfrage

Fraktionsdisziplin		Fraktion
Fraktionszwang		Fraktion
Freiburger Thesen		Parteien im Bundestag (FDP)
Freihandel		EFTA
Gemeindeordnung	*siehe*	kommunal
Gemeinderat		kommunal
Gemeinsamer Ausschuss		Notstand
Geschworene		Gerichte
Gesetzesvorlage		Gesetzesinitiative, Gesetzgebung
gesetzgebende Körperschaft		Gesetzesinitiative
Gipfelkonferenz		Konferenz
Godesberger Programm		Parteien im Bundestag (SPD)
Grundstoffindustrie		Industrie
Haager Landkriegsordnung	*siehe*	Kriegsverbrechen
Haushaltsbewilligungsrecht		Bundestag, Haushaltsplan
Haushaltsrechnung		Bundesrechnungshof
Hegemonialmacht		Hegemonie
Hochkapitalismus		Kapitalismus
Hochrechnung		Demoskopie
Hoheitsgebiet, -gewässer		Staatsgebiet
IM	*siehe*	SSD
imperatives Mandat		Mandat
industrielle Revolution		Industrie, Revolution
Informationspflicht		Information
Informationsrecht		Information
Initiative für Frieden und Menschenrechte		Parteien im Bundestag (Bündnis 90/die Grünen)
Interpellationsrecht		Bundestag, große und kleine Anfrage
Intifada		Nahost-Konflikt
Jamaika-Koalition	*siehe*	Rot-Rot-Grün
Judikative		Gewaltenteilung, Rechtsprechung
Kalter Krieg	*siehe*	Ostblock und Westmächte
Kanzleramt		Bundeskanzler
Kanzlerprinzip		Bundeskanzler, Bundesregierung
Kapitalgesellschaft		Aktiengesellschaft
Kaufkraft		Abwertung und Aufwertung
Kernbrennstoffe		Kernkraftwerk

Kernwaffen		nukleare Waffen
Kirchenvertrag		Konkordat
KKW		Kernkraftwerk
Koalitionsregierung		Bundesregierung
Kolchose		Kollektiv, Kollektivierung
Kollegialprinzip		Bundesregierung
Komintern		Internationale
konkurrierende Gesetzgebung		Gesetzgebungskompetenz
Konservatismus		konservativ
Konstitution		Verfassung
konstitutionelle Monarchie		Monarchie
Konsumgüterindustrie		Industrie
Konzeption		Konzept
Kriegsdienstverweigerung		Wehrpflicht
Kriegsrecht		Kriegsverbrechen
Landesämter für Verfassungsschutz	*siehe*	Verfassung
Landesrechnungshöfe		Bundesrechnungshof
Landgerichte		Gerichte
Leitzins		Europäische Zentralbank, EZB
Leninismus		Kommunismus
Liberaldemokratische Partei Deutschlands, LDPD		DDR, Parteien im Bundestag
linksextrem		Links und Rechts
Linksradikalismus		radikal
Lohntarifvertrag		Tarif
Luftbrücke		Berlin
Manila-Pakt	*siehe*	ASEAN
Manteltarifvertrag		Tarif
Mehrwertsteuer		Steuern
Migrant		Migration
Militärregime		Regime
Ministerpräsidentenerlass		Extremistenerlass
Mobilmachung		mobilisieren
Monopolkapitalismus		Kapitalismus
Montanunion		Europäische Union, EU
multinationale Konzerne		Konzern
Nachrichtendienste	*siehe*	Geheimdienste
National-Demokratische Partei Deutschlands, NDPD		DDR, Parteien im Bundestag (FDP)

NATO-Osterweiterung		NATO
NATO-Russland-Rat		NATO
Neonazi		Nationalsozialismus
Neues Forum		DDR, Parteien im Bundestag (Bündnis 90/Die Grünen)
Nordatlantikrat		NATO
Notenwechsel		Note
Nürnberger Prozesse		Kriegsverbrechen
Oberlandesgerichte	*siehe*	Gerichte
OEEC		Marshallplan
öffentliche Anhörung		Hearing
offiziös		offiziell
Oligopol		Monopol
ordentliche Gerichte		Gerichte
Organ		Oberste Bundesbehörde
ÖTV		ver.di
Pariser Kommune	*siehe*	Kommune
Parlamentarischer Staatssekretär		Staatssekretär
Parlamentarismus		parlamentarische Demokratie
PDS		SED
persönlicher Referent		Referent
Plenarsaal, -sitzung		Plenum
PLO		Nahost-Konflikt
Politologie		Politik
Produktionsgenossenschaft		LPG
Produktionsgüterindustrie		Industrie
Progression		progressiv
Prozessrecht		öffentliches Recht
Pufferzone		Entmilitarisierung
Punktstreik		Streik
Radikalenerlass	*siehe*	Extremistenerlass
Radioaktivität		Kernenergie
Rahmengesetze		Gesetzgebungskompetenz
Rahmenvorschriften		Gesetzgebungskompetenz
Reaktor		Kernkraftwerk
rechtsextrem		links und rechts
rechtsfähig		juristische und natürliche Person
Rechtsradikalismus		radikal
Repräsentativumfrage		Demoskopie

Vielparteiensystem		Zwei- und Mehrparteiensystem
Vortragsrecht		Bundeskanzler
VVB		VEB
Währungsreform	*siehe*	Berlin
Wahlrecht, -system		Wahl
Warnstreik		Streik
Wechselkurs		Abwertung und Aufwertung
Welthandelsorganisation		WTO
Weltsicherheitsrat		Vereinte Nationen
Weltwährungsfonds		Internationaler Währungsfonds
Wertpapier		Aktiengesellschaft
WHO		Vereinte Nationen
Zehnerklub	*siehe*	Internationaler Währungsfonds
Zentralkomitee		SED
Zinsen		Kredit
Zivildienst		Wehrpflicht
Zollunion		Zoll
Zustimmungsgesetze		Bundesrat

A

ABC-Waffen ist eine zusammenfassende Bezeichnung für Bomben, Granaten oder Raketen, die nicht mit Sprengstoff, Napalm oder Phosphor, sondern mit *a*tomaren, *b*iologischen oder *c*hemischen Kampfmitteln gefüllt sind. A-Waffen sind zum Beispiel Atombomben, B-Waffen sind zum Beispiel Bomben, die mit Krankheitserregern gefüllt sind, C-Waffen sind zum Beispiel Giftgase.
Siehe auch *konventionelle Waffen, nukleare Waffen.*

Abgeordnete sind vom *Volk* gewählte Mitglieder eines *Parlament*s, zum Beispiel eines *Landtag*es oder des *Bundestag*es. Sie vertreten das ganze Volk, gleichzeitig auch die Interessen ihrer Wähler und ihres Wahlkreises.
In der Regel sind Abgeordnete Mitglieder von *Partei*en. Aufgabe der Abgeordneten ist, *Gesetz*e zu beraten und zu beschließen und außerdem die Maßnahmen der *Regierung* zu überwachen. Um die Wünsche und Bedürfnisse seiner Wähler im Parlament vertreten zu können, muss ein Abgeordneter eine möglichst enge Verbindung zu seinen Wählern halten.
Siehe *Bundestagsabgeordnete, repräsentative Demokratie, Wahl.*

Abrüstung, bei einer Abrüstung wird die Rüstung eingeschränkt: Es können zum Beispiel die Streitkräfte vermindert oder weniger Waffen hergestellt werden. Zur Rüstung gehören alle Mittel, um Krieg führen zu können: Waffen und *militärische* Einrichtungen, auch Pläne für einen Krieg. Früher wurden die Besiegten von den Siegern immer gezwungen abzurüsten, um einen neuen Krieg zu vermeiden. Heute gibt es auch im Frieden Verhandlungen über Abrüstung, und zwar unter gleichberechtigten *Staat*en. Ausgangspunkt für diese Verhandlungen ist, dass die beteiligten Staaten keinen Krieg wollen und nur zur Verteidigung rüsten. Die Verhandlungen ziehen sich vor allem deshalb oft über Jahre hin, weil die gegenseitige Überwachung der Abrüstung schwierig ist.
Siehe auch *Atomwaffensperrvertrag, START, OSZE.*

absolute Mehrheit, siehe *Mehrheit.*

Abwertung und Aufwertung sind Begriffe aus der *Wirtschaft.*
Jedes Land hat seine Zahlungsmittel, seine *Währung*, also sein eigenes Geld. Die Geldeinheit in der *Bundesrepublik Deutschland* heißt Euro, in den USA Dollar, in Russland Rubel.
Damit die Menschen in anderen Ländern Waren kaufen und verkaufen und dorthin verreisen können, müssen sie die Möglichkeit haben, ihr Geld zu tauschen. Dazu muss der Wert der verschiedenen Währungen berechnet werden. Das geschieht mit Hilfe des Preisvergleichs von sehr vielen Waren wie etwa Lebensmitteln, Maschinen, Mieten, Häusern und so weiter. So wird schließlich ein Wechselkurs festgelegt, das heißt, es wird bestimmt, wie viel Geldeinheiten des einen *Staates* denen anderer Staaten entsprechen. Der Wechselkurs gründet sich auf die sogenannte Kaufkraft der einzelnen Währungen und legt ihr Verhältnis zueinander fest.

*Regierung*en und Zentralbanken sind bemüht, den einmal festgelegten Wechselkurs beizubehalten, damit sich jeder, vor allem im Außenhandel und bei Auslandsreisen, darauf verlassen kann. Eine Zentralbank ist die Hauptbank eines Staates und zuständig für seine Geldpolitik. Verändern sich die Preise aller wichtigen Waren in den verschiedenen Ländern, muss der Wechselkurs neu festgelegt werden. Die Ursachen für Anstieg oder Niedergang der Preise können vielfältig sein, sie sind nicht allgemeingültig zu bestimmen. Für eine Neuordnung des Wechselkurses gibt es zwei Möglichkeiten: Es können Abwertungen oder Aufwertungen notwendig werden, oder es kann zu einem sogenannten Floating kommen.
Floating bedeutet, dass man die festen Wechselkurse aufhebt und nicht sofort amtlich einen neuen Kurs bestimmt. Durch Angebot und Nachfrage wird sich ein neuer Kurs einpendeln.
Zu einer Abwertung kommt es, wenn die Preise in einem Land mehr steigen als in den anderen Ländern. Niemand wird dann mehr in diesem Land kaufen wollen, dagegen sind die Bürger dieses Landes bestrebt, ihr Geld im Ausland auszugeben, wo die Preise niedriger sind. Der sozusagen teure Staat wird bei anderen Staaten Schulden machen, weil er mehr Waren einführen als ausführen wird. Das Gleichgewicht kann wiederhergestellt werden, wenn dieser Staat den Wert seiner Währung so herabsetzt, dass er der tatsächlichen Kaufkraft wieder entspricht.
Zu einer Aufwertung führen die umgekehrten Verhältnisse: wenn zum Beispiel in einem Land die Preise niedriger sind als in anderen Ländern. Ausländische Bürger können in diesem Land billiger einkaufen als in ihren eigenen Ländern. Auf den Banken des Billiglandes häufen sich die Zahlungsmittel anderer Länder, die weniger wert sind als die eigene Währung. Um das Gleichgewicht wiederherzustellen, kann das Billigland aufwerten: Es setzt den Wert seiner Währung herauf und erhält jetzt mehr ausländische Geldeinheiten als bisher. Waren aus anderen Ländern werden in diesem Land wieder billiger, gleichzeitig werden natürlich die eigenen Waren im Ausland teurer.
Siehe auch *Devisen*, *Inflation*.

Administration heißt Verwaltung. Siehe *Verwaltung*.

ADN ist die Abkürzung für ‹*A*llgemeiner *D*eutscher *N*achrichtendienst›, das war das Nachrichtenbüro der ehemaligen *DDR*.

Ältestenrat, der Ältestenrat wird nicht etwa aus den ältesten, sondern aus den besonders erfahrenen Mitgliedern eines *Parlament*s gebildet.
Der Ältestenrat des *Bundestag*es besteht aus dem Bundestagspräsidenten, seinen Stellvertretern und weiteren *Abgeordnete*n, die von den *Fraktion*en bestimmt werden. Er vereinbart mit den Fraktionen den Arbeitsplan des Parlaments, zum Beispiel die *Tagesordnung*en und die Dauer der Redezeit. Die vom Ältestenrat getroffenen Übereinkünfte werden vom Parlament in der Regel anerkannt.

AFP ist die Abkürzung für ‹*Agence France-Press*›, die unabhängige Nachrichtenagentur Frankreichs.
Eine Nachrichtenagentur vermittelt Nachrichten aus aller Welt an Zeitungen, Rundfunk- und Fernsehsender.

Agent heißt allgemein Vermittler und Vertreter.
Ein Theateragent zum Beispiel vermittelt Schauspieler und Sänger an Theater und Opernhäuser, und er wird von den Künstlern dafür bezahlt.
Im *politisch*en Sprachgebrauch ist ein Agent meist Angehöriger eines *Geheimdienst*es, in dessen Auftrag er geheime Nachrichten aufspürt und weitergibt. Siehe auch *Spionage.*

Agent provocateur ist ein französischer Begriff und heißt so viel wie Lockspitzel. Aufgabe eines Agent provocateur ist, sich unter die Mitglieder einer staatsfeindlichen Gruppe zu mischen und so zu tun, als sei er einer von ihnen. Er reizt die Gruppe, irgendetwas Strafbares zu tun, was dann der Polizei oder der *Regierung* ermöglicht, einzugreifen.

Aggression, der kriegerische Angriff eines *Staat*es oder mehrerer Staaten gegen einen anderen wird als Aggression bezeichnet. Der angreifende Staat wird als Aggressor bezeichnet. Angriffskriege sind *Kriegsverbrechen.* Auch Aufhetzung und Verleumdung sind Formen von Aggression. Als Aggression wird auch feindseliges Verhalten von Menschen bezeichnet, man nennt einen Menschen aggressiv, wenn er durch sein Verhalten einem anderen oder mehreren anderen Menschen Leid zufügt.
Siehe auch *Kriegsverbrechen.*

Agitation, das Wort ist abgeleitet von dem lateinischen Verb agitare, das heißt aufrühren oder beunruhigen. Wer agitiert, rührt also etwas auf oder beunruhigt jemanden.
Wenn ein Mensch oder eine Gruppe von Menschen, zum Beispiel eine *Partei,* andere von einer Idee überzeugen will, werden öffentliche Versammlungen oder *Demonstration*en veranstaltet, Flugblätter verteilt oder Reden in Fernsehsendungen gehalten, um auf sich und die Idee aufmerksam zu machen. Das alles sind verschiedene Formen und Möglichkeiten der Agitation.

Agrar- wird als Vorsilbe benutzt und hat die Bedeutung von Landwirtschafts- oder Boden-. Ein Agrarstaat ist ein *Staat,* in dem hauptsächlich Landwirtschaft betrieben wird.
Eine Agrarreform war früher nur eine Boden*reform,* also eine Neuverteilung von Grund und Boden in einem Land. Heute wird mit Agrarreform eine allgemeine Neuordnung der Landwirtschaft bezeichnet: Sie bezieht sich nicht allein auf die Bodenfläche, sondern auch auf die landwirtschaftlichen Betriebe.

Agreement ist ein englisches Wort und wird ohne deutsche Übersetzung angewendet. Es heißt so viel wie Vereinbarung und Übereinkunft.
Ein Agreement ist zum Beispiel die Vereinbarung zwischen zwei *Staat*en, ihre gegenseitigen Beziehungen auf

einem bestimmten Gebiet zu verbessern. Ein Agreement ist auch der Beschluss zweier Menschen, von jetzt an einem dritten Menschen gegenüber freundlicher zu sein.
In jedem dieser zwei Fälle muss die Übereinkunft der beiden Partner nicht schriftlich festgelegt werden. Grundlage des Übereinkommens und gegenseitiger Sicherheit ist die Glaubwürdigkeit der beiden Partner.

Agrément ist ein französisches Wort und wird ohne deutsche Übersetzung in der Sprache der *Diplomatie* angewendet. Es heißt so viel wie Einverständnis. Die Niederlande ernennen und entsenden zum Beispiel einen neuen Botschafter in die Hauptstadt *Berlin*. Die Zustimmung der *Bundesregierung*, diesen Botschafter als Vertreter der Niederlande anzuerkennen, heißt Agrément.

Akklamation heißt Zuruf und Beifall. In Wahlversammlungen, in denen nur ein Bewerber zur *Wahl* steht, kann durch Akklamation abgestimmt werden: Durch Händeklatschen und Zurufe der Versammelten gilt der Bewerber als gewählt. Das Verfahren der Akklamation gibt kein messbares Ergebnis, da außer Zustimmung keine Art der Meinungsäußerung möglich ist.

Akkordarbeit, Akkordlohn, Akkordarbeit ist Arbeit, die nach der geleisteten Menge bezahlt wird: Wenn ein Maler im Akkord arbeitet, richtet sich sein Lohn nach den Quadratmetern Fläche, die er anstreicht. Je mehr er schafft, desto mehr verdient er.
In Fabriken, in denen im Akkord gearbeitet wird, müssen die Arbeiter zum Beispiel ein Maschinenteil in einer festgelegten Zeit fertigstellen. Um mehr zu verdienen, müssen sie mehr Teile schaffen. Schaffen sie weniger Teile, ist ihr Lohn geringer. Der Lohn, der für Akkordarbeit gezahlt wird, heißt Akkordlohn.
Im Gegensatz zum Akkordlohn steht der Zeit- oder Stundenlohn: Ganz gleich, wie viel jemand in einer Stunde arbeitet, bekommt er für eine Stunde einen festen Lohn.
Siehe *Tarif*.

akkreditieren heißt bevollmächtigen und beglaubigen. Die in *Berlin* akkreditierten Botschafter sind von ihren *Regierung*en bevollmächtigt, ihre Länder in Berlin zu vertreten. Bei Antritt ihres Dienstes in Berlin überreichen die ausländischen Botschafter dem *Bundespräsident*en das Beglaubigungsschreiben ihrer Regierung. Nimmt der Bundespräsident das Schreiben an, gilt der Botschafter als akkreditiert.

Aktiengesellschaft, es gibt viele verschiedene Arten von *wirtschaftlich*en Unternehmen. Wenn zum Beispiel Herr Schulz und Herr Meier ein gemeinsames Unternehmen gründen, das sie Schulz & Co. nennen, dann ist dieses Unternehmen eine Personengesellschaft. Die Aktiengesellschaft, abgekürzt AG, ist eine andere Form, sie ist eine Kapitalgesellschaft. Das Kapital, das heißt das Geld für den Aufbau oder die Erweiterung des Unternehmens, wird durch den Verkauf von Anteilscheinen aufgebracht. Die Anteilscheine heißen Aktien, Aktien sind

Wertpapiere. Die Besitzer von Aktien nennt man Aktionäre. Sie sind Eigentümer der Gesellschaft, können aber nur einmal im Jahr während der Hauptversammlung auf den Geschäftsbetrieb Einfluss nehmen.

Die Unternehmen werden von einem Vorstand geleitet. Er besteht aus mehreren Personen, die bestimmte Aufgabenbereiche, wie technische Herstellung, Verkauf oder Forschung, in eigener Verantwortung leiten. Die Arbeit des Vorstandes wird von einem Aufsichtsrat überwacht, dessen Mitglieder zum Teil von den Aktionären, zum Teil von den Mitarbeitern des Unternehmens gewählt werden. Fast alle wesentlichen Entscheidungen über die Führung und die Entwicklung des Unternehmens müssen mit Zustimmung des Aufsichtsrates getroffen werden. Seine Beschlüsse fasst der Aufsichtsrat mit einfacher *Mehrheit.* Einmal im Jahr müssen Vorstand und Aufsichtsrat den Aktionären in einer Hauptversammlung Rechenschaft über die Führung und Entwicklung des Unternehmens ablegen. Das geschieht in Form des Geschäftsberichts, der Anlass zu Erörterungen sein kann.

Hat eine Aktiengesellschaft mit Gewinn gearbeitet, schüttet sie einen Teil dieses Jahresüberschusses an die Aktionäre aus. Der auf die einzelne Aktie entfallende Betrag wird als Dividende bezeichnet.

aktives Wahlrecht, aktiv heißt tätig. Das aktive Wahlrecht ist das *Recht* eines Staatsbürgers, mit seiner Stimmabgabe an einer *Wahl* teilzunehmen. Dieses Recht hat in der *Bundesrepublik Deutschland* jeder deutsche Staatsbürger, der 18 Jahre alt ist und seit mindestens drei Monaten vor der Wahl seinen Wohnsitz in der Bundesrepublik hat.

Siehe auch *passives Wahlrecht.*

Aktivist ist eine Bezeichnung, die in der ehemaligen *DDR* auf bestimmte Arbeiter angewendet wurde: Als Aktivisten wurden sogenannte Werktätige geehrt, die vorbildliche Leistungen zur *politisch*en und *wirtschaftlich*en Stärkung der DDR erbracht hatten.

aktuell heißt zeitnah oder ‹für den Augenblick wichtig›.

Aktuell ist, was im Augenblick für viele Menschen von Interesse ist.

Allianz, eine Allianz ist ein Bündnis, vornehmlich zwischen zwei oder mehreren *Staat*en.

Alliierte sind Verbündete; in den meisten Fällen sind es verbündete *Staat*en. ‹Die Alliierten› waren im Zweiten *Weltkrieg*, 1939–1945, die gegen *Deutschland* verbündeten Mächte USA, Sowjetunion, Großbritannien und Frankreich.

Alternative ist ‹die Wahl zwischen zwei Möglichkeiten›. Alternativ heißt wahlweise oder abwechselnd.

Amnestie heißt Vergebung und Vergessen.

Wenn eine Amnestie erlassen wird, vergibt ein *Staat*: Er verzichtet darauf, Freiheits- oder Geldstrafen zu vollstrecken, oder er verzichtet darauf, Straftäter zu verfolgen, die noch nicht verurteilt wurden. Es hängt von der

jeweiligen Amnestie ab, wer freigelassen wird aus den Strafanstalten, wie viel von der Strafe erlassen wird und welche Straftaten nicht mehr verfolgt werden.
In der *Bundesrepublik Deutschland* werden Amnestien aufgrund eines *Gesetzes* erlassen, das heißt, der *Bundestag* oder die *Landtag*e beschließen eine Amnestie.
Anlässe für Amnestien sind zum Beispiel die Erinnerung an ein geschichtliches Ereignis oder ein christliches Fest. So werden zum Beispiel zu Weihnachten die Verurteilten vorzeitig freigelassen, die nur noch wenig Zeit abzusitzen haben. Häufig werden Amnestien auch aus *politisch*en Gründen ausgesprochen: Politische Gruppen, die in ihren Ansichten im Gegensatz zu der *Regierung* stehen, sollen beruhigt oder versöhnt werden. Eine Amnestie ist dann so gefasst, dass sie den Angehörigen solcher Gruppen zugutekommt.

amnesty international, abgekürzt ai, ist eine Vereinigung, die Menschen in vielen Ländern zu einer freiwilligen Aufgabe verbindet. amnesty international bemüht sich um die Freilassung von *politisch*en Gefangenen, die keine Gewalt angewendet haben und die wegen ihrer Überzeugung, ihrer Hautfarbe, Herkunft, Sprache oder wegen ihres Glaubens gefangen gehalten werden. Zugunsten aller politischen Gefangenen setzt sich ai für gewissenhafte und zügige *Gericht*sverfahren und gegen Todesstrafe und Folter ein. Die Gefangenen und ihre Familien werden mit Geld unterstützt. amnesty international veröffentlicht außerdem Tatsachen und Einzelheiten der Verfolgungen.
amnesty international wurde 1961 gegründet, die *Organisation* hat über 2,8 Millionen Mitglieder und Unterstützer in mehr als 150 Ländern. In der *Bundesrepublik Deutschland* hat ai rund 25 000 Mitglieder und etwa 85 000 Förderer und Spender in rund 700 ai-Gruppen. Die Gruppen haben jeweils zwischen zehn und zwanzig Mitarbeiter. Überall auf der Welt arbeiten ai-Mitglieder ohne Bezahlung. Das Hauptbüro von amnesty international ist in London. Geld für die weltweite Unterstützungsarbeit erhält ai durch Spenden, beschafft es sich aber auch selbst in besonderen Veranstaltungen, wie zum Beispiel Basare und Wohltätigkeitskonzerte.

Amtseid, wie alle Beamten leisten in der *Bundesrepublik Deutschland* der *Bundespräsident*, der *Bundeskanzler* und die Bundes*minister* einen Amtseid, wenn sie ihr Amt antreten.
Die Eidesformel lautet: «Ich schwöre, dass ich meine Kraft dem Wohle des deutschen Volkes widmen, seinen Nutzen mehren, Schaden von ihm wenden, das Grundgesetz und die Gesetze des Bundes wahren und verteidigen, meine Pflichten gewissenhaft erfüllen und Gerechtigkeit gegen jedermann üben werde. So wahr mir Gott helfe.»
Der letzte Satz des Eides muss nicht gesprochen werden. Mit dem Zusatz «So wahr mir Gott helfe» ist es ein religiöser Eid, ohne diese Beteuerung ist es ein weltlicher.

Analyse ist die Zerlegung eines Ganzen in seine verschiedenen Einzelteile. Etwas analysieren heißt etwas zerlegen oder zergliedern. Ein Mensch, der an ein Problem analytisch herangeht, zerlegt es in Einzelfragen, um dadurch eine Lösung des Gesamtproblems zu finden.

Anarchie, Anarchismus, Anarchie heißt Herrschaftslosigkeit und Gesetzlosigkeit. Anarchismus ist die Vorstellung, dass Menschen zusammen leben können ohne eine für alle gültige *staatliche* oder gesetzliche Ordnung: Es gibt keine *Gesetze*, es gibt keine Herrschaft von Menschen über Menschen. Ihr Zusammenleben regeln die Menschen in freier Übereinkunft der Einzelnen. Diese Vorstellung hat sich bis heute nicht verwirklichen lassen. Trotzdem gibt es immer wieder Menschen, die von einem anarchischen, das heißt von einem gesetzlosen Zustand träumen. Sie heißen Anarchisten. Manche von ihnen waren und sind bereit, für diese Idee zu kämpfen.
Viele Menschen verstehen unter dem Begriff Anarchismus nicht das Streben nach völliger Freiheit des Einzelnen, sie sehen nur die entstehende Unordnung. Sie lehnen die Anarchie ab, weil sie sich ein Zusammenleben der Menschen ohne Gesetze und ohne Herrschaftsordnung nicht vorstellen können.

Annexion ist die gewaltsame Aneignung eines fremden *Staatsgebiet*es oder eines Teiles davon.
Durch Verträge zwischen den beteiligten *Staat*en können Annexionen nachträglich gebilligt werden.
Die *Okkupation*, das heißt die Besetzung eines Landes zum Beispiel während eines Krieges, ist noch keine Annexion. Sie gilt als vorübergehender Zustand, kann jedoch zu einer Annexion führen.

annullieren heißt ‹für ungültig erklären›. Annulliert werden Abkommen und Verträge; den Vorgang nennt man Annullierung.

Antagonismus heißt Gegensatz oder Gegnerschaft. Mit Antagonismus wird im Allgemeinen das Verhältnis zwischen Herrschenden und denen, die der Herrschaft unterworfen sind, bezeichnet.

anti- wird als Vorsilbe benutzt und heißt gegen. Ein Antialkoholiker zum Beispiel ist dagegen, dass Alkohol getrunken wird, und trinkt selbst auch keinen.

Antisemitismus, siehe *Juden*.

ANZUS-Pakt, ein Pakt ist ein Vertrag und ein Bündnis.
Der ANZUS-Pakt ist benannt nach den vertragschließenden *Staat*en Australien, Neuseeland und den Vereinigten Staaten von Amerika, in englischer Schreibweise Australia, New Zealand und USA. Der Vertrag wurde 1952 geschlossen, er wird auch Pazifikpakt und Pazifischer Sicherheitspakt genannt. Die drei Staaten legten fest, sich gegenseitig zu unterstützen, falls einer von ihnen angegriffen wird.
Siehe auch *NATO*, *ASEAN*.

AP ist die Abkürzung für ‹*A*ssociated *P*ress›, eine unabhängige amerikanische Nachrichtenagentur.
Eine Nachrichtenagentur vermittelt Nachrichten aus aller Welt an Zeitungen, Rundfunk- und Fernsehsender.

Apartheid heißt Trennung. Das Wort bezeichnete die *Politik* der Rassentrennung in der Republik Südafrika: die Trennung von weißer und nichtweißer Bevölkerung, wobei die *Rechte* der Nichtweißen erheblich eingeschränkt waren.
Als Nichtweiße werden alle Menschen bezeichnet, deren Haut farbig ist, das sind unter anderem Afrikaner, Inder, Chinesen und Mischlinge.
In Südafrika leben etwas mehr als 10 Prozent Weiße und nahezu 90 Prozent Nichtweiße, vor allem schwarze Afrikaner. Seit Ende der 1970er Jahre war der Widerstand der schwarzen Afrikaner gegen die Rassentrennung stetig heftiger geworden; zahlreiche *Staat*en nahmen Stellung gegen die Apartheid und unterstützten mit unterschiedlichen Mitteln die Bemühungen der schwarzen Bevölkerung um Gleichstellung mit den Weißen.
Im April 1994 fanden in Südafrika die ersten allgemeinen und freien *Wahl*en statt, damit endeten 342 Jahre weißer Vorherrschaft. Das neugewählte *Parlament*, das heißt die Volksvertretung, verabschiedete 1997 eine *Verfassung*, in der die Gleichberechtigung aller Rassen festgelegt ist. Die Verfassung eines Staates bestimmt unter anderem, welche Aufgaben und Befugnisse die *Regierung* und die Volksvertretung haben und wie sie aufgebaut sind.
Siehe auch *Rassismus*.

APEC ist die Abkürzung für ‹*A*sia *P*acific *E*conomic *C*ooperation›, das heißt ‹Asiatisch-Pazifische Wirtschaftliche Zusammenarbeit›.
APEC wurde 1989 gegründet; 2010 gehören zu APEC 21 *Staat*en. Das sind unter anderem Australien, Chile, Indonesien, Japan, Kanada, Malaysia, Mexiko, Philippinen, Singapur, Thailand, USA, China.
Die Mitgliedsstaaten treffen sich zu jährlichen Gipfelkonferenzen. APEC stellt eine Art Gesprächsrunde dar, in der die Mitgliedsstaaten versuchen, das *wirtschaftlich*e Wachstum im asiatisch-pazifischen Raum zu unterstützen. Dafür schaffen sie Handelserleichterungen untereinander, tauschen technische Neuerungen aus und treten in anderen *international*en, das heißt zwischenstaatlichen, *Organisation*en gemeinsam auf.
In den 21 APEC-Staaten lebt knapp die Hälfte der Weltbevölkerung.

APO ist die Abkürzung für ‹*A*ußer*p*arlamentarische *O*pposition›.
Siehe *Opposition*.

Arabische Liga, eine Liga ist ein Bund. 1945 gründeten einige arabische *Staat*en die Arabische Liga, die 2010 22 Mitglieder in Afrika und Asien zählt, Ägypten, Algerien, Bahrain, Dschibuti, Irak, Jemen, Jordanien, Katar, Komoren, Kuwait, Libanon, Libyen, Marokko, Mauretanien, Oman, Saudi-Arabien, Somalia, Sudan, Syrien, Tunesien, die Vereinigten Emirate; auch Palästina, vertreten durch die PLO, die Palästinensische Befreiungs-Organisation, wurde in die Liga aufgenommen. Ziel der Liga ist es, die Be-

ziehungen untereinander zu festigen. Die Mitgliedsstaaten versuchen, ihre *Politik* aufeinander abzustimmen. Die Einigkeit der Arabischen Liga ist beeinträchtigt, da die Staatsformen und die Interessen der Mitglieder sehr unterschiedlich sind.
Siehe auch *Nahost-Konflikt*.

Arbeiterbewegung ist eine zusammenfassende Bezeichnung für alle Bestrebungen, die Lage der Arbeitnehmer durch Zusammenschlüsse in *Organisationen* und durch Erziehungs- und Aufklärungsarbeit zu verbessern.
Die Arbeiterbewegung entwickelte sich zu Beginn des 19. Jahrhunderts zuerst in England, etwa vierzig Jahre später in *Deutschland*. Die Industrialisierung, das heißt die Umstellung der Handwerksbetriebe auf die Herstellung mit Maschinen in Großbetrieben, führte dazu, dass die Arbeiter vor allem in den Städten mehr und mehr ins Elend gerieten. Die Bemühungen der Arbeiter, zunächst ihre menschenunwürdigen Arbeits- und Lebensbedingungen zu verbessern, wurden von Anfang an erschwert und behindert: einmal durch die Haltung der meisten Arbeiter, die ihre Lage als unabänderlich hinnahmen, zum anderen durch den Widerstand der Unternehmer und durch Verbote und polizeiliche Verfolgungen der *Regierung*en. In jahrelangen, schweren Kämpfen erreichten die Führer der Arbeiterbewegung, dass sie *politisch*e Vereinigungen und *Partei*en gründen durften, dass die Arbeiter das *Wahl*recht erhielten und dass sie als gleichberechtigte Bürger in die *Gesellschaft* eingegliedert wurden. Aus der Arbeiterbewegung gingen die *Gewerkschaften* und die sozialistischen und kommunistischen Parteien in beinahe allen europäischen *Staat*en hervor. Innerhalb der deutschen Arbeiterbewegung wurde das Wort Sozialdemokratie von etwa 1860 an zu einem festen Begriff: Er kennzeichnete die Bestrebungen, auf gesetzlichem Wege die Ordnung der Gesellschaft so zu verändern, dass auch die Arbeiter die gleichen *Recht*e haben wie die anderen Bürger im Staat. Während die *Mehrheit* innerhalb der Sozialdemokratie dieses Ziel über das Wahlrecht verwirklichen wollte, trat eine andere, kleinere Gruppe dafür ein, das Ziel über eine vorübergehende *Diktatur* der Arbeiterschaft zu erreichen. Diesen Weg lehnte die Mehrheit der Sozialdemokraten ab, weil sie befürchtete, dass diese Diktatur von Dauer sein würde.
Bei den deutschen Arbeitern setzten sich die Anhänger des gemäßigten Weges durch. Mit Hilfe des Wahlrechts errangen die *SPD*, das ist die *S*ozialdemokratische *P*artei *D*eutschlands, und die Gewerkschaften seit etwa 1890 bis heute große *sozial*politische *Reform*en: unter anderem den Achtstundentag, feste Löhne in *Tarif*verträgen, Arbeitslosenunterstützung, Jugendarbeits- und Mutterschutz und die *Mitbestimmung*.
Siehe *Sozialismus*, *Kommunismus*, auch *DDR*.

Argument heißt Beweisgrund.
Das Argument als sachliche Begründung sollte frei sein von persönlichen Gefühlen.
Wer behauptet, Winterurlaub sei gesünder als Sommerurlaub, und ver-

sucht, diese Behauptung sachlich zu begründen, der argumentiert.
Eine Argumentation ist eine Zusammenfassung von Begründungen, die in sich logisch, das heißt folgerichtig, sein müssen.
Argumentation wird mit Beweisführung übersetzt.

Artikel, das Wort Artikel bezeichnet vielerlei.
In der Sprachlehre ist der Artikel das Geschlechtswort.
In der Zeitung zum Beispiel ist ein Artikel ein Aufsatz.
Im Handel ist ein Artikel ein Warenstück.
In der Sprache der *Politik* werden die einzelnen Abschnitte, die in einem Vertrag oder in einem *Gesetz* den Text unterteilen, als Artikel bezeichnet.

ASEAN ist die Abkürzung für ‹*A*ssociation of *S*outh-*E*ast *A*sian *N*ations›, ein Zusammenschluss südostasiatischer *Staat*en, der 1967 gegründet wurde. ASEAN gehören 2010 zehn Staaten an: Brunei, Indonesien, Kambodscha, Laos, Malaysia, Myanmar – das bis 1989 Burma hieß –, Philippinen, Singapur, Thailand und Vietnam.
Ein anderer Zusammenschluss südostasiatischer Staaten war 1954 SEATO, der auch als Manilapakt bezeichnet wurde. Infolge der *politisch*en Veränderungen in den südostasiatischen Staaten beschlossen die Bündnispartner 1977, SEATO aufzulösen und die Aufgaben des Paktes auf ASEAN zu übertragen. Ziel von ASEAN ist, auf den Gebieten *Wirtschaft*, Verkehr und *Kultur* zusammenzuarbeiten. Die Mitgliedsstaaten von ASEAN kommen jedes Jahr im November zu einem Gipfeltreffen zusammen.
1987 beschlossen die ASEAN-Staaten in vier Abkommen, den Handel untereinander zu erleichtern, Gemeinschaftsunternehmen zu fördern und ihren gemeinsamen Markt auszuweiten. Im Dezember 2005 kamen die Bündnispartner zu einem Ostasiatischen Gipfeltreffen zusammen, zu dem sie China, Japan, Indien, Südkorea, Australien und Neuseeland eingeladen hatten; Russland nahm als Beobachter teil. Auf diesem Treffen beschlossen die teilnehmenden Staaten die Bildung einer asiatischen Wirtschaftsgemeinschaft.
Seit 2007 hat ASEAN Beobachter*status* bei den *Vereinten Nationen*; das bedeutet, Vertreter der ASEAN-Staaten können an bestimmten Sitzungen teilnehmen.

Aspekt, ein Aspekt ist ein Anblick oder Ausblick und ein Gesichtspunkt. Von Aspekten kann man sprechen, wenn verschiedene Gesichtspunkte und mögliche Aussichten dargelegt werden, zum Beispiel zu der Frage ‹Größere Bereitschaft zu Gewalt durch Fernsehen und Computerspiele›.

Assoziierung, assoziieren heißt ‹sich vereinigen› oder ‹sich mit anderen zusammenschließen›. Eine Assoziierung ist ein Zusammenschluss von mehreren Personen, Betrieben oder *Staat*en, die in einem bestimmten Wirkungskreis gleiche Interessen verbinden. Assoziierte Staaten sind Staaten, die sich einem bereits bestehenden Bündnis lose angeschlossen haben: Sie sind nicht Mitglieder des Bündnisses, sie handeln nur in bestimmten Bereichen in Übereinstimmung mit den Bündnisstaaten.

Asylrecht, ein Asyl ist ein Obdach oder eine Zufluchtsstätte. Viele *Staat*en gewähren Menschen Asyl, die in ihrer Heimat aus *politisch*en oder religiösen Gründen oder weil sie einer bestimmten Volksgruppe angehören, verfolgt werden. Asylrecht ist das *Recht* auf Zuflucht. Wer Asylrecht genießt, wird nicht aus dem Staat ausgewiesen, der ihn aufgenommen hat.

Atlantik-Charta, eine Charta ist eine Urkunde, in der *politisch*e Grundsätze niedergelegt sind. In der Atlantik-Charta legten am 14. August 1941, während des Zweiten *Weltkrieg*es, die USA und Großbritannien ihre Kriegsziele in acht Punkten fest. Vier der Grundsätze waren:
der Verzicht auf territoriale, das heißt auf gebietsmäßige Vergrößerungen; keine Gebietsveränderungen gegen den Willen der betroffenen Bevölkerung; Abrüstung und eine dauerhafte Friedensordnung.
Dieser Erklärung traten alle Kriegsgegner *Deutschland*s und Japans bei. Sie erklärten 1944, dass die Charta für die Behandlung Deutschlands nicht gelten solle.

Atlantikpakt, siehe *NATO.*

Atomkraftwerk, siehe *Kernkraftwerk.*

Atommülldeponie, siehe *Kernkraftwerk.*

Atomwaffensperrvertrag, 1968 schlossen die USA, die Sowjetunion und Großbritannien einen Vertrag, den so bezeichneten Atomwaffensperrvertrag. In ihm verpflichteten sie sich, Atomwaffen und die für ihre Herstellung notwendigen Kenntnisse und Rohstoffe nicht an andere *Staat*en weiterzugeben. Für die friedliche Verwendung solcher Rohstoffe ist in dem Vertrag eine Überwachung vorgesehen, die von der *Internationalen Atomenergie-Organisation*, IAEO, ausgeführt wird. Die IAEO hat außerdem die Aufgabe, die Nichtverbreitung von Atomwaffen und den Missbrauch von Atomanlagen zu *militärisch*en Zwecken zu überprüfen. Der Atomwaffensperrvertrag trat 1970 in Kraft; 2010 sind 189 Staaten Mitglieder des Vertrags, auch die *Bundesrepublik Deutschland.*
Im Mai 1995 wurde der Atomwaffensperrvertrag, der zunächst auf 25 Jahre befristet war, auf unbegrenzte Zeit verlängert. Die unterzeichnenden Staaten einigten sich darauf, dass der Besitz von Atomwaffen auf die Staaten USA, Russland, China, Großbritannien und Frankreich beschränkt bleiben sollte. Sie forderten außerdem eine wirkungsvollere Überwachung, ein umfassendes Verbot von Atomwaffenversuchen und die endgültige Abschaffung dieser Waffen.
1997 beschloss die IAEO ein Zusatzprotokoll zum Atomwaffensperrvertrag, in dem die Kontrollmöglichkeiten der IAEO erweitert wurden. Dieses *Protokoll* haben bis 2010 73 Länder unterzeichnet.
Den Atomwaffensperrvertrag haben Israel, Indien und Pakistan bisher nicht unterschrieben. Indien und Pa-

kistan sind im Besitz von Atomwaffen. Nordkorea war dem Vertrag 1985 beigetreten, erklärte jedoch 2003 seinen Austritt.
Der Atomwaffensperrvertrag wird auch als Atomsperrvertrag oder als Sperrvertrag bezeichnet.
Siehe *nukleare Waffen*.

attac wurde 1998 in Frankreich gegründet, zwei Jahre später entstand attac in Deutschland.
attac ist die Abkürzung für die französische Bezeichnung einer *Organisation*, die auf Deutsch ‹Vereinigung zur Besteuerung von Finanztransaktionen im Interesse der BürgerInnen› heißt.
Bekannt wurde attac mit *Demonstrationen*, das heißt öffentlichen Kundgebungen, gegen die *Globalisierung*.
Nach eigenen Angaben ist attac mit rund 90 000 Mitgliedern in über 50, vorwiegend europäischen, Ländern tätig.

Attaché, ein *Diplomat* am Anfang seiner Laufbahn heißt Attaché, er ist Anwärter des diplomatischen Dienstes.
Attaché kann aber auch jemand genannt werden, der nicht Diplomat ist: Handels-, *Kultur*- und *Militär*attachés sind meist Fachleute, die an den Botschaften ihres Landes Sonderaufgaben ihres Fachgebiets erfüllen.

Attentat, ein Attentat ist ein Mordanschlag auf einen *Staat*smann oder einen *Politik*er.
Attentate können auch auf Gruppen von Menschen verübt werden: In diesen Fällen kann allein die Zugehörigkeit zu einem bestimmten Staat oder einer Religionsgemeinschaft genügen, sie zum Ziel eines Anschlages zu machen.

AU ist die Abkürzung für ‹*A*frican *U*nion›, das heißt ‹Afrikanische Union›. Die AU hat 2002 die Nachfolge der OAU angetreten, die 1963 von den unabhängigen *Staat*en Afrikas gegründet wurde. OAU ist die Abkürzung für ‹*O*rganization of *A*frican *U*nity›, das heißt ‹Organisation für die Einheit Afrikas›.
Die AU hat ihren Sitz in Addis Abeba in Äthiopien. Mitglieder der AU sind alle Staaten Afrikas, außer Marokko. Ziel der AU ist es, die *Politik* der einzelnen Staaten und Völker Afrikas aufeinander abzustimmen und Streitigkeiten auf friedliche Weise zu lösen, das *wirtschaftlich*e Wachstum zu fördern und die Wahrung der *Menschenrechte* zu erreichen.

Audienz wird der Empfang beim Papst oder bei Fürsten genannt.

Aufsichtsrat, siehe *Aktiengesellschaft*.

Aufwertung, siehe *Abwertung und Aufwertung*.

Ausnahmezustand, Krieg, Aufruhr in der Bevölkerung, ein Erdbeben oder eine Überschwemmung bedeuten für einen *Staat* eine besonders schwierige Lage. Während solcher Ereignisse kann die *Regierung* eines Staates den Ausnahmezustand erklären: Das bedeutet einschneidende Veränderungen im Leben der Menschen und im Verhältnis der Regierung zum *Volk*.
Während eines Ausnahmezustandes

wird die Regierung nicht mehr oder nur noch eingeschränkt durch das *Parlament* überwacht. Die Regierung kann zur schnellen Behebung des *Notstand*es Verordnungen erlassen, auch ohne dass die Vertreter des Volkes befragt werden. Polizei und *Militär* werden mit besonderen Vollmachten ausgestattet.
Der Ausnahmezustand wird in der Regel nur vorübergehend erklärt.
Im *Grundgesetz* der *Bundesrepublik Deutschland* gibt es keine *Gesetz*e für einen Ausnahmezustand. 1968 wurden stattdessen die *Notstandsgesetze* verabschiedet.
Siehe *Notstand*.

Ausschüsse, ein Schüler*parlament* wählt aus seiner Mitte zehn Schüler aus, die einen Vorschlag zu einer neuen Schulordnung ausarbeiten sollen: Sie bilden einen Ausschuss. Ein Ausschuss ist ein aus einer Versammlung oder *Gesellschaft* gewählter Kreis von Mitgliedern, der mit besonderen Aufgaben betraut wird.
Parlamentarische Ausschüsse sind Arbeitsgruppen, die von den *Abgeordneten* einer *Volk*svertretung gebildet werden. Alle im Parlament vertretenen *Partei*en sind in der Regel auch in den Ausschüssen vertreten. Die Mitglieder der Parlamentsausschüsse haben die Aufgabe, die *Gesetz*e vorzubereiten und zu beraten, die anschließend im Parlament beschlossen werden. Die Ausschüsse müssen im Parlament über ihre Arbeit berichten. Im *Bundestag*, der Volksvertretung der *Bundesrepublik Deutschland*, gibt es Ausschüsse, Sonderausschüsse und Untersuchungsausschüsse.
Die Ausschüsse sind für bestimmte Sachgebiete zuständig, sie sind für die Dauer einer *Wahl*periode eingesetzt.
Die Sonderausschüsse bearbeiten eine bestimmte Frage, sie werden wieder aufgelöst, wenn sie ihre Aufgabe erfüllt haben.
Untersuchungsausschüsse ermitteln Tatsachen im Zusammenhang mit ungeklärten Vorkommnissen, die sich innerhalb der Arbeit des Parlaments und der *Bundesregierung* ereignen können. Ein Untersuchungsausschuss muss eingesetzt werden, wenn ein Viertel der Mitglieder des Bundestages es beantragt.
Eine feste Einrichtung des Bundestages ist der Ständige Ausschuss, auch Überwachungsausschuss genannt: Er wird in der Zeit zwischen zwei Wahlperioden tätig, das heißt in der Zeit zwischen dem letzten Zusammentreten des alten Bundestages vor einer *Bundestagswahl* und dem Zusammentritt eines neuen Bundestages.
Die im Bundestag vertretenen Parteien sind in den Ausschüssen ihrer Stärke entsprechend vertreten, das bedeutet, eine starke Partei hat auch viele Sitze in jedem Ausschuss. Die Mitglieder der Ausschüsse werden von den *Fraktion*en bestimmt. Fraktionen sind die Gruppen von Abgeordneten in einem Parlament, die derselben Partei angehören.

autark, ein Land, das autark ist, ist *wirtschaftlich* unabhängig. Autarkie ist die wirtschaftliche Unabhängigkeit eines Landes: Das Land verfügt über alle notwendigen Rohstoffe und Nahrungsmittel. Es kann sich selbst versorgen und braucht nichts einzuführen.

authentisch, Nachrichten oder Berichte, die als authentisch bezeichnet werden, sind echt, auch glaubwürdig oder verbürgt. Entsprechend ist das Wort Authentizität mit Echtheit oder Glaubwürdigkeit zu übersetzen.

Automation, automatisch heißt selbsttätig, automatisieren heißt ‹etwas selbsttätig ablaufen lassen›. Ein Automat ist ein Gerät, in dem vorbestimmte Handlungen ablaufen: Die Hausfrau drückt einen Knopf, und die Waschmaschine wäscht, spült und schleudert.

In viel größerem Umfang und höher entwickelt als in den Haushalten gibt es Automaten in Fabriken und Büros: Sie ersetzen Muskelkraft, handwerkliche Geschicklichkeit und einen Teil der geistigen Arbeit der Menschen. Automaten erledigen nicht nur die Arbeit der Menschen, sie übernehmen auch die Überwachung der Maschinen.

Wenn Maschinen nicht mehr von Menschen, sondern von Maschinen gesteuert und überprüft werden, spricht man von Automation. Wichtigste Aufgabe der Menschen ist, den Maschinen die Arbeitsvorgänge sozusagen einzufüttern, damit diese dann selbsttätig arbeiten. Man sagt in der Fachsprache: Die Maschinen werden programmiert, das heißt, sie werden für eine Folge von Arbeitsgängen eingerichtet.

Die fortschreitende Automation bringt Probleme mit sich, die von den Menschen noch gelöst werden müssen. Eines der wichtigsten ist, neue Arbeitsplätze für die Menschen zu schaffen, die durch Automation arbeitslos geworden sind.

Siehe auch *Rationalisierung*.

Autonomie, autonom heißt selbständig und unabhängig. Autonomie heißt Unabhängigkeit, Eigengesetzlichkeit und Selbstbestimmung. Mit Autonomie bezeichnet man das *Recht* zum Beispiel einer Vereinigung, einer Gemeinde oder eines *Volk*es, die eigenen Angelegenheiten durch eigene *Gesetz*e selbst zu regeln.

Autorität, ein Mensch kann bei anderen Menschen angesehen sein und von ihnen anerkannt werden, weil er über ein umfangreiches Wissen, über Erfahrung oder über besondere Fähigkeiten verfügt. Er hat Autorität, sagt man. Meist nimmt ein solcher Mensch Einfluss auf andere Menschen, und andere Menschen lassen sich von ihm beeinflussen. Autorität ist also Ansehen und Einfluss, die sich aus Anerkennung ergeben. Jeder Mensch wird in seiner Umgebung Menschen haben, deren Autorität er anerkennt. Das können Eltern sein, Lehrer oder Freunde.

Es gibt jedoch auch Autorität, die sich allein auf eine Machtstellung beruft: Menschen fordern von anderen, dass man sie anerkennt und ihnen vor allem gehorcht, nur weil sie älter sind oder stärker. Solche Menschen beeinflussen andere Menschen falsch: Sie lassen andere nicht selbständig werden, sie entmündigen sie. Das Verhalten der Menschen, die Autorität erzwingen, nennt man autoritär. Autoritär heißt ‹aus eigener Machtvollkommenheit›. Antiautoritär ist ein Schlagwort geworden für ein Verhalten, das sich gegen jede Form von Autorität wendet, sei sie berechtigt oder nicht.

Autoritativ heißt maßgebend oder entscheidend, autorisieren heißt jemanden bevollmächtigen.

B

Baisse, siehe *Börse.*

Bannmeile, als Bannmeile oder Bannkreis wird die nähere Umgebung von *Parlaments*- und *Regierungs*gebäuden bezeichnet. Die Verletzung, das bedeutet das Betreten der Bannmeile bei öffentlichen Versammlungen oder *Demonstrationen*, ist verboten und kann bestraft werden.

Basis heißt Grundlage und Ausgangspunkt. In dieser Bedeutung wird das Wort vielfach abgewandelt.
Die Basis eines Hauses ist seine Grundfläche. Die Basis eines Gesprächs ist sein Ausgangspunkt. Die Basis einer *Partei* sind ihre Mitglieder.
Basieren heißt ‹beruhen auf› oder ‹sich gründen auf›.

Benelux ist seit 1947 die zusammenfassende Bezeichnung für die *Staat*en *Be*lgique (Belgien), *Ne*derland (Niederlande) und *Lux*embourg (Luxemburg), die sich in diesem Jahr zu einer *Zoll*union zusammenschlossen.

Berlin, Berlin-Abkommen, Berlin, die größte Stadt *Deutschlands*, war bis 1945 Hauptstadt des Deutschen Reiches.
Nach dem Ende des Zweiten *Weltkrieges* wurde Deutschland 1945 aufgrund der Beschlüsse des *Potsdamer Abkommens* von den Siegermächten USA, Sowjetunion, Großbritannien und Frankreich in vier Besatzungszonen und das besondere Gebiet Berlin aufgeteilt. Berlin wurde in vier Sektoren geteilt. Die oberste *Regierungs*gewalt übten die Siegermächte aus: für Deutschland durch den *Kontrollrat*, für Berlin durch die *Alliierte* Kommandantur, die dem Kontrollrat unterstand. Kontrollrat und Kommandantur waren mit Vertretern der vier Mächte besetzt, die ihre Beschlüsse einstimmig fassen mussten. Die geplante gemeinsame *Verwaltung* Deutschlands wurde jedoch sehr bald undurchführbar. Ursachen dafür waren außen*politisch*e Gegensätze, die unterschiedlichen *Wirtschafts*ordnungen und Meinungsverschiedenheiten zwischen der Sowjetunion und den drei westlichen Mächten über die *Reparationen*, das heißt die Schadenersatzleistungen. Die Sowjetunion forderte, dass Deutschland über den Abbau von Fabrikanlagen hinaus die Reparationen auch aus der laufenden Gütererzeugung aufbringen sollte. Dagegen erklärten sich die drei Westmächte nur mit einem teilweisen Abbau von Maschinen und Fabrikanlagen einverstanden. 1948 verließen die Vertreter der Sowjetunion den Kontrollrat, der nun seine Aufgaben nicht mehr wahrnehmen konnte.
1948 wurde Berlin gespalten. Anlass dafür war, dass sich die Westmächte mit der Sowjetunion nicht über eine gemeinsame *Währungs*reform, das heißt eine Neuordnung des Geldwesens in Deutschland, einigen konnten. Eine weitere Ursache der Spaltung Berlins war, dass in den drei Westzonen die Voraussetzungen für einen westdeutschen *Staat* vorbereitet wurden.

Als in den Westzonen eine Währungsreform durchgeführt und West-Berlin teilweise einbezogen wurde, sperrte die Sowjetunion die Zufahrtswege nach Berlin, die durch das Gebiet der *s*owjetischen *B*esatzungszone, SBZ, führten. Die Westmächte versorgten die Bevölkerung West-Berlins während der Berliner *Blockade* von 1948–1949 durch Flugzeugtransporte, die sogenannte ‹Luftbrücke›.

Im September 1949 wurde die *Bundesrepublik Deutschland* gegründet, einen Monat später die *DDR*, die *D*eutsche *D*emokratische *R*epublik. Ost-Berlin wurde zur Hauptstadt der DDR erklärt. West-Berlin wurde der Bundesrepublik zugeordnet, mit der Einschränkung, dass es kein Teil der Bundesrepublik sein darf und nicht von ihr regiert wird. Alle wichtigen Entscheidungen über West-Berlin behielten sich die drei Westmächte vor.

In den folgenden Jahren betonte die DDR immer wieder, dass West-Berlin auf dem Gebiet der DDR liege. Immer wieder wurde der Verkehr von und nach West-Berlin durch die Behörden der DDR behindert; die Behinderungen wurden als Druckmittel benutzt.

1961 errichtete die DDR eine Mauer in Berlin, die den Ostteil der Stadt endgültig vom Westteil trennte. Die Mauer sollte verhindern, dass weiterhin Bürger aus der DDR nach West-Berlin und in die Bundesrepublik flüchteten. Sie bestand aus drei Meter hohen Betonplatten, in regelmäßigen Abständen waren Wachtürme aufgestellt; auf der östlichen Seite verlief auf der gesamten Länge der Mauer ein sogenannter Todesstreifen, der nachts von starken Scheinwerfern beleuchtet wurde.

Beinahe alle Verkehrs- und Versorgungsverbindungen zwischen den beiden Teilen der Stadt wurden unterbrochen. Für nahezu elf Jahre waren Begegnungen zwischen den Menschen in Ost- und West-Berlin nur begrenzt möglich: Für West-Berliner gab es nur ausnahmsweise Besuchserlaubnisse für Ost-Berlin, Rentner aus der DDR durften einmal im Jahr West-Berlin und die Bundesrepublik besuchen.

Im Juni 1972 unterzeichneten die Außen*minister* der Sowjetunion, der USA, Großbritanniens und Frankreichs das Viermächte-Abkommen, auch als Berlin-Abkommen bezeichnet. Die vier Mächte bestätigten in dem Abkommen noch einmal, dass West-Berlin kein Teil der Bundesrepublik ist, seine Bindungen an die Bundesrepublik jedoch aufrechterhalten und ausbauen kann. Über die Rolle Ost-Berlins als Hauptstadt der DDR wurde keine Einigung erzielt. Die vier Staaten verpflichteten sich, auf der Grundlage des bestehenden Zustandes, des *Status quo*, die Spannungen in Berlin zu beseitigen und Schwierigkeiten zu verhüten. Das Viermächte-Abkommen war Rahmenabkommen für zwei weitere vertragliche Vereinbarungen: das *Transit*abkommen zwischen der DDR und der Bundesrepublik, das den Verkehr von und nach West-Berlin neu regelte, und für Vereinbarungen zwischen der DDR und West-Berlin über den Reise- und Besucherverkehr zwischen West-Berlin und der DDR.

Im November 1989 führten friedliche Massen*demonstration*en der Bevölkerung in der DDR dazu, dass die Macht der *SED* zusammenbrach. Die SED, die *S*ozialistische *E*inheitspartei *D*eutschlands, war die herrschende *Partei* in der DDR, über die von ihr eingerichtete Stasi, den Staatssicherheitsdienst, überwachte sie die Bürger in der DDR bis in deren persönlichste Angelegenheiten. Die Parteiführung musste nun den Forderungen der Bürger nach Meinungs-, Versammlungs- und Reisefreiheit nachgeben.

Am 9. November 1989 öffnete die DDR die ersten Grenzübergänge zur Bundesrepublik und nach West-Berlin, im Lauf der Ereignisse wurden alle Grenzübergänge geöffnet. Die beiden Stadtverwaltungen Berlins, auf westlicher Seite der *Senat*, auf östlicher der *Magistrat*, begannen mit den Vorbereitungen zu einer gemeinsamen Verwaltung Berlins.

Etwa gleichzeitig wurde von den Grenztruppen der DDR mit dem Abbau der Mauer begonnen.

Am 2. Dezember 1990 fand zusammen mit der ersten gesamtdeutschen *Bundestagswahl* eine Gesamtberliner *Landtag*swahl statt. Seitdem ist Berlin Bundesland; Berlin ist ein Stadtstaat. Die seinerzeit 23 Bezirke Berlins wurden im Januar 2001 zu 12 größeren Bezirken zusammengelegt.

Im *Einigungsvertrag* wurde festgelegt, dass Berlin Hauptstadt Deutschlands ist; in seiner Sitzung am 20. Juni 1991 beschloss der *Bundestag*, dass Berlin künftig Regierungssitz der Bundesrepublik Deutschland werde.

Siehe *Einigungsvertrag, Ostblock und Westmächte, DDR, Zwei-plus-vier-Vertrag, Bundesländer.*

Betriebsrat, ein Betriebsrat vertritt in Betrieben die Interessen der Arbeitnehmer gegenüber dem Arbeitgeber. Der Betriebsrat hat zum Beispiel mitzubestimmen über Beginn und Ende der Arbeitszeit, über Urlaubspläne und Berufsausbildung. Er muss gehört werden, wenn Arbeitnehmer eingestellt oder entlassen werden. Er hat dafür zu sorgen, dass in seinem Betrieb die Bedingungen des jeweiligen *Tarifvertrag*es und gesetzliche Bestimmungen zum Schutz der Arbeitnehmer eingehalten werden. In einem Tarifvertrag sind insbesondere die Löhne geregelt.

Der Betriebsrat wird für jeweils vier Jahre von den Arbeitnehmern gewählt. In allen Betrieben mit mehr als fünf Arbeitnehmern kann ein Betriebsrat gewählt werden; die Zahl der Mitglieder eines Betriebsrates richtet sich nach der Zahl der wahlberechtigten Arbeitnehmer in einem Betrieb. Wahlberechtigt ist jeder Arbeitnehmer über 18 Jahre, der dem Betrieb seit mindestens einem halben Jahr angehört. Manchmal nutzen die Arbeitnehmer ihr *Recht*, einen Betriebsrat zu wählen, nicht aus.

Mitglieder eines Betriebsrates genießen einen besonderen Kündigungsschutz, sie dürfen weder bevorzugt noch benachteiligt werden. Mindestens einmal im Vierteljahr muss der Betriebsrat eine Betriebsversammlung einberufen, in der er über seine Tätigkeit berichten muss. Die Betriebsversammlung umfasst sämtliche Arbeitnehmer eines Betriebes.

Das Betriebsverfassungsgesetz in der *Bundesrepublik Deutschland* enthält alle Bestimmungen über Rechte und Aufgaben der Arbeitnehmervertreter.

Siehe *Mitbestimmung*, auch *Gewerkschaften, Personalrat.*

B

BGB ist die Abkürzung für ‹*B*ürgerliches *G*esetz*b*uch›, im BGB sind die wichtigsten Regeln des Zivilrechts, auch *Privatrecht* genannt, zusammengefasst. Das Zivilrecht umfasst die *Gesetz*e und Vorschriften, die die Beziehungen der einzelnen Personen zueinander regeln. Das BGB trat im Jahre 1900 in Kraft, es wurde seither vielfach geändert und ergänzt.
Siehe *juristische und natürliche Person, StGB.*

Bilanz, ein Kaufmann, der Bilanz zieht, stellt sein Vermögen seinen Schulden gegenüber.
Nach dem *Gesetz* ist jeder Kaufmann verpflichtet, jährlich eine Bilanz zu machen, damit seine *Steuern* berechnet werden können.
Im übertragenen Sinn heißt ‹Bilanz ziehen›, dass man sehen will, ob eine Anstrengung sich gelohnt hat.

bilateral heißt zweiseitig. Das Wort wird meist benutzt, wenn von Abkommen oder Verträgen zwischen zwei *Staat*en die Rede ist.
Multilateral heißt vielseitig. Das Wort wird benutzt, wenn von Abkommen oder Verträgen zwischen mehreren Staaten die Rede ist.

Blockade nennt man die Sperrung von Straßen, Kanälen, Seewegen oder Häfen, wenn mit der Sperrung ein Druck ausgeübt wird.
In einem Krieg zum Beispiel kann ein *Staat* die Häfen des Gegners sperren: Er zieht seine Kriegsschiffe vor den gegnerischen Häfen zusammen, sodass jede Ein- oder Ausfuhr unmöglich wird. Ziel der Sperrung ist, den Gegner von der Versorgung auf dem Seeweg abzuschneiden, sodass er unter Umständen kapitulieren, das heißt sich ergeben muss.

blockfreie Staaten, die blockfreien *Staat*en schlossen sich zusammen, als sich die USA und die Sowjetunion als Weltmächte gegenüberstanden. Beiden Mächten, die oft mit einem Schlagwort auch als Supermächte bezeichnet wurden, hatten sich im Verlauf von rund vierzig Jahren viele Staaten angeschlossen. So waren zwei Machtblöcke entstanden: Siehe dazu *Ostblock und Westmächte.*
Außerhalb der beiden Machtblöcke gab es die blockfreien Staaten, sie gehörten keinem der Blöcke an. Zu den blockfreien zählten unter anderem: Indien, Ägypten, Jugoslawien, Zypern, Äthiopien, Sri Lanka, Myanmar, Indonesien, Marokko, Malaysia und Kuba. Sie betrachteten sich als neutral, das heißt als unparteiisch, bei Auseinandersetzungen zwischen den Blöcken. Die meisten der blockfreien zählen zu den Ländern der *Dritten Welt*: Sie sind sogenannte unterentwickelte Länder.
Der Zusammenschluss der blockfreien Staaten begann 1955 in Bandung in Indonesien, als dort 23 asiatische und sechs afrikanische Staaten zu einer *Konferenz* zusammenkamen. Die Teilnehmer forderten das Ende des *Kolonialismus*, das bedeutet, sie forderten die Beendigung der Vorherrschaft europäischer Staaten in Asien und Afrika. Sie beschlossen außerdem den Kampf gegen die Benachteiligung der Menschen schwarzer und gelber Hautfarbe, das bedeutet, den Kampf gegen die Rassendiskriminierung.

Auf einer Gipfelkonferenz 1961 in Belgrad in Jugoslawien, auf der 25 Staaten durch ihre Staatschefs vertreten waren, gründete sich die *Organisation* der blockfreien Staaten. Im Laufe der Jahre schlossen sich viele Staaten dieser Organisation an. Einige von ihnen standen den Staaten Westeuropas, andere denen Osteuropas näher. Das äußerte sich vor allem in *militärisch*er Unterstützung, die sie von der einen oder anderen Seite erhielten. *Entwicklungshilfe* nahmen sie von beiden Seiten an.

Mit einer Mitgliederzahl von 118 Staaten vertreten die blockfreien 55 Prozent der Weltbevölkerung. Sie haben nahezu zwei Drittel der Sitze in der Vollversammlung der *Vereinten Nationen*, vertreten jedoch nicht immer gemeinsame Ziele.

Siehe *Entwicklungshilfe*, *Entwicklungsländer*.

Blockparteien war in der ehemaligen *DDR* die Bezeichnung für die *Parteien*, die mit der *SED*, der *S*ozialistischen *E*inheitspartei *D*eutschlands, in einem sogenannten Block zusammengeschlossen waren.

Siehe dazu *Nationale Front*.

Boom heißt ‹plötzlicher *wirtschaftlich*er Aufschwung›.

Börse, Börsen sind Einrichtungen, an denen nach festen Regeln *Devisen*, das heißt ausländische Zahlungsmittel, Wertpapiere und bestimmte Waren, wie zum Beispiel Kakao und Baumwolle, gehandelt werden. Man unterscheidet daher Devisen-, Wertpapier- und Warenbörsen. An den Börsen werden nur die Preise ausgehandelt, bezahlt und geliefert wird später.

Als ‹die Börse› wird die Wertpapierbörse bezeichnet: Hier treffen sich zu bestimmten Zeiten Vertreter von Banken und andere zugelassene Händler und kaufen und verkaufen zum Beispiel Aktien. Sie tun das im Auftrag ihrer Banken oder ihrer Kunden. Aktien sind Urkunden über Besitzanteile an Unternehmen, die man *Aktiengesellschaft*en nennt.

Den an der Börse ausgehandelten Preis für eine Aktie nennt man Börsen- oder Aktienkurs. Der Kurs einer Aktie liegt nicht fest: Er wechselt, je nachdem ob die Aktie bei Käufern gefragt ist oder nicht. Das bedeutet, der Kurs kann von Tag zu Tag schwanken. Gehen die Kurse für Wertpapiere allgemein und für längere Zeit zurück, wird von einer Baisse gesprochen. Im Gegensatz dazu gibt es die Hausse: Das ist ein Anstieg der Aktienkurse.

Botschafter, siehe *Diplomat*.

Bourgeoisie ist ein französisches Wort und heißt Bürgertum. Seit dem Ende des 16. Jahrhunderts wurden in Frankreich die wohlhabenden und besitzenden Familien als Bourgeoisie bezeichnet.

Karl Marx, einer der Wegbereiter des *Kommunismus* im 19. Jahrhundert, bezeichnete als Bourgeoisie die Klasse des besitzenden Bürgertums, die das *Proletariat*, das heißt die Arbeiterklasse, beherrscht.

Siehe auch *Diktatur des Proletariats*, *Kapitalismus*.

Boykott ist die planmäßige Ächtung eines Menschen, auch einer Gruppe von Menschen oder eines Landes. Ein Boykott ist ein Kampfmittel, das ein bestimmtes Verhalten erzwingen soll.
Das Wort Boykott geht zurück auf den englischen Kapitän und Gutsverwalter Charles C. Boycott, der um 1800 in Irland lebte. Seine rücksichtslose Strenge den irischen Pächtern gegenüber führte dazu, dass er geächtet wurde. Die Ächtung bestand darin, dass seine Arbeiter ihn verließen und kein Geschäftsmann mehr Verträge mit ihm abschloss. Auf diese Weise wurde Boycott schließlich gezwungen, aus Irland auszuwandern.

Breschnew-Doktrin, eine *Doktrin* ist eine Lehre, auch eine Lehrmeinung. Die Breschnew-Doktrin wurde nach Leonid Breschnew benannt. Als *Partei*führer der sowjetischen Kommunistischen Partei hatte er 1968 erklärt, die *sozialistisch*en *Staat*en im Einflussbereich der Sowjetunion besäßen nur begrenzte *Souveränität*.
Souveränität bedeutet oberste *Staatsgewalt*: Ein Staat kann über seine inneren und äußeren Angelegenheiten nach eigenem Ermessen entscheiden.
Begrenzte Souveränität besagte also in diesem Fall, dass die Staaten Osteuropas nur begrenzt in der Lage wären, ihre Angelegenheiten selbst zu bestimmen.
Die Tschechoslowakei hatte versucht, sich aus der Abhängigkeit von der Sowjetunion zu befreien und einen eigenen Weg zu gehen. Der Versuch endete im Sommer 1968 mit dem Einmarsch sowjetischer und anderer Truppen des *Warschauer Pakt*s in die Tschechoslowakei.
Mit der Breschnew-Doktrin hatte die Sowjetunion ihr Vorgehen gegen die Tschechoslowakei gerechtfertigt. Im Juli 1987 wurde die Breschnew-Doktrin vom Warschauer Pakt widerrufen.
Der Warschauer Pakt war das Verteidigungsbündnis der osteuropäischen Staaten.
Siehe *Ostblock und Westmächte, Kommunismus.*

Bruttosozialprodukt, brutto heißt «roh, ohne Abzug der Kosten, mit Verpackung». *Sozial* heißt «die menschliche Gemeinschaft betreffend». Ein Produkt ist ein Erzeugnis und ein Ergebnis.
Das Bruttosozialprodukt zeigt, was die *Wirtschaft* und damit die Menschen in einem *Staat* innerhalb eines bestimmten Zeitraumes hergestellt haben: Es ist die Summe aller Güter und Dienstleistungen zum Beispiel innerhalb eines Jahres, ausgedrückt in einer Geldsumme.
Güter sind unter anderem Autos und Maschinen; Dienstleistungen sind zum Beispiel Leistungen der Transportbetriebe, der Banken und Gaststätten.

Budget ist ein französisches Wort. Man versteht darunter eine Gegenüberstellung der voraussichtlichen Einnahmen und Ausgaben, die ein *Staat* in einem bestimmten Zeitraum zu erwarten hat. Man sagt auch *Haushaltsplan* oder *Etat* für Budget.

Bürgerinitiative, siehe *Initiative.*

Bürgerkrieg ist eine bewaffnete Auseinandersetzung, in der Bürger desselben *Staat*es in ihrem eigenen Land um die Macht kämpfen.

Bürgerrechtsbewegung, das *Recht*, seine Meinung frei zu äußern, und das Recht auf freie Entfaltung der Persönlichkeit und persönliche Freiheit sind *Menschenrechte*, die zum Beispiel in der *Bundesrepublik Deutschland* jedem Menschen zustehen, ob er deutscher Staatsangehöriger ist oder nicht. Die Bürgerrechte gelten nur für Deutsche, zum Beispiel das Recht, Vereinigungen zu bilden, oder die freie Wahl des Berufs, des Arbeitsplatzes und der Ausbildungsstätte. Menschen- und Bürgerrechte gehören zu den *Grundrechte*n, die, wie in der Bundesrepublik, in den *Verfassung*en der meisten *Staat*en der Welt festgelegt sind. Eine Verfassung bestimmt unter anderem, welche Rechte jeder Bürger hat und welche Aufgaben und Befugnisse *Regierung* und *Parlament* haben.

Bürgerrechtsbewegungen sind Vereinigungen von Bürgern, die sich dafür einsetzen, auch dafür kämpfen, dass die in der Verfassung zugesicherten Grundrechte eingehalten werden. Eine sehr bekannte Bürgerrechtsbewegung ist die amerikanische ‹Civil Liberties Movement›: Ihr Ziel ist, für die farbigen Einwohner der USA die gleichen Rechte durchzusetzen, wie sie die Weißen haben. In der amerikanischen Verfassung sind für alle Bürger der USA dieselben Grundrechte festgelegt worden. Trotzdem sind bis heute die Farbigen den Weißen gegenüber vielfach benachteiligt.

In mehreren *sozialistisch*en Staaten Osteuropas wurden bereits bestehende Bürgerrechtsbewegungen ermutigt und neue gegründet, nachdem die erste ‹*K*onferenz über *S*icherheit und *Z*usammenarbeit in *E*uropa›, *KSZE*, 1975 in Helsinki zu Ende ging. In der sogenannten Schlussakte von Helsinki hatten 33 Staaten Europas einschließlich der Sowjetunion vereinbart, die Achtung der Menschenrechte und Grundfreiheiten als tragenden Grundsatz in ihren Ländern zu gewährleisten. In den osteuropäischen Staaten hatte die herrschende kommunistische *Partei* vor allem die Rechte der freien Meinungsäußerung, der *Freizügigkeit* und der Bildung von Vereinigungen strikt und teilweise unter Gewaltanwendung eingeschränkt.

Überwiegend in Polen, der Tschechoslowakei, der Sowjetunion und später auch in der *DDR* setzten sich Bürgerrechtler für die Einhaltung der Schlussakte von Helsinki ein. Ihr Kampf trug mit dazu bei, dass sich die *politisch*en Verhältnisse in den Staaten Osteuropas und in der DDR verändert haben.

Siehe *OSZE, Ostblock und Westmächte.*

Bürokratie heißt Beamtenschaft und Verwaltungsapparat, auch Beamtenherrschaft.

Die *Verwaltung* eines *Staat*es durch Beamte und Behörden wird auch als Bürokratie bezeichnet. Der Staat wird aufgrund von *Gesetz*en und Vorschriften verwaltet, ohne die ein geordnetes Zusammenleben der Menschen nicht möglich ist. Kaum ein Bürger ist in der Lage, alle Gesetze und Vorschriften zu kennen, nach denen er sich zum Beispiel beim Bau eines Hauses oder bei einem Antrag auf Wohngeld-

zuschuss richten muss. Es ist die Aufgabe der Beamten und Angestellten bei den Behörden, ihn zu beraten und ihm zu helfen.
Die Verwaltung kann aber auch zu einer Herrschaft der Beamten ausarten, wenn die Bedürfnisse der einzelnen Menschen unwichtiger werden als die Vorschriften, die engstirnig und übergenau ausgelegt werden. Werden immer mehr Behörden eingerichtet und immer mehr Beamte und Angestellte eingestellt, ohne dass den ratsuchenden Bürgern auch mehr geholfen wird, dann werden Zweck und Sinn der Bürokratie zweifelhaft.
Als Bürokraten werden Beamte bezeichnet, die kleinlich und engherzig Entscheidungen fällen.

Bulletin ist ein französisches Wort und heißt Bericht, Tagesbericht oder Bekanntmachung. Bulletins werden auch die Krankenberichte genannt, die im Fall der Erkrankung führender *Staat*smänner herausgegeben werden.

Bundesagentur für Arbeit (BA) ist seit 2004 die Bezeichnung für die Bundesanstalt für Arbeit. Eine Agentur ist eine Vertretung, auch Vermittlungsstelle.
In den Stadt- und Landgemeinden gibt es Agenturen der BA. Früher hießen sie Arbeitsämter. Die bisherigen Landesarbeitsämter heißen seit 2004 Regionaldirektionen. Die BA ist die Zentrale dieser Behörden.
Aufgabe der Bundesagentur und der ihr nachgeordneten Dienststellen ist unter anderem, Arbeit zu vermitteln, bei der Berufswahl zu beraten und Ausbildung und Weiterbildung zu fördern und zu verbessern. Außerdem sind diese Behörden für die Arbeitslosenversicherung zuständig. Die Arbeitslosenversicherung ist die Versicherung jedes Arbeitnehmers für den Fall der Arbeitslosigkeit: Er zahlt Geld, wenn er arbeitet, um für eine begrenzte Zeit Geld zu bekommen, wenn er arbeitslos ist. Siehe dazu *Sozialversicherung*.
Die Bundesagentur ist fortlaufend bemüht, sich den Erfordernissen des Arbeitsmarktes anzupassen, um so wirksamer für die Arbeitnehmer und Unternehmer tätig werden zu können.
Die BA untersteht der Aufsicht des Bundes*ministerium*s für Arbeit und Soziales.

Bundesbank, die Deutsche Bundesbank ist die Zentralbank der *Bundesrepublik Deutschland*. Sie hat ihren Sitz in Frankfurt am Main und unterhält in mehreren *Bundesländer*n neun Hauptverwaltungen.
Eine Bank, sie wird auch als Kreditinstitut bezeichnet, ist eine Einrichtung, die Geldgeschäfte betreibt. Dafür wird sie von ihren Kunden bezahlt. Die Kunden können Privatleute sein oder Unternehmen, auch andere Banken oder *Staat*en.
Zu den Aufgaben von Banken gehören unter anderem der Verkehr mit den Kunden an den Bankschaltern, die Eröffnung und Verwaltung von Sparkonten und der Handel mit *Devisen*, das heißt mit ausländischen Zahlungsmitteln. Ein wesentliches Bankgeschäft ist die Gewährung von Krediten. Ein *Kredit* ist Geld, das sich der Kreditnehmer für eine bestimmte Zeit

von der Bank leiht; er muss das Geld zurückzahlen und für den Kredit zusätzlich einen bestimmten Geldbetrag bezahlen, das sind die Zinsen.

In jedem Staat gibt es viele Banken, doch es gibt in jedem Staat nur eine Zentralbank; in der Bundesrepublik ist das die Deutsche Bundesbank. Die Zentralbank ist sozusagen die Bank der Banken: Ihre Kunden sind nicht die einzelnen Bürger, ihre Kunden sind Banken, die sich hier Geld beschaffen, indem sie ihrerseits Kredite aufnehmen oder Wertpapiere verkaufen.

Die Bundesbank hat dafür zu sorgen, dass der Zahlungsverkehr im Inland und mit dem Ausland ordentlich abgewickelt wird. Gewährt eine Bank zum Beispiel einem Kunden einen außergewöhnlich hohen Kredit, muss sie dies der Bundesbank melden.

Die Bundesbank ist verpflichtet, die allgemeine *Wirtschafts*politik der *Bundesregierung* zu unterstützen; dabei ist sie aber unabhängig von Weisungen der Bundesregierung.

Bis 1999 war die Bundesbank verantwortlich für die Geld*politik* in Deutschland. Das bedeutete unter anderem, dass allein die Bundesbank Banknoten in Deutschland ausgeben und bestimmen durfte, wie viel Geld insgesamt im Umlauf war.

1999 hat die Bundesbank einen Teil ihrer Aufgaben und damit ihre Unabhängigkeit an die *Europäische Zentralbank, EZB*, abgegeben. In diesem Jahr wurde der Euro in zunächst elf Staaten der *Europäischen Union, EU*, als Rechnungseinheit im Zahlungsverkehr untereinander eingeführt; 2002 kamen Euro-Banknoten und -Münzen in diesen Ländern in Umlauf. Die Europäische Zentralbank ist die gemeinsame Zentralbank aller 27 in der Europäischen Union, EU, vereinigten Staaten. 2010 ist der Euro Zahlungsmittel in 17 der Mitgliedsstaaten.

Siehe *Europäische Zentralbank, EZB*, auch *Europäische Union, EU*.

Bundesgesetzblatt (BGBl.), das *B*undes*g*esetz*bl*att ist eine Art Zeitschrift, die vom Bundes*ministerium* der *Justiz* herausgegeben wird.

Im Bundesgesetzblatt werden die *Gesetze* bekannt gegeben, die vom *Bundestag* beschlossen und vom *Bundespräsidenten* unterzeichnet wurden. Außerdem werden im Bundesgesetzblatt *Rechtsverordnung*en veröffentlicht und Verträge, die die *Bundesrepublik Deutschland* mit anderen Staaten und mit internationalen *Organisation*en geschlossen hat. Für wenig Geld kann jeder Bürger der Bundesrepublik das Bundesgesetzblatt bei der Bundesdruckerei oder beim Bundesjustizministerium kaufen.

Siehe auch *Gesetzgebung*.

Bundeskanzler heißt der *Regierung*schef der *Bundesrepublik Deutschland*. Er leitet die *Bundesregierung*, wird vom *Bundestag* gewählt und vom *Bundespräsidenten* ernannt. Der Bundestag ist das *Parlament* der Bundesrepublik.

Der Bundeskanzler bestimmt die Richtlinien der *Politik* und ist verantwortlich dafür, dass sie eingehalten werden. Man nennt dies das Kanzlerprinzip. Prinzip heißt Grundsatz. Kanzlerprinzip bedeutet, dass der Bundeskanzler allein für die allgemeinen Grundsätze der Politik der Bundesrepublik verantwortlich ist. Beschlüsse

B

der Bundesregierung werden im Rahmen der Grundsätze des Kanzlers mit *Mehrheit* gefasst. Nicht nur im Kanzlerprinzip äußert sich die starke Stellung des Bundeskanzlers: Er allein wird vom Bundestag gewählt, nicht dagegen die *Minister*. Nur ihm kann der Bundestag durch das konstruktive *Misstrauensvotum* das Vertrauen entziehen, sodass der Kanzler zurücktreten muss. Die Bundesminister werden auf Vorschlag des Kanzlers vom Bundespräsidenten ernannt. Sie können nicht gegen den Willen des Kanzlers vom Bundestag zum Rücktritt gezwungen werden.

Der Bundeskanzler muss von den Bundesministern ständig über Vorhaben und Maßnahmen in ihren Arbeitsbereichen unterrichtet werden. Nur der Kanzler hat das Recht, dem Bundespräsidenten Kenntnis über das zu geben, was die Bundesregierung tut oder beabsichtigt zu tun. Man nennt dieses Recht Vortragsrecht.

Im Verteidigungsfall zeigt sich die Verantwortung des Bundeskanzlers darin, dass er den Oberbefehl über die Streitkräfte der Bundesrepublik übernimmt.

Bei der *Wahl* des Bundeskanzlers muss mehr als die Hälfte aller Mitglieder des Bundestages für einen *Kandidat*en stimmen, das bedeutet, die absolute Mehrheit muss erreicht werden. Der Kandidat wird vom Bundespräsidenten vorgeschlagen. Erhält der vorgeschlagene Kandidat nicht die absolute Mehrheit, erfolgt ein zweiter Wahlgang. Im zweiten Wahlgang, der binnen vierzehn Tagen stattfinden muss, kann der Bundestag, wiederum mit der absoluten Mehrheit, einen von ihm selbst ausgewählten Kanzler wählen. Ist auch diese Wahl erfolglos, so findet unverzüglich ein dritter Wahlgang statt: In der dritten Wahl ist gewählt, wer die meisten Stimmen erhält. Auf diese Weise kann also ein Kanzler mit weniger als der Hälfte der Stimmen aller *Bundestagsabgeordnete*n gewählt werden. Der Bundespräsident ist jedoch nicht verpflichtet, diesen Kanzler zu ernennen.

Bei Antritt seines Amtes leistet der Bundeskanzler einen *Amtseid*. Die Amtszeit des Kanzlers beträgt in der Regel vier Jahre. Sie beginnt mit der Ernennung und endet, wenn ein neuer Bundestag nach einer *Bundestagswahl* zusammentritt. Die Amtszeit endet durch freiwilligen Rücktritt, durch Tod oder durch ein konstruktives Misstrauensvotum des Bundestages.

Der Stellvertreter des Bundeskanzlers wird *Vize*kanzler genannt, er ist einer der Bundesminister.

Der Bundeskanzler hat eine eigene Behörde, um seine Aufgaben erfüllen zu können: das Bundeskanzleramt, das oft auch als Kanzleramt bezeichnet wird.

Siehe *Bundesregierung, Bundestag, Bundespräsident*.

Bundesländer, die *Bundesrepublik Deutschland* ist ein *Bundesstaat*. Ein Bundesstaat besteht aus mehreren Gliedstaaten. In der Bundesrepublik sind es 16, sie heißen Bundesländer. Jedes Bundesland ist ein *Staat* für sich mit einer eigenen Landesregierung. Sitz der *Regierung* ist die Landeshauptstadt, in der sich auch das Landes*parlament* – der *Landtag* – befindet, das ist die *Volks*vertretung des jeweiligen Bundeslandes.

1. Baden-Württemberg, Landeshauptstadt Stuttgart
2. Bayern, Landeshauptstadt München
3. *Berlin*
ist ein Stadtstaat, der aus 12 Bezirken besteht, die Regierung heißt *Senat*, das Parlament *Abgeordneten*haus.
4. Brandenburg, Landeshauptstadt Potsdam
5. Bremen
ist ein Stadtstaat, die Regierung heißt Senat, der Landtag der ‹Freien Hansestadt Bremen› heißt ‹Die Bremische Bürgerschaft›.
6. Hamburg
‹Die Freie und Hansestadt Hamburg› ist ebenfalls Stadtstaat, die Landesregierung heißt Senat, die Volksvertretung heißt Bürgerschaft.
7. Hessen, Landeshauptstadt Wiesbaden
8. Mecklenburg-Vorpommern, Landeshauptstadt Schwerin
9. Niedersachsen, Landeshauptstadt Hannover
10. *N*ord*r*hein-*W*estfalen, auch *NRW* genannt, Landeshauptstadt Düsseldorf
11. Rheinland-Pfalz, Landeshauptstadt Mainz
12. Saarland, Landeshauptstadt Saarbrücken
13. Sachsen, Landeshauptstadt Dresden
14. Sachsen-Anhalt, Landeshauptstadt Magdeburg
15. Schleswig-Holstein, Landeshauptstadt Kiel
16. Thüringen, Landeshauptstadt Erfurt.

Siehe *Bund und Länder, Einigungsvertrag.*

Bundesminister, siehe *Minister, Bundesregierung.*

Bundesnachrichtendienst (BND) heißt der Geheimdienst der *Bundesrepublik Deutschland.*
Siehe *Geheimdienste.*

Bundespolizei, die Bundespolizei, die bis 2005 Bundesgrenzschutz (BGS) hieß, ist eine besondere Polizeitruppe in der *Bundesrepublik Deutschland.* Sie wurde 1951 eingerichtet; sie untersteht dem Bundes*ministerium* des Innern.

Die Bundespolizei sichert die Grenzen der Bundesrepublik gegen verbotene Grenzübertritte, sie überwacht außerdem die 14 größten deutschen Flughäfen, wobei sie Fluggäste und Gepäck kontrolliert.

Zu den Aufgaben der Bundespolizei gehört auch, Bahnanlagen zu sichern und Dienststellen des Bundes, zum Beispiel den Amtssitz des *Bundespräsidenten* zu schützen.

In drei Fällen kann die Bundespolizei zur Unterstützung der Polizeibehörden in den *Bundesländern* eingesetzt werden: bei Naturkatastrophen wie zum Beispiel Überschwemmungen; im Verteidigungsfall, wenn die Bundesrepublik von außen angegriffen wird; bei drohender Gefahr für den Bestand der Bundesrepublik, zum Beispiel bei Aufruhr und Aufstand in der Bevölkerung.

Zur Bundespolizei gehören 2010 rund 33 000 Polizeivollzugsbeamte, das sind Polizeibeamte im Einsatz.

Siehe *Notstand.*

Bundespräsident, an der Spitze der *Bundesrepublik Deutschland* steht als *Staatsoberhaupt* der Bundespräsident. Er wird auch als der erste Mann im *Staat* bezeichnet.
Der Bundespräsident wird für die Dauer von fünf Jahren von der *Bundesversammlung* gewählt. Er kann für fünf Jahre wiedergewählt werden, das jedoch nur einmal.
Die Bundesversammlung setzt sich zur Hälfte aus allen Mitgliedern des *Bundestag*es zusammen, zur anderen Hälfte aus Mitgliedern, die die *Landtag*e der *Bundesländer* gewählt haben. Zum Bundespräsidenten kann jeder Deutsche gewählt werden, der über 40 Jahre alt ist und das *Recht* hat, zu wählen und gewählt zu werden.
Der Bundespräsident ist nicht für die *Politik* der Bundesrepublik verantwortlich. In schwierigen Fällen jedoch liegen besonders wichtige Entscheidungen allein beim Bundespräsidenten: Zum Beispiel entscheidet er allein, ob ein im dritten *Wahl*gang gewählter *Kandidat Bundeskanzler* wird oder ob der Bundestag aufgelöst wird. Bei der Wahl des Bundeskanzlers wird ein dritter Wahlgang im Bundestag nur erforderlich, wenn sich die *Bundestagsabgeordnete*n in den beiden vorangegangenen Wahlgängen nicht mit der notwendigen Stimmenmehrheit für einen Kanzler entscheiden konnten.
Die anderen Aufgaben des Bundespräsidenten ergeben sich aus seiner Stellung als Staatsoberhaupt: Er repräsentiert, das heißt, er vertritt die Bundesrepublik nach außen und nach innen. Es stehen ihm dafür unter anderem die folgenden Rechte zu:
Er empfängt und beglaubigt *Botschafter* fremder Staaten;
er unterzeichnet Verträge mit anderen Staaten, die durch seine Unterschrift in Kraft treten;
er unterzeichnet nach eigener Entscheidung die vom Bundestag beschlossenen *Gesetz*e und verkündet sie im *Bundesgesetzblatt*;
er ernennt den vom Bundestag gewählten Bundeskanzler;
er kann begnadigen, das bedeutet, er kann die Strafe eines Verurteilten mildern oder aufheben;
er verleiht das Bundesverdienstkreuz.
Der Bundespräsident hat eine eigene Behörde, um seine Aufgaben erfüllen zu können: das Bundespräsidialamt.
Siehe *Bundeskanzler*.

Bundesrat, die *Bundesrepublik Deutschland* ist ein *Bundesstaat*; sie besteht aus 16 *Bundesländer*n. Die Interessen der Bundesländer vertritt der Bundesrat: Durch ihn wirken die Bundesländer bei der *Gesetzgebung* und bei der *Verwaltung* der Bundesrepublik mit.
Der Zustimmung des Bundesrates bedürfen alle *Gesetz*e, die die Verwaltung der Bundesländer betreffen, außerdem Gesetze, die das *Grundgesetz* ändern, und Gesetze, die Verträge mit anderen *Staat*en enthalten. Diese Gesetze werden als Zustimmungsgesetze bezeichnet; sie kommen ohne Zustimmung des Bundesrates nicht zustande. Gegen alle anderen Gesetze kann der Bundesrat Einspruch erheben, der aber vom *Bundestag* zurückgewiesen werden kann. Die vom Bundesrat abgelehnten Gesetze müssen im Bundestag erneut beraten werden.
Eine Aufgabe hat der Bundesrat also

Bundesrat und Bundesländer

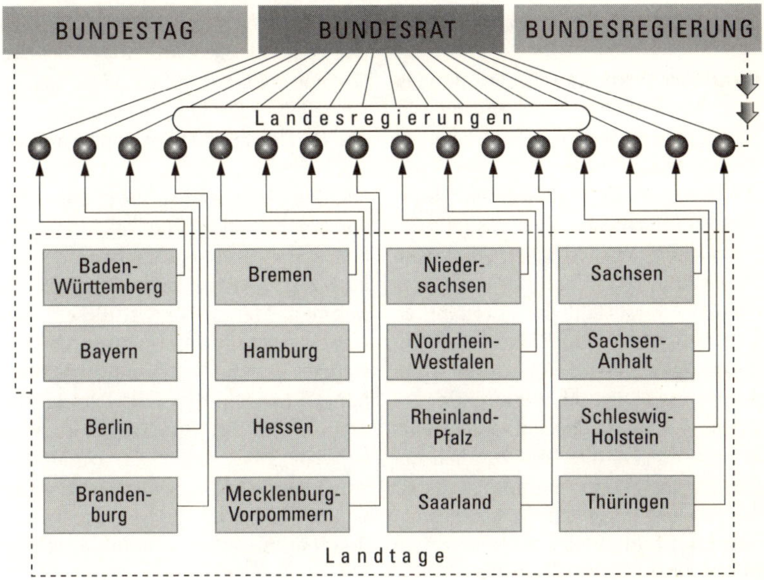

bei der Gesetzgebung, die zweite Aufgabe ist seine Mitwirkung in der Verwaltung: Sie ist am deutlichsten bei den zahlreichen *Rechtsverordnung*en, die die *Bundesregierung* zur Ausführung der Bundesgesetze erlässt. Viele dieser Rechtsverordnungen bedürfen der Zustimmung des Bundesrates.

Jedes Bundesland schickt wenigstens drei Vertreter in den Bundesrat. Länder mit über zwei Millionen Einwohner schicken vier, mit über sechs Millionen schicken fünf, mit über sieben Millionen sechs Vertreter. Die Vertreter der Bundesländer sind Mitglieder der jeweiligen Landesregierungen. Sie werden nicht gewählt, sondern von ihren *Regierung*en in den Bundesrat entsandt. Sie müssen die Anweisungen ihrer Regierungen befolgen. Daher dürfen Bundesratsmitglieder nicht auch Mitglieder des Bundestages sein. Mitglieder des Bundesrates haben Zutritt zu den Sitzungen des Bundestages und können dort sprechen. Dagegen haben *Bundestagsabgeordnete* kein *Recht*, im Bundesrat angehört zu werden. Die Bundesregierung muss den Bundesrat über ihre Handlungen und Pläne unterrichten.

Der *Präsident*, der Vorsitzende des Bundesrates, wird auf ein Jahr gewählt. Bundesratspräsident ist immer der *Ministerpräsident* eines Bundeslandes. Der

Bundesratspräsident ist der Stellvertreter des *Bundespräsidenten*.
Siehe *Bundestag, Gesetzgebung.*

Bundesrechnungshof, der Bundesrechnungshof hat die Aufgabe, die Haushaltsrechnung der *Bundesrepublik Deutschland* zu prüfen.
Vor Beginn eines Jahres werden alle geplanten Einnahmen und Ausgaben des *Staat*es in einem *Haushaltsplan* zusammengestellt. Nach Schluss des Jahres werden die tatsächlichen Einnahmen und Ausgaben in einer Haushaltsrechnung abgerechnet. Die Haushaltsrechnung muss der Bundes*minister* der *Finanzen* dem *Bundestag* und dem *Bundesrat* vorlegen, dazu gehört auch ein Bericht über Vermögen und Schulden der Bundesrepublik. Der Bundesrechnungshof prüft, ob die Rechnung richtig ist und ob das Geld dem Zweck entsprechend vernünftig ausgegeben wurde.
In den *Bundesländer*n gibt es die Landesrechnungshöfe, die für ihren Bereich die gleichen Aufgaben erfüllen wie der Bundesrechnungshof.
Siehe *Haushaltsplan.*

Bundesregierung heißt die *Regierung* eines *Bundesstaat*es. Die *Bundesrepublik Deutschland* ist ein Bundesstaat. Ihre Bundesregierung besteht aus dem *Bundeskanzler* und den Bundes*minister*n. Der Bundeskanzler ist der Chef der Bundesregierung.
Die Bundesregierung regiert die Bundesrepublik. Sie ist oberste ausführende, man sagt auch vollziehende Gewalt: Sie hat die Verantwortung, dass die vom *Bundestag* beschlossenen *Gesetz*e ausgeführt werden. Der Bundestag ist die Vertretung des *Volk*es der Bundesrepublik.
Die Bundesregierung bringt Gesetze ein, das bedeutet, sie schlägt Gesetze vor, wie auch *Bundesrat* und *Bundestag.* Sie regelt außerdem die Beziehungen der Bundesrepublik zu anderen *Staaten*.
Die Bundesregierung wird entweder von einer *Partei* gebildet, oder es schließen sich mehrere Parteien zu einer *Koalition*, das heißt zu einem Bündnis, zusammen. Man spricht in diesem Fall von einer Koalitionsregierung. Die Zusammensetzung der Bundesregierung hängt von dem Ergebnis der *Bundestagswahl* ab. Der Bundeskanzler wird auf Vorschlag des *Bundespräsident*en vom Bundestag gewählt und dann vom Bundespräsidenten ernannt. Die Bundesminister werden auf Vorschlag des Bundeskanzlers vom Bundespräsidenten ernannt und entlassen.
Wird eine Koalitionsregierung gebildet, sind vor der Ernennung der Bundesminister ausführliche Besprechungen zwischen dem Kanzler und den Parteien notwendig. Parteien haben unterschiedliche Auffassungen, wie das Zusammenleben der Menschen im Staat geregelt werden soll. In sogenannten Koalitionsgesprächen wird versucht, die unterschiedlichen Meinungen aufeinander abzustimmen. Die Parteien müssen sich einigen, damit sie gemeinsam regieren können.
In der Bundesrepublik bestimmen drei Prinzipien, das heißt drei Grundsätze, die Zusammenarbeit zwischen dem Bundeskanzler und den Bundesministern.
Das Kanzlerprinzip:
Der Bundeskanzler bestimmt die

Richtlinien der *Politik* und ist dadurch den Ministern übergeordnet;
das *Ressort*prinzip:
Jeder Bundesminister leitet seinen Aufgabenbereich – das ist ein Ressort – in eigener Verantwortung. Er darf sich dabei jedoch nicht in Widerspruch setzen zu den Richtlinien des Bundeskanzlers;
das Kollegialprinzip:
Meinungsverschiedenheiten zwischen den Bundesministern werden von der Bundesregierung durch *Mehrheit*sbeschluss entschieden. In diesem Kollegium ist der Kanzler ‹primus inter pares›, das heißt ‹Erster unter Gleichgestellten›. Ein Kollegium ist eine ‹Gesamtheit von Personen gleichen Amtes oder gleichen Berufes›. Kollegialprinzip heißt also so viel wie ‹Entscheidung durch die Gruppe›.
Die Tätigkeit der Bundesregierung wird vom Bundestag beaufsichtigt und überwacht.
Siehe *Bundestag, Bundeskanzler.*

Bundesrepublik Deutschland (BRD), nach dem Ende des Zweiten *Weltkrieges* wurde *Deutschland* 1945 von den Siegermächten USA, Sowjetunion, Großbritannien und Frankreich in vier Besatzungszonen und das besondere Gebiet *Berlin* aufgeteilt. Die höchste *Regierung*sgewalt übte der *Kontrollrat* aus, der sich aus Vertretern der vier Mächte zusammensetzte. Die Beschlüsse des Kontrollrates mussten einstimmig gefasst werden. Die geplante gemeinsame *Verwaltung* Deutschlands wurde jedoch sehr bald undurchführbar. Ursachen dafür waren außen*politisch*e Gegensätze, die unterschiedlichen *Wirtschaft*sordnungen und Meinungsverschiedenheiten zwischen der Sowjetunion und den drei Westmächten über die *Reparationen,* das heißt über die Schadenersatzleistungen. Die Sowjetunion forderte, dass Deutschland über den Abbau von Fabrikanlagen hinaus die Reparationen auch aus der laufenden Gütererzeugung aufbringen sollte. Dagegen erklärten sich die Westmächte nur mit einem teilweisen Abbau von Maschinen und Fabrikanlagen einverstanden. 1948 verließen die Vertreter der Sowjetunion den Kontrollrat, der nun seine Aufgaben nicht mehr wahrnehmen konnte.
Deutschland zerfiel in zwei Teile: auf der einen Seite die drei Westzonen, die den Westmächten unterstanden, auf der anderen Seite die sowjetische Besatzungszone, SBZ, unter dem Einfluss der Sowjetunion. Siehe dazu *Ostblock und Westmächte, Berlin.*
In den drei Westzonen wurde vor allem mit Hilfe des *Marshallplan*s die Wirtschaft wieder aufgebaut. Unter dem Einfluss der Westmächte begann gleichzeitig der Aufbau einer deutschen Verwaltung, die weitgehend dezentralisiert war. Dezentralisiert bedeutet, dass die Aufgaben der Verwaltung nicht von einer Stelle aus, sondern von verschiedenen unteren Verwaltungsbehörden selbständig geleitet und ausgeführt werden. Infolge der Neuordnung der Verwaltung gliederten sich die Westzonen in die westdeutschen Länder, die heute als die alten *Bundesländer* bezeichnet werden. In den Ländern bildeten sich Regierungen, *Parlament*e und sogenannte Zentralämter, die Ministerien ähnlich waren. Aufgaben und Befugnisse wur-

B

Die Verwaltungsgliederung der Bundesrepublik Deutschland

Niedersachsen:
Zum 1. Januar 2005 wurden die Regierungsbezirke Braunschweig, Hannover, Lüneburg und Weser-Ems aufgehoben und ihre Behörden, die Bezirksregierungen, aufgelöst. Die Zuständigkeiten der Bezirksregierungen wurden auf andere Landesbehörden und Körperschaften umverteilt.

Rheinland-Pfalz:
Zum 1. Januar 2000 wurden die drei verbliebenen Bezirksregierungen von Koblenz, Trier und Rheinhessen-Pfalz in neue Strukturen überführt, deren Zuständigkeiten nicht mehr regional, sondern sachlich bestimmt sind und sich teilweise auf das ganze Bundesland erstrecken:

Sachsen-Anhalt:
Die Regierungsbezirke wurden zum 1. Januar 2004 aufgelöst, die Arbeit der Regierungspräsidien übernahm das für das gesamte Land eingerichtete Landesverwaltungsamt mit Sitz in Halle (Saale) und Nebenstellen in Dessau und Magdeburg

den diesen Einrichtungen von den Besatzungsmächten erteilt. Im Juni 1948 forderten die Westmächte die *Ministerpräsidenten* der westdeutschen Länder auf, eine *Verfassung* für einen westdeutschen Gesamtstaat auszuarbeiten, in dem die Länder zusammengefasst werden sollten. Diese Verfassung ist das *Grundgesetz*, das vom *Parlamentarischen Rat* erarbeitet und von den Parlamenten der Länder, mit Ausnahme Bayerns, angenommen wurde. Das Grundgesetz trat 1949 in Kraft, im gleichen Jahr wurden der erste Deutsche *Bundestag*, der erste *Bundespräsident* und der erste *Bundeskanzler* gewählt: Die Bundesrepublik Deutschland war gegründet.

Das Grundgesetz bestimmt in Artikel 20, dass die Bundesrepublik ein demokratischer und sozialer *Bundesstaat* ist. Bundesstaat bedeutet, dass die Bundesrepublik nach dem Grundsatz des *Föderalismus* aufgebaut ist: Sie besteht aus Bundesländern. Jedes Land ist ein *Staat* für sich mit eigener Regierung und *Volk*svertretung, mit eigener *Gesetzgebung*, Verwaltung und *Rechtsprechung*.

Demokratisch heißt, dass die *Staatsgewalt* vom Volk ausgeht. Das Volk der Bundesrepublik wählt *Abgeordnete*, die in seinem Namen im Bundestag *Gesetze* beschließen. Die Bundesrepublik ist eine *parlamentarische Demokratie*.

Sozial bedeutet, dass die Bundesrepublik und die Länder die Fürsorge für alle Teile der Bevölkerung übernehmen, im Besonderen für die Menschen, denen es schlechter geht als den meisten Menschen.

Das Grundgesetz bestimmt weiter, dass *Partei*en bei der politischen Willensbildung des Volkes mitwirken und dass die Parteien ein notwendiger Bestandteil der demokratischen Grundordnung der Bundesrepublik sind. Das bedeutet, die Parteien geben den Bürgern die Möglichkeit, ihre Interessen und ihren Willen durchzusetzen.

Die Wirtschaftsordnung der Bundesrepublik ist die soziale *Marktwirtschaft*: Die *Produktionsmittel*, zum Beispiel Fabriken, Maschinen und Rohstoffe, sind im Besitz privater Eigentümer, nur ausnahmsweise im Besitz des Staates; es besteht ein Wettbewerb der Hersteller, der durch die Nachfrage der Verbraucher geregelt werden kann; der Staat hat sich verpflichtet, die Fürsorge für die Menschen zu übernehmen, die durch Krankheit, Alter oder Unglücksfälle in Not geraten; der Staat kann durch Gesetze eingreifen, wenn Unternehmen der Wirtschaft ihre Macht gegen die Verbraucher missbrauchen.

Mit dem Beitritt der *DDR* zur Bundesrepublik Deutschland wurde am 3. Oktober 1990 die Vereinigung der Bundesrepublik Deutschland und der Deutschen Demokratischen Republik zu einem deutschen Staat mit 16 Bundesländern vollzogen. Im *Einigungsvertrag* ist unter anderem festgelegt, unter welchen Veränderungen und Ergänzungen das Grundgesetz von diesem Zeitpunkt an auch auf dem Gebiet der ehemaligen DDR Geltung hat.

Am 2. Dezember 1990 fand die erste gesamtdeutsche *Bundestagswahl* statt.

Nach der Vereinigung umfasst die Bundesrepublik Deutschland eine Fläche von 357 104 Quadratkilometern mit rund 82 Millionen Einwohnern. Auf einem Quadratkilometer leben also 230 Menschen. In Frankreich sind es im Vergleich 113 Menschen.

Die Bundesrepublik ist Mitglied der *NATO*, der *Europäischen Union* und der *Vereinten Nationen*.

Siehe *Grundgesetz*, *DDR*, *Einigungsvertrag*, auch *Bundesregierung*, *Bundesrat*, *Gesetzgebungskompetenz*.

Bundesstaat, ein Bundesstaat ist eine Verbindung von *Staat*en: Einzelne selbständige Staaten, man nennt sie auch Gliedstaaten, bilden einen Gesamtstaat, der als Bund bezeichnet wird. Im Bundesstaat sind die staatlichen Befugnisse und Aufgaben auf den Gesamtstaat und auf die Gliedstaaten verteilt. Die Gliedstaaten sind autonom: Einen Teil der *Gesetzgebung* und *Verwaltung* auf ihrem Gebiet üben sie selbst aus, ohne dass der Gesamtstaat ihnen Vorschriften machen darf. Autonom heißt selbständig und unabhängig, *Autonomie* heißt Selbstverwaltung und Selbstverantwortung.

Die *Bundesrepublik Deutschland* zum Beispiel ist ein Bundesstaat: Den Gesamtstaat Bundesrepublik oder den Bund bilden 16 Gliedstaaten, das sind die Länder oder *Bundesländer.* Bundesstaaten sind auch Österreich, Schweiz, Kanada und USA. Der Bundesstaat darf nicht verwechselt werden mit dem *Staatenbund.*

Siehe auch *Bund und Länder, Gesetzgebungskompetenz.*

Bundestag, der Bundestag ist das *Parlament,* das heißt die Volksvertretung, der *Bundesrepublik Deutschland.* Er setzt sich zusammen aus den Vertretern des *Volkes* der Bundesrepublik. Sie heißen *Bundestagsabgeordnete* und werden alle vier Jahre von den Bürgern der Bundesrepublik in den *Bundestagswahl*en gewählt.

Tritt nach einer *Wahl* ein Bundestag zusammen, wählt er seinen *Präsidenten,* das heißt seinen Vorsitzenden, und mehrere Stellvertreter. Sie bilden das *Präsidium,* das heißt den Vorstand des Bundestages.

Der Bundestagspräsident leitet die Sitzungen des Bundestages. Er kann den Bundestag jederzeit zu einer Sitzung einberufen. Er muss ihn einberufen, wenn ein Drittel der *Abgeordnete*n oder der *Bundespräsident* oder der *Bundeskanzler* es verlangen.

Der Bundestag verhandelt grundsätzlich öffentlich, das bedeutet, jeder Bürger kann den Beratungen zuhören.

Die Hauptaufgaben des Bundestages sind:

*Gesetz*e zu beschließen, die vorher in den *Ausschüsse*n eingehend beraten worden sind;

den *Bundeskanzler* zu wählen;

die Arbeit der *Bundesregierung* zu kontrollieren, das heißt zu beaufsichtigen und zu überwachen.

Der Bundestag hat vier *Rechte,* die ihm die Kontrolle über die Bundesregierung ermöglichen:

1. Er bewilligt den *Haushaltsplan,* den ihm die Bundesregierung vorlegt. In einem Haushaltsplan sind alle Einnahmen und Ausgaben eines *Staat*es aufgestellt, soweit man sie für ein Jahr voraussehen kann. Bevor der Bundestag den Haushaltsplan verabschiedet, erörtern die Abgeordneten seine Abschnitte im Einzelnen, wobei es oft zu Änderungen des Planes kommt. Das Recht des Bundestages, den Haushalt zu genehmigen oder zu verweigern, heißt das Haushaltsbewilligungsrecht.

2. Der Bundestag kann und er muss auf Antrag eines Viertels seiner Mitglieder einen Untersuchungsausschuss einsetzen. Ein Untersuchungsausschuss kann unter anderem dann tätig werden, wenn ein Bundes*minister* seine Stellung zu seinem eigenen Nutzen missbraucht hat.

3. In *großen und kleinen Anfragen* können der Bundestag oder Gruppen von einzelnen Abgeordneten jederzeit Aus-

Der Staatsaufbau der Bundesrepublik Deutschland nach dem Grundgesetz

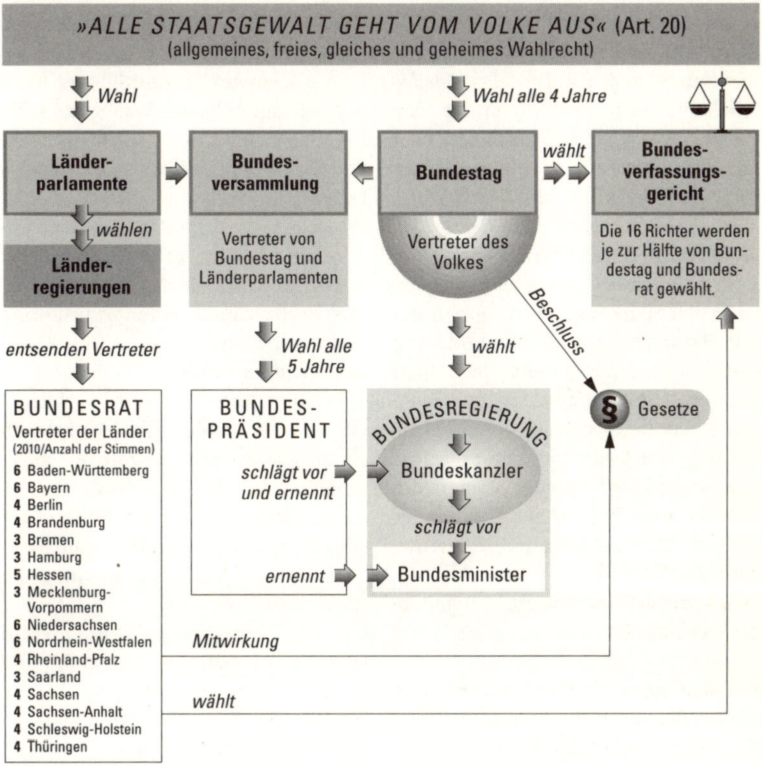

kunft über Absichten und Handlungen der Bundesregierung verlangen. In den Fragestunden kann jeder Abgeordnete Fragen stellen. Das Recht, Fragen zu stellen, nennt man Interpellationsrecht. Interpellation heißt ‹Zwischenfrage aus dem Parlament›.

4. Der Bundestag kann verlangen, dass der Bundeskanzler und alle Mitglieder der Bundesregierung bei den Sitzungen des Bundestages anwesend sind.

Die *Geschäftsordnung* des Bundestages sieht zwei Abstimmungsarten vor: die offene Abstimmung durch Handaufheben, Aufstehen beziehungsweise Sitzenbleiben oder *Hammelsprung* und die geheime Abstimmung mit verdeckten Stimmzetteln.

Siehe *Ausschüsse*, *Fraktion*, *Bundestags-*

abgeordnete, Bundestagswahl, Opposition, auch *Gesetzgebung, Bundesrat.*

Bundestagsabgeordnete heißen die Vertreter des *Volk*es der *Bundesrepublik Deutschland.* Sie bilden den *Bundestag,* das ist das *Parlament* oder die Volksvertretung der Bundesrepublik. Die Abkürzung für Bundestagsabgeordnete ist MdB, das heißt *M*itglied *d*es Deutschen *B*undestages.

Zum *Abgeordnete*n des Bundestages kann jeder Bürger gewählt werden, der selbst wählen darf. Er muss volljährig sein und seit mindestens einem Jahr die deutsche *Staatsangehörigkeit* besitzen. In der Regel sind Bundestagsabgeordnete Mitglieder von *Partei*en. Sie haben ein freies *Mandat*: Weder ihre Wähler noch ihre Parteien können sie zu einer Entscheidung oder Handlung zwingen. Die Parteien haben allerdings Möglichkeiten, die Entscheidungen ihrer Vertreter im Bundestag zu beeinflussen. Siehe dazu *Fraktion.*

Für ihre Arbeit im Bundestag erhalten die Bundestagsabgeordneten 2010 eine Entschädigung von 7668 Euro im Monat, die steuerpflichtig ist. Diese Entschädigung wird auch als Diäten bezeichnet. Nicht steuerpflichtig ist die zusätzliche monatliche Kostenpauschale oder Aufwandsentschädigung in Höhe von 3969 Euro. Der Abgeordnete muss davon unter anderem Beiträge an Partei und Fraktion zahlen und die Kosten für ein Büro und eine Zweitwohnung in Berlin tragen.

Die Abgeordneten des Bundestages genießen unter anderem zwei Vorrechte: Siehe dazu *Immunität, Indemnität.* Siehe auch *Ausschüsse, Bundestag, Bundestagswahl.*

Bundestagswahl, in der Bundestagswahl werden die *Abgeordnete*n für den *Bundestag,* das *Parlament* der *Bundesrepublik Deutschland,* gewählt. Es ist eine allgemeine, unmittelbare, freie, gleiche und geheime *Wahl,* die in der Regel alle vier Jahre stattfindet. Wählen darf jeder Deutsche, der das 18. Lebensjahr vollendet hat und seit mindestens drei Monaten in der Bundesrepublik lebt. Er darf nicht entmündigt sein, noch darf er sein Wahlrecht durch eine Verurteilung verloren haben.

Jeder Wähler wählt

allgemein: Jeder darf wählen, gleichgültig, welchem Geschlecht oder welchem Glaubensbekenntnis er angehört;

unmittelbar: Die Bürger wählen die Abgeordneten unmittelbar und nicht zum Beispiel über Wahlmänner, die für sie wählen;

frei: Die Bürger dürfen bei der Wahl selbst nicht beeinflusst oder zu der Wahl gezwungen werden;

gleich: Die Stimmabgabe jedes Bürgers wird gleich gewertet;

geheim: Jeder Bürger füllt seinen Stimmzettel allein für sich in einer Kabine aus und gibt ihn verschlossen in einem Umschlag ab.

Gewählt werden kann jeder Bürger, der volljährig, selbst wahlberechtigt und seit mindestens einem Jahr deutscher Staatsbürger ist.

In der Bundesrepublik wird sowohl nach dem *Mehrheitswahl*verfahren als auch nach dem *Verhältniswahl*verfahren gewählt. Jeder wahlberechtigte Bürger hat also zwei Stimmen abzugeben. Mehrheitswahl: Mit seiner Erststimme wählt jeder Bürger in seinem

Wahlkreis einen *Kandidat*en, das heißt einen Bewerber: eine Person, deren Namen, *Partei* und Absichten er während des Wahlkampfes kennenlernen konnte. Gewählt ist in jedem Wahlkreis der Kandidat, der mehr Stimmen als jeder seiner Mitbewerber erhält. Der Kandidat hat ein Direkt*mandat* erhalten. Direkt heißt unmittelbar, Mandat heißt Auftrag. Die Wählerstimmen für die Mitbewerber fallen sozusagen unter den Tisch, das bedeutet, sie werden nicht berücksichtigt. Nach dem Ergebnis der *Mehrheit*swahl wird die Hälfte der Sitze im Bundestag besetzt.

Da auf diese Weise viele Wählerstimmen verlorengehen, wird zusätzlich gewählt nach der Verhältniswahl: Mit seiner Zweitstimme wählt jeder Wähler eine Partei. Nach dem Ergebnis der Verhältniswahl wird die zweite Hälfte der Bundestagssitze verteilt: Wie viele Sitze jede Partei bekommt, hängt davon ab, wie viel Prozent aller Zweitstimmen auf die Parteien entfallen.

Welcher Kandidat einer Partei durch die Zweitstimmen einen Sitz im Bundestag erhält, wird durch die Landeslisten bestimmt. Diese Listen werden von den Parteien vor der Wahl aufgestellt; sie enthalten in bestimmter Reihenfolge die Namen der Kandidaten. Wer oben auf der Landesliste steht, hat mehr Aussichten, einen Sitz zu bekommen, als der, der weiter unten verzeichnet ist. Auf die Zusammenstellung der Landeslisten haben die Wähler keinen Einfluss.

Das Verfahren der Verhältniswahl ermöglicht, dass auch kleinere Parteien in einem Parlament vertreten sind. Es kann allerdings auch zur Folge haben, dass sich die Vertretung des *Volk*es in viele kleine Parteien zersplittert. Die ‹Fünf-Prozent-Klausel› verhindert in der Bundesrepublik eine solche Zersplitterung: Bei der Verrechnung der Zweitstimmen werden nur Parteien berücksichtigt, die mindestens fünf Prozent der Zweitstimmen erhalten haben. Die ‹Fünf-Prozent-Klausel› gilt nicht für Parteien, die in der Mehrheitswahl mindestens drei Sitze in unmittelbarer Wahl, also drei Direktmandate, erhalten haben.

Zu so bezeichneten Überhangmandaten kommt es, wenn eine Partei in einem Bundesland mehr Direktmandate gewonnen hat, als ihr nach dem Wahlergebnis der Zweitstimmen im Verhältnis zustehen. Die Zahl der Überhangmandate verändert die Zahl der Sitze im Bundestag.

Siehe *Verhältniswahl*.

Bundesverfassungsgericht, die Aufgabe des Bundesverfassungsgerichts ist, zu entscheiden, ob das *Grundgesetz* verletzt worden ist. Das Grundgesetz ist die *Verfassung* der *Bundesrepublik Deutschland*: Es bestimmt unter anderem, welche *Rechte* jeder Bürger hat und welche Aufgaben und Befugnisse *Parlament*, *Regierung* und *Rechtsprechung* haben. Das Bundesverfassungsgericht gilt als ‹Hüter der Verfassung›. Ein *Gesetz*, das nach dem Urteil des Bundesverfassungsgerichts gegen das Grundgesetz verstößt, wird von ihm außer Kraft gesetzt.

Nicht nur die *Bundesländer*, die *Bundesregierung* oder eine *Partei* können das Bundesverfassungsgericht mit einer Verfassungsklage anrufen. Jeder Bürger der Bundesrepublik kann eine Verfas-

sungsbeschwerde erheben, wenn seine im Grundgesetz festgelegten *Grundrechte* verletzt worden sind.
Das Bundesverfassungsgericht besteht aus zwei *Senat*en mit je acht Bundesrichtern. Je zur Hälfte werden die Richter vom *Bundestag* und vom *Bundesrat* gewählt. Der Sitz des Bundesverfassungsgerichts ist Karlsruhe.
Siehe auch *Gerichte, Norm.*

Bundesversammlung, einzige Aufgabe der Bundesversammlung ist die *Wahl* des *Bundespräsidenten.* Sie findet alle fünf Jahre statt. Die Bundesversammlung setzt sich zur einen Hälfte aus allen Mitgliedern des *Bundestag*es zusammen. Zur anderen Hälfte besteht sie aus Bürgern, die von den *Landtag*en in den *Bundesländer*n gewählt werden.
Siehe auch *Bundesländer.*

Bundeswehr ist die Bezeichnung für die Streitkräfte der *Bundesrepublik Deutschland.* Die Bundeswehr gliedert sich in die Teilstreitkräfte Heer, Marine und Luftwaffe.
In Friedenszeiten hat der Bundes*minister* der Verteidigung den Oberbefehl über die Bundeswehr. Im Verteidigungsfall übernimmt der *Bundeskanzler* die Befehlsgewalt. Über den Einsatz der Bundeswehr im Spannungs- oder Verteidigungsfall entscheidet der *Bundestag.* Das bedeutet, nicht Soldaten, sondern die Vertreter des *Volk*es beschließen, ob und in welcher Form die Bundesrepublik an einer kriegerischen Auseinandersetzung teilnimmt. Die Bundeswehr wurde 1955 gegründet, sechs Jahre nach der Gründung der Bundesrepublik. Die verheerenden Auswirkungen des Zweiten *Weltkrieges*, 1939–1945, und die Angst vor einem neuen *Militarismus* waren die Ursache, dass im *Grundgesetz* die Bildung eigener deutscher Streitkräfte nicht vorgesehen war. Sowohl in der Bevölkerung als vor allem im Bundestag wurden heftige Erörterungen um eine deutsche Wiederbewaffnung geführt. Nachdem die Bundesrepublik 1955 der *NATO*, dem Nordatlantischen Verteidigungsbündnis, beigetreten war, stimmten die *Bundestagsabgeordnete*n mit *Mehrheit* für die Aufstellung der Bundeswehr.
Siehe *Wehrbeauftragter, Wehrpflicht.*

Bund und Länder, die *Bundesrepublik Deutschland* ist ein *Bundesstaat*: 16 Gliedstaaten, die Länder oder *Bundesländer*, bilden den Gesamtstaat Bundesrepublik oder, wie man sagt, den Bund. Die staatlichen Aufgaben und Befugnisse sind auf den Bund und auf die Länder verteilt. Es ist zum Beispiel Aufgabe des Bundes, für alle *Staat*en im Bund die Angelegenheiten der Verteidigung und der Außen*politik* zu regeln. Das bedeutet, nur in der *Bundesregierung* gibt es einen *Minister* des Auswärtigen und einen Minister der Verteidigung.
Dagegen ist es Aufgabe der Länder, die kulturellen Angelegenheiten, wie zum Beispiel das Schulwesen, unabhängig vom Bund zu regeln.
Die Länder haben eigene *Volks*vertretungen, das sind die *Landtag*e. Die Landtags*abgeordnete*n wählen den *Ministerpräsident*en und beaufsichtigen die Landes*regierung.* Die Regierungen der Länder bestehen aus den Ministerpräsidenten und Ministern.

Der *Bundesrat* ist die Vertretung der Länder, durch ihn wirken sie bei der *Gesetzgebung* und *Verwaltung* des Bundes mit. Die Volksvertretung des Bundes ist der *Bundestag*. Die Regierung des Bundes ist die Bundesregierung, sie besteht aus dem *Bundeskanzler* und den Bundesministern.
An der Spitze der Bundesrepublik steht als *Staatsoberhaupt* der *Bundespräsident*.
Siehe *Gesetzgebungskompetenz*, *Bundesstaat*.

C

CDU, siehe *Parteien im Bundestag*.

Chauvinismus ist übersteigerter Stolz auf das Vaterland. Der Chauvinist erkennt nur die Leistungen des eigenen *Volk*es an und überschätzt sie. Siehe auch *Nationalismus*.

COMECON ist die Abkürzung für ‹*Co*uncil for *M*utual *Econ*omic Assistance›, siehe *RGW*.

Commonwealth ist englisch und heißt Gemeinwohl.
Das britische ‹Commonwealth of Nations› wird meist abgekürzt ‹das Commonwealth› genannt. Es ist die Gemeinschaft von 54 unabhängigen *Staat*en, von denen die meisten früher zum ‹British Empire›, zum Britischen Weltreich, gehörten. Das British Empire umfasste das Mutterland Großbritannien und seine Kolonien. Eine Kolonie ist ein Land, das nicht von seinen Einwohnern selbst regiert wird, sondern meist von der *Regierung* eines Staates in einem anderen Teil der Welt. Zum Commonwealth gehören unter anderem Großbritannien, Australien, Ghana, Sri Lanka, Kanada und Neuseeland.
Die englische Königin gilt als Oberhaupt des Commonwealth: Sie ist das Symbol, das heißt, sie ist Zeichen für die freie Vereinigung seiner unabhängigen Mitgliedsstaaten.

CSU, siehe *Parteien im Bundestag*.

D

Datenschutz, die persönlichen Daten eines Menschen umfassen die genauen Angaben zum Beispiel über seinen Namen, seine Adresse, sein Alter oder seine Gesundheit. Außerdem gibt es Angaben über seine sachlichen Verhältnisse, das sind Daten zum Beispiel über sein Einkommen oder seinen Besitz.
Daten werden, wie man sagt, erhoben. Die Schulbehörde zum Beispiel erhebt die Daten eines Schülers und seiner Eltern bei der Einschulung, eine Bank erhebt Daten eines Sparers bei der Einrichtung eines Kontos. Auch Wissenschaftler können Daten erheben, zum Beispiel über die Krankheiten eines Menschen.
Alle Daten können aufgehoben, ‹gespeichert› werden – auf Karteikarten, auf Magnetbändern, Festplatten oder Disketten. Die Speicherung auf Magnetbändern oder auf den verschiedenen Platten nennt man automatische Datenverarbeitung. Die gespeicherten

Daten können grundsätzlich jederzeit aus diesen Anlagen abgerufen und ausgewertet werden.
Um zu verhindern, dass Missbrauch getrieben wird mit den persönlichen Angaben eines Menschen, verabschiedete der *Bundestag* 1977 das Bundesdatenschutz*gesetz*, das 1990 mit einem Nachtrag, in den folgenden Jahren mit zahlreichen Ergänzungen versehen wurde. In den *Bundesländer*n wurden Landesdatenschutzgesetze erlassen. Diese Gesetze bestimmen unter anderem, dass jeder Bürger das *Recht* hat, über die von ihm gespeicherten Daten Auskunft zu erhalten, um Daten gegebenenfalls berichtigen oder löschen lassen zu können. Sogenannte Datenschutzbeauftragte sollen darüber wachen, dass die Bestimmungen der Datenschutzgesetze eingehalten werden. Der Datenschutz schützt die im *Grundgesetz* festgelegten *Grundrechte* des Menschen, zum Beispiel das Recht auf freie Entfaltung seiner Persönlichkeit.
Seit 1978 gibt es den Bundesbeauftragten für den Datenschutz; er wird auf fünf Jahre vom Bundestag gewählt, er ist weisungsunabhängig, nur an das Gesetz gebunden. Die Hauptaufgabe des Bundesbeauftragten besteht darin, die Einhaltung des Datenschutzes bei den Bundesbehörden, anderen öffentlichen Stellen des Bundes und bei Post- und Tele*kommunikation*sunternehmen zu überwachen.

DDR, Deutsche Demokratische Republik, nach dem Ende des Zweiten *Weltkrieg*es wurde *Deutschland* 1945 von den Siegermächten USA, Sowjetunion, Großbritannien und Frankreich in vier Besatzungszonen und das besondere Gebiet Berlin aufgeteilt. Die höchste *Regierung*sgewalt übte der *Kontrollrat* aus, der sich aus Vertretern der vier Mächte zusammensetzte. Die Beschlüsse des Kontrollrats mussten einstimmig gefasst werden. Die geplante gemeinsame *Verwaltung* Deutschlands wurde jedoch sehr bald undurchführbar. Ursachen dafür waren außen*politisch*e Gegensätze, die unterschiedlichen *Wirtschaft*sordnungen und Meinungsverschiedenheiten zwischen der Sowjetunion und den drei Westmächten über die *Reparationen*, das heißt über die Schadenersatzleistungen. Die Sowjetunion forderte, dass Deutschland über den Abbau von Fabrikanlagen hinaus die Reparationen auch aus der laufenden Gütererzeugung aufbringen sollte. Dagegen erklärten sich die Westmächte nur mit einem teilweisen Abbau von Maschinen und Fabrikanlagen einverstanden. 1948 verließen die Vertreter der Sowjetunion den Kontrollrat, der nun seine Aufgaben nicht mehr wahrnehmen konnte.
Deutschland zerfiel in zwei Teile: auf der einen Seite die drei Westzonen, die den drei Westmächten unterstanden, auf der anderen Seite die *s*owjetische *B*esatzungs*z*one, SBZ, unter dem Einfluss der Sowjetunion. Siehe dazu *Ostblock und Westmächte, Berlin.*
1949, einen Monat nach der Gründung der *Bundesrepublik Deutschland*, wurde in der sowjetischen Besatzungszone die DDR gegründet. Die DDR war ein Einheits*staat*: Verwaltung und Wirtschaft wurden von einer übergeordneten Zentrale aus geplant und gelenkt. Die übergeordnete Zentrale bildeten

Der Staatsaufbau der DDR

5 Länder

14 Bezirke

Die neuen Bundesländer

5 Bundesländer

die Parteiführung der *SED*, der *S*ozialistischen *E*inheitspartei *D*eutschlands, und die von der SED bestimmte Regierung. Zur SED hatten sich 1946 die ‹*K*ommunistische *P*artei *D*eutschlands›, KPD, und die ‹*S*ozialdemokratische *P*artei *D*eutschlands›, SPD, zusammengeschlossen.

Der Aufbau der Wirtschaft in der DDR war vor allem durch die sehr hohen Reparationen an die Sowjetunion erschwert.

Neben der Planung waren *sozialistisch*e Eigentumsverhältnisse wichtigstes Merkmal der DDR-Wirtschaft: Die *Produktionsmittel*, das sind zum Beispiel Rohstoffe, Fabriken und Maschinen, waren Eigentum der *Gesellschaft*. Auch in der Landwirtschaft war das Privateigentum abgeschafft und in Form von *L*andwirtschaftlichen *P*roduktions*g*enossenschaften, den *LPG*, in den Besitz von Gemeinschaften überführt worden. Siehe dazu *Sozialisierung*.

Regierung und *Parlament* der DDR hatten in Ost-Berlin ihren Sitz. Die Regierung der DDR hieß *Ministerrat*; er bestand aus 40 *Minister*n, geleitet wurde er vom Vorsitzenden des Ministerrats. Das Parlament, die Vertretung des *Volk*es der DDR, hieß *Volkskammer*. Oberste Vertretung der DDR nach außen war der *Staatsrat*.

Es gab in der DDR fünf *Partei*en. Neben der SED waren das die *C*hristlich-*D*emokratische *U*nion, CDU, die *L*iberal*d*emokratische *P*artei *D*eutschlands, LDPD, die *N*ational-*D*emokratische *P*artei *D*eutschlands, NDPD, und die *D*emokratische *B*auernpartei *D*eutschlands, DBD. Die führende Rolle der SED war jedoch von den anderen Parteien unbestritten. Alle wichtigen Staatsämter waren mit führenden Mitgliedern der SED besetzt. Das bedeutete, Staat und Partei waren eng verknüpft, und die SED bestimmte die Politik der DDR. Siehe dazu *SED*.

Alle Parteien und die Massen*organisation*en *FDGB*, der *F*reie *D*eutsche *G*ewerkschafts*b*und, *FDJ*, die *F*reie *D*eutsche *J*ugend, DFD, der *D*emokratische *F*rauenbund *D*eutschlands, und der Kulturbund der DDR hatten sich zur *Nationalen Front* zusammengeschlossen.

Für die Wahlen zur Volkskammer stellte die Nationale Front Einheitslisten auf, in denen jedoch nur *Kandidat*en zur *Wahl* gestellt wurden, die Absichten und Ziele der SED verfolgten.

1968 beschloss die Volkskammer eine neue *Verfassung* für die DDR. Die Verfassung bestimmte die DDR als einen sozialistischen Staat, in dem die Werktätigen unter der Führung der SED den *Sozialismus* verwirklichen.

Im Oktober 1974 trat eine grundlegend veränderte Verfassung in Kraft. In ihr wurde für immer und unwiderruflich das Bündnis der DDR mit der Sowjetunion festgelegt. Die in der Verfassung von 1968 noch enthaltenen Hinweise auf den Bestand einer deutschen *Nation* und auf das Ziel einer Vereinigung beider deutscher Staaten wurden gestrichen.

1978 wurde in der DDR erster Widerstand laut gegen die Herrschaft der SED. Anlass war die Einführung eines sogenannten Wehrkundeunterrichts in den oberen Klassen der Schulen. Dagegen lehnten sich zunächst viele Pfarrer auf, mit ihnen zusammen immer mehr junge Mitglieder der Kirchengemeinden. Unter dem Leitspruch

‹Schwerter zu Pflugscharen› bildeten sich in vielen Kirchengemeinden Friedenskreise, es gründeten sich *Bürgerrechtsbewegung*en. Vor allem Spitzel und hauptamtliche Mitarbeiter des *S*taats*s*icherheits*d*ienstes, *SSD*, beobachteten und verfolgten die Friedens- und Bürgerrechtsgruppen. Es kam zu Festnahmen; Veröffentlichungen in Kirchenzeitungen wurden staatlich überwacht.

Zu offenem Widerstand der Bevölkerung gegen Regierung und Partei kam es, als die Bürgerrechtsbewegungen herausfanden, dass die Gemeindewahlen im Mai 1989 ganz offensichtlich gefälscht worden waren. Ermutigt durch die politischen Veränderungen in der Sowjetunion, wo unter den Begriffen *Glasnost* und Perestroika den Bürgern mehr Mitsprache an politischen Entscheidungen versprochen worden war, gingen im September 1989 Hunderttausende von Bürgern in der DDR zu friedlichen *Demonstrationen* auf die Straßen. Glasnost heißt auf Deutsch Offenheit und Öffentlichkeit, Perestroika bedeutet Umwandlung und Umbau. Die Demonstranten forderten zunächst Meinungs- und Versammlungsfreiheit, bald danach die Zulassung von *Opposition*sgruppen, freie Wahlen und Reisefreiheit. Als erste Widerstandsgruppe hatte sich das ‹Neue Forum› gegründet.

Die Forderung der Demonstranten, ungehindert und ohne weiteres aus der DDR ausreisen zu können, wurde dadurch verstärkt, dass Ungarn seine Grenze zu Österreich geöffnet hatte und Tausende von DDR-Bürgern diese nun freie Grenze als Fluchtweg aus der DDR benutzt hatten.

Das teilweise gewalttätige Vorgehen der sogenannten Sicherheitskräfte gegen die Demonstranten, insbesondere in Leipzig, bewirkte weitere Massendemonstrationen in allen größeren Städten der DDR. Mit dem Ruf ‹Wir sind das Volk – keine Gewalt› entwickelte sich die Auflehnung der Bevölkerung zu einem gewaltlosen Aufstand.

Die Macht der SED brach zusammen. Die Ereignisse nahmen einen außerordentlich schnellen Verlauf: Ein neues Reisegesetz wurde veröffentlicht; die Regierung trat geschlossen zurück; am 9. November 1989 öffnete die DDR die Grenzübergänge zur Bundesrepublik und nach West-Berlin; die Volkskammer wählte einen neuen *Ministerpräsident*en; der Führungsanspruch der SED wurde aus der Verfassung der DDR gestrichen; alle Beschwichtigungsversuche der SED hatten keinen Erfolg: *Politbüro* und *Zentralkomitee* der SED traten zurück; die *Blockparteien* lösten sich aus der Nationalen Front; neue Parteien gründeten sich.

Anfang Dezember 1989 trafen sich zum ersten Mal Vertreter der ehemaligen Blockparteien, auch Mitglieder der Regierung, mit führenden Vertretern der Oppositionsgruppen an einem ‹Runden Tisch› zu Beratungen über die Zukunft der DDR. Der Runde Tisch empfahl die Abhaltung freier Wahlen im Mai 1990.

In Leipzig gingen die sogenannten Montagsdemonstrationen weiter, zum ersten Mal war die Forderung nach einem vereinten Deutschland zu hören. Die SED beschloss auf einem außerordentlichen Parteitag eine Ergänzung ihres Parteinamens, dieser lautete jetzt

‹SED-Partei des demokratischen Sozialismus›. Später wird die Partei nur noch die ergänzte Bezeichnung behalten und sich ‹*P*artei des *D*emokratischen *S*ozialismus›, *PDS*, nennen.

Am 18. März 1990 fanden vorgezogene Volkskammer-Wahlen statt, für die einige der Bürgerbewegungen Wahlbündnisse eingingen. Es waren die ersten freien, allgemeinen, gleichen, direkten und geheimen Wahlen in der DDR. Einen unerwartet hohen Wahlsieg errang die ‹Allianz für Deutschland›, zu der sich die CDU und die neu gegründeten Parteien ‹*D*emokratischer *A*ufbruch›, DA, und die ‹*D*eutsche *S*oziale *U*nion›, DSU, zusammengeschlossen hatten. Hauptpunkt im *Programm* der *Allianz* war die Vereinigung der beiden deutschen Staaten.

Für die neue Regierung der DDR bildeten ‹Allianz für Deutschland›, die hier neugegründete *S*ozialdemokratische *P*artei *D*eutschlands, *SPD*, und die Liberalen eine große *Koalition*. Die PDS erhielt einen Stimmenanteil von 16,4 Prozent, sie war in der Opposition.

Am 21. Juni 1990 beschloss die Volkskammer, sich der Bundesrepublik in einer Wirtschafts-, *Währung*s- und *Sozial*union anzuschließen. Das bedeutete zunächst einmal, dass ab 1. Juli 1990 die DM auch Zahlungsmittel in der DDR war und Löhne und Gehälter im Verhältnis 1:1 umgestellt wurden. Die Angleichung der staatlich gelenkten Wirtschaft in der DDR an die *Marktwirtschaft* in der Bundesrepublik stellte sich als sehr schwierig heraus. Es offenbarte sich, dass die Wirtschaft der DDR zerrüttet und einem Wettbewerb nicht gewachsen war. Dazu kam, dass zum Beispiel die *Infrastruktur*, Straßen unter anderem, Telefon-, Strom- und Wasserleitungen völlig heruntergekommen waren. Zahlreiche Häuser befanden sich in einem baufälligen Zustand. Selbstverständliche Maßnahmen des Umweltschutzes waren grob vernachlässigt worden.

Im Juli 1990 beschloss die Volkskammer, in der DDR wieder die Einteilung in Länder einzuführen. Das 108 174 Quadratkilometer große Gebiet der DDR war 1952 in 14 Bezirke gegliedert worden; Berlin galt als 15. Bezirk. Die DDR wurde jetzt in die fünf Länder Mecklenburg-Vorpommern, Brandenburg, Sachsen-Anhalt, Sachsen und Thüringen eingeteilt.

Am 12. September 1990 wurde zwischen der Bundesrepublik Deutschland, der DDR und den ehemaligen Siegermächten des Zweiten Weltkrieges, USA, Sowjetunion, Großbritannien und Frankreich, der *Zwei-plus-vier-Vertrag* geschlossen. Der Vertrag bestimmt unter anderem, dass das vereinte Deutschland die volle *Souveränität* erhält. Souveränität bedeutet, dass ein Staat seine inneren und äußeren Angelegenheiten nach eigenem Ermessen entscheiden kann.

Am 20. September 1990 stimmte die Volkskammer über den *Einigungsvertrag* ab, der die Grundlage bildet für die Vereinigung der Bundesrepublik und der DDR zu einem deutschen Staat. Gegen den Vertrag stimmten die *Abgeordnete*n von ‹Bündnis 90›, der Grünen und der PDS.

Am 3. Oktober 1990 wurde die Vereinigung der Bundesrepublik und der DDR vollzogen; der 3. Oktober ist seitdem *‹Tag der Deutschen Einheit›* und

gesetzlicher Feiertag. Am 2. Dezember 1990 fand die erste gesamtdeutsche *Bundestagswahl* statt.
Die ehemalige DDR war Mitglied im *Warschauer Pakt* und im *R*at für *g*egenseitige *W*irtschaftshilfe, *RGW*.
Siehe *Einigungsvertrag, Zwei-plus-vier-Vertrag*, auch *Berlin, Berlin-Abkommen, Parteien im Bundestag, Solidaritätszuschlag*.

Debatte nennt man eine Aussprache, die ein kleinerer oder größerer Kreis von Menschen mit unterschiedlichen oder gegensätzlichen Auffassungen führt. Als Debatten werden vor allem die Erörterungen der *Volk*svertreter in *Parlament*en bezeichnet.

de facto, de jure, de facto ist ein lateinischer Begriff und heißt tatsächlich. De jure, auch lateinisch, heißt ‹nach dem geltenden *Recht*› oder ‹von Rechts wegen›.
Beide Begriffe werden in der Regel gegenübergestellt, um einen Unterschied zu betonen: Verbraucher zum Beispiel, die sich einen Fernsehapparat auf Raten gekauft haben, verhalten sich de facto wie Eigentümer, obwohl sie de jure nicht Eigentümer sind, solange der Fernseher nicht voll bezahlt ist.

Defätismus heißt Miesmacherei oder Schwarzseherei. Ein Defätist ist ein Miesmacher, defätistisch heißt miesmachend.
Die Begriffe werden im Allgemeinen nur in Kriegszeiten benutzt: Ein Defätist sieht schwarz für die eigene Seite, das heißt, er glaubt nicht an einen Sieg oder Erfolg.

Defensive heißt Verteidigung oder Abwehr. Ein Defensivkrieg ist ein Verteidigungskrieg. Ein Mensch oder ein *Staat*, der sich defensiv verhält, greift nicht an – er verteidigt seine Interessen oder wehrt einen Angriff ab. Im Gegensatz dazu steht die *Offensive*, der Angriff.

Defizit ist ein Fehlbetrag oder ein Verlust.

de jure, siehe *de facto*.

Deklaration, eine Deklaration ist eine Erklärung. Die ‹Erklärung der *Menschenrechte*› in Amerika im Jahre 1776 zum Beispiel ist eine Deklaration *politisch*er Grundsätze.

Dekret nennt man eine Verfügung oder einen Erlass, der von einer Behörde oder von einem Richter ausgeht.

Delegation, eine Delegation ist eine Abordnung, Delegierte sind Abgesandte.
Eine Schulklasse zum Beispiel hat ein Problem, das sie der Schulleitung vortragen möchte. Es werden nun nicht alle Schüler der Klasse ins Vorzimmer des Direktors laufen: Die Klassengemeinschaft wählt zwei Schüler aus, die das Problem vor der Schulleitung vertreten. Die beiden Schüler bilden eine Delegation, sie sind Delegierte. Die Klasse überträgt den beiden Schülern die Vertretung der Klasse vor dem Direktor – sie delegiert die *Rechte* aller auf zwei. Genauso delegieren Interessengruppen oder *Staat*en ihre Vertreter zu Tagungen, Versammlungen oder *Konferenz*en.

Delikt nennt man jede Handlung, die gegen das geltende *Recht* verstößt. Ein Delikt kann ein Vergehen oder auch ein Verbrechen sein.

Demagoge, ein *Politik*er, der mit Unwahrheiten und Schmeicheleien, mit Versprechungen und Täuschungen versucht, Anhänger zu gewinnen, wird als Demagoge bezeichnet. Ein Demagoge ist ein *Volk*sverführer, der die Menschen aufwiegelt. Demagogie ist Volksverführung, demagogisch ist aufwieglerisch.

Demarche ist ein französisches Wort, das ohne deutsche Übersetzung ausschließlich in der Sprache der *Diplomatie* verwendet wird. In einer Demarche lässt eine *Regierung* durch ihren *Diplomat*en eine mündliche oder schriftliche Anfrage bei der Regierung eines anderen *Staat*es stellen. Die Bezeichnung Demarche wird vor allem dann angewendet, wenn in der Anfrage Beschwerden, Warnungen oder Forderungen vorgetragen werden.

Demarkationslinie, eine Demarkation ist eine Abgrenzung. Eine Demarkationslinie ist keine *Staat*sgrenze, sondern nur eine vorläufige Grenzziehung. Sie wird meist nach Kriegen als Abgrenzung zwischen zwei feindlichen Machtbereichen festgelegt. Bis zur Regelung durch einen Friedensvertrag einigen sich beide Seiten, die Demarkationslinie nicht zu überschreiten.

Dementi heißt Widerruf oder Richtigstellung. Dementis können in Zeitungen erscheinen: Eine vorher mit Absicht oder unabsichtlich falsch oder ungenau abgedruckte Nachricht wird richtiggestellt.
Dementis werden auch von *Politik*ern abgegeben: Meist dementieren Politiker Äußerungen, die ihnen von anderen unterstellt wurden. Es kommt auch vor, dass Politiker ihre eigenen Äußerungen dementieren müssen.

Demographie ist die Beschreibung vom Zustand und der Veränderung der Bevölkerung nach Zahl und Zusammensetzung in einem bestimmten Gebiet, man spricht auch von der Bevölkerungswissenschaft. Die Bevölkerung bilden alle Männer, Frauen und Kinder, die in einem Dorf, einer Stadt, einem Land oder auch auf der ganzen Welt zusammenleben. Im Laufe der Zeit kann sich der Aufbau einer Bevölkerung verändern, etwa weil mehr Menschen einwandern als auswandern oder weniger Menschen geboren werden als sterben. Ein so bezeichneter demographischer Wandel entwickelt sich zum Beispiel in den letzten Jahrzehnten in *Deutschland* und anderen europäischen Ländern: Es werden immer weniger Menschen geboren, und die Menschen leben immer länger. Der Anteil der Älteren an der Bevölkerung steigt, es kommt zu einer so bezeichneten Überalterung der Bevölkerung.
Demographen sind die Wissenschaftler, die demographische Entwicklungen erforschen und beschreiben. Ihre Untersuchungen und Berechnungen können dazu beitragen, dass zum Beispiel eine Stadt oder ein *Staat* rechtzeitig genügend Kindergärten und Schulen oder Krankenhäuser und Plätze in Altersheimen bereitstellt.

Demokratie heißt ‹Herrschaft des *Volk*es›, demokratisch heißt ‹in der Art einer Demokratie›.

Ein Beispiel aus dem Kreis der Familie: Eine sechsköpfige Familie will in den großen Ferien verreisen. Das ist eine Entscheidung, die alle Familienmitglieder betrifft. Wenn die Eltern Ziel und Dauer des Urlaubs nicht allein bestimmen, sondern die Kinder in die Beratung eingeschlossen werden, herrscht Demokratie in der Familie, wird die Urlaubsplanung demokratisch vollzogen: Die Kinder, für die eine Entscheidung getroffen werden soll, bestimmen die Entscheidung mit. Eine der Grundlagen der Demokratie ist das Stimmrecht der Bürger. Außerdem ist Demokratie durch den Grundsatz der *Mehrheit* gekennzeichnet. Wieder auf die Familie bezogen: Es ist nicht möglich, dem Wunsch jedes Familienmitgliedes gerecht zu werden, die Familie muss sich auf einen Urlaubsort einigen. Der Kinderspruch ‹Mehrzahl siegt, Einzahl fliegt› gilt jedoch in demokratischen *Staat*en und Gruppen nicht. Grundsätzlich hat jede Minderheit die Möglichkeit, bei einer Abstimmung zur Mehrheit zu werden, wenn sie die Mehrheit der Bürger überzeugt, ihre Interessen besser zu vertreten. Deshalb gehört der Schutz der Minderheit, man kann auch sagen die Freiheit für alle, ebenso grundsätzlich zur Demokratie wie das Entscheidungsrecht der Mehrheit.

Die Millionen Einwohner eines Staates sind nicht wie eine Familie in einem Raum zu versammeln. Die Staatsbürger benutzen ihr Stimmrecht, um *Abgeordnete* zu wählen, die sie im *Parlament* vertreten und in ihrem Namen *Gesetz*e beschließen. Jeder Bürger hat die Wahl zwischen den Vertretern zweier oder mehrerer *Partei*en, die unterschiedliche Interessen durchsetzen wollen. Die dritte Grundlage einer Demokratie ist also die Freiheit der Entscheidung zwischen mehreren Angeboten.

Ein weiteres Merkmal der Demokratie ist die *Gewaltenteilung.* Die gesetzgebende Gewalt, das ist das Parlament, und die ausführende Gewalt, das sind *Regierung* und *Verwaltung,* und die *Rechtsprechung* sind voneinander getrennt und überwachen sich gegenseitig. Die Gewaltenteilung verhindert, dass die Staatsgewalt nur bei einer Person oder einer Gruppe von Personen liegt, die sie unter Umständen missbraucht.

Bedingungen einer Demokratie sind also: Stimmrecht, Mehrheitsbeschluss, Minderheitenschutz, Entscheidungsfreiheit und Gewaltenteilung. Verschiebt sich in einem Staat das Gleichgewicht zwischen diesen Grundsätzen, bis einer oder mehrere verlorengehen, ist es strittig, ob der Staat als Demokratie anzusprechen ist. Es gibt zum Beispiel Staaten, in denen die Entscheidungsfreiheit der Bürger zwischen mehreren Möglichkeiten eingeschränkt oder sogar unmöglich ist – trotzdem bezeichnen sich diese Staaten als Demokratien. Und es gibt Staaten, die sich Demokratien nennen, obwohl der entscheidende Einfluss in diesen Staaten nicht von der Mehrheit ausgeht, sondern von einigen wenigen und in deren Interesse.

Demokratie kann nur verwirklicht werden, wenn alle Bürger im Staat begreifen, dass sie selbst der Staat sind.

Demokratie erfordert von jedem Bürger Mitarbeit, Mitverantwortung und die Bereitschaft, über das eigene Wohl hinaus am Wohl der Gemeinschaft mitzuwirken. Nicht alle Menschen sind dazu bereit und fähig.
Siehe auch *parlamentarische Demokratie, repräsentative Demokratie, Räterepublik, Mandat.*

Demonstration, eine Demonstration ist eine ‹öffentliche Kundgebung›. Mit einer Demonstration wollen Menschen andere Menschen auf etwas hinweisen: zum Beispiel auf ein *Gesetz*, das die *Regierung* plant. Eine Demonstration kann für oder gegen dieses Gesetz veranstaltet werden.
Auch Ereignisse in fremden *Staat*en können Anlass zu Demonstrationen sein.
Demonstranten versammeln sich auf großen, belebten Plätzen oder ziehen durch verkehrsreiche Straßen. Mit Sprechchören, Plakaten und Flugzetteln verkünden sie ihre Meinung.
In der *Bundesrepublik Deutschland* hat jeder das *Recht*, allein oder in Gruppen zu demonstrieren. Er muss allerdings bestimmte Gesetze beachten, zum Beispiel das Versammlungsgesetz und die Straßenverkehrsordnung.

Demoskopie heißt Meinungsforschung, Demoskopen sind Meinungsforscher.
Erforscht wird die Meinung der Bürger zu unterschiedlichen Fragen. Eine *Regierung* oder *Partei*en wollen zum Beispiel wissen, wie die Bürger wählen werden.
Meinungsforschungsinstitute werden beauftragt, die Frage an die Bürger zu stellen. Eine bestimmte Anzahl von Personen aus der Bevölkerung wird ausgewählt, weil man unmöglich alle Bürger fragen kann. Diese Gruppe muss einen Querschnitt durch die gesamte Bevölkerung darstellen. Die Befragten vertreten nach Alter, Beruf, Geschlecht, Schulbildung und Glaubensbekenntnis die Gesamtbevölkerung. Man nennt das eine repräsentative Stichprobe oder eine Repräsentativumfrage. Repräsentativ heißt stellvertretend und ‹eine Personenmenge nach Beschaffenheit und Zusammensetzung vertretend›. Die Auswahl der Stichprobe soll ein verkleinertes, aber wirklichkeitstreues Abbild der Gesamtbevölkerung liefern. Das Verfahren, sozusagen das Kleinbild auf das Großbild der gesamten Bevölkerung zu erweitern, heißt Hochrechnung.

denunzieren heißt anzeigen, im engeren Sinne mit der Bedeutung von anschwärzen. Wer einer Person oder einer Behörde eine falsche oder den Sachverhalt entstellende Anzeige macht, um damit einem Menschen zu schaden, der denunziert.
Der Anzeigende ist ein Denunziant, die Anzeige ist eine Denunziation.

Deportation ist die zwangsweise Umsiedlung von Menschen. Man kann Menschen innerhalb ihres Heimatlandes in ein fremdes Gebiet oder aus ihrem Heimatland in ein fremdes Land deportieren. Deportationen werden von *Regierung*en angeordnet und können sich gegen einzelne Menschen, manchmal auch gegen große Menschengruppen richten.

Deputation heißt Abordnung und Ausschuss. Als Bezeichnung für Abordnung wird das Wort heute kaum noch verwendet, meist wird das Wort *Delegation* benutzt.
In einigen Bundesländern werden die *Ausschüsse* Deputationen genannt: Das sind Arbeitsgruppen, in denen *Abgeordnete* die *Gesetze* beraten, die anschließend im *Landtag* beschlossen werden. Die Abgeordneten können auch als Deputierte bezeichnet werden.

designieren heißt bezeichnen und ‹für ein Amt vorbestimmen›. Ein designierter *Minister* zum Beispiel ist eine Person, die für das Amt eines Ministers bestimmt worden ist.

Deutsche Bundesbank, siehe *Bundesbank*.

Deutschland, ein einheitlicher *Staat* war Deutschland von 1871 bis 1945 als Deutsches Reich. Von 1871 bis 1918 war es ein Kaiserreich, seit 1918 eine *Republik*. Von 1933 bis 1945 herrschte der *Nationalsozialismus* in Deutschland.
1945, nach dem Ende des Zweiten *Weltkrieg*es, wurde Deutschland in vier Besatzungszonen aufgeteilt. 1949 entstanden zwei deutsche Staaten: die *Bundesrepublik Deutschland* und die *DDR*, die *D*eutsche *D*emokratische *R*epublik. Der Begriff Deutschland war nicht mehr gleichbedeutend mit einem deutschen Staat.
1990 fand die Vereinigung beider Staaten zu einem deutschen Staat statt. Siehe *Einigungsvertrag*.

Deutschland-Vertrag und Pariser Verträge, nach dem Ende des Zweiten *Weltkrieg*es wurde *Deutschland* 1945 in vier Besatzungszonen und das besondere Gebiet *Berlin* aufgeteilt. Deutschland und Berlin wurden von den Siegermächten USA, Sowjetunion, Großbritannien und Frankreich verwaltet.
Die *Rechte* der drei Westmächte USA, Großbritannien und Frankreich in den von ihnen besetzten Gebieten waren im Besatzungs*statut* niedergelegt.
1949 wurde die *Bundesrepublik Deutschland* gegründet: Die drei Westzonen bildeten einen *Staat*. Trotzdem galt das Besatzungsstatut weiter. Es schränkte die *Souveränität* der Bundesrepublik stark ein. Souveränität heißt ‹oberste Staatsgewalt›: Das bedeutet, ein Staat kann über seine inneren und äußeren Angelegenheiten nach eigenem Ermessen entscheiden.
1952 schlossen die Bundesrepublik, USA, Großbritannien und Frankreich den Deutschland- oder General-Vertrag, der das Besatzungsstatut ablösen und der Bundesrepublik Souveränität geben sollte. Dieser Vertrag sollte zusammen mit der *E*uropäischen *V*erteidigungs*g*emeinschaft, EVG, in Kraft treten. Die EVG scheiterte jedoch am Widerstand Frankreichs, und der Deutschland-Vertrag konnte nicht wirksam werden.
1954 unterzeichneten dann die USA, Großbritannien, Frankreich und die Bundesrepublik die Pariser Verträge, in die der Deutschland-Vertrag mit einbezogen wurde. Ein Teil der Pariser Verträge ist das ‹*Protokoll* über die Beendigung des Besatzungsregimes in der Bundesrepublik Deutschland›.

D

Mit der Unterzeichnung dieses Protokolls erhielt die Bundesrepublik eine eingeschränkte Souveränität: Die USA, Großbritannien und Frankreich verzichteten zwar auf die meisten ihrer Rechte als ehemalige Siegermächte, behielten sich jedoch bestimmte Einspruchsrechte vor.

Devisen sind ausländische Zahlungsmittel jeder Art: Wer zum Beispiel aus einem Urlaub in Großbritannien in seine Heimat zurückkommt und 100 Pfund Sterling mitbringt, der verfügt über Devisen. Fachleute verwenden den Begriff Sorten.

Dezentralisation, siehe *Zentralisierung*.

DGB ist die Abkürzung für ‹*D*eutscher *G*ewerkschafts*b*und›, in dem in der *Bundesrepublik Deutschland* acht Einzelgewerkschaften zusammengeschlossen sind. Die *Gewerkschaften* sind Vereinigungen von Arbeitnehmern, die die Interessen der Arbeitnehmer gegenüber den Arbeitgebern und gegenüber dem *Staat* vertreten.
Der DGB wurde 1949 gegründet, er zählt 2010 knapp 6,5 Millionen Mitglieder.
Die einzelnen Gewerkschaften des DGB sind nach *Wirtschaft*szweigen oder nach Berufsgruppen unterteilt: Die *Industrie*gewerkschaften Metall; Bergbau, Chemie, Energie; Bauen – Agrar – Umwelt; außerdem die Gewerkschaften ver.di; Transnet; Erziehung und Wissenschaft; Nahrung – Genuss – Gaststätten; Gewerkschaft der Polizei.
Siehe *IG*, *Gewerkschaften*.

Die Grünen sind seit 1992 im Bündnis 90/Die Grünen vertreten. Siehe *Parteien im Bundestag*.

Diktatur, die uneingeschränkte Herrschaft einer Person oder einer Gruppe von Personen über einen *Staat* wird als Diktatur bezeichnet.
In einem diktatorisch regierten Staat müssen alle Menschen tun, was die *Regierung* anordnet. Es gibt keine *Opposition*, das heißt, Gegner der Regierungs*politik* dürfen sich nicht in *Partei*en oder Verbänden zusammenschließen, sie dürfen ihre politische Meinung nicht äußern. Gibt es ein *Parlament*, so dürfen die *Abgeordnete*n dort keine Forderungen stellen, die von der Regierungspolitik abweichen. Es ist unmöglich, die Regierung durch eine *Mehrheit*sabstimmung abzusetzen. Die *Presse* darf nicht schreiben, was sie will, und die Menschen dürfen nicht sagen, was sie wollen. Das bedeutet, die wichtigsten politischen Freiheiten, die Presse- und die Meinungsfreiheit, sind in Diktaturen abgeschafft. In vielen Diktaturen kann die Regierung auch willkürlich Menschen einsperren oder töten lassen. Es ist für die Bürger unmöglich, vor Gericht gegen die Regierung *Recht* zu bekommen. Das bedeutet, die *Rechtsstaat*lichkeit ist aufgehoben.
Diktaturen können errichtet werden, um eine Notlage in einem Staat schnell zu überwinden. Häufig wird jedoch eine als Übergangsordnung geplante Diktatur zu einem Dauerzustand. Diktaturen können auch errichtet werden, um eine bestehende *Gesellschaft*s- oder *Wirtschaft*sordnung in einem Staat mit Gewalt zu verteidigen. Oft haben Dik-

taturen nur diesen einzigen Beweggrund: Eine Gruppe von Personen oder ein Einzelner will uneingeschränkte politische Macht ausüben.

Diktatur des Proletariats, *Diktatur* ist die uneingeschränkte Herrschaft einer Person oder einer Gruppe von Personen in einem *Staat*.

Karl Marx, einer der Wegbereiter des *Kommunismus* im 19. Jahrhundert, bezeichnete als *Proletariat* die Arbeiterklasse: die Menschen in einem Staat, die keine *Produktionsmittel*, das heißt zum Beispiel keine Fabriken und Maschinen, besitzen. Sie müssen daher als sozusagen einzige Ware, über die sie verfügen, ihre Arbeitskraft an die Besitzer der Produktionsmittel verkaufen. Die Besitzer der Produktionsmittel, die Bürger, bezeichnete Marx als *Bourgeoisie*.

Karl Marx erwartete die ‹Diktatur des Proletariats› als Übergangs- und Vorbereitungszeit zwischen der kapitalistischen und der kommunistischen *Gesellschaft*. In der kapitalistischen Gesellschaft herrscht nach Marx das besitzende Bürgertum über die Arbeiterklasse und beherrscht damit den Staat. In der kommunistischen Gesellschaft sollen alle Menschen nach ihren Fähigkeiten arbeiten und nach ihren Bedürfnissen versorgt werden: eine Gesellschaft, in der es keine Klassen mehr geben soll.

Die Diktatur des Proletariats wird nach Marx durch die *Revolution* der Arbeiterklasse gegen die bürgerliche Herrschaft errichtet, das heißt nach einem Umsturz der bestehenden Verhältnisse im Staat.

Siehe *Kommunismus*, *Marxismus*.

Diözese ist die Bezeichnung für einen Bezirk der katholischen Kirche, der einem Bischof unterstellt ist; eine andere Bezeichnung ist Bistum.

Diplomat, Diplomatie, die Pflege der Beziehungen von *Staat*en untereinander wird als Diplomatie bezeichnet. Die Diplomatie ist eine bestimmte Form der Außen*politik* eines Staates: Es ist das gewaltlose Verfahren, mit einem Staat zu verkehren und zu verhandeln. In jedem Staat gehört der diplomatische Dienst zum auswärtigen Dienst und untersteht dem Außen*ministerium*.

Ein Diplomat ist ein höherer Beamter des auswärtigen Dienstes, der im Auftrage seines Staates dessen außenpolitische Interessen wahrnimmt. Er kann Botschafter oder Gesandter bei einem anderen Staat, er kann Abgesandter eines Staates bei einer *international*en Organisation sein. Die *Vereinten Nationen* zum Beispiel sind eine internationale *Organisation*.

CD ist die Abkürzung für ‹Corps *D*iplomatique›, das ist französisch und heißt diplomatisches Korps. Alle Angehörigen diplomatischer Vertretungen im Ausland gehören zum diplomatischen Korps. Der Wortführer des diplomatischen Korps in einem Staat ist der Doyen.

Die Begriffe Diplomat, diplomatisch und Diplomatie werden auch im übertragenen Sinn angewendet auf Menschen, die sich auf die Behandlung anderer Menschen gut verstehen und die über eine überzeugende Verhandlungskunst verfügen.

Siehe auch *exterritorial*, *persona (non) grata*.

Direktmandat, siehe *Bundestagswahl.*

Dirigismus, dirigieren heißt lenken und leiten. Dirigismus ist ein Begriff aus der *Wirtschaft.*
Es gibt Eltern, die teilen ihren Kindern ein wöchentliches Taschengeld zu. Gleichzeitig bestimmen sie, was sich die Kinder davon kaufen dürfen. Man könnte das als Dirigismus bezeichnen. Dirigismus in der Wirtschaft bedeutet nämlich, dass der *Staat* die Herstellung und die Preise der Waren bestimmt.
Andere Eltern überlassen es ihren Kindern, wofür sie ihr Taschengeld ausgeben. Nur hin und wieder greifen sie bestimmend ein, weil die Kinder sich zum Beispiel zu viele Süßigkeiten kaufen. Hier könnte man von dirigistischen Maßnahmen sprechen. Dirigistische Maßnahmen in der Wirtschaft sind staatliche Eingriffe in eine sonst freie Wirtschaft. So kann der Staat zum Beispiel für eine gewisse Zeit anordnen, dass weder die Preise noch die Löhne steigen dürfen.
Siehe auch *Marktwirtschaft und Planwirtschaft.*

Disengagement ist ein englisches Wort, das ohne Übersetzung im Deutschen angewendet wird. Im *politisch*en Sprachgebrauch wird der Begriff im Sinne von *militärisch*em Auseinanderrücken benutzt: Um Streitigkeiten zwischen zwei *Staat*en zu vermeiden, werden die Truppen an der gemeinsamen Grenze verringert. Man nennt das auch Truppenverdünnung.
Der Begriff Disengagement wurde insbesondere im Zusammenhang mit den Auseinandersetzungen zwischen den Staaten der *NATO* und des *Warschauer Pakt*s verwendet.
Siehe auch *Ostblock und Westmächte, START.*

Diskriminierung bezeichnet eine herabwürdigende und verächtlich machende Behandlung von Menschen. Menschen diskriminieren heißt Menschen abwerten.
Diskriminiert werden Menschen wegen ihrer Rasse, wegen ihrer Religion, wegen ihrer Herkunft oder auch nur, weil sie eine Minderheit in einem Land sind.
Der Satz «Du darfst mit dem Jungen nicht spielen, der wohnt doch dahinten in den Blocks ...» ist eine Form von Diskriminierung der Herkunft wegen.
Siehe *Minderheiten, Rassismus, Juden.*

Diskussion heißt Meinungsaustausch, Erörterung oder Aussprache. Wenn eine Gruppe von Menschen diskutiert, dann tauschen die Menschen ihre Meinungen zu einem Problem aus. In einer guten Diskussion lässt jeder jeden zu Wort kommen. In vielen Diskussionen sorgt ein sogenannter Diskussionsleiter für einen geregelten Ablauf der Aussprache.

Dissens heißt Meinungsverschiedenheit oder Nichtübereinstimmung.

Doktrin, eine Doktrin ist eine Lehre, auch eine Lehrmeinung. Ein fester Standpunkt, den ein Politiker vertritt und als Richtlinie für eine bestimmte *Politik* der Zukunft aufstellt, wird auch als Doktrin bezeichnet.
Doktrinär heißt ‹auf eine Meinung

festgelegt›, wird jedoch meist mit dem abfälligen Nebensinn von engstirnig und einseitig benutzt.
Siehe *Breschnew-Doktrin.*

Dokument, Dokumentation, ein Dokument ist eine Urkunde, ein Beweisstück. Eine Heiratsurkunde beweist, dass zwei Menschen geheiratet haben. Auch Vertragsurkunden werden als Dokumente bezeichnet.
Dokumente sind heute auch alle Unterlagen, die in einer Dokumentation gesammelt sind. In einer Dokumentation werden alle Veröffentlichungen eines Wissensgebietes zusammengefasst: Das sind neben Aufsätzen in Büchern und Zeitschriften auch die Ergebnisse von Fachtagungen, Filme, Fotos, Akten und Briefe. Eine Dokumentation zum Beispiel über die Vorschulerziehung in der *Bundesrepublik Deutschland* soll Studenten und Lehrer möglichst vollständig über dieses Gebiet unterrichten. Ein Dokumentarfilm zeigt im Gegensatz zum Spielfilm nicht eine ausgedachte Handlung, sondern tatsächlich ablaufendes Geschehen. Ein Dokumentarfilm sollte die Wahrheit zeigen. Es ist jedoch auch im Dokumentarfilm möglich, die Wahrheit zu verfälschen: Wichtige Begebenheiten werden weggelassen oder unwichtige betont.

Downing Street ist eine Straße in London, in der sich in Nr. 10 der Sitz des englischen Premier*minister*s, des Regierungschefs, befindet. Downing Street wird oft als Begriff für die englische *Regierung* verwendet.

dpa ist die Abkürzung für ‹*D*eutsche *P*resse-*A*gentur›, die führende Nachrichtenagentur der *Bundesrepublik Deutschland.*
Eine Nachrichtenagentur vermittelt Nachrichten aus aller Welt an Zeitungen, Rundfunk- und Fernsehsender.
dpa wurde 1949 von Presseverlagen und Rundfunkanstalten gegründet.

Dreimeilenzone bezeichnet das Gebiet von drei Seemeilen (5,556 km) vor der Küste eines *Staat*es. Die Grenze der Dreimeilenzone war bis vor einigen Jahren die Grenze der meisten Staaten zur offenen See.
1982 erarbeitete die Seerechts*konferenz* der *Vereinten Nationen* den Entwurf einer neuen *international*en Seerechts*konvention.* Die wichtigsten Regelungen der Übereinkunft betreffen die Ausweitung des Hoheitsgebietes auf zwölf Seemeilen, die freie Durchfahrt durch Meerengen und die *Rechte* von Küstenstaaten auf die Ausbeutung von Bodenschätzen unter dem Meeresboden.
Die Übereinkunft konnte erst in Kraft treten, nachdem sie von mindestens 60 Staaten ratifiziert, das heißt, von deren *Parlament*en bestätigt worden war. 1994 trat das Seerechtsübereinkommen in Kraft, nachdem ihm 138 Staaten beigetreten waren, darunter die *Bundesrepublik Deutschland.*

Drittes Reich, die Bezeichnung ‹Drittes Reich› ist willkürlich aus der Geschichte *Deutschland*s abgeleitet.
Als erstes Reich in Deutschland wird das Heilige Römische Reich Deutscher *Nation* bezeichnet. Es war ein Kaiserreich und bestand von 962 bis 1806,

als Franz II. die Kaiserkrone niederlegte.
Das zweite Reich – auch ein Kaiserreich – wurde 1871 gegründet, es bestand bis 1918.
Als Drittes Reich wird die Zeit von 1933 bis 1945 bezeichnet, in der in Deutschland die *Diktatur* des *Nationalsozialismus* herrschte. Eine Diktatur ist eine Gewaltherrschaft eines Einzelnen oder einer Gruppe in einem *Staat.*
Siehe *Nationalsozialismus.*

Dritte Welt ist ein Begriff, mit dem die *Entwicklungsländer* in Asien, Afrika und Südamerika bezeichnet werden.
Siehe *Entwicklungshilfe, Entwicklungsländer,* auch *blockfreie Staaten.*

E

Ecklohn, Arbeitnehmer sind in bestimmte Lohngruppen eingeteilt. Die Lohngruppen richten sich nach den Berufskenntnissen der Arbeitnehmer und nach den Anforderungen des Arbeitsplatzes. Es gibt ungelernte Arbeiter, angelernte, qualifizierte, das heißt bewährte angelernte, und es gibt Facharbeiter.
Facharbeiter verfügen über die besseren Kenntnisse und werden daher auch am höchsten bezahlt. Es gibt verschiedene Facharbeitergruppen: Maurer, Schlosser, Dreher, Schweißer und so weiter.
Der Ecklohn ist der tariflich, das heißt vertraglich festgelegte unterste Stundenlohn für einen über 21 Jahre alten Facharbeiter. Aus dem Ecklohn lassen sich die Löhne für die anderen Lohngruppen errechnen, die Ungelernten, die Angelernten und die qualifizierten Angelernten. In verschiedenen Arbeitszweigen werden die Löhne inzwischen für alle Lohngruppen einzeln festgelegt.
Siehe *Tarif,* auch *Gewerkschaften.*

effektiv heißt wirksam und ‹tatsächlich vorhanden›. Effekt heißt Wirkung.

EFTA ist die Abkürzung für ‹*E*uropean *F*ree *T*rade *A*ssociation›, auf Deutsch auch als Europäische Freihandelsvereinigung bezeichnet. Zur EFTA schlossen sich 1960 in Stockholm Großbritannien, Dänemark, Schweden, Norwegen, Österreich, die Schweiz und Portugal zusammen.
EFTA wurde mit dem Ziel gegründet, durch Freihandel zwischen den Mitgliedsstaaten ihre Handelsinteressen gegenüber den *Staat*en zu schützen, die sich in der *E*uropäischen *W*irtschafts*g*emeinschaft, EWG, vereinigt hatten. 1957 hatten sich die *Bundesrepublik Deutschland,* Frankreich, Italien, Belgien, Holland und Luxemburg zur EWG zusammengeschlossen. Siehe dazu *Europäische Union, EU.*
Freihandel bedeutet, dass die Ein- und Ausfuhr von Waren frei ist von Verboten und Beschränkungen. Eine Erschwernis im gegenseitigen Handel sind Einfuhrbeschränkungen, eine andere sind Zölle. Zölle sind Geldabgaben, die bei der Einfuhr von Waren aus anderen Ländern gezahlt werden müssen. Die Mitgliedsländer von EFTA beschlossen unter anderem, nach und nach die Zölle abzubauen.
Nachdem mehrere ihrer Mitglieder

der EU beigetreten sind, besteht EFTA 2010 nur mehr aus den Staaten Island, Liechtenstein, Norwegen und Schweiz.

Mit dem Abkommen über den Europäischen Wirtschaftsraum, EWR, das 1994 in Kraft trat, besteht wirtschaftliche Zusammenarbeit zwischen der EFTA und der EU. Das bedeutet unter anderem, dass die EFTA-Staaten weitgehend in den Binnenmarkt der EU einbezogen sind.

Siehe auch *Zoll*.

Einigungsvertrag, der Einigungsvertrag, auch ‹Vertrag zwischen der Bundesrepublik Deutschland und der Deutschen Demokratischen Republik über die Herstellung der Einheit Deutschlands›, ist die Grundlage für die Vereinigung der *Bundesrepublik Deutschland* und der *DDR*.

Als Folge des Zweiten *Weltkrieg*es war Deutschland 1945 von den Siegermächten USA, Sowjetunion, Großbritannien und Frankreich zunächst in vier Besatzungszonen und das besondere Gebiet *Berlin* aufgeteilt worden. 1949 gründeten sich die beiden deutschen *Staat*en Bundesrepublik und DDR, die über vierzig Jahre lang getrennt bestanden. Der Einigungsvertrag wurde am 20. September 1990 ratifiziert, das heißt von den *Parlament*en, den Volksvertretungen der Bundesrepublik und der DDR, bestätigt. Am 3. Oktober 1990 wurde die Vereinigung der Bundesrepublik und der DDR zu einem deutschen Staat Bundesrepublik Deutschland vollzogen.

Der Einigungsvertrag besteht aus neun Kapiteln und 45 *Artikel*n. Mit drei Anlagen und einer *Protokoll*notiz umfasst der Vertrag mehr als 1000 Schreibmaschinenseiten. Die neun Kapitel unterteilen den Vertrag in seine grundsätzlichen Anwendungsbereiche: I Wirkung des Beitritts; II Grundgesetz; III Rechtsangleichung; IV Völkerrechtliche Verträge und Vereinbarungen; V Öffentliche Verwaltung und Rechtspflege; VI Öffentliches Vermögen und Schulden; VII Arbeit, Soziales, Familie, Frauen, Gesundheitswesen und Umweltschutz; VIII Kultur, Bildung und Wissenschaft, Sport; IX Übergangs- und Schlussbestimmungen.

In Kapitel I des Vertrages ist festgelegt, dass mit dem Beitritt der DDR zur Bundesrepublik die Länder Brandenburg, Mecklenburg-Vorpommern, Sachsen, Sachsen-Anhalt und Thüringen *Bundesländer* der Bundesrepublik Deutschland werden. Berlin wird als ‹Hauptstadt Deutschlands› bezeichnet; über den Sitz von Parlament und *Regierung* soll laut Vertrag nach der Vereinigung entschieden werden.

Kapitel II enthält die notwendigen Änderungen des *Grundgesetz*es. Artikel 23 über den Geltungsbereich des Grundgesetzes zum Beispiel wurde gestrichen. Nach Artikel 23 war der Beitritt der DDR zur Bundesrepublik erfolgt; der Inhalt des Artikels war nun erfüllt. In das Grundgesetz neu eingefügt wurde der Artikel 143; er bestimmt, dass bisher geltendes *Recht* in den neuen Bundesländern längstens bis zum 31. Dezember 1992 von den Bestimmungen des Grundgesetzes abweichen durfte.

Der Einigungsvertrag legt weiter fest, dass völkerrechtliche Verträge der Bundesrepublik, also Verträge, die die Bundesrepublik mit anderen Staaten geschlossen hat, auch für die neuen Bundesländer gelten werden. Mit dieser Bestimmung sind unter anderem die Verträge der *Europäischen Union* und der *NATO* gemeint. Über die Verträge, die von der ehemaligen DDR mit anderen Staaten geschlossen wurden, sollen laut Vertrag Erörterungen über eine Fortsetzung, eine Anpassung oder ihr Erlöschen geführt werden. Mit ihrem Beitritt zur Bundesrepublik trat die DDR zum Beispiel aus dem *Warschauer Pakt* aus.

Viele Regelungen des Einigungsvertrages beziehen sich auf die unterschiedlichen Rechtsordnungen der beiden Staaten, die nun vereinheitlicht werden sollen. Diese Rechtsangleichung ist im Einzelnen und nach Sachgebieten geordnet in den Anlagen I und II ausgeführt.

Dem Einigungsvertrag gingen zwei andere Verträge voraus, im Mai 1990 der sogenannte Erste Staatsvertrag und am 12. September 1990 der *Zwei-plus-vier-Vertrag*.

Der Erste Staatsvertrag zwischen der Bundesrepublik und der DDR begründete die *Wirtschafts*-, *Währungs*- und *Sozial*union zwischen den beiden Staaten. Wichtigste Bestimmung des Vertrages war die Einführung der DM am 1. Juli 1990 als Zahlungsmittel in der DDR.

Mit dem Zwei-plus-vier-Vertrag erhielt das vereinte Deutschland die volle Souveränität, das heißt, es kann von nun an über seine inneren und äußeren Angelegenheiten nach eigenem Ermessen entscheiden.

Siehe *Zwei-plus-vier-Vertrag*, *DDR*, *Bundesrepublik Deutschland*, auch *Ostblock und Westmächte*.

Einparteisystem, System heißt ‹geordneter Aufbau›.

In einem *Staat* mit Einparteisystem ist nur eine *Partei* zur *Wahl* für das *Parlament* zugelassen. Diese Partei wird auch als Staatspartei bezeichnet: Sie allein herrscht und räumt den Staatsbürgern, die im Gegensatz zu ihr stehen, keine Vertretung ein. Unter Umständen darf der Wähler aber zwischen mehreren *Kandidat*en, das heißt zwischen mehreren Bewerbern, der Staatspartei entscheiden. Der Wähler kann also frei darüber bestimmen, welche Person ihn im Parlament vertritt. Deshalb ist das Einparteisystem nicht grundsätzlich mit *Demokratie* unvereinbar, zu deren Grundlagen gehört, dass der Bürger die Freiheit der Entscheidung zwischen mehreren Angeboten hat.

In *Volksdemokratie*n kann es neben der Staatspartei noch andere Parteien geben: Sie haben jedoch keinen Einfluss, und sie schließen sich bei Wahlen mit der Staatspartei zu *Volksfront*en zusammen. Diese stellen sogenannte Einheitslisten für die Wahl auf: Der Wähler hat dann keinen Einfluss darauf, wie viele *Abgeordnete* die einzelnen Parteien in das Parlament entsenden. Die erdrückende Mehrheit der Staatspartei bleibt immer gesichert.

Siehe *Zwei- und Mehrparteiensystem*.

EKD ist die Abkürzung für ‹*E*vangelische *K*irche in *D*eutschland›, eine Gemeinschaft, in der die 22 Landeskirchen in der *Bundesrepublik Deutschland* zusammengeschlossen sind. Die Gliederung der evangelischen Kirche in Landeskirchen ist älter als die Gliederung der Bundesrepublik in *Bundesländer*.

Jede Landeskirche wird von einem Bischof vertreten. Der Rat der EKD besteht aus 15 Mitgliedern, von denen 14 Mitglieder von der *Synode* der EKD für die Dauer von sechs Jahren gewählt werden. Die Synode ist eine Art *Parlament*. Der Präses, das heißt der Vorsitzende der Synode, ist auch Mitglied des Rates. Der Rat leitet die EKD und vertritt sie nach außen.

Die acht Landeskirchen in der *DDR* schlossen sich 1969 zum ‹*B*und der *E*vangelischen *K*irchen in der DDR›, BEK, zusammen und gehörten damit nicht mehr zur EKD. Nach der Vereinigung der Bundesrepublik und der DDR zu einem *Staat* Bundesrepublik Deutschland hat sich die BEK 1991 aufgelöst; die Landeskirchen in der ehemaligen DDR sind wieder Gliedkirchen der EKD.

Siehe *Synode*.

Élysée-Palast, seit dem Jahre 1878 Sitz des *Präsident*en der Französischen *Republik*, des französischen *Staatsoberhaupt*s.

Emanzipation heißt Verselbständigung, Gleichstellung.

Bei den Römern bedeutete Emanzipation, dass der Sohn aus der väterlichen Gewalt entlassen wurde, es geschah in gegenseitigem Einverständnis.

Heute bedeutet Emanzipation häufig, dass sich Menschen gegen den Willen anderer aus Abhängigkeit befreien, um selbständig zu werden.

In den letzten hundert Jahren haben vor allem die Frauen versucht, sich zu emanzipieren, das heißt, sich unabhängig zu machen und gleichberechtigt zu werden. Jahrhundertelang haben sie in der Abhängigkeit von Männern gelebt. Sie durften zum Beispiel nicht wählen und nicht studieren. Außerhalb der Familie hatten sie so gut wie keine *Rechte*. Obwohl heute Frauen vieles erreichen können, was früher für sie unmöglich war, haben sie nach wie vor zum Beispiel in vielen Berufen um ihre volle Anerkennung zu kämpfen.

Embargo ist ein Verbot für die Einfuhr oder Ausfuhr bestimmter Waren. Ein Embargo wird von der *Regierung* eines oder mehrerer *Staat*en erklärt, um die Zufuhr von Gütern in einen anderen oder in mehrere andere Staaten zu unterbinden.

Ein Verbot für die Ausfuhr von Waffen wird als Waffenembargo bezeichnet. Im Fall eines Krieges oder einer Auseinandersetzung kann ein Staat ein Embargo über die kriegführenden Staaten verhängen: Er wahrt damit seine *Neutralität*, das heißt seine Unparteilichkeit, oder er verhindert die Stärkung eines der beiden Gegner. Um eine Ausfuhr zu verhindern, werden zum Beispiel in den eigenen Gewässern fremde und eigene Handelsschiffe zurückgehalten.

Energiekrise, Energie bedeutet Kraft oder ‹die Fähigkeit, Arbeit zu leisten›. Krise bedeutet Wende- und Höhepunkt oder Entscheidungssituation, auch Schwierigkeit.

Für die Arbeit in Industriebetrieben oder für Verkehrsmittel, für Beleuchtung oder Heizung in den Haushalten wird Energie benötigt. Energie kann aus verschiedenen Energiequellen gewonnen werden, unter anderem aus der Sonne, aus Wasser, aus Wind. Diese Energiequellen werden als regenerative, das heißt erneuerbare Energien bezeichnet. Das bedeutet, diese Energiequellen können sich innerhalb kurzer Zeit selbst erneuern, ihre Ausnutzung trägt nicht zur Erschöpfung der Quelle bei. Die bisher am meisten genutzten Energiequellen sind Kohle, Erdgas, Erdöl und Atomkraft.

Die Atomkraft ist wegen der bei ihrer Herstellung entstehenden lebensgefährdenden Radioaktivität als Energiegewinnungsmittel für die Zukunft umstritten. Siehe dazu *Kernkraftwerk*.

Die Vorräte der Erde an Kohle, Erdgas und Erdöl sind, wenn auch bei weitem noch nicht erschöpft, so doch begrenzt. Die bisher erschlossenen Ölfelder liegen zu einem großen Teil im Bereich der Länder, die sich zur ‹Organisation Erdöl exportierender Länder›, *OPEC*, zusammengeschlossen haben. Dieser Zusammenschluss ermöglicht den beteiligten Ländern, zum Beispiel durch Erhöhung der Preise für Erdöl, auf alle Länder, die kein Erdöl besitzen, Druck auszuüben.

Der Begriff Energiekrise umfasst also zwei Bereiche: die Sorge um die Abhängigkeit der Länder ohne Erdöl von den Erdöl besitzenden *Staat*en und die Sorge um die Ausnutzungsmöglichkeiten der bisher nicht genutzten Energiequellen, damit die Versorgung aller Länder mit Energie in der Zukunft gewährleistet ist, auch bei Versiegen der bisher genutzten Quellen.

Engagement ist ein französisches Wort und wird ohne Übersetzung im Deutschen angewendet.

Das Engagement eines Menschen bezeichnet seine innere Beteiligung an einer Sache oder seine Verbundenheit mit einem Menschen. Ein engagierter Mensch setzt sich für eine Sache oder für einen Menschen ein.

Auch ein *Staat* kann sich für etwas engagieren, kann Engagement zeigen. Er kann eine Idee vertreten und verbreiten, er kann einen anderen Staat verteidigen und ihm Beistand in einem Krieg leisten.

Engagement nennt man auch die Anstellung eines Schauspielers oder eines Sängers an einem Theater oder Opernhaus.

Enklave, Exklave, Enklave heißt Einschluss, Exklave heißt Ausschluss.

Eine Enklave ist ein Gebietsteil eines *Staat*es, das rundherum von dem *Staatsgebiet* eines fremden Staates umgeben ist. Der Teil ist eingeschlossen von fremdem Gebiet und räumlich getrennt von dem Staat, zu dem er gehört. Aus der Sicht des Staates, zu dem der Gebietsteil gehört, ist es eine Exklave.

Für Enklaven bestehen häufig besondere Vereinbarungen über den Zugang, über Post, *Währung* und *Zoll*.

Enquête heißt Untersuchung.

Eine Enquête wird von einer *Regierung* oder von einem *Parlament* in Auftrag gegeben. Untersucht werden kann zum Beispiel die Frage, welche Stellung die Frauen im *Staat* haben. Befragt werden sowohl Fachleute als auch die Beteiligten, in diesem Fall Frauen. Zweck einer Enquête ist es, viele einzelne Tatsachen und Meinungen zu einer Frage zu erhalten.

Entmilitarisierung ist der Abbau von *militärisch*en Einrichtungen aller Art: Kriegsschiffe und Kriegsflugzeuge werden zum Beispiel stillgelegt, die Truppen werden aufgelöst, das bedeutet, die Soldaten werden ‹nach Hause› geschickt.

Entmilitarisierung ist Teil einer *Abrüstung*, die aufgrund gegenseitiger Abmachungen vorgenommen oder die dem Verlierer eines Krieges vom Sieger aufgezwungen wird.

Eine entmilitarisierte Zone ist in der Regel ein Grenzgebiet zwischen zwei *Staat*en, das beide Seiten freihalten von Militär. Ein solches Grenzgebiet nennt man auch Pufferzone.

Siehe *OSZE*.

Entwicklungshilfe, Entwicklungsländer, Entwicklungsländer werden auch als unterentwickelte Länder und Länder der *‹Dritten Welt›* bezeichnet, es sind Länder in Afrika, Asien und Südamerika.

Der größte Teil der Entwicklungsländer liegt im südlichen Teil der Erde, während sich die Industrieländer im Norden befinden. Es wird daher auch von einem Nord-Süd-Gefälle zwischen den reichen und den armen Ländern der Erde gesprochen. Die meisten Menschen in den armen Ländern leben von der Landwirtschaft, die vielerorts infolge von Wassermangel und ausgelaugten Böden nur geringe Erträge bringt. Die in einigen Ländern reichlich vorhandenen Rohstoffe müssen ausgeführt werden, weil es zu wenig einheimische *Industrie* gibt zur Weiterverarbeitung.

Entwicklungshilfe hat das Ziel, die *wirtschaftlich*en Zustände in den unterentwickelten Ländern zu verbessern. Fast alle Industrie*staat*en leisten Entwicklungshilfe, zu einem Teil direkt, zum anderen Teil über die zahlreichen Einrichtungen der *Vereinte*n *Nationen*, über die *Europäische Union*, die *Weltbank* und auch die Kirchen. Es wird bei der Entwicklungshilfe zwischen Kapitalhilfe und technischer Hilfe unterschieden.

Kapitalhilfe ist jede Art von Unterstützung durch Geld: Das sind einmal Zuschüsse, die nicht zurückgezahlt werden müssen, zum anderen langfristige *Kredit*e, das heißt geliehenes Geld, das nach einiger Zeit zurückgezahlt werden soll. Das Geld wird unter anderem verwendet, um Industrieanlagen, Schulen oder Krankenhäuser zu errichten; es werden Bewässerungsanlagen gebaut, um so die landwirtschaftlichen Erträge zu verbessern.

Technische Hilfe bedeutet, dass zum Beispiel Krankenschwestern, Lehrer oder Ingenieure in die Entwicklungsländer geschickt werden, um die Einheimischen zu beraten und auszubilden.

Seit Jahren und immer wieder ist die Entwicklungshilfe umstritten; bezweifelt wird, ob sie wirklich in erster Linie den unterentwickelten Ländern zugutekommt oder ob sie den wirtschaftlichen Interessen der Industrieländer dient. Sicher ist auch nicht immer, ob Geld oder Güter für Entwicklungsvorhaben eingesetzt oder für die persönlichen Wünsche mancher Machthaber in der Dritten Welt abgezweigt werden.

Auch in den Entwicklungsländern wird kritisch gefragt, ob Vorhaben der Entwicklungshilfe wirklich von Nut-

zen sind, wenn sie nicht zielgerichtet eine ‹Hilfe zur Selbsthilfe› geben und damit die Abhängigkeit der Entwicklungsländer von den reichen Ländern vermindern.
Siehe *OECD*, *Vereinte Nationen.*

Enzyklika, eine Enzyklika ist ein Rundschreiben des Papstes, das meist an die Bischöfe eines bestimmten Landes oder an alle Bischöfe gerichtet ist. In einer Enzyklika nimmt der Papst zu wichtigen religiösen, *sozial*en oder *politisch*en Fragen Stellung.
Enzykliken werden in der Regel in lateinischer Sprache geschrieben. Sie heißen nach ihren Anfangsworten. Es gibt zum Beispiel die Enzyklika ‹Pacem in terris›, das heißt ‹Frieden in der Welt›.

1. Mai, siehe *Internationale.*

Erststimme, siehe *Bundestagswahl.*

Eskalation heißt ‹stufenweise Steigerung›.
Wenn zum Beispiel ein *Staat* in einem Krieg immer schwerere Waffen einsetzt, nennt man das Eskalation.
Der Begriff wird auch auf die Zuspitzung einer *politisch*en Auseinandersetzung angewendet. Wenn eine anfangs ruhig geführte Erörterung zwischen Personen mit verschiedenen Standpunkten zu einem Streit wird, kann man sagen, sie eskaliert.

Establishment ist ein englisches Wort, das ohne Übersetzung im Deutschen verwendet wird. Der Begriff bezeichnet ganz allgemein diejenigen in einer *Gesellschaft*, die in gesicherten und aller Voraussicht nach ungefährdeten Verhältnissen leben. Sie werden auch als ‹die Etablierten› bezeichnet. Im engeren Sinn sind Menschen und Gruppen gemeint, die in wichtigen Bereichen einer Gesellschaft großen Einfluss haben oder Macht ausüben, zum Beispiel in *Politik* oder *Wirtschaft.* ‹Etablierte *Partei*en› sind solche, die schon lange bestehen, die festgefügt sind und mit einem hohen Anteil an Wählerstimmen sicher rechnen können.
Für viele junge Menschen ist Establishment auch ein Schlagwort mit abwertender Bedeutung. Sie meinen damit diejenigen, die gegen neue Entwicklungen sind und ungestört das behalten wollen, was sie haben.
Siehe auch *konservativ.*

Etat ist die Bezeichnung für den Haushaltsplan eines *Staat*es, Siehe *Haushaltsplan.*

EU-Ministerrat, siehe *Rat der Europäischen Union.*

Euratom ist die Abkürzung für die ‹*Euro*päische *Atom*gemeinschaft›, zu der sich 1958 Belgien, die *Bundesrepublik Deutschland*, Frankreich, Italien, Luxemburg und die Niederlande zusammenschlossen. 2010 sind alle 27 Mitgliedsstaaten der *Europäischen Union*, *EU*, auch Mitglieder von Euratom. Die EU ist ein Bündnis europäischer *Staat*en, die gemeinsame *politisch*e und *wirtschaftlich*e Ziele verfolgen. Ziel von Euratom ist, Forschung und Entwicklung auf dem Gebiet der Atomkraft in den Mitgliedsstaaten aufeinander abzustimmen und zu för-

dern; durch einheitliche Bestimmungen soll der Schutz vor der schädlichen radioaktiven Strahlung gesichert werden.
Siehe auch *Kernkraftwerk*, *nukleare Waffen*, *Internationale Atomenergie-Organisation*, *Europäische Union*, *EU*.

EUREKA ist die Abkürzung für ‹*Eu*ropean *Re*search and *C*oordination *A*gency›, eine *Organisation* für europäische Zusammenarbeit in Forschung und Technik.
EUREKA wurde 1985 gegründet. 2010 sind an EUREKA 39 *Staat*en beteiligt, darunter Island, Norwegen, Rumänien, Russland, Schweiz, Türkei, außerdem die Staaten der *Europäischen Union*.
Ziel von EUREKA ist, die Leistungskraft und Wettbewerbsfähigkeit der *Industrie*n in den Mitgliedsländern langfristig zu steigern. Dies soll durch eine gezielte Zusammenarbeit zwischen Unternehmen und Forschungseinrichtungen in den beteiligten Ländern erreicht werden.
EUREKA unterstützt Vorhaben und Planungen unter anderem aus den Fachgebieten Medizin, Biologie, Energie- und Umwelttechnik und Transport.
Die deutsche Mitarbeit in EUREKA liegt in der Verantwortung des Bundes*ministeriums* für Bildung und Forschung.

Europäische Gemeinschaft, EG, war bis 1993 die Bezeichnung für die Europäischen Gemeinschaften. Siehe *Europäische Union*, *EU*.

Europäische Kommission, die Europäische Kommission, auch EU-*Kommission* genannt, ist die Verwaltungsbehörde der *Europäische*n *Union*, *EU*. Die EU ist eine Gemeinschaft von 27 europäischen *Staat*en. Eine Kommission besteht aus einer Gruppe von Beauftragten, die eine bestimmte Aufgabe erfüllen.
Die EU-Kommission besteht 2010 entsprechend der Zahl der EU-Mitgliedsstaaten aus 27 Männern und Frauen. Sie werden als Kommissare bezeichnet. Die Kommissare werden von den *Regierung*en der Mitgliedsstaaten vorgeschlagen und müssen vom *Europäischen Parlament* bestätigt werden, bevor sie für fünf Jahre ernannt werden.
So wie ein *Parlament* die Volksvertretung eines Staates ist, bildet das Europäische Parlament die Vertretung aller Völker der EU-Staaten.
Die Mitglieder der Kommission sind in ihren Entscheidungen unabhängig von ihren jeweiligen Regierungen, sie sind dem Wohl der in der Gemeinschaft vereinten Staaten verpflichtet.
Die Europäische Kommission hat das alleinige *Recht*, Vorschläge für *Gesetz*e einzubringen, das heißt, sie hat das sogenannte Initiativrecht in der *Gesetzgebung*.
Sie hat außerdem darauf zu achten, dass Verträge und Rechtsvorschriften in den Mitgliedsstaaten eingehalten werden. Bei der Vorbereitung von Verträgen mit anderen Staaten oder *international*en Einrichtungen verhandelt die Kommission die notwendigen Vereinbarungen.
Die Kommissionsmitglieder haben bestimmte Zuständigkeiten, zum Bei-

spiel für Landwirtschaft und ländliche Entwicklung, für Bildung, Kultur und Jugend oder für Gesundheit und Verbraucherschutz.
Siehe dazu *Europäische Union, EU, Rat der Europäischen Union, Europäisches Parlament.*

Europäische Union, EU, die EU ist ein Bündnis europäischer *Staat*en, die gemeinsame *politisch*e und *wirtschaftlich*e Ziele verfolgen. 2010 sind 27 Mitgliedsstaaten in der EU vereinigt, in ihnen leben rund 495 Millionen Menschen.

Grundlage der Europäischen Union sind die Verträge von drei europäischen Gemeinschaften, zu denen sich Frankreich, die *Bundesrepublik Deutschland*, Italien, Belgien, Luxemburg und die Niederlande zusammenschlossen. Das war 1952 die Europäische Gemeinschaft für Kohle und Stahl, meist als Montanunion bezeichnet, 1958 die *E*uropäische *W*irtschafts*g*emeinschaft, EWG, und im gleichen Jahr die ‹*Euro*päische *Atom*gemeinschaft›, EAG, meist als *Euratom* bezeichnet.
Den drei Europäischen Gemeinschaften schlossen sich in den folgenden

Die 27 EU-Mitgliedsstaaten

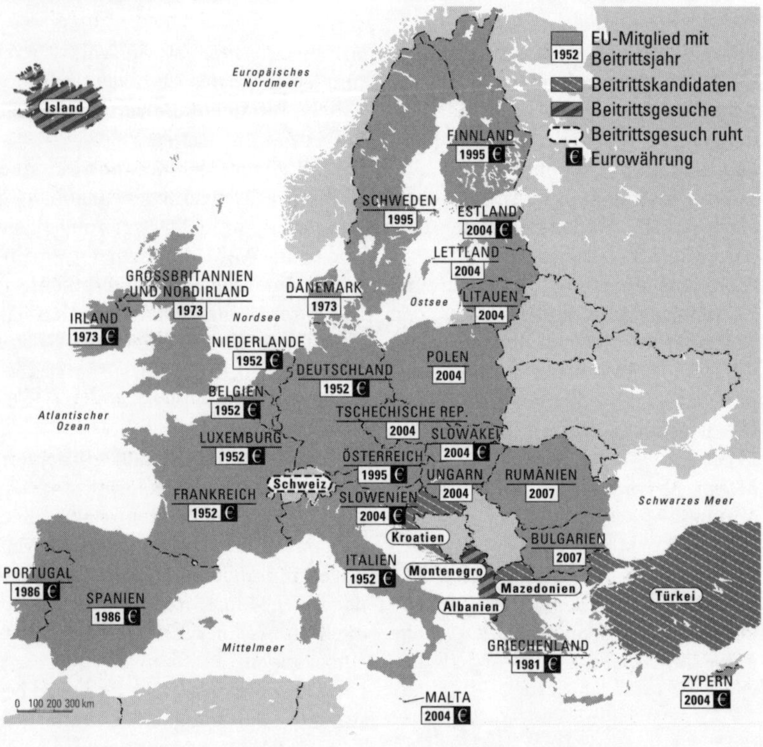

Jahren immer mehr europäische Staaten an.

Nach den für nahezu ganz Europa vernichtenden Folgen des Zweiten *Weltkrieg*es, 1939–1945, war ihr gemeinsames Ziel, den Frieden untereinander zu sichern. Auf dieser Grundlage begannen die Staaten, einen gemeinsamen Binnenmarkt aufzubauen.

Europäischer Binnenmarkt bedeutet, dass jeder Mensch innerhalb dieser *Wirtschaft*sunion überall und ohne weiteres arbeiten, verreisen, Handel treiben und Geschäfte abschließen kann. Die Wirtschaftsfachleute sprechen dabei von den vier Freiheiten, nämlich unbegrenzte Freiheit des Personen-, des Waren-, des Dienstleistungs- und des Kapitalverkehrs.

Die Verhandlungen und Beratungen zwischen den Vertretern der einzelnen Staaten in der Gemeinschaft waren und sind oft langwierig und schwierig, weil die gemeinsamen Vorteile eines unbegrenzten Binnenmarktes häufig im Widerspruch stehen zu dem Schutz eigener Interessen.

1993 schlossen sich mit dem Vertrag von Maastricht zwölf Staaten zur Europäischen Union, EU, zusammen. Mit diesem und weiteren Verträgen wurde festgelegt, was mit den Gründungsverträgen bereits angelegt war: die Mitgliedsstaaten geben einen Teil ihrer *Souveränität*, das heißt ihrer Selbstbestimmung und ihrer Unabhängigkeit, auf und übertragen sie auf die EU. Das bedeutet unter anderem, dass bestimmte Einrichtungen der EU *Gesetz*e erlassen können, die in den Mitgliedsstaaten unmittelbar Geltung haben.

Die Verträge der Gemeinschaft enthalten außer den Regelungen über Zuständigkeiten und Verfahren auch die Zielsetzungen der Union: die wirtschaftliche Weiterentwicklung in der Gemeinschaft, umfassende Maßnahmen zum Schutz der Umwelt und der Aufbau einer gemeinsamen Außen- und Sicherheits*politik*.

Die Mitgliedsstaaten vereinbarten auch die verstärkte Zusammenarbeit von Polizei-, *Zoll*- und *Gericht*sbehörden unter anderem bei der Verhütung und Bekämpfung von Fremdenfeindlichkeit, Terrorismus und Menschenhandel, von Straftaten an Kindern, von Drogen- und Waffenhandel.

Am 1. Januar 2002 wurde in zwölf Mitgliedsstaaten der EU der Euro als gemeinsame *Währung* eingeführt. 2010 ist der Euro in 17 Staaten der Union Zahlungsmittel.

Je nach ihrer Größe und Wirtschaftsleistung tragen die Mitgliedsstaaten der EU mit Abgaben in bestimmter Höhe zu den so bezeichneten Eigenmitteln der Union bei.

Bis 2010 haben Albanien, Island, Kroatien, Mazedonien, Montenegro, Schweiz und die Türkei Beitrittsgesuche um Aufnahme in die EU gestellt.

Zur Erfüllung ihrer Aufgaben hat die Europäische Union unter anderen vier Einrichtungen.

Siehe dazu *Europäische Kommission, Europäisches Parlament, Rat der Europäischen Union, Europäische Zentralbank, EZB*. Siehe auch *NATO, Vereinte Nationen, Schengener Abkommen*.

Europäischer Binnenmarkt, siehe *Europäische Union, EU*.

E

Europäischer Rat, ER, im Europäischen Rat treffen mindestens viermal im Jahr die *Staat*s- und *Regierung*schefs der Mitgliedsstaaten der *Europäischen Union, EU*, zusammen. Auf diesen Gipfel*konferenz*en werden Beschlüsse zu grundsätzlichen Fragen der EU gefasst. Die Europäische Union, EU, ist eine Gemeinschaft von 27 europäischen Staaten.
Siehe *Rat der Europäischen Union.*

Europäisches Parlament, EP, das Europäische Parlament wird seit 1979 alle fünf Jahre unmittelbar von den Bürgern der Mitgliedsstaaten der *Europäischen Union, EU*, gewählt. Die EU ist eine Gemeinschaft von 27 europäischen *Staat*en. Ein *Parlament* ist die Vertretung eines *Volk*es. Das Europäische Parlament vertritt die Bevölkerungen der EU-Mitgliedsstaaten.
2010 besteht das Europäische Parlament aus 736 *Abgeordnete*n, die *Bundesrepublik Deutschland* ist mit 99 Abgeordneten vertreten. Die Abgeordneten bilden unabhängig von der Zugehörigkeit zu ihren Ländern sieben *Fraktion*en, die nach *politisch*en Standpunkten bestimmt sind.
Eine Fraktion ist ein Zusammenschluss von Abgeordneten in einem Parlament. Im Europäischen Parlament gibt es außerdem Abgeordnete, die keiner Fraktion angehören.
Das Europäische Parlament hat vorrangig drei Aufgaben: Es ist an der *Gesetzgebung* beteiligt, zusammen mit dem *Rat der Europäischen Union* entscheidet es über den *Haushaltsplan* der Europäischen Union, es kontrolliert die *Europäische Kommission.*
Das bedeutet: Bei der Zuständigkeit, *Gesetze* zu geben, hat das Parlament in den meisten Fällen das *Recht*, mitzuentscheiden; mit der Annahme oder Ablehnung des Gesamthaushalts der EU nimmt es Einfluss auf die Ausgaben der Gemeinschaft; die Zustimmung des Europäischen Parlaments muss eingeholt werden, wenn neue Mitglieder der *Kommission* ernannt werden und wenn wichtige *international*e Abkommen verhandelt werden, zum Beispiel der Beitritt neuer Mitgliedsstaaten zur EU.
Der Rat der Europäischen Union, auch EU-Ministerrat genannt, ist die oberste Entscheidungsbehörde der EU. Die Europäische Kommission ist die *Verwaltung*sbehörde der EU.
Siehe *Europäische Union, EU, Europäische Kommission, Rat der Europäischen Union.*

Europäische Zentralbank, EZB, seit 1998 ist die Europäische Zentralbank in Frankfurt am Main die Zentralbank der Mitgliedsstaaten der *Europäischen Union, EU.* Die EU ist eine Gemeinschaft von 27 europäischen *Staat*en. Eine Zentralbank ist eine Hauptbank, sozusagen eine Bank der Banken. Die EZB ist völlig unabhängig, sie darf Weisungen seitens der Europäischen Union oder der Mitgliedsstaaten nicht annehmen.
Die Europäische Zentralbank ist insbesondere zuständig für die Staaten, die den Euro als Zahlungsmittel eingeführt haben. 2010 sind das 17 Staaten: Belgien, *Bundesrepublik Deutschland, Estland*, Finnland, Frankreich, Griechenland, Irland, Italien, Luxemburg, Malta, Niederlande, Österreich, Portugal, Slowenien, Slowakei, Spanien und

Zypern. Diese Staaten werden als Euro-*Währung*sgebiet, als Euroraum oder als Eurozone bezeichnet. Wesentliche Aufgabe der EZB ist, in diesen Ländern die Preisstabilität zu gewährleisten: Die Preise aller Güter in den Ländern der Eurozone sollen möglichst beständig bleiben, sich nur geringfügig verändern.
Eine weitere wichtige Aufgabe der EZB ist, den sogenannten Leitzins festzusetzen. Die Höhe des Leitzinses bestimmt die Höhe der Zinsen, die für einen bei einer Bank aufgenommenen *Kredit* bezahlt werden müssen. Ein Kredit ist geliehenes Geld, Zinsen sind das Geld, das für Kredite gezahlt werden muss. Der Leitzins gilt für Kredite, die Banken bei anderen Banken aufnehmen, wie auch für Geld, das sich ein Privatkunde bei seiner Bank leiht.
Zusammen mit der Europäischen Zentralbank wurde 1998 das *E*uropäische *S*ystem der *Z*entral*b*anken, ESZB, gegründet. System bedeutet in diesem Zusammenhang ‹Gefüge von Teilen, die voneinander abhängig sind, ineinandergreifen oder zusammenwirken›. Im ESZB sind die Zentralbanken der 27 EU-Staaten zusammengeschlossen. Die Zentralbank der Bundesrepublik ist die Deutsche *Bundesbank.* Unter der Leitung der Europäischen Zentralbank trifft das Europäische System der Zentralbanken Entscheidungen, nach denen die Geld*politik* in den Staaten der EU festgelegt und ausgeführt wird.
Siehe *Bundesbank, Europäische Union, EU.*

Europarat, 1949 wurde in London der Europarat gegründet, ein Zusammenschluss von zehn west- und nordeuropäischen *Staat*en. 2010 gehören 47 Staaten zum Europarat. Die *Bundesrepublik Deutschland* ist seit 1951 Mitglied des Rates.
Infolge der grundlegenden *politisch*en Veränderungen in der ehemaligen Sowjetunion und den Staaten Osteuropas sind seit 1990 auch zahlreiche osteuropäische Staaten Mitglieder des Europarates, unter anderem Ungarn, Polen, Bulgarien, Rumänien, Russland, Lettland und Kroatien.
Ziel des Europarates ist, alle gleichgesinnten Völker Europas dauerhaft zusammenzuschließen. Gemeinsam soll der Gedanke der *Demokratie* gesichert, europäische *Kultur* gewahrt und die Zusammenarbeit in *wirtschaftlich*en, *sozial*en, wissenschaftlichen und rechtlichen Angelegenheiten gefördert werden.
Der Europarat hat bisher 200 wichtige *Konvention*en, das sind Übereinkünfte, getroffen unter anderem auf den Gebieten der *Menschenrechte,* des Umwelt- und *Datenschutz*es und der *Minderheiten.* Die bekannteste Konvention ist die ‹Europäische Konvention zum Schutz der Menschenrechte und Grundfreiheiten› von 1950. Werden diese *Rechte* verletzt, können Bürger der Mitgliedsstaaten zunächst die ‹Europäische *Kommission* für Menschenrechte› und dann den ‹Europäischen Gerichtshof für Menschenrechte› anrufen.
Der Europarat darf nicht verwechselt werden mit dem *Europäischen Rat, ER.* Im Europäischen Rat treten die Staats- und *Regierung*schefs der Mitgliedsländer der *Europäischen Union, EU,* zu Gipfel*konferenz*en zusammen.
Siehe *Ostblock und Westmächte.*

E

Evakuierung ist die Räumung einer Stadt oder eines Gebietes von der Bevölkerung. Evakuierungen werden meist aus Sicherheitsgründen vorgenommen: Wenn zum Beispiel in einem bestimmten Gebiet eine Überschwemmung bevorsteht oder einer Stadt eine Bombardierung droht, werden vor allem Kinder, Frauen und alte Menschen aus den betroffenen Gebieten entfernt, das heißt evakuiert.

Evolution heißt ‹stetige Entwicklung›. Angewendet auf das Zusammenleben der Menschen, bedeutet Evolution, dass die Verhältnisse, unter denen Menschen in einem *Staat* zusammenleben, allmählich und ohne Gewalt verändert werden.
Im Gegensatz dazu steht die *Revolution*: Es ist die plötzliche Umwälzung der *politisch*en Verhältnisse, die in den meisten Fällen mit Gewalt vor sich geht.

Exekution ist eine Hinrichtung, die Vollstreckung eines Todesurteils.

Exekutive, exekutiv heißt ausführend. Als Exekutive wird in einem *Staat* die ausführende oder vollziehende Gewalt bezeichnet, das sind die *Regierung* und die *Verwaltung*.
Die Regierung ist die Leitung eines Staates. Sie leitet den Staat mit Hilfe der Verwaltung, das sind Ministerien und andere Behörden, wie Finanzämter und die Polizei. Die Exekutive in einem Staat ist zu unterscheiden von der *Legislative*, das ist die *Gesetzgebung*, und von der richterlichen Gewalt, das sind die *Gerichte*.
Siehe *Gewaltenteilung*.

Exil ist ein unfreiwilliger Aufenthalt im Ausland. Wer im Exil lebt, ist aus seinem Heimatland vertrieben oder verbannt worden, oder er ist aus seiner Heimat geflüchtet.

Existenzminimum, Existenz heißt Dasein und Lebensunterhalt. Minimum heißt Mindestmaß. Das Existenzminimum erlaubt einem Menschen, sein Leben zu erhalten, es verbietet ihm Ausgaben, die über die zum Leben notwendigen Bedürfnisse hinausgehen.

Exklave, siehe *Enklave*.

Expansion heißt Ausdehnung oder Ausbreitung. Expansiv heißt ‹sich ausdehnend›.

Experte heißt Sachverständiger. Ein Experte zum Beispiel auf dem Gebiet der Vorschulerziehung kann ein Lehrer sein, der neben seinem Wissen über Schulerziehung über besondere Kenntnisse in der vorschulischen Erziehung verfügt.

Export ist die Ausfuhr von Waren ins Ausland. Aus der *Bundesrepublik Deutschland* werden zum Beispiel Maschinen, chemische Erzeugnisse, Eisen und Stahl exportiert, das heißt ausgeführt.
Siehe auch *Import*.

exterritorial heißt so viel wie ‹ausgenommen vom *Staatsgebiet*› und ‹weitgehend nicht den inländischen *Gesetzen* unterworfen›.
Exterritorial sind ausländische *Diplomat*en und ihre Angehörigen, außer-

dem ihre Wohnungen und Amtsräume, das heißt die Botschaftsgebäude. Das bedeutet, Diplomaten dürfen im Gastland nicht verhaftet werden, ihre Wohnungen und Amtsräume dürfen von der Polizei des Gastlandes nicht betreten oder durchsucht werden.
Das Vorrecht der Exterritorialität besteht nicht, wenn von den Amtsräumen aus Verbrechen begangen werden.

Extremist, extrem heißt äußerst, ‹am äußersten Punkt› und übertrieben. Ein Extremist ist ein Mensch, der keine Zugeständnisse macht oder der übertriebene Forderungen stellt und sie unter Umständen mit Gewalt durchsetzt.

Extremistenerlass, als Extremisten-, *Ministerpräsident*en- oder auch Radikalenerlass wird ein Beschluss der Ministerpräsidenten der *Bundesländer* und des *Bundeskanzler*s vom Januar 1972 bezeichnet.
Ein Extremist ist ein Mensch, der keine Zugeständnisse macht oder der übertriebene Forderungen stellt. *Radikal* heißt ‹an die Wurzel gehend›, auch gründlich und unbedingt. Der Extremistenerlass besagt, dass kein Bewerber in den *öffentlichen Dienst* übernommen und kein Beamter behalten werden sollte, der – wie es heißt – ‹verfassungsfeindliche Aktivitäten entwickelt›. Das kann zum Beispiel bedeuten, dass Studenten, deren Tätigkeit in einer *politisch*en Gruppe oder *Partei* gegen das *Grundgesetz* verstößt, nicht Lehrer oder Richter werden können. Der Erlass richtet sich gegen Mitglieder *links- und rechts*radikaler Parteien. Seine Auslegung und Anwendung durch die Behörden der einzelnen Bundesländer ist uneinheitlich.
Das Grundgesetz ist die *Verfassung* der *Bundesrepublik Deutschland.* Eine Verfassung bestimmt unter anderem, welche *Rechte* jeder Bürger hat, welche Aufgaben und Befugnisse *Parlament* und *Regierung* haben und wie sie aufgebaut sind.

F

Fanatismus, fanatisch heißt eifernd oder unduldsam.
Ein Fanatiker setzt sich für eine Sache rücksichtslos ein, er ist ein Eiferer. Fanatisieren heißt aufhetzen und ‹zu blindgläubigem Handeln treiben›. Fanatismus ist ‹leidenschaftlicher, blinder Eifer› oder Besessenheit.

Faschismus war zuerst die Bezeichnung für eine *politisch*e Bewegung in Italien, die von Benito Mussolini begründet wurde. Er übernahm 1922 die Macht und errichtete eine *Diktatur.* Mussolini und seine faschistische *Partei* herrschten mit uneingeschränkter Gewalt. 1943 wurde Mussolini gestürzt. Unter *Neo*faschisten versteht man Anhänger des Faschismus in Italien nach der Zeit Mussolinis.
Seit der Herrschaft des Faschismus in Italien ist Faschismus überall auf der Welt die Bezeichnung für eine bestimmte politische Haltung oder Bewegung. Folgende Merkmale unter anderen kennzeichnen den Faschismus:
Die Führung der Bewegung liegt bei

einer Person oder Gruppe, die keinen Widerspruch duldet. Übernimmt eine solche Bewegung die *Regierung*, errichtet sie eine Diktatur. Gehorsam des *Volk*es wird dann notfalls mit Gewalt erzwungen.
Nationalistische Gefühle werden entfacht, das bedeutet, die Menschen werden aufgewiegelt, Eigenschaften und Errungenschaften des eigenen Volkes zu überschätzen und andere Völker gering zu achten.
Der Faschismus ist bestrebt, Herrschaft über andere *Staat*en auszuüben. Eine der Voraussetzungen für eine solche Vorherrschaft ist das *Militär*. Im Faschismus genießen Militär und militärähnliche *Organisation*en besondere Vorrechte.
Faschistoid ist ein Schlagwort, es heißt ‹mit Gedanken oder Plänen des Faschismus durchsetzt›.
Siehe auch *Nationalsozialismus*.

FDGB ist die Abkürzung für den ‹*F*reien *D*eutschen *G*ewerkschafts*b*und›, in dem 15 Industriegewerkschaften in der ehemaligen *DDR* zusammengeschlossen waren.
Anders als der *DGB*, der *D*eutsche *G*ewerkschafts*b*und in der *Bundesrepublik Deutschland*, stellte der FDGB keine unabhängige Vertretung der Interessen der Arbeitnehmer in der DDR dar: Er setzte vor allem die Ziele der *SED*, der *S*ozialistischen *E*inheitspartei *D*eutschlands, durch. Nur im Rahmen dieser Ziele trat er für die Wünsche der Arbeitnehmer ein. Der FDGB war damit ein verlängerter Arm der *Partei* und der *Regierung* in der DDR.
Der FDGB hat sich im September 1990 aufgelöst, ein Teil seiner Mitglieder trat in die Einzel*gewerkschaften* des DGB ein.
Siehe *Gewerkschaften*.

FDJ ist die Abkürzung für ‹*F*reie *D*eutsche *J*ugend›, das war die größte Jugendorganisation in der ehemaligen *DDR*. Eine *Organisation* ist ein ‹Zusammenschluss von Menschen zur Bewältigung einer Aufgabe›.
Die FDJ wurde 1946 gegründet, sie zählte etwa zwei Millionen Mitglieder. Das bedeutete, dass in der DDR mehr als 60 Prozent aller Jugendlichen zwischen 14 und 25 Jahren in der FDJ waren. Die Kinderorganisation in der DDR hieß ‹Pionierorganisation Ernst Thälmann›, in ihr waren rund 90 Prozent der Kinder zwischen 6 und 14 Jahren Mitglieder. Während sich die Kinderorganisation 1990 auflöste, besteht die FDJ weiter: Sie zählt 2010 rund 200 Mitglieder.
Siehe auch *SED*.

FDP, siehe *Parteien im Bundestag*.

Finanzen heißt Geldwesen, Geldbesitz und Vermögensverhältnisse. Finanziell heißt geldlich, finanzieren heißt ‹eine geldliche Grundlage schaffen›.
Wenn in einer Familie oder in einem *Staat* die Finanzen nicht in Ordnung sind, dann ist zu wenig oder kein Geld vorhanden.
Das Wort Finanzen wird hauptsächlich für die öffentlichen Finanzen verwendet, das sind die Einnahmen und Ausgaben eines Staates. Die Entscheidung über die öffentlichen Finanzen hat in erster Linie das *Parlament*: Dort wird beschlossen, wie viel *Steuern* der

einzelne Bürger zahlen muss und welche Ausgaben damit finanziert werden.

Die *Verwaltung* der öffentlichen Finanzen ist Aufgabe der Finanzbehörden, das sind in der *Bundesrepublik Deutschland* das Bundes*ministerium* der Finanzen, die Finanzämter und die *Zoll*ämter.

Als Finanzausgleich wird in der Bundesrepublik die Aufteilung der Steuern auf Bund, Länder und Gemeinden bezeichnet, Änderungen dieser Aufteilung ergeben immer schwierige Verhandlungen zwischen der *Bundesregierung* und den *Regierung*en der *Bundesländer.*

Es gibt auch den Finanzausgleich zwischen Bundesländern: Ein reiches Bundesland wie zum Beispiel Nordrhein-Westfalen gewährt unter Umständen leistungsschwachen Ländern finanzielle Unterstützung.

Das *Recht* von Bund und Ländern, Steuern festzulegen und Ausgaben zu bestimmen, nennt man Finanzhoheit.

Siehe *Bund und Länder.*

Fiskus heißt Staatskasse oder Staatsvermögen.

Im weiteren Sinn bezeichnet man auch den *Staat* als Fiskus, nämlich als den Besitzer des staatlichen Vermögens.

Siehe auch *öffentliche Hand.*

Föderalismus, eine Föderation ist ein Bund von *Staat*en, zum Beispiel ein *Bundesstaat.*

Ein Bundesstaat ist eine Vereinigung von selbständigen Gliedstaaten zu einem Bund. Die *Regierung* des Bundes übernimmt für die einzelnen Gliedstaaten bestimmte Aufgaben und *Rechte.* Föderativ heißt bundesstaatlich. Föderalismus bezeichnet einen bestimmten Aufbau eines Bundesstaates: Die Gliedstaaten behalten viele Aufgaben, die sie selbständig und in eigener Verantwortung erledigen. Der Föderalismus berücksichtigt also weitgehend ihre Eigenarten und Bedürfnisse. Im Gegensatz dazu gibt es Einheitsstaaten: Sie werden von einem Zentrum, das heißt von einer Mitte, aus regiert.

Die *Bundesrepublik Deutschland* ist ein Bundesstaat. Sie besteht aus 16 *Bundesländer*n und ist nach dem Grundsatz des Föderalismus aufgebaut.

Siehe *Bund und Länder,* auch *Bundesrat, Zentralismus.*

Fraktion ist die Vereinigung von *Abgeordnete*n in einem *Parlament,* die derselben *Partei* angehören.

Die Abgeordneten der im *Bundestag* vertretenen Parteien bilden die Bundestagsfraktionen. Der Bundestag ist das Parlament, das heißt die *Volks*vertretung der *Bundesrepublik Deutschland.* Für den Bundestag und für die *Landtage* bestimmen *Geschäftsordnung*en, wie viele Abgeordnete zur Bildung einer eigenen Fraktion erforderlich sind. Eine starke Fraktion zählt viele, eine schwache Fraktion wenige Abgeordnete. Die Stärke einer Fraktion ist unter anderem dafür maßgeblich, wie viele Sitze ihr in den *Ausschüsse*n und wie viele Redner ihr in Debatten zustehen. Eine *Debatte* ist ein Meinungsaustausch. In den Parlamentsdebatten werden *Gesetz*e erörtert und beraten, über die die Abgeordneten anschließend abstimmen.

Die Meinungen über ein Gesetz können sowohl bei den Parteien als auch bei den einzelnen Abgeordneten unterschiedlich sein. Eine Partei hat jedoch nur dann Macht, wenn sie im Widerstreit mit anderen Parteien mit einem festen Standpunkt auftreten kann. Es wird also von den Mitgliedern einer Fraktion erwartet, dass sie sich der Entscheidung der *Mehrheit* in der Fraktion unterwerfen. Man nennt das Fraktionsdisziplin. Disziplin heißt Zucht und Ordnung.

In der Bundesrepublik darf jedoch kein Abgeordneter zur Fraktionsdisziplin gezwungen werden. Ein sogenannter Fraktionszwang ist im *Grundgesetz* der Bundesrepublik verboten.

Die Parteien haben allerdings Möglichkeiten, Abgeordnete, die sich häufig widersetzen, einflusslos zu machen: Sie erhalten keine entscheidenden Aufgaben mehr, sie werden nicht mehr zur *Wahl* gestellt oder im äußersten Fall aus der Partei ausgeschlossen. In diesen Fällen kann von einer Art Fraktionszwang gesprochen werden.

Siehe *Ausschüsse*, auch *Bundestagsabgeordnete*, *Bundestagswahl*.

freie Marktwirtschaft, siehe *Marktwirtschaft und Planwirtschaft*.

Freischärler, siehe *Partisan*.

Freistaat ist das deutsche Wort für *Republik*. Republiken sind *Staat*en, in denen kein Kaiser oder König regiert, die also keine *Monarchien* sind.

Freizügigkeit ist das *Recht*, seinen Aufenthaltsort und seinen Wohnsitz selbst zu bestimmen.

Die Freizügigkeit gehört in der *Bundesrepublik Deutschland* zu den *Grundrechten*, die jedem Deutschen zustehen.

Fünf-Prozent-Klausel, siehe *Bundestagswahl*.

Fundamentalisten, Fundament heißt Grundlage, auch Grundbegriff; fundamental heißt grundlegend, auch hauptsächlich.

In Religionsgemeinschaften sind Fundamentalisten die entschiedenen Vertreter der ursprünglich festgelegten Glaubensgrundsätze. Wie sich das menschliche Zusammenleben aufgrund wissenschaftlicher und technischer Erkenntnisse entwickelt hat, ist für sie unerheblich. Einhaltung und Anwendung der Gebote und Verbote ihrer Glaubenslehre ist ihr wichtigstes und einziges Anliegen. Unduldsam und eifernd, auch unter Einsatz von Gewalt verlangen sie von ihren Anhängern unbedingten Gehorsam, verfolgen sie Andersdenkende und Gegner.

Abgeleitet von der Haltung der Fundamentalisten in Religionsgemeinschaften, können auch in *Partei*en Mitglieder, die unnachgiebig und rücksichtslos eine bestimmte Zielsetzung verfolgen, als Fundamentalisten bezeichnet werden.

Funktionär, Funktion heißt Aufgabe, Zweck und Leistung.

Ein Funktionär ist ein Mitglied mit bestimmten Aufgaben zum Beispiel in einer *Partei*, einer *Gewerkschaft* oder in einem Verein. Funktionäre werden entweder von den anderen Mitgliedern gewählt oder vom Vorstand eingesetzt.

G

G-7/G-8 Gruppe der Sieben/ Gruppe der Acht ist die Bezeichnung für die sieben wichtigsten *Industrie*staaten der Welt, das sind Frankreich, Großbritannien, Italien, Japan, Kanada, die USA und die *Bundesrepublik Deutschland.* Die seit 1975 jährlich stattfindenden Treffen der G-7 werden als Weltwirtschaftsgipfel bezeichnet.
Seit 1994 nimmt auch Russland als gleichberechtigter Partner an den *politisch*en Beratungen der G-7 teil; 1998 wurde das Treffen offiziell, das heißt amtlich auf die Gruppe der Acht erweitert.

G-20-Gruppe, in der Gruppe der G-20, die seit 1999 besteht, treffen sich die 19 wichtigsten *Industrie-* und *Schwellenländer* und die *Europäische Union, EU.* Das sind Argentinien, Australien, Brasilien, China, Deutschland, Frankreich, Großbritannien, Indien, Indonesien, Italien, Japan, Kanada, Mexiko, Russland, Saudi-Arabien, Südafrika, Südkorea, Türkei und die USA; die Europäische Union ist der Zusammenschluss von 27 europäischen *Staat*en.
Industrieländer sind Staaten, deren *Wirtschaft* durch die industrielle Herstellung bestimmt ist. Schwellenländer sind Länder, die in ihrer *wirtschaftlich*en Entwicklung auf der Schwelle zum Industrieland stehen.
Die G-20-Gruppe berät über gemeinsame Maßnahmen auf dem Gebiet der *Finanzen,* das heißt des Geldwesens, um eine störungsfreie Entwicklung der Weltwirtschaft zu ermöglichen.
An den Treffen der G-20 nehmen *international*e Organisationen teil, unter anderem der *Internationale Währungsfonds, IWF,* die *Weltbank* und die *Europäische Zentralbank, EZB.*
Der IWF hat unter anderem die Aufgabe, halbjährlich die Lage der Weltwirtschaft in einem Gutachten zu beurteilen; die Weltbank vergibt vor allem *Entwicklungshilfe* an arme Länder; die EZB ist die gemeinsame Zentralbank der Mitgliedsstaaten der Europäischen Union.
Siehe auch *Europäische Union, EU, Internationaler Währungsfonds, IWF.*

GATT ist die Abkürzung für ‹*G*eneral *A*greement on *T*ariffs and *T*rade›, das heißt ‹Allgemeines Zoll- und Handelsabkommen›.
Siehe *WTO.*

Gegenrevolution, siehe *Revolution.*

Geheimdienste, aus dem Wort geht hervor, dass ein wesentlicher Teil der Arbeit der Geheimdienste den meisten Menschen verborgen bleibt. Geheimdienste werden als Nachrichtendienste bezeichnet: Sie sammeln *politisch*e, *wirtschaftlich*e, technische und *militärisch*e Nachrichten aus anderen *Staat*en, die man dort geheim halten möchte, und geben sie weiter an die eigenen *Regierung*en.
Meist unterstehen Geheimdienste unmittelbar dem Chef der Regierung: Sie sind keiner oder nur einer begrenzten Aufsicht durch die *Parlament*e, das heißt durch die *Volks*vertretungen, unterworfen.
Es gibt Geheimdienste, die nur Auslandsnachrichtendienste sind. Andere versehen auch einen Inlandsnachrich-

tendienst, das bedeutet, sie arbeiten auch im eigenen Land: Sie sammeln Nachrichten zum Beispiel über Personen in *Partei*en und politischen Gruppen, von denen angenommen wird, dass ihre Absichten und Ziele gegen die *Verfassung* oder gegen die Regierung gerichtet sind.

Eine Verfassung enthält Regeln über den inneren Aufbau eines Staates und seine Vertretung nach außen.

Die Geheimdienste der *Bundesrepublik Deutschland* sind der *B*undes*n*achrichten*d*ienst, BND, der *M*ilitärische *A*bschirm*d*ienst, MAD, und das Bundesamt für *Verfassungsschutz*. Der BND ist ein Auslandsnachrichtendienst.

Der Geheimdienst der ehemaligen *DDR* hieß *S*taats*s*icherheits*d*ienst, *SSD*. In der Umgangssprache wurde er Stasi genannt.

Der amerikanische Geheimdienst heißt *C*entral *I*ntelligence *A*gency, CIA; der englische heißt Secret Service; der russische heißt Föderaler Sicherheitsdienst, FSB; der französische Geheimdienst ist die Sûreté.

Generalstreik, siehe *Streik*.

Genfer Konvention, eine *Konvention* ist im *politisch*en Sprachgebrauch eine Übereinkunft, die mehrere *Staat*en treffen. 1864 wurde die Genfer Konvention geschlossen: Mehrere Staaten legten fest, wie Verwundete, Kriegsgefangene, schiffbrüchige Seeleute und die Zivilbevölkerung im Krieg behandelt und geschützt werden sollen.

Die Genfer Konvention ist im Laufe der Jahre durch andere Genfer Abkommen erweitert worden, es wird daher oft von ‹den Genfer Konventionen› gesprochen. Das *International*e Rote Kreuz sorgt dafür, dass die Genfer Konventionen eingehalten werden.

Genossenschaft, eine Genossenschaft ist eine Vereinigung, die den Zweck hat, das *wirtschaftlich*e Fortkommen ihrer Mitglieder durch einen gemeinschaftlichen Geschäftsbetrieb zu fördern.

In der *Bundesrepublik Deutschland* regeln rechtliche Bestimmungen, wie man sich zu einer Genossenschaft zusammenschließen kann: Danach muss eine Genossenschaft zum Beispiel von mindestens drei Mitgliedern gegründet werden.

Fünf Landwirte beschließen beispielsweise, Saatgut und Maschinen gemeinsam einzukaufen, um einen günstigeren Preis zu bekommen als beim Einzeleinkauf. Sie gründen in diesem Fall eine Einkaufsgenossenschaft.

Je nach Art der gemeinsamen Tätigkeit werden verschiedene Formen von Genossenschaften unterschieden. Die Absatzgenossenschaft verkauft gemeinsam; die Nutzungsgenossenschaft benutzt gemeinsam Maschinen; die *Kredit*genossenschaft betreibt gemeinsam Bankgeschäfte.

Gerichte, neben der gesetzgebenden und der ausführenden Gewalt ist die *Rechtsprechung* die dritte Gewalt in einem *Staat*. Die Rechtsprechung wird von den Gerichten ausgeübt. Die Gerichte, man sagt auch die Gerichtsbarkeit, gehören zur Rechtspflege in einem Staat.

Das Wort Gericht hat zwei Bedeutungen. Ein Gericht ist einmal ein Gerichtsgebäude, es ist zum anderen ein

Die Zweige der Gerichtsbarkeit und ihre Instanzen

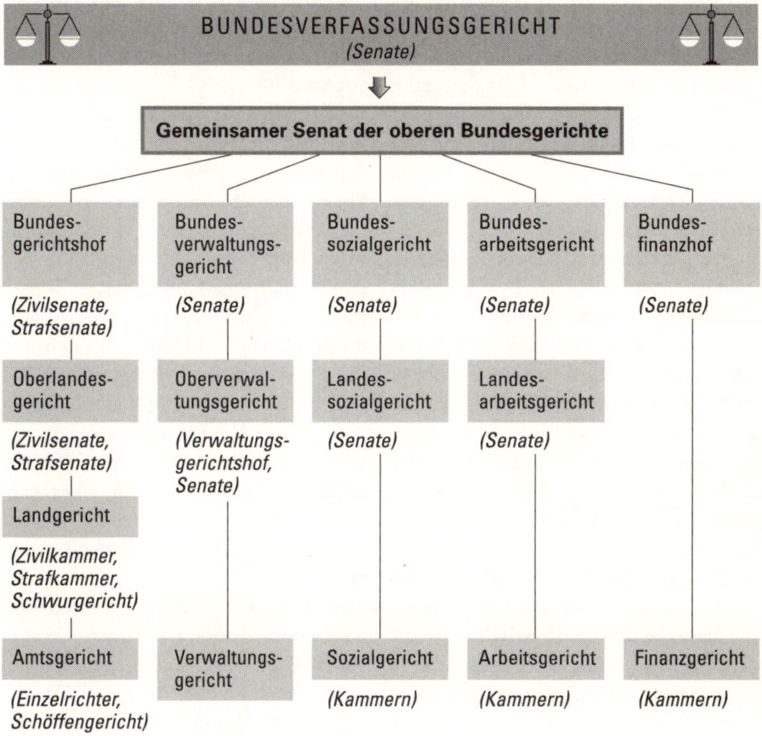

Daneben gibt es:	Wehrstrafgerichte	(für Soldaten)
	Disziplinargerichte	(für Beamte)
	Ehrengerichtshöfe	(für Rechtsanwälte)

Spruchkörper, das sind ein oder mehrere Richter, die *Recht* sprechen.
In der *Bundesrepublik Deutschland* gibt es ordentliche und besondere Gerichte. Zur ordentlichen Gerichtsbarkeit gehören die Amtsgerichte, die Landgerichte, die Oberlandesgerichte und der *B*undes*g*erichts*h*of, BGH. Diese Gerichte entscheiden über Strafsachen, das sind zum Beispiel Diebstahl und Mord, und sie entscheiden über Zivilsachen, das sind zum Beispiel Streitigkeiten über Mietverträge und die Rückzahlung von Schulden. Es hängt bei Zivilsachen von der Höhe des Streitwertes und bei Strafsachen von

der Bedeutung des Vergehens oder Verbrechens ab, vor welchem der ordentlichen Gerichte ein Fall verhandelt wird. Leichter Diebstahl zum Beispiel wird vor den Amtsgerichten verhandelt, Fälle von *Hochverrat* oder von *Landesverrat* kommen vor die Oberlandesgerichte.

An Amtsgerichten können Schöffengerichte zusammentreten; sie bestehen aus einem oder zwei Amtsrichtern und zwei Schöffen. Schöffen sind Laienrichter: unbescholtene Bürger, die nicht Rechtswissenschaft studiert haben, die aber das gleiche Stimmrecht bei der Urteilsfindung haben wie die Richter. Schöffen werden für jeweils zwei Jahre von den Gemeinde*parlament*en gewählt. Schwere Verbrechen werden an Landgerichten von den Schwurgerichten verhandelt. Schwurgerichte bestehen aus drei Berufsrichtern und sechs Laienrichtern, die hier Geschworene heißen.

Landgerichte sind in verschiedene *Kammer*n unterteilt, jede Kammer ist ein Gericht für sich, das mit mehreren Richtern besetzt ist. Man nennt sie Kollegialgericht. Die Kollegialgerichte an Oberlandesgerichten und beim Bundesgerichtshof heißen *Senate*.

Der Bundesgerichtshof ist das höchste ordentliche Gericht in der Bundesrepublik. Die Richter heißen hier Bundesrichter.

Ein Bürger, der entweder selbst klagt oder der als Angeklagter oder Beklagter vor Gericht geht, kann den *Instanzenweg* gehen. Das bedeutet, er kann, wenn er mit der Entscheidung eines Gerichts nicht einverstanden ist, bei einem höheren Gericht *Rechtsmittel* einlegen. Rechtsmittel sind zum Beispiel die Berufung und die Revision. Verhandlungen in zweiter Instanz sind in der Regel Berufungsverhandlungen, in dritter Instanz Revisionsverhandlungen.

Revision bedeutet die ‹Anrufung eines höheren Gerichtes zur nochmaligen Entscheidung einer Rechtsfrage›. Bei einer Revision wird überprüft, ob bei der vorangegangenen Urteilsfindung eine fehlerhafte *Gesetz*esanwendung oder Verfahrensmängel stattgefunden haben. Dabei werden die von dem vorherigen Gericht zugrunde gelegten Tatsachen nicht nochmals geprüft.

Den Instanzenweg gibt es auch an den besonderen Gerichten. Besondere Gerichte sind alle *Verwaltung*s-, Arbeits-, *Sozial-* und Finanzgerichte. Wer zum Beispiel meint, ungerechtfertigt gekündigt worden zu sein, wendet sich an ein Arbeitsgericht, wer dagegen ist, dass in seiner Straße eine Fabrik gebaut wird, kann vor einem Verwaltungsgericht klagen. Ein Sozialgericht entscheidet, ob eine Rente, ein Finanzgericht, ob eine *Steuer* richtig bemessen worden ist. Letzte Instanz sind auch für die besonderen Gerichte die obersten Gerichtshöfe: Bundesverwaltungs-, Bundesarbeits-, Bundessozial- und Bundesfinanzgericht.

Gesandter, siehe *Diplomat*.

Geschäftsordnung heißt die Zusammenfassung aller Regeln, nach denen Mitglieder von *Parlament*en, *Gericht*en oder Vereinigungen verfahren und handeln.

Die Geschäftsordnung eines Parlaments, das heißt einer *Volk*svertretung, regelt vor allem, wie bei Abstimmun-

gen, Beratungen und *Wahl*en verfahren werden soll. So besagt die Geschäftsordnung des *Bundestag*es unter anderem, dass der Bundestag beschlussfähig ist, wenn mehr als die Hälfte seiner Mitglieder anwesend ist. Beschlussfähig heißt, dass eine Versammlung in der Lage ist, über etwas zu beschließen.
Der Bundestag, der *Bundesrat* und die *Bundesregierung* geben sich ihre Geschäftsordnung selbst. Das bedeutet, sie beschließen darüber mit *Mehrheit*.

Gesellschaft bezeichnet eine Gemeinschaft von Menschen, die zusammen leben oder die an einer gemeinsamen Aufgabe zusammen arbeiten. Eine Gesellschaft kann sehr viele Menschen umfassen – man spricht sogar von der Weltgesellschaft und meint damit alle Menschen –, sie kann auch nur einige wenige Menschen umfassen. Eine literarische Gesellschaft zum Beispiel besteht aus einigen Menschen, die gemeinsam die Werke eines Dichters lesen und erforschen. Die Gesellschaft eines *Staat*es besteht aus der Gesamtheit der Menschen, die in einer bestimmten Ordnung und auf einem begrenzten Gebiet zusammen leben.
Die Gesellschaft kann in primäre und sekundäre Gruppen gegliedert werden. Primäre sind ursprüngliche Gruppen: Familien, Nachbarschaften und Freundschaften zum Beispiel. Sekundäre, das heißt nachgeordnete, Gruppen entstehen durch gemeinsame Interessen und eine gemeinsame Überzeugung: *Partei*en, *Gewerkschaften*, kirchliche Gemeinden zum Beispiel und der Staat.
Die Gesellschaft eines Staates ist gekennzeichnet durch seine geschichtliche Entwicklung, durch die Art, wie er regiert wird, wie weit seine *Industrie* entwickelt ist und durch die Arbeits- und Verdienstmöglichkeiten der Menschen. Die einzelnen Interessengruppen in der Gesellschaft eines Staates stehen in einer Wechselbeziehung zueinander: In ihren Auffassungen und Absichten befinden sie sich sowohl in einem Wettbewerb als auch in einem Gegensatz. Der Wettstreit zwischen den unterschiedlichen Gruppen ist in einer pluralistischen Gesellschaft vielfältig und lebhaft. Pluralistisch heißt ‹aus verschiedenen Gruppen zusammengesetzt›. Eine pluralistische Gesellschaftsordnung ist durch eine Vielzahl von Gruppen gekennzeichnet, die sich frei bilden und untereinander messen können. Alle *Gesetz*e, die das Leben der Menschen in einer Gesellschaft regeln, werden von den Gruppen ständig erörtert und geprüft.
Einen Wettstreit unterschiedlicher Interessengruppen gibt es dagegen in einer *totalitär*en Gesellschaftsordnung nicht: Alle Menschen sind hier ein und derselben Ordnung unterworfen, die von der *Regierung* bestimmt und überwacht wird. Totalitär heißt ‹das Ganze umfassend›.
Die Unterscheidung zwischen pluralistischer und totalitärer Gesellschaftsordnung ist ebenso grundsätzlich wie die nach ihren *Wirtschaft*sordnungen. In diesem Sinne spricht man von einer kapitalistischen oder *sozialistisch*en Gesellschaft. Siehe dazu *Kapitalismus*, *Sozialismus*.
Die Wissenschaft von der Gesellschaft ist die Soziologie: Sie untersucht den Aufbau der Gesamtgesellschaft, den

Aufbau und die Aufgaben der Gruppen und deren Beziehungen untereinander und zur Gesamtgesellschaft.

Gesetz, wenn Menschen zusammenleben, werden Regeln notwendig, um Auseinandersetzungen und Streitigkeiten zu vermeiden oder um sie beizulegen. Daraus ergeben sich Gebote und Verbote, von denen viele in fast allen *Staat*en in Form von Gesetzen zusammengefasst werden. Die Gesetze sind für jeden Menschen im Staat verbindlich, das bedeutet, jeder soll sie einhalten.
In der *Bundesrepublik Deutschland* werden die Gesetze vom *Bundestag*, dem *Parlament* der Bundesrepublik, unter Mitwirkung des *Bundesrat*es beschlossen.
Das wichtigste Gesetz ist in allen Staaten die *Verfassung*: Sie enthält Regeln über den inneren Aufbau eines Staates und seine Vertretung nach außen.
Siehe *Gesetzgebung*, auch *Recht*, *Norm*.

Gesetzesinitiative, Initiative heißt ‹erster Schritt› und Unternehmungsgeist. Gesetzesinitiative bedeutet, *Gesetz*esvorlagen in einem *Parlament* einzubringen. Ein Parlament ist eine *Volk*svertretung. Gesetzesvorlagen sind Entwürfe für neue Gesetze und für die Änderung oder die Aufhebung von bestehenden Gesetzen.
Das *Recht* zur Gesetzesinitiative haben in der *Bundesrepublik Deutschland* die *Bundesregierung*, der *Bundesrat* und der *Bundestag*.
Es kann jedoch kein *Abgeordnete*r im Bundestag allein eine Gesetzesvorlage einbringen, das kann nur eine *Fraktion* oder eine Gruppe von mindestens 31 Abgeordneten, die einer oder verschiedenen Fraktionen angehören. Eine Fraktion ist die Vereinigung von Abgeordneten in einem Parlament, die derselben *Partei* angehören.
Siehe *Gesetzgebung*.

Gesetzgebung hat zwei Bedeutungen: Es ist einmal die Zuständigkeit, Gesetze zu geben, zum Zweiten ist es der Weg, auf dem ein *Gesetz* zustande kommt. Zum Ersten siehe *Bundestag* und *Bundesrat*.
Der regelmäßige Weg, auf dem in der *Bundesrepublik Deutschland* ein Bundesgesetz entsteht, beginnt mit einem Gesetzentwurf. Ein Gesetzentwurf kann von der *Bundesregierung*, vom Bundesrat oder von Mitgliedern des Bundestages eingebracht werden.
Ein Entwurf der Bundesregierung muss zunächst dem Bundesrat, der Vertretung der *Bundesländer*, vorgelegt werden. Der Bundesrat nimmt dazu Stellung und leitet den Entwurf weiter an den Bundestag.
Gesetzentwürfe von Mitgliedern des Bundestages, also von den *Volk*svertretern der Bundesrepublik, bedürfen der Unterschrift von mindestens 31 *Bundestagsabgeordnete*n.
Der Gesetzentwurf, man sagt auch die Gesetzesvorlage, wird vom Bundestag in seinen *Ausschüsse*n beraten. Dann wird über die Vorlage im *Plenum*, das heißt in der Vollversammlung des Bundestages, abgestimmt. Danach wird der Gesetzbeschluss dem Bundesrat zugeleitet. Stimmt der Bundesrat dem Gesetz zu, wird es von dem zuständigen *Minister*, vom *Bundeskanzler* und von dem *Bundespräsident*en unterzeichnet. Ein Gesetz tritt in Kraft, wenn der Bun-

Weg eines Gesetzentwurfs durch den Bundestag

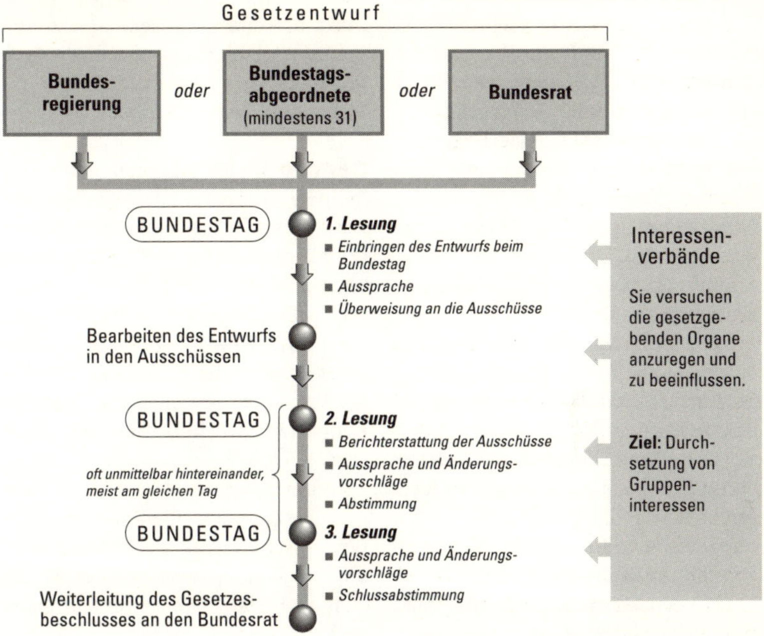

despräsident es im *Bundesgesetzblatt* verkündet.
Der Zustimmung des Bundesrates bedürfen alle Gesetze, die die *Verwaltung* der Bundesländer betreffen, außerdem Gesetze, die das *Grundgesetz* ändern, und Gesetze, die Verträge mit anderen *Staat*en enthalten. Gegen alle anderen Gesetze kann der Bundesrat Einspruch erheben, der aber vom Bundestag zurückgewiesen werden kann.
Bei Nichtzustimmung und bei Einspruch des Bundesrates kann der Vermittlungsausschuss angerufen werden. Dieser Ausschuss besteht aus Mitgliedern des Bundestages und des Bundesrates. Das umstrittene Gesetz wird im Vermittlungsausschuss beraten. Können sich die Ausschussmitglieder nicht einigen, kann der Bundesrat erneut Einspruch erheben, ohne ihn zu begründen. Diesen Einspruch wiederum kann der Bundestag überstimmen: Das Gesetz wird beschlossen. Man bezeichnet den Bundestag und den Bundesrat auch als gesetzgebende Körperschaften.
Siehe auch *Lesung*, *Ausschüsse*.

Gesetzgebungskompetenz ist die Zuständigkeit auf dem Gebiet der *Gesetzgebung*. Diese Zuständigkeit ist in der *Bundesrepublik Deutschland* auf den Bund und auf die Länder verteilt. Es gibt vier Formen der Gesetzgebung:

1. Die ausschließliche Gesetzgebung des Bundes: Zur Gesetzgebung zum Beispiel über die Verteidigung der Bundesrepublik hat der Bund das alleinige *Recht*.
2. Gesetzgebung der Länder: Die Länder haben das Recht der Gesetzgebung auf den Gebieten, auf denen für den Bund keine Befugnis zur Gesetzgebung begründet ist; das betrifft zum Beispiel *Gesetz*e über das Bildungswesen.
3. Die konkurrierende Gesetzgebung: die *Landtag*e, die *Volks*vertretungen in den Ländern, beschließen Gesetze, solange der Bund keinen Gebrauch von seinem Recht macht, selbst Gesetze zu geben. Dieses Recht hat der Bund zum Beispiel, wenn ein Gesetz eines Bundeslandes die Interessen anderer *Bundesländer* beeinträchtigt.
4. Die Rahmenvorschriften: Der Bund kann auf bestimmten Gebieten Vorschriften erlassen, nach denen sich die Länder richten müssen. Diese Vorschriften können zum Beispiel das *Presse*wesen und den Naturschutz betreffen. Die Rahmenvorschriften werden häufig als Rahmengesetze bezeichnet.

Siehe *Bund und Länder*.

Gesetz- und Verordnungsblatt, *Gesetz*e, die zum Beispiel der *Landtag* von Nordrhein-Westfalen beschlossen hat, und Verordnungen der Landes*regierung* werden im Gesetz- und Verordnungsblatt des Landes Nordrhein-Westfalen verkündet. Alle Gesetze und Verordnungen der *Bundesländer* treten in Kraft, wenn sie in dem Gesetz- und Verordnungsblatt des jeweiligen Bundeslandes verkündet worden sind.
Siehe auch *Bundesgesetzblatt*.

Gestapo ist die Abkürzung für ‹*Ge*heime *Sta*ats*po*lizei›, die geheime, *politisch*e Polizei während der Zeit der nationalsozialistischen *Regierung* 1933 bis 1945. Mit schrankenloser Macht und bedingungsloser, willkürlich angewandter Gewalt verfolgte die Gestapo Gegner der Regierung und der NSDAP, der *N*ationalsozialistischen *D*eutschen *A*rbeiter*p*artei, der einzigen *Partei* im *Staat*.
Von Gestapomethoden spricht man noch heute, wenn man eine menschlich entwürdigende Behandlung oder ungesetzliche Übergriffe von Behörden auf Privatpersonen verdeutlichen will.
Siehe *Nationalsozialismus*.

Getto, auch Ghetto. Früher waren Gettos abgeschlossene Stadtteile, in denen *Juden* zuerst freiwillig, später zwangsweise wohnten.

Gewaltenteilung heißt, dass die *Staatsgewalt* aufgeteilt ist und nicht in der Hand einer einzelnen Person oder einer Gruppe von Personen liegt, die sie unter Umständen missbraucht.
Die Staatsgewalt ist die gesetzgebende Gewalt oder die *Gesetzgebung*, auch *Legislative* genannt; die ausführende Gewalt, das sind *Regierung* und *Verwaltung*, auch *Exekutive* genannt; und die *Rechtsprechung*, auch Judikative genannt.

Nach diesem Schema sind die drei Gewalten geteilt

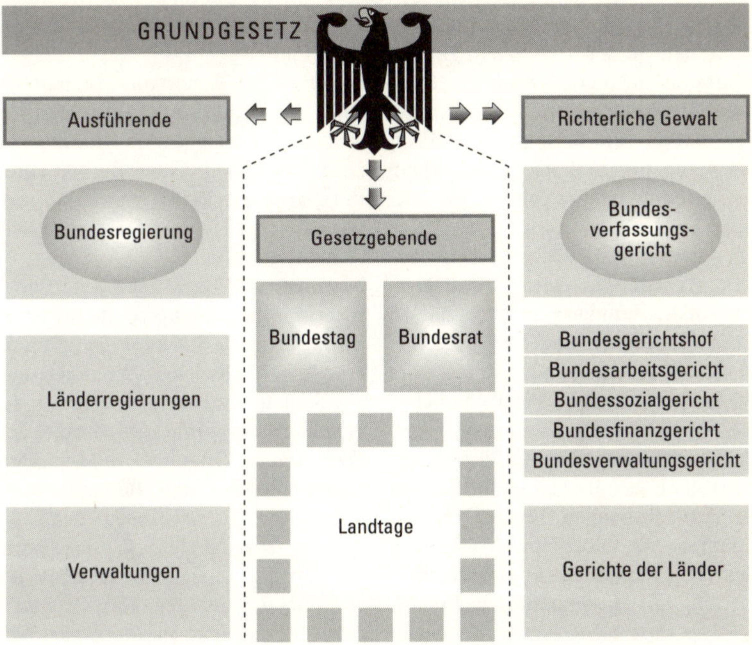

Bei einer Teilung der Gewalten werden drei Organe gebildet, das heißt drei Teile einer Gemeinschaft, die voneinander unabhängig sind und sich gegenseitig überwachen sollen:
Die Gesetzgebung liegt bei dem *Parlament*, das heißt bei der Vertretung des *Volk*es;
ausführende Gewalt haben die Regierung und die Verwaltung;
die Rechtsprechung liegt bei den *Gericht*en.
Die Gewaltenteilung ist eine der Grundlagen der *Demokratie*.
Siehe *Bundestag*, *Bundesrat*, *Bundesregierung*, *Gerichte*, auch *Inkompatibilität*.

Gewerkschaften sind Vereinigungen von Arbeitnehmern, die die Interessen der Arbeitnehmer gegenüber den Arbeitgebern und gegenüber dem *Staat* vertreten. In der *Bundesrepublik Deutschland* sind acht Einzelgewerkschaften im *DGB*, dem *D*eutschen *G*ewerkschafts*b*und, zusammengeschlossen. Die Mitglieder in den acht Gewerkschaften sind Arbeiter, Angestellte und Beamte; die Gewerkschaften sind nach verschiedenen Berufsgruppen oder *Wirtschaft*sbereichen gegliedert.
Der DGB zählte 2010 6,5 Millionen Mitglieder. Neben dem DGB gibt es

den *D*eutschen *B*eamten*b*und, DBB, und den *C*hristlichen *G*ewerkschafts*b*und, CGB.

Außerhalb dieser drei Vereinigungen sind zahlreiche so bezeichnete Sparten- oder Fachgewerkschaften gegründet worden, zum Beispiel der *M*arburger *B*und, mb, im Bereich Gesundheit; die *V*ereinigung *C*ockpit, VC, im Bereich Luftverkehr.

Die ersten Gewerkschaften entstanden als Arbeitervereine zu Beginn des 19. Jahrhunderts in England. In *Deutschland* schlossen sich um die Mitte des 19. Jahrhunderts zuerst die Buchdrucker und die Zigarrenarbeiter zusammen. Damals kämpften die Arbeitervereine vor allem für kürzere Arbeitszeiten, höhere Löhne und bessere Arbeitsbedingungen für die Arbeitnehmer. Die plötzliche Umstellung der Handwerksbetriebe auf die Herstellung mit Maschinen hatte zur Folge, dass viele Menschen vom Land in die Städte zogen. Sie meinten, in den Fabriken mehr Geld verdienen zu können. Sie arbeiteten für sehr niedrige Löhne bis zu 16 Stunden täglich und gerieten mehr und mehr ins Elend. Siehe dazu *Arbeiterbewegung*.

Noch heute ist die Regelung der Lohn- und Arbeitsbedingungen für die Arbeitnehmer wichtigste Aufgabe der Gewerkschaften. Sie setzen sich außerdem für eine bessere Berufs- und Weiterbildung, für mehr Mitbestimmungs*recht*e der Arbeitnehmer und für einen verstärkten Umweltschutz ein.

Siehe auch *Tarif*.

Glasnost und Perestroika sind russische Wörter. Glasnost heißt Offenheit, Öffentlichkeit; Perestroika heißt Umwandlung, Umbau.

Die Begriffe Glasnost und Perestroika sind eng verbunden mit dem Namen Michail Gorbatschow. Er wurde 1985 zum *Partei*chef der sowjetischen kommunistischen Partei gewählt, von 1989 bis 1991 war er Staatspräsident der Sowjetunion.

Glasnost und Perestroika kennzeichneten die Bestrebungen, die kommunistisch regierte Sowjetunion in ihrem gesellschaftlichen, *wirtschaftlich*en und staatlichen Aufbau grundlegend zu verändern. So wurde zum Beispiel der *Presse* mehr Offenheit in der Meinungsäußerung, den Bürgern mehr Mitsprache bei *politisch*en Entscheidungen zugestanden. In der Wirtschaft wurde versucht, den Aufbau der vom *Staat* gelenkten Planwirtschaft den Grundsätzen der *Marktwirtschaft* anzunähern. Die so eingeleitete Umgestaltung der bestehenden Verhältnisse führte 1991 zur Auflösung der Sowjetunion.

Siehe *Ostblock und Westmächte*, auch *Marktwirtschaft und Planwirtschaft*, *Kommunismus*, *OSZE*.

Globalisierung, der Globus ist die Weltkugel, global bedeutet ‹auf die gesamte Erdoberfläche bezogen›, weltumspannend, umfassend.

Das Wort Globalisierung umschreibt einen andauernden Vorgang, durch den die Verbindung aller Menschen und Länder auf der Welt immer schneller und damit enger geworden ist. Ursache dafür war und ist der technische Fortschritt, zum Beispiel die Entwicklung und der Einsatz von Computern, die Übermittlung und der Austausch durch das Internet, die Erfindung von Containerschiffen. Weltweit können daher Nachrichten und Waren aller Art, auch Geld, immer schneller übermittelt und transportiert werden.

Man spricht von der globalen Verflechtung und Vernetzung auf den Gebieten des Verkehrs, der *Kultur*, der *Politik* und der *Wirtschaft*.

Ein Unternehmer in Europa zum Beispiel lässt seine Ware in einem asiatischen Land herstellen, wo die Arbeitslöhne niedriger sind als in Europa. Die asiatischen Arbeiter, froh, überhaupt Arbeit zu haben, arbeiten für weniger Lohn als Arbeiter in europäischen Ländern, deren Löhne aufgrund ihrer Lebensumstände höher sein müssen. Der Transport der Ware ist zudem billig und schnell.

Der Vorteil für den Unternehmer: Er bekommt eine billige Ware, die er günstig verkaufen kann. Der Vorteil für die Verbraucher: Sie können die Ware zu einem günstigen Preis erwerben. Der Vorteil für die Arbeiter in Asien: Sie bekommen Arbeit und können ihr Leben bestreiten. Der Nachteil für die Arbeiter in Europa: Sie verdienen kein Geld, sie verlieren ihren Arbeitsplatz. Eine steigende Zahl von Arbeitslosen wiederum beeinträchtigt die Wirtschaft eines Landes.

Die Folgen der Globalisierung haben nicht nur in der Weltwirtschaft, sondern in nahezu allen Lebensbereichen Vorteile und Nachteile für Menschen und *Staat*en.

Siehe *WTO*, *OECD*.

Golfstaaten ist eine zusammenfassende Bezeichnung für die *Staat*en, die um den Persischen Golf liegen: Bahrain, Irak, Iran, Katar, Kuwait, Oman, Saudi-Arabien und die Vereinigten Arabischen Emirate.

Seit 1981 besteht im sogenannten Golf-*Kooperation*srat eine Zusammenarbeit auf *wirtschaftlich*em, *politisch*em, *militärisch*em und kulturellem Gebiet zwischen Bahrain, Katar, Kuwait, Oman, Saudi-Arabien und den Vereinigten Arabischen Emiraten.

Siehe auch *OPEC*.

Greenpeace ist eine der größten Umweltschutz*organisation*en der Welt, sie wurde 1970 gegründet. Greenpeace weist mit aufsehenerregenden Unternehmungen auf die fortschreitende Gefährdung der Natur hin. Damit will sie das Bewusstsein der Menschen für ihre Umwelt stärken und so die weitere Zerstörung der Lebensgrundlagen von Menschen, Tieren und Pflanzen verhindern.

1988 zum Beispiel versuchten Greenpeace-Schiffe und -Schlauchboote mehrfach, die Weiterfahrt von Verklappungsschiffen zu stoppen. Sie sollten gehindert werden, ihren *Industrie*abfall in die Nordsee auszuschütten, man sagt auch zu verklappen. Solche und ähnliche Aktionen unternimmt Greenpeace, oftmals unter Lebensgefahr für die Beteiligten, um so immer wieder die Aufmerksamkeit der Öffentlichkeit und der *Presse* zu erregen.

Mit Nachdruck weist die Organisation auf die Verschmutzung der Flüsse und Meere hin, auf die Luftverschmutzung, auf die Ausrottung von Tierarten, auf die Gefahren der Beseitigung von Atommüll. Siehe dazu *Kernkraftwerk*.

Greenpeace führt die Unternehmungen auf der Grundlage sorgfältiger wissenschaftlicher Prüfungen durch. Die Organisation hat zum Beispiel als einziger nichtstaatlicher Verband eine Forschungsstation in der durch Umweltzerstörungen gefährdeten Antarktis, das ist das Land- und Meeresgebiet um den Südpol.

Greenpeace hat bei vielen *internationalen* Organisationen, so auch bei den *Vereinten Nationen*, einen Beobachter*status*, das bedeutet, die Greenpeace-Mitarbeiter können an bestimmten Sitzungen teilnehmen.

Greenpeace hat Büros in 40 Ländern. Viele der Mitarbeiter sind Fachleute unterschiedlicher Wissensgebiete. Geld für ihre Arbeit erhält die Organisation ausschließlich aus Mitgliedsbeiträgen und Spenden.

Siehe *Ökologie*.

Gremium, in einem Gremium kommen Menschen zusammen, um in kleinem Kreis Fragen zu beraten, die für einen größeren Kreis von Menschen wichtig sind. Ein Gremium ist ein Ausschuss.

Siehe auch *Ausschüsse*.

große Koalition, siehe *Koalition*.

große und kleine Anfrage, der *Bundestag* setzt sich zusammen aus den *Volks*vertretern der *Bundesrepublik Deutschland*, den *Bundestagsabgeordneten*. Er ist das *Parlament* der Bundesrepublik.

Der Bundestag hat das *Recht*, Fragen an die *Bundesregierung* zu stellen. Dieses Interpellationsrecht gehört zu den Rechten und Pflichten des Bundestages, die Arbeit der *Regierung* zu beaufsichtigen und zu überwachen. Interpellation heißt Einspruch und ‹Zwischenfrage aus dem Parlament›.

Die große Anfrage muss schriftlich gestellt und von mindestens 31 *Abgeordneten* unterzeichnet sein. Sie wird von der Bundesregierung schriftlich beantwortet. Eine Aussprache über die Frage und ihre Beantwortung vor dem *Plenum*, das heißt vor der Vollversammlung des Bundestages, muss stattfinden, wenn mindestens 31 Bundestagsabgeordnete dies verlangen.

Auch die kleine Anfrage muss von mindestens 31 Abgeordneten unterzeichnet sein. Sie wird von der Bundesregierung schriftlich beantwortet. Eine Aussprache findet nicht statt.

Außerdem gibt es im Bundestag die Fragestunde. Sie dauert eine Zeitstunde und findet an jedem Sitzungstag statt. Jeder einzelne Abgeordnete kann Fragen stellen, die vorher schriftlich eingereicht werden müssen. Die Fragen werden mündlich von dem zuständigen *Minister* oder seinem *Staatssekretär* beantwortet. Alle Abgeordneten können mündliche Zusatzfragen stellen.

Grundgesetz ist die Bezeichnung für die *Verfassung* der *Bundesrepublik Deutschland*. Eine Verfassung ist die meist in einer Urkunde schriftlich niedergelegte Grundordnung eines *Staates*. Sie bestimmt unter anderem, welche *Rechte* jeder Bürger hat, welche Aufgaben und Befugnisse *Parlament* und *Regierung* haben und wie sie aufgebaut sind.

Das Grundgesetz wurde 1948 vom *Parlamentarischen Rat* ausgearbeitet, es trat im Mai 1949 in Kraft. Das Grundgesetz ist in elf Abschnitte unterteilt: I. Die *Grundrechte*; II. Der *Bund und* die *Länder*; III. Der *Bundestag*; IV. Der *Bundesrat*; IVa. Gemeinsamer Ausschuss; V. Der *Bundespräsident*; VI. Die *Bundesregierung*; VII. Die *Gesetzgebung* des Bundes; VIII. Die Ausführung der Bundes*gesetz*e und die Bundes*verwaltung*; VIIIa. Gemeinschaftsaufgaben; IX. Die *Rechtsprechung*; X. Das Finanzwesen; Xa. Verteidigungsfall; XI. Übergangs- und Schlussbestimmungen.

Artikel 1 des ersten Abschnittes bestimmt, dass sich die Bundesrepublik Deutschland und das deutsche Volk zu den *Menschenrechte*n bekennen. Sie sind die Grundlage jeder menschlichen Gemeinschaft, des Friedens und der Gerechtigkeit in der Welt. Sie dürfen nicht verletzt oder einem Menschen genommen werden. Darüber wacht ein besonderes Gericht, das *Bundesverfassungsgericht*.

Das Grundgesetz legt weiter fest:

Die Bundesrepublik ist ein *Bundesstaat*, der aus 16 Ländern besteht, die in bestimmten Bereichen selbständig sind.

Das *Volk* der Bundesrepublik wählt *Abgeordnete*, die als Vertreter des Volkes den Bundestag bilden. Die *Bundestagsabgeordnete*n beschließen Gesetze und beaufsichtigen die Bundesregierung. Das bedeutet, die Bundesrepublik ist eine *repräsentative Demokratie*.

Die Gründung von *Partei*en ist frei. Die Parteien sind ein notwendiger Bestandteil im Zusammenleben der Menschen der Bundesrepublik: Sie geben den Bürgern die Möglichkeit, ihre Interessen und ihren Willen durchzusetzen.

Die Bundesrepublik ist ein sozialer *Rechtsstaat*. Das bedeutet zum Beispiel, sie schützt das Privateigentum, das jedoch auch dem Wohl der Gemeinschaft dienen muss.

Gesetzgebung, Regierung und Rechtsprechung sind voneinander unabhängig und sollen sich gegenseitig überwachen. Das bedeutet, in der Bundesrepublik herrscht der Grundsatz der *Gewaltenteilung*.

Am 3. Oktober 1990 wurde die Vereinigung der Bundesrepublik Deutschland mit der *D*eutschen *D*emokratischen *R*epublik, *DDR*, zu einem deutschen Staat Bundesrepublik Deutschland vollzogen. Mit der Vereinigung trat das Grundgesetz auch in den fünf neuen *Bundesländer*n und im Ostteil *Berlin*s in Kraft.

Das Grundgesetz musste unter anderem wegen voraussehbarer Übergangsschwierigkeiten in mehreren Artikeln ergänzt oder geändert werden. Diese Änderungen und Ergänzungen sind im *Einigungsvertrag* festgelegt. Der Vertrag bestimmt zum Beispiel die Neufassung des Artikels 146 über die Geltungsdauer des Grundgesetzes: ‹Dieses Grundgesetz, das nach Vollendung der Einheit und Freiheit Deutschlands für das gesamte deutsche Volk gilt, verliert seine Gültigkeit an dem Tage, an dem eine Verfassung in Kraft tritt, die von dem deutschen Volk in freier Entscheidung beschlossen worden ist.›

Eine Änderung des Grundgesetzes ist nur möglich, wenn zwei Drittel der Bundestagsabgeordneten dafür stimmen.

Siehe *Einigungsvertrag*.

Grundrechte, als Grundrechte werden die *Menschenrechte* und Bürgerrechte bezeichnet, die jedem Bürger der *Bundesrepublik Deutschland* im *Grundgesetz* zugesichert sind.
Das Grundgesetz ist die *Verfassung* der Bundesrepublik: Es bestimmt unter anderem, welche *Rechte* jeder Bürger hat und welche Aufgaben und Befugnisse *Regierung* und *Parlament* haben.
Menschenrechte sind die Rechte, die jedem Menschen in der Bundesrepublik zustehen, gleichgültig, ob er deutscher Staatsangehöriger ist oder nicht: zum Beispiel das Recht auf menschliche Würde, das Recht auf freie Entfaltung der Persönlichkeit und persönliche Freiheit und das Recht, seine Meinung frei zu äußern.
Bürgerrechte sind die Rechte, die nur Deutschen zustehen: zum Beispiel das Recht, Vereinigungen zu bilden, das Recht, Beruf, Arbeitsplatz und Ausbildungsstätte frei zu wählen, und das Recht, seinen Wohnsitz zu bestimmen.
Die Grundrechte schützen jeden einzelnen Menschen gegen Ansprüche und Übergriffe der *Staatsgewalt.* Sie schützen damit auch die Ordnung der Gemeinschaft aller Menschen in einem *Staat.* Die Staatsgewalt ist in allen Handlungen und Entscheidungen an die Grundrechte gebunden. Die Staatsgewalt setzt sich zusammen aus der *Gesetzgebung*, der ausführenden Gewalt und der *Rechtsprechung.*

Grundvertrag, vier Jahre nach dem Ende des Zweiten *Weltkrieg*es wurden 1949 in Deutschland zwei deutsche *Staat*en gegründet: die *Bundesrepublik Deutschland*, die BRD, und die *DDR*, die *D*eutsche *D*emokratische *R*epublik. Beide Staaten hatten seit ihrer Gründung ein gespanntes Verhältnis zueinander: Grund dafür war vor allem die sehr unterschiedliche Ordnung des menschlichen Zusammenlebens in beiden Staaten. Die Bundesrepublik schloss sich dem westlichen Bündnis an, die DDR dem östlichen. Siehe dazu *Ostblock und Westmächte.*
1972 schlossen die DDR und die Bundesrepublik den Grundvertrag, in dem sie sich verpflichteten, die Gleichberechtigung beider Staaten anzuerkennen. Sie legten fest, dass jeder der beiden Staaten die Unabhängigkeit und Selbständigkeit des anderen achtet. Ziel des Grundvertrages war, die Gegensätze zwischen den beiden Staaten abzubauen, das Verhältnis zueinander zu entspannen und Sicherheit und Zusammenarbeit in Europa zu fördern.
Siehe *Einigungsvertrag*, auch *Berlin-Abkommen, Ostverträge.*

GST ist die Abkürzung für ‹*G*esellschaft für *S*port und *T*echnik›, eine *Organisation* in der ehemaligen *DDR.* Die GST hatte die Aufgabe, die sogenannten Werktätigen und vor allem die Jugendlichen vor*militärisch* auszubilden: Die Mitglieder lernten Schießen, Segel- und Motorflug, Fallschirmspringen, Erste Hilfe und Ähnliches.

Guerilla ist spanisch und heißt ‹kleiner Krieg›. Guerillas oder Guerilleros heißen die Kämpfer, die einen solchen Krieg führen. Guerillas bilden bewaffnete Gruppen, sie gehören nicht zu den ordnungsgemäßen Streitkräften eines Landes. Sie kämpften früher hauptsächlich nach einem Krieg ge-

gen die Truppen, die ihr Land besetzt hielten.
Heute wird die Bezeichnung Guerillas auf beinahe alle Untergrundkämpfer angewendet, gleichgültig, wofür oder wogegen sie kämpfen. Der Begriff Guerillas wird heute sowohl für Freiheitskämpfer als auch für Terroristen verwendet.
Siehe auch *Partisan*.

GUS ist die Abkürzung für *G*emeinschaft *U*nabhängiger *S*taaten; GUS ist ein *Staatenbund*.
In der Sowjetunion begannen etwa 1986 grundlegende *politisch*e Veränderungen, die 1991 zur Auflösung der Sowjetunion führten. Die einzelnen *Republik*en der Sowjetunion wurden zu selbständigen Staaten.
Zur GUS schlossen sich ab 1991 Russland, die Ukraine, Armenien, Aserbaidschan, Georgien, Kasachstan, Kirgisistan, Moldau, Tadschikistan, Turkmenien, Usbekistan und Weißrussland zusammen. Seit 2009 ist Georgien nicht mehr Mitglied der Gemeinschaft. In diesem Staatenbund ist Russland, genauer bezeichnet als die Russische Föderation, der größte Staat.
Siehe auch *Ostblock und Westmächte*.

H

Hammelsprung nennt man eine Art der Abstimmung im *Bundestag*, dem *Parlament* der *Bundesrepublik Deutschland*: Sie wird angewendet, wenn das Ergebnis einer Abstimmung durch Handheben, Aufstehen oder Sitzenbleiben nicht klar ersichtlich ist.
Für den Hammelsprung verlassen alle *Abgeordnete*n den Sitzungssaal. Die Türen werden geschlossen, bis auf drei. Durch diese drei Türen müssen die Abgeordneten den Saal wieder betreten. Die eine Tür bedeutet ‹Ja›, die zweite ‹Nein› und die dritte ‹Enthaltung›. Enthaltung bedeutet, dass sich ein Abgeordneter weder für ‹Ja› noch für ‹Nein› entscheiden kann: Er enthält sich der Stimme.

Hartz IV ist die Abkürzung für ‹Viertes Gesetz für moderne Dienstleistungen am Arbeitsmarkt›. Das *Gesetz* ist Teil von insgesamt vier Gesetzen, die in den Jahren zwischen 2003 und 2005 in der *Bundesrepublik Deutschland* erlassen wurden. Sie werden umgangssprachlich als die ‹Hartz-Gesetze› bezeichnet, benannt nach dem Mann, der großen Anteil an ihrer Erarbeitung hatte.
Hartz IV regelt in zahlreichen Bestimmungen, unter welchen Voraussetzungen, in welcher Höhe und für welchen Zeitraum Arbeitslose und Menschen, die Sozialhilfe erhalten, vom *Staat* unterstützt werden. Sozialhilfe erhalten Menschen, die nicht erwerbsfähig, das bedeutet, nicht fähig sind, zu arbeiten. Das Gesetz hat bis 2010 mehrere Änderungen erfahren.
Siehe auch *Bundesagentur für Arbeit, Sozialversicherung*.

Haushaltsplan, die Aufstellung der Einnahmen und Ausgaben eines *Staat*es nennt man den Haushaltsplan, den Etat, das Budget oder kurz den Haushalt.
Die Einnahmen eines Staates stammen hauptsächlich aus den verschiedenen

Steuern, die jeder Bürger und jeder Betrieb zahlen muss. Ausgaben hat ein Staat, weil er zum Beispiel Straßen und Wohnungen baut, weil er Beamte und Soldaten bezahlen muss, weil er Schulen und Universitäten einrichtet.

Der Haushaltsplan wird in der Regel für ein Jahr aufgestellt, und zwar von der *Regierung*. Er wird dem *Parlament*, das heißt der *Volks*vertretung, vorgelegt. Eines der wichtigsten *Rechte* eines Parlaments ist es, den Haushaltsplan zu bewilligen. Man nennt dieses Recht das Haushaltsbewilligungs- oder das Etatrecht. Die Pläne und Ziele einer Regierung kommen im Haushaltsplan deutlich zum Ausdruck: Es ist abzulesen, wofür und wie viel Geld die Regierung ausgeben will.

In den Haushalts*debatte*n erörtern die *Abgeordnete*n und die Vertreter der Regierung, ob zum Beispiel mehr Geld für die Verteidigung des Staates oder für Forschung und Bildung ausgegeben werden soll.

In der *Bundesrepublik Deutschland* gibt es den Haushaltsplan des Bundes, es gibt die Haushaltspläne der *Bundesländer* und die der einzelnen Gemeinden.

Siehe *Bund und Länder*, *Finanzen*.

Hausse, siehe *Börse*.

Hearing ist die Anhörung von Fachleuten, zum Beispiel durch einen Ausschuss des *Bundestag*es. Ein Ausschuss ist eine kleine Arbeitsgruppe, die sich aus sachverständigen *Abgeordnete*n der im Bundestag vertretenen *Partei*en zusammensetzt. Aufgabe der Ausschussmitglieder ist es, *Gesetz*e zu beraten, die im Bundestag beschlossen werden sollen. Der Verkehrsausschuss zum Beispiel berät Gesetze, die den Verkehr betreffen. Um eine Frage der Verkehrsplanung genau zu untersuchen, kann der Ausschuss Fachleute zu einem Hearing einladen: zum Beispiel Wissenschaftler, Straßenbauingenieure oder Vertreter von Automobilklubs. Die Ausschussmitglieder hören die Fachleute an und kommen so zu einem besseren Urteil über ein geplantes Gesetz.

Hearings, die auch als öffentliche Anhörungen bezeichnet werden, sind im Gegensatz zu den üblichen Ausschusssitzungen oft öffentlich: Auch wer nicht zum Bundestag gehört, darf dann daran teilnehmen.

Siehe *Ausschüsse*.

Hegemonie heißt Führung und Vorherrschaft, auch ‹Macht über andere›. Ein *Staat* kann *wirtschaftlich* oder *militärisch* stärker sein als andere Staaten. Er kann seine Stärke einsetzen, um andere Staaten zu beeinflussen und zu überwachen. Nutzt er seine Überlegenheit so aus, spricht man von der Hegemonie dieses Staates, der auch als Hegemonialmacht bezeichnet wird.

Hierarchie heißt Rangordnung. Ursprünglich wurde der Begriff nur auf die Rangordnung in der katholischen Kirche angewandt: Ein Bischof steht höher im Rang als ein Priester und hat daher mehr Macht.

Heute wird der Begriff Hierarchie auf jede Rangordnung angewendet, in der die Befehlsgewalt von oben nach unten verläuft. Hierarchische Ordnungen bestehen überall dort, wo oben

Befehle erteilt werden, denen unten gehorcht werden muss.

Hirtenbrief nennt man in der katholischen Kirche das Rundschreiben eines Bischofs über wichtige kirchliche Fragen. Hirtenbriefe sind an die Gläubigen gerichtet und werden in der Regel von der Kanzel verlesen.

HO ist die Abkürzung für *H*andels*o*rganisation, in der die meisten Einzelhandelsgeschäfte und beinahe alle Gaststätten in der ehemaligen *DDR* zusammengefasst waren.
Eine *Organisation* ist eine Einrichtung, die nach einem bestimmten Plan aufgebaut oder gegliedert ist.
Die HO befand sich im Eigentum des *Staat*es, sie wurde vom Staat geleitet. Das bedeutete, die einzelnen Geschäfte und Gaststätten kauften ihre Waren nicht selbst ein, sondern wurden nach einem einheitlichen Plan beliefert; insbesondere bestimmte der Staat, was mit den Gewinnen geschah.

Hochverrat, der Versuch, die bestehende Ordnung in einem *Staat* mit Gewalt zu verändern, ist Hochverrat und wird schwer bestraft.
Siehe auch *Landesverrat.*

Hoheitsrechte, die Hoheitsrechte eines *Staat*es sind die *Rechte*, die ihm erlauben, in bestimmten Bereichen zu entscheiden und zu handeln, ohne dass sich ein anderer Staat einmischen darf: zum Beispiel das Recht, sich *Gesetz*e zu geben, oder das Recht, Richter einzusetzen, damit die Gesetze gewahrt werden. Siehe auch *Staatsgewalt, Souveränität.*

Holocaust ist ein griechisches Wort, das im Deutschen mit ‹Brandopfer› übersetzt wird. Als Holocaust wird die Ermordung von Millionen europäischer *Juden* durch die Nationalsozialisten bezeichnet.
Eine andere Bezeichnung für dieses Verbrechen ist Shoah, ein hebräisches Wort, das deutsch mit ‹Unheil› oder ‹große Katastrophe› übersetzt wird. Siehe *Nationalsozialismus, Weltkrieg.*

Hospitant bezeichnet eine Person, die als Gast zum Beispiel an einer Unterrichtsstunde in einer Schule oder an einer Vorlesung an einer Hochschule teilnimmt. Ein Hospitant ist ein Gasthörer. Auch ein *Abgeordnete*r, der nicht als Mitglied, sondern als Gast in eine *Fraktion* aufgenommen wird, heißt Hospitant.

humanitär heißt menschenfreundlich und wohltätig. Wer humanitär handelt, versucht, das Wohl seiner Mitmenschen zu fördern und zu verbessern. Krankenhäuser und Altersheime zum Beispiel sind humanitäre Einrichtungen.

I

IAEO, siehe *Internationale Atomenergie-Organisation.*

Ideologie, Ideologien sind zusammenhängende Vorstellungen und Urteile. *Politisch*e Ideologien betreffen das Zusammenleben der Menschen. Der Zusammenhang von Vorstellungen und Urteilen in einer politischen

Ideologie geht von der jeweils tatsächlichen Ordnung aus, in der Menschen leben. Ideologien sind deshalb fast immer parteiisch: Sie rufen entweder die Mitmenschen auf, die bestehende Ordnung zu verteidigen, oder sie predigen eine neue Ordnung, die den Sturz der alten voraussetzt. Ideologien decken einen Schleier über die Schwächen der bestehenden oder der erwünschten Ordnung, sie heben ihre Stärken hervor.
Eine Ideologie der kapitalistischen *Gesellschaft* ist zum Beispiel, dass der Wettbewerb in der Gesellschaft und in der *Wirtschaft* Fortschritt für alle Menschen in dieser Gesellschaft bedeutet.
Eine Ideologie der kommunistischen Gesellschaft ist, dass alle Menschen in dieser Gesellschaft die gleichen *Rechte* und das gleiche Ansehen haben werden. Ideologien sind Waffen im Kampf widerstreitender *Partei*en: Jede Seite benutzt sie, um zu zeigen, dass sie besser ist als die andere.
Siehe auch *Kapitalismus*, *Kommunismus*.

IG ist die Abkürzung für *I*ndustrie*g*ewerkschaft. In der *Bundesrepublik Deutschland* gibt es drei Industriegewerkschaften: IG Metall; IG Bergbau, Chemie, Energie; IG Bauen – Agrar – Umwelt. In den *Industrie*gewerkschaften haben sich die Arbeitnehmer nach Industriezweigen zusammengeschlossen, gleichgültig, welche Berufe sie im Einzelnen haben. So gehören zum Beispiel der IG Metall, der größten Industriegewerkschaft mit rund 2,3 Millionen Mitgliedern, nicht nur Metallarbeiter an, sondern auch Sattler, Transport- und Bauarbeiter, die im Metallgewerbe tätig sind.
Die Industriegewerkschaften gehören dem *DGB*, dem *D*eutschen *G*ewerkschafts*b*und, an.
Siehe auch *Gewerkschaften*.

illegal heißt ungesetzlich. Illegale Maßnahmen entsprechen nicht den geltenden *Gesetz*en.
Siehe auch *legal*.

Image ist ein englisches Wort und heißt Bild, Abbild. Das Wort wird meist in der Bedeutung von ‹vorgefasstes, fest umrissenes Vorstellungsbild› benutzt.
Tim zum Beispiel erweckt unter seinen Freunden den Eindruck, er sei stark und mutig. Vielleicht ist das wirklich so. Vielleicht ist er aber nur stark und nicht mutig, und er steht seinem Freund nicht bei, wenn der verprügelt wird. Die Freunde haben dann eine falsche Vorstellung von Tim, er hat ein falsches Image.
Ein Image kann auch planmäßig aufgebaut werden, zum Beispiel das eines *Politik*ers. Vor und während *Wahl*kämpfen sind Werbefachleute, Fotografen und Psychologen oft eifrig bemüht, das Image eines *Kandidat*en, das heißt eines Bewerbers, so zu gestalten, dass er der Vorstellung der Wähler entspricht: ehrlich, sachlich und vertrauenswürdig. Das Bild des Kandidaten kann richtig sein, es kann falsch, es kann fast richtig sein. Das bedeutet, das Image eines Menschen entspricht nicht immer seiner wirklichen Persönlichkeit.

Immunität, immun heißt unempfindlich und geschützt. Immunität heißt Unempfindlichkeit.
Immunität in der *Politik* heißt ‹Schutz der *Abgeordnete*n vor Strafverfolgung›. Hat ein Abgeordneter eine strafbare Handlung begangen, kann er nicht verhaftet oder angeklagt werden. Erst muss das *Parlament* seine Immunität aufheben, das heißt die Genehmigung zur Anklage oder Verhaftung geben. Wird ein Abgeordneter allerdings auf frischer Tat gefasst, kann er sofort festgenommen werden, aber auch nachträglich muss die Immunität noch aufgehoben werden.
Das Vorrecht der Immunität, das Parlamentarier in vielen *Staat*en genießen, hat seinen Grund: Man will verhindern, dass die Abgeordneten unter Umständen wegen angeblicher Straftaten in eine Untersuchung verwickelt werden und ihre Aufgaben als *Volks*vertreter nicht erfüllen können.
Immunität genießen die Abgeordneten im *Bundestag* und in den *Landtag*en.

Imperialismus, das lateinische Verb imperare heißt befehlen.
Ein Imperium ist ein Herrschaftsbereich, in dem die Befehle des Herrschers befolgt werden.
Imperialismus ist das Streben eines *Staat*es nach Großmachtstellung oder Weltmacht. Imperialistisch ist ein Staat, der seine Macht über den eigenen Staat hinaus auf andere Staaten erweitern will.

Import ist die Einfuhr von Waren aus dem Ausland. Spanische Orangen zum Beispiel, Fotoapparate aus Japan oder Holz aus Schweden werden in die *Bundesrepublik Deutschland* importiert, das heißt eingeführt.
Siehe auch *Export*.

Indemnität bedeutet ‹Lossprechung von der Verantwortlichkeit›. In der *Politik* wird der Begriff Indemnität auf *Abgeordnete* angewendet: Sie dürfen zu keiner Zeit wegen einer im *Parlament* gemachten Äußerung oder Abstimmung verfolgt werden.
Das Vorrecht der Indemnität hat einen Grund: Die Abgeordneten sollen die Möglichkeit haben, ihre Ansichten frei und deutlich zu äußern.
Die Abgeordneten können jedoch für alles, was sie in Privatgesprächen sagen, und für verleumderische Beleidigungen zur Verantwortung gezogen werden. Verleumderische Beleidigungen sind unwahre Behauptungen über einen Menschen, die ihn verächtlich machen.
Indemnität genießen die Abgeordneten im *Bundestag* und in den *Landtag*en.

Indiz heißt Anzeichen und ‹Tatsache, aus der man einen Schluss zieht›.
Ein bisher aufmerksamer Schüler arbeitet auf einmal nachlässig, passt nicht auf und ist müde. Dieses Verhalten kann ein Indiz dafür sein, dass er krank ist oder ganz einfach zu wenig schläft.
Von Indizienbeweisen wird bei Gerichtsurteilen gesprochen: Sie stützen sich auf mehrere Tatsachen, die den Schluss zulassen, dass der Angeklagte eine bestimmte Tat begangen hat.

Indoktrination, eine *Doktrin* ist eine Lehre, auch eine Lehrmeinung. Indoktrination ist eine ‹Beeinflussung im Sinne einer bestimmten Lehre›. Von Indoktrination spricht man vor allem, wenn Vertreter einer bestimmten *politisch*en Richtung andere Menschen einseitig in ihrem Sinne beeinflussen.

Industrie ist die Bezeichnung für den Wirtschaftszweig, in dem Waren aller Art mit Hilfe von Maschinen hergestellt werden. *Wirtschaft* ist alles, was Menschen eingerichtet haben und tun, um ihren Bedarf an Gütern zu decken.
Die wichtigsten Zweige der Industrie sind
die Grundstoffindustrie: Sie erzeugt zum Beispiel Stahl;
die Produktionsgüterindustrie: Sie erzeugt Maschinen, mit denen entweder wieder Maschinen oder Verbrauchsgüter hergestellt werden;
die Konsumgüterindustrie: Sie erzeugt Verbrauchsgüter, wie Schuhe, Spielzeug und Staubsauger.
Produktion heißt Erzeugung, Konsum heißt Verbrauch.
Als industrielle *Revolution* wird der plötzliche Übergang von Handwerksbetrieben zur maschinellen Erzeugung in Großbetrieben bezeichnet, der etwa zu Anfang des 19. Jahrhunderts begann.
Industriestaaten sind *Staat*en, deren Wirtschaft durch die industrielle Herstellung bestimmt ist. Im Unterschied dazu gibt es *Agrar*staaten: Hier wird hauptsächlich Landwirtschaft betrieben. Die *Bundesrepublik Deutschland* ist ein Industriestaat.

Inflation heißt Geldentwertung. Inflation herrscht, wenn die Verbraucher für die gleiche Menge Geld weniger kaufen können, weil die Waren teurer geworden sind. Erfolgt die Preissteigerung langsam, nennt man das schleichende Inflation, erfolgt sie schneller, spricht man von galoppierender Inflation.
Inflation in unterschiedlichem Ausmaß gibt es in den letzten Jahren in fast allen *Staat*en mit freier *Marktwirtschaft.* Deshalb bemühen sich *Wirtschaft*sfachleute seit langem, die Gründe dafür herauszufinden. Sie haben festgestellt, dass bei Inflationen die Geldmenge stärker steigt als die Menge der erzeugten Güter und Dienstleistungen. Dienstleistungen sind zum Beispiel Leistungen der Transportbetriebe und der Gaststätten.
Es gibt bei einer Inflation mehr Geld als Waren, und die Preise steigen. Die Ursachen für die Vergrößerung der Geldmenge kann man aber nur in Einzelfällen erkennen: zum Beispiel in einem Staat, der Krieg führt und das Geld für Waffen und Ausrüstung nicht durch eine Erhöhung der *Steuern,* sondern durch Drucken von Geldscheinen aufbringt. Einleuchtende Gründe für die weltweite Inflation der Gegenwart gibt es jedoch nicht. Die *Regierungen* versuchen die Vergrößerung der Geldmenge zu verhindern. Sie versuchen auch manchmal durch gesetzliche Vorschriften, wie zum Beispiel einen Lohn- und Preisstopp, das Steigen der Preise anzuhalten. Sicher wirkende Maßnahmen gegen die Inflation hat man aber bisher noch nicht gefunden.

Information ist eine Nachricht oder eine Auskunft.
Informationspflicht ist die Pflicht, Auskunft zu erteilen. Die Bundes*minister* haben zum Beispiel die Pflicht, dem *Bundeskanzler* Auskunft über ihre Arbeit zu geben.
Informationsrecht ist das *Recht*, Auskunft zu verlangen. Die *Bundestagsabgeordnete*n haben zum Beispiel das Recht, von der *Bundesregierung* Auskunft über deren Arbeit zu verlangen.
Ein Informant ist ein Mensch, der Auskunft gibt. Im heute üblichen Sprachgebrauch wird mit Informant ein Überbringer von geheimen Nachrichten bezeichnet.

Infrastruktur, Infra- wird als Vorsilbe benutzt und heißt unterhalb. Struktur heißt Aufbau oder Gliederung. Eine Infrastruktur ist also ein Unterbau.
Wenn von der Infrastruktur eines Landes gesprochen wird, sind damit alle Einrichtungen gemeint, die ermöglichen, dass die Menschen zusammen leben und zusammen arbeiten. Zur Infrastruktur gehören alle Verbindungswege: Das sind Straßen, Schienen, Kanäle, Flugplätze – kurz das Verkehrsnetz. Zu den Verbindungswegen gehören auch die Rohrleitungen für Wasser und Abwasser, für Gas und Strom – kurz das Versorgungsnetz. Auch die Nachrichtenverbindungen wie Telefon, Rundfunk- und Fernsehstationen und das Internet zählen dazu. Alle Einrichtungen, die der Bildung, der Gesundheit und der Erholung dienen, gehören auch zur Infrastruktur: Das sind zum Beispiel Schulen, Universitäten, Krankenhäuser, Schwimmbäder, Museen und Theater.

Initiative heißt ‹erster Schritt›, Unternehmungsgeist und Entschlusskraft.
Jan hat seit Monaten Streit mit seinem Klassenkameraden Sven. Eines Tages ergreift er die Initiative, das heißt, er unternimmt den ersten Schritt, sich mit Sven zu versöhnen.
Auch Bürger können Initiative entwickeln: Sie können sich zusammenfinden, um zum Beispiel die Einrichtung von Spielplätzen in ihrem Wohnbezirk zu verlangen. Sie schreiben entsprechende Briefe an die *Verwaltung* der Stadt, sie sammeln Unterschriften gleichgesinnter Bürger. Oft gelingt es einer solchen Gruppe, in der Öffentlichkeit und in der *Presse* Zustimmung zu finden, sodass ihr Vorhaben von den *Volk*svertretern in den *Parlament*en oder von den Verwaltungsbehörden aufgegriffen wird. Den Unternehmungsgeist von Bürgern, die für sich und andere Bürger etwas erreichen wollen, nennt man Bürgerinitiative.
Siehe auch *Gesetzesinitiative*, *Referendum*.

Inkompatibilität, inkompatibel heißt unverträglich und unvereinbar. Es gibt zum Beispiel Arzneimittel, die nicht miteinander eingenommen werden dürfen: Sie sind inkompatibel. Inkompatibilität heißt Unverträglichkeit und Unvereinbarkeit.
In der *Politik* besagt Inkompatibilität, dass die drei *Staatsgewalt*en *Legislative*, das ist die gesetzgebende Gewalt, *Exekutive*, das ist die ausführende Gewalt, und *Rechtsprechung* personell voneinander getrennt sein müssen. Das bedeutet, dass ein *Staatssekretär* zum Beispiel – er gehört zur Exekutive – und

auch ein Richter – er gehört zur Rechtsprechung – nicht gleichzeitig *Abgeordnete* – sie gehören zur Legislative – sein dürfen. Sie würden anderenfalls ihre eigene Tätigkeit überwachen müssen. Hohe Beamte und Richter treten aus diesem Grund in den Ruhestand, wenn sie Abgeordnete werden.
Es gibt einige Ausnahmen: So dürfen zum Beispiel in der *Bundesrepublik Deutschland* Bundes*minister* gleichzeitig *Bundestagsabgeordnete* sein.
Siehe auch *Gewaltenteilung*.

Instanz ist eine zuständige Stelle, besonders bei Behörden der *Verwaltung* und der Gerichtsbarkeit. Es gibt untere, mittlere und obere Instanzen: In der Gerichtsbarkeit ist ein Amtsgericht zum Beispiel eine untere, ein Oberlandesgericht eine obere Instanz.
Der Instanzenweg, auch Dienstweg genannt, ist der Weg zum Beispiel einer Beschwerde von einer zuständigen Behörde zu der nächsthöheren.

Institution, eine Einrichtung, der bestimmte Aufgaben im *Staat* übertragen sind, wird als Institution bezeichnet. Die Institution Schule regelt Erziehung und Ausbildung. Institutionen sind auch *Gerichte*, *Partei*en, *Gewerkschaften* und die *Sozialversicherung*.
Instituieren heißt einrichten und errichten.

Integration, integrieren heißt ‹sich zusammenschließen› und ‹ein neues Teil in eine bestehende Gruppe einbeziehen›. Integration heißt Zusammenschluss und Einbeziehung.
Ein neuer Schüler kommt in die Klasse. Nach anfänglichen Schwierigkeiten auf beiden Seiten wird sich herausstellen, ob einerseits die Klassengemeinschaft den ‹Neuen› aufnimmt und ob sich andererseits der Neue in die Gemeinschaft einfügt. Dieser Vorgang kann begünstigt werden, wenn der Neue zum Beispiel über gute Fähigkeiten im Handballspiel verfügt und so die Klassenmannschaft bereichert. Hat der Neue keine Geschwister, kann auch das ein günstiger Umstand sein: Er braucht dann die Gemeinschaft der Klasse besonders. Nach einer gewissen Zeit gehört der Neue dazu – er ist eingegliedert, er ist integriert.
*Staat*en können sich zu *wirtschaftlich*en, *militärisch*en oder *politisch*en Einheiten integrieren. Die Schwierigkeiten auf dem Weg zu einer Integration sind am Beispiel der *Europäischen Union, EU*, zu beobachten.

Integrität, integer heißt unbescholten, unbestechlich und unverletzt. Die Integrität eines Menschen ist seine Unbescholtenheit und Unbestechlichkeit.
Die Integrität eines *Staat*es ist die Unverletzlichkeit seines *Staatsgebiet*es.

Interessenverbände, Interessenvertreter, Interesse heißt Anteilnahme, Beachtung und Nutzen, Vorteil.
Ein Klassensprecher zum Beispiel vertritt die Interessen seiner Mitschüler, ein Rechtsanwalt die seines Klienten, das heißt die seines Auftraggebers, die Bürger in einer Bürgerinitiative die ihrer Mitbürger. Klassensprecher, Rechtsanwälte und Bürgerinitiativen sind also Interessenvertreter.

Zu Interessenverbänden schließen sich Menschen in einer *Gesellschaft* zusammen, um ihre Absichten und Auffassungen gegenüber der *Regierung* oder gegenüber anderen Interessengruppen wirkungsvoller vertreten zu können. Arbeitgeberverbände und *Gewerkschaften*, das sind Arbeitnehmerverbände, sind zwei der wichtigsten Interessenverbände in der *Bundesrepublik Deutschland*.
Siehe auch *Tarif*, *Lobby*.

Interim heißt Zwischenzeit und wird meist im Sinne einer ‹vorläufigen Regelung› benutzt.
Öfter verwendet wird das Wort Interimslösung: Das ist eine zwischenzeitliche Lösung eines Problems, bevor eine endgültige Lösung gefunden ist.

intern heißt ‹nur die eigenen Verhältnisse angehend› und innerhalb. Die interne Angelegenheit einer Familie, einer Schule oder eines *Staat*es ist eine Angelegenheit, die nur diese Familie, diese Schule oder diesen Staat betrifft.

inter-, international, inter- wird als Vorsilbe benutzt und heißt zwischen. Inter- kennzeichnet eine bestimmte Gemeinsamkeit zwischen zwei oder mehreren verschiedenen Partnern.
International heißt zwischenstaatlich, ‹mehrere *Staat*en betreffend›, oder ‹über die Grenzen der *Nation* hinausgehend›.
Ein internationales Abkommen, zum Beispiel über die Preise im Luftverkehr, regelt ein bestimmtes Problem, das mehrere Staaten gemeinsam haben und über das sie sich miteinander verständigen.

Internationale war ursprünglich die Kurzform für ‹Internationale Arbeiterassoziation›.
International heißt ‹über die Grenzen eines *Staat*es hinausgehend›, eine Assoziation ist ein Zusammenschluss.
Innerhalb der *Arbeiterbewegung* Europas und Amerikas waren die Führer der Arbeitervereinigungen in den einzelnen Ländern bemüht, ihre Gruppen mit denen anderer Länder zusammenzuschließen. So entstand 1864 in London die I. Internationale, die bis 1876 bestand.
Die II. Internationale wurde 1889 in Paris gegründet, ihr gehörten die sozialdemokratischen *Partei*en der damaligen Zeit an. Sie kämpften zum Beispiel für den Achtstundentag, das heißt für eine Arbeitszeit von acht Stunden täglich. Eine Kundgebung im Jahre 1890 wurde zur Grundlage für die Feiern am 1. Mai in vielen Ländern. 1914 löste sich die II. Internationale auf.
Die III. Internationale wurde 1919 in Moskau als Zusammenschluss der kommunistischen Parteien gegründet. Sie wurde abgekürzt als Komintern bezeichnet. Innerhalb der Komintern setzte sich die Kommunistische Partei der Sowjetunion als führende Partei durch. 1943 wurde die Komintern aufgelöst.
Nach dem Zweiten *Weltkrieg* 1939–1945, wurde die II. Internationale 1951 mit dem Namen ‹*Sozialistisch*e Internationale› neu gegründet; ihr gehören 2010 168 sozialistische und sozialdemokratische Parteien und *Organisation*en an, darunter die *SPD*, die *S*ozialdemokratische *P*artei *D*eutschlands.

Die IV. Internationale von 1938 erlangte keine Bedeutung.
‹Die Internationale› ist der Name eines Kampfliedes der Arbeiterbewegung, es stammt aus dem Jahre 1871.
Siehe auch *Kommunismus, Arbeiterbewegung.*

Internationale Atomenergie-Organisation, IAEO, 1957 schlossen sich 81 *Staat*en zur *I*nternationalen *A*tom*e*nergie-*O*rganisation zusammen. 2010 sind in der IAEO 150 Staaten vertreten.
Atomenergie oder Kernenergie ist die Energie, die bei der Spaltung oder der Verschmelzung von Atomkernen frei wird. Kernenergie kann genutzt werden, um zum Beispiel in einem Kraftwerk Elektrizität zu erzeugen.
Die Aufgaben der Internationalen Atomenergie-*Organisation* sind vor allem, die friedliche Nutzung der Atomkraft zu überwachen und ihren Missbrauch zu *militärisch*er Verwendung zu verhindern. Zu diesem Zweck schickt die IAEO Fachleute zu entsprechenden Überprüfungen in die Staaten, die über Kernenergie verfügen.
1986 beschloss die IAEO ein Frühwarn*system* der Staaten untereinander sowie gegenseitige Hilfeleistung nach Atomunfällen.
Die IAEO vergibt Forschungs- und Entwicklungsaufträge für die friedliche Anwendung der Kernenergie, so beispielsweise im Bereich der Pflanzenzucht oder der Medizin. Die IAEO sorgt dafür, dass die wissenschaftlichen Erfahrungen in den Mitgliedsländern ausgetauscht werden.
Siehe *Atomwaffensperrvertrag,* auch *Kernkraftwerk, Euratom.*

Internationaler Strafgerichtshof, der Internationale Strafgerichtshof ist ein *international*er Gerichtshof mit Sitz in Den Haag in den Niederlanden. Er ist zuständig für die strafrechtliche Verfolgung von Völkermord, Verbrechen gegen die Menschlichkeit und *Kriegsverbrechen.* Völkermord ist die vorsätzliche Vernichtung von ganzen *Volk*sgruppen. Verbrechen gegen die Menschlichkeit sind unter anderem Folter, Versklavung und Ausrottung.
Versklavung ist zum Beispiel Menschenhandel mit Frauen und Kindern; Ausrottung bedeutet, dass Menschen zum Beispiel Nahrungsmittel und Medikamente vorenthalten werden, um so Teile der Bevölkerung umzubringen. Kriegsverbrechen sind Verbrechen gegen das Kriegsrecht. Siehe dazu *Kriegsverbrechen.*
Der Internationale Strafgerichtshof wurde auf der Grundlage eines internationalen Vertrages, des so bezeichneten Rom-*Statut*s, eingerichtet. Der Strafgerichtshof nahm 2003 seine Arbeit auf, nachdem 60 *Staat*en den Vertrag unterzeichnet und durch ihre *Parlament*e hatten bestätigen lassen. Ein Parlament ist die Vertretung eines Volkes. 2010 haben 111 Staaten den Vertrag ratifiziert, das heißt bestätigt. Siehe auch *Ratifikation.*

Internationaler Währungsfonds (IWF), er wird auch als Weltwährungsfonds oder englisch als *I*nternational *M*onetary *F*und (IMF) bezeichnet. Der Weltwährungsfonds wurde 1945 als Einrichtung der *Vereinten Nationen* gegründet. Es gehören ihm 2010 185 Staaten an, die *Bundesrepublik Deutschland* seit 1952.

Die im Weltwährungsfonds zusammengeschlossenen *Staat*en haben sich zur Aufgabe gestellt, den Handel auf der Welt zu erleichtern. Um das zu erreichen, beschlossen sie, ihre *Währungen*, das heißt ihre Zahlungsmittel, aufeinander abzustimmen. So wurde möglich, dass heute zum Beispiel Euro ohne Schwierigkeiten gegen amerikanische Dollar eingetauscht werden können.
Die Mitgliedsstaaten des IWF zahlen Geld in einen gemeinsamen Fonds. Ein Fonds ist ein verfügbarer Geldvorrat. Aus diesem Fonds kann ein Mitgliedsland unterstützt werden, das vorübergehend in Schwierigkeiten gerät. Das bedeutet zum Beispiel: Ein Land, das aus einem anderen Land mehr Waren einführte, als es dorthin ausführte, und nun Schulden hat, bekommt aus dem Fonds Geld geliehen. Das kann ohne oder unter bestimmten Bedingungen erfolgen.
In jährlich stattfindenden Beratungen mit den Mitgliedsstaaten untersucht und überprüft der IWF die Entwicklung der *Wirtschaft* in den einzelnen Ländern und beurteilt deren Auswirkungen auf die Zahlungskraft des jeweiligen Staates. Zweimal im Jahr begutachtet der IWF die Weltwirtschaftslage.
1961 gründeten die zehn wichtigsten *Industrie*länder im Weltwährungsfonds den sogenannten Zehnerklub: USA, Großbritannien, Frankreich, Italien, Japan, Kanada, Niederlande, Belgien, Schweden und die Bundesrepublik. Der Zehnerklub wurde geschaffen, um die Aufgaben des IWF verstärkt und gezielt zu erfüllen.

internieren heißt ‹in Gewahrsam halten› und ‹in Haft nehmen›. Internierung heißt Verwahrung.
In Internierungslagern werden Menschen in Gewahrsam gehalten: In einem Krieg kann die *Regierung* eines *Staat*es die Menschen internieren, die Bürger eines feindlichen Staates sind. In einigen Staaten gibt es Internierungen auch in Friedenszeiten: Interniert werden Menschen, die in ihren Auffassungen und Handlungen im Gegensatz zu der Regierung des Staates stehen.

Interpretation heißt Erklärung und Deutung. Interpretiert, das heißt erklärt oder gedeutet, werden Texte, das können Verträge, Bücher oder *Gesetz*e sein. Auch Kunstwerke, mündliche Äußerungen und das Verhalten von Menschen können interpretiert werden.

Intervention heißt Einmischung und Vermittlung.
Greift ein *Staat* in die inneren Angelegenheiten eines anderen Staates ein, bezeichnet man das als Intervention oder Einmischung.
Intervention heißt dann Vermittlung, wenn sich ein unbeteiligter Staat in eine Auseinandersetzung zweier anderer Staaten einmischt, um den Streit beizulegen. Man sagt in einem solchen Fall auch, eine *Regierung* interveniert, das heißt, sie vermittelt.

Invasion heißt ‹das Eindringen›, im Besonderen ‹der Einfall feindlicher Truppen in fremdes Gebiet›.

Investition, ein Lebensmittelhändler vergrößert seinen Laden und baut ihn um in ein Selbstbedienungsgeschäft: Dafür gibt er Geld aus. Er investiert, das heißt, er legt Geld an.
Eine Investition ist eine Geldanlage in Sachgütern, man sagt auch Kapitalanlage. Investitionen dienen dazu, Altes zu erhalten oder Neues anzuschaffen, um damit zu arbeiten oder etwas herzustellen und um dadurch im Wettbewerb bestehen zu können. Der Kaufmann erweitert seinen Laden, der Bauunternehmer kauft einen Kran, der Bäckermeister eine Knetmaschine.
Auch ein *Staat* investiert: Er legt zum Beispiel Geld an für den Bau von Straßen, Krankenhäusern und Schulen. Derartige Investitionen dienen dem Gemeinwohl: Sie bringen Nutzen für alle.

irrelevant heißt unerheblich, belanglos oder unwichtig.

Isolationismus, ein Mensch oder ein *Staat*, der sich isoliert, sondert sich ab von den anderen. Isolation heißt Absonderung und Vereinsamung.
Als Isolationismus bezeichnet man das Bestreben eines Staates, sich völlig auf seine eigenen Angelegenheiten zu beschränken und zum Beispiel keine Bündnisse mit anderen Staaten einzugehen.

ITAR-TASS, früher TASS, ist die staatliche Nachrichtenagentur Russlands; sie wird von der *Regierung* beaufsichtigt. Eine Nachrichtenagentur vermittelt Nachrichten aus aller Welt an Zeitungen, Rundfunk- und Fernsehanstalten.

J

Joint Venture ist ein englischer Begriff, der ohne Übersetzung im Deutschen angewendet wird.
Joint Venture ist die Bezeichnung für ein Gemeinschaftsunternehmen, meist für gemeinsame Vorhaben in der Groß*industrie*. Bei einem solchen gemeinsamen Unternehmen bringt jeder Geschäftspartner das ein, was der andere nicht in gleichem Maße besitzt. In der Regel geht es um die Kapitalbeteiligung: Jeder Partner bringt 50 Prozent des benötigten Kapitals, das heißt des Geldes, in die Unternehmung ein. Hat nur einer von den beiden Geld, kann der Partner andere Werte zur Verfügung stellen: Bei der Gründung eines Hotels zum Beispiel gibt der eine das Geld, der andere das Grundstück und die Arbeitskräfte.
Von Joint Venture wird auch gesprochen, wenn sich Unternehmen aus verschiedenen *Staat*en vorübergehend zusammenschließen, um ein gemeinsames Vorhaben auszuführen.

Juden sind Angehörige der jüdischen Glaubensgemeinschaft und Angehörige des jüdischen *Volk*es.
Nach der Zerstörung ihres Reiches in Palästina im 1. Jahrhundert nach Christus wanderten sehr viele Juden aus. Etwa vom 9. Jahrhundert an lebten sie in den meisten europäischen Ländern. Sie blieben in abgesonderten Gruppen, weil sie die Eigenarten ihrer Religion und ihrer Lebensweise behalten wollten. So entstanden vor allem in den Städten die *Gettos*, die Judenviertel, in denen Juden zuerst freiwillig, später jedoch gezwungen lebten.

In einigen Ländern und während kurzer Zeiten genossen die Juden Vorrechte. In den meisten Ländern wurden sie jedoch wegen ihrer Religion und der damit verbundenen fremdartigen Gebräuche verspottet und verachtet, oft verfolgt.
So war es Juden während des Mittelalters in *Deutschland* verboten, ein Handwerk zu erlernen. Sie wurden daher vor allem im Handel und in Geldgeschäften tätig. In Spanien kam es 1391 zu einer ersten Judenverfolgung, die von der Kirche und von der *Regierung* geduldet wurde.
Gegen Ende des 18. Jahrhunderts setzte sich bei den Völkern Europas die Auffassung durch, dass alle Menschen vor dem *Gesetz* gleich sind und als Bürger eines *Staat*es die gleichen *Rechte* haben. In den meisten Staaten wurden nun auch die Juden gleichberechtigte Staatsbürger: Sie wurden Deutsche, Spanier, Franzosen. Gegen die Gleichberechtigung der Juden lehnten sich in einigen Staaten vor allem die Kleinbürger auf. Sie empfanden Neid und Missgunst gegen die Juden, die nun in vielen Lebensbereichen erfolgreich waren. In Russland kam es mit Billigung des Zaren 1881 und in den folgenden Jahren zu *Pogrom*en: Juden wurden misshandelt, von ihrem Besitz vertrieben und getötet. In anderen europäischen Staaten wurde eine Rassenlehre erfunden, die wissenschaftlich unhaltbar ist: Juden seien eine minderwertige Rasse. Diese Rassenlehre hatte in Deutschland in der Zeit des *Nationalsozialismus* 1933–1945 ungeheuerliche Auswirkungen: Die Judenverfolgungen erreichten hier ein bis dahin nicht gekanntes Ausmaß. Millionen europäischer Juden wurden in den *Konzentrationslager*n umgebracht. Die Zahl der Juden in Europa sank durch die Massenmorde der Nationalsozialisten von ursprünglich 10 Millionen im Jahre 1939 auf 4,2 Millionen am Ende des Zweiten *Weltkrieg*es.
Während der Verfolgungen in Russland und Deutschland waren viele Juden aus Europa nach Palästina geflüchtet. 1948 wurde in Palästina der Staat Israel als jüdischer Staat gegründet. Die jüdischen Staatsangehörigen heißen Israelis. Siehe dazu *Nahost-Konflikt, Zionismus.*
Das Wort Antisemitismus bezeichnet eine feindselige und oft hasserfüllte Einstellung und Haltung gegen Juden. Auch heute noch gibt es Staaten, in denen Juden nicht das gleiche Ansehen genießen wie die anderen Staatsbürger.

Julis ist die Abkürzung für *Ju*nge *Li*berale. Siehe *Junge Liberale.*

Junge Liberale heißt die Nachwuchs*organisation* der *FDP.* Die Jungen Liberalen gründeten sich 1948 als Jungliberale, sie nannten sich einige Jahre Jungdemokraten. Abgekürzt nennen sich die Jungen Liberalen *Julis.* Mitglieder der Jungen Liberalen müssen nicht Mitglieder der FDP sein.
Siehe *Parteien im Bundestag.*

Junge Union (JU), die *J*unge *U*nion, JU, ist die Nachwuchs*organisation* der *CDU.* Mitglieder der Jungen Union müssen nicht Mitglieder der CDU sein.
Siehe *Parteien im Bundestag.*

Jungsozialisten, siehe *Jusos.*

Junktim, ein *Staat* will mit einem anderen Staat ein Abkommen über den gegenseitigen Luftverkehr schließen. Beide einigen sich aber nur unter der Bedingung, dass mit diesem Vertrag auch ein anderer verbindlich wird, zum Beispiel ein Handelsabkommen. Das nennt man ein Junktim: die Verknüpfung von zwei oder mehreren voneinander unabhängigen Forderungen, Verträgen oder *Gesetz*en.

Junta ist spanisch und heißt Vereinigung und Ausschuss. Eine Junta besteht aus einer Gruppe von Personen, die nach erfolgreichem Widerstand gegen eine *Regierung* selbst die Regierung übernimmt. Eine Militärjunta setzt sich aus Offizieren zusammen.

juristische und natürliche Person, jede Einzelperson, zum Beispiel Herr Schulz oder Frau Müller, ist eine natürliche Person. Jede natürliche Person ist von Geburt an rechtsfähig: Sie ist fähig, *Rechte* und Pflichten zu tragen. Ein sechsjähriges Kind zum Beispiel hat das Recht, erzogen zu werden, und die Pflicht, in die Schule zu gehen.
Die juristische Person ist eine Vereinigung von Personen, man bezeichnet sie auch als rechtsfähige Körperschaft. Die juristische Person, das kann eine Gemeinde sein oder eine Krankenkasse, hat die gleichen Eigenschaften wie die natürliche Person: Sie ist rechtsfähig, nachdem sie gegründet und in ein amtliches Verzeichnis eingetragen worden ist.

Jusos ist die Abkürzung für *Ju*ng*so*zialisten, das ist die 1945 gegründete Nachwuchs*organisation* der *SPD.* Bis zum Alter von 35 Jahren sind alle Mitglieder der *SPD* Jungsozialisten, kurz Jusos genannt.
Siehe *Parteien im Bundestag.*

Justiz heißt Gerichtswesen und ‹staatliche Rechtspflege›. Das Gerichtswesen eines *Staat*es umfasst alle *Gerichte.* Unter Rechtspflege ist alles zu verstehen, was vor allem Richter, Staatsanwälte, Beamte der Gerichtsbehörden und Rechtsanwälte tun. Zur Rechtspflege gehört also sowohl die Eintragung eines Grundstücks ins Grundbuch als auch die Verteidigung eines wegen Diebstahls Angeklagten.
Siehe auch *Gerichte.*

K

Kabinett heißt die *Regierung* eines *Staat*es. In der *Bundesrepublik Deutschland* heißt das Kabinett Bundeskabinett. Es besteht aus dem *Bundeskanzler* und den Bundes*ministern*.

Kader stammt aus der Sprache des *Militär*s und bezeichnet den Stammbestand einer Truppe. Das sind vor allem die Offiziere und Unteroffiziere, die die Soldaten ausbilden und führen.
In kommunistischen *Partei*en und *Staat*en wird der Begriff in gleichem Sinn angewendet: Hier sind Kader von der Partei geschulte Führungskräfte, die zum Beispiel in Betrieben, Universitäten und in der öffentlichen *Ver-*

waltung die Ziele der Partei durchsetzen.
In Deutschland wird der Begriff Kader vornehmlich im Sport verwendet.
Siehe *Kommunismus.*

Kammer ist ein Begriff, der auf verschiedenen Gebieten angewendet wird. An *Gericht*en, zum Beispiel an Landgerichten, gibt es Kammern: Sie bilden jede ein Gericht für sich, das nicht nur mit einem, sondern mit mehreren Richtern besetzt ist. Eine Strafkammer an einem Landgericht verhandelt Strafsachen, wie Diebstahl oder Betrug.
In vielen *Staat*en wird die Vertretung des *Volk*es, das *Parlament*, als Kammer bezeichnet.
Kammer ist schließlich die Bezeichnung für die Vertretung eines Berufsstandes: Es gibt zum Beispiel Handwerkskammern. Eine der Aufgaben einer Handwerkskammer ist es, die Interessen der Betriebe des Handwerks zu fördern.

Kampagne, früher wurde ein Feldzug in einem Krieg als Kampagne bezeichnet.
Heute spricht man von einer Werbe- oder von einer *Wahl*kampagne. In beiden Fällen wird eine Zeitlang jede Art von Einflussnahme auf den Verbraucher oder auf den Wähler aufgeboten, um auf ein Erzeugnis oder auf einen *Kandidat*en aufmerksam zu machen. Bezogen auf unsere Zeit, sind diese Kampagnen auch Feldzüge – wenn nicht gegen, so doch für etwas oder für jemanden.

Kandidat heißt Bewerber; kandidieren heißt sich bewerben; eine Kandidatur ist eine Bewerbung.
Kandidieren kann jemand für ein öffentliches Amt, zum Beispiel für einen Sitz im *Parlament.*

Kanzleramt, siehe *Bundeskanzler.*

Kapitalismus, Kapital ist Vermögen. Vermögen in Grundstücken, Maschinen oder Fabrikgebäuden wird als Anlagekapital bezeichnet. Vermögen in Geld und Wertpapieren, in Rohstoffen und Fertigwaren ist Betriebskapital.
Kapitalismus bezeichnet eine *Wirtschaft*sordnung, in der sich das Kapital im Besitz einzelner Eigentümer befindet, während zahlreiche andere Menschen für sie arbeiten. Das bedeutet, die Arbeiter besitzen weder Anlage- noch Betriebskapital. Sie müssen deshalb als sozusagen einzige Ware, über die sie verfügen, ihre Arbeitskraft an die Kapitaleigentümer verkaufen. Die Kapitaleigentümer sind bemüht, ihr Kapital so zu verwerten, dass sie immer mehr Vermögen gewinnen.
Die kapitalistische Wirtschaftsordnung begann sich gegen Ende des 19. Jahrhunderts stark zu entwickeln, als sich die Bürger aus der Vorherrschaft des Adels befreiten. Vor allem in Frankreich, England und Holland setzte sich eine neue Auffassung durch: Das Individuum, das heißt der einzelne Mensch, müsse sich ungehindert und frei entfalten können. Freiheit und Wohlstand des Einzelnen würden auch Freiheit und Wohlstand für die Gemeinschaft bringen.
Die Freiheit des Einzelnen wurde auch in der Wirtschaft verwirklicht. Die

K

vermögenden Bürger konnten über ihr Eigentum unbehindert verfügen. Nicht gebremst durch Eingriffe des *Staat*es, entwickelte sich eine Wirtschaft der freien Unternehmer. Die Wirtschaft nahm, zuerst in England, einen großen Aufschwung. Viele Unternehmer waren jedoch weit mehr an ihrem eigenen Gewinn interessiert als an der Freiheit und dem Wohlstand aller Menschen in der Gemeinschaft. Die *Industrie*arbeiter vor allem lebten in erbärmlichen Verhältnissen.

Auch heute ist in Staaten mit kapitalistischer Wirtschaftsordnung das Eigentum an Kapital überwiegend in privaten Händen. An die Stelle des Einzelunternehmers von früher traten jedoch in immer stärkerem Maße Kapitalgesellschaften, in die mehrere Personen ihr Vermögen als Gesellschafter einbringen. Auch der Staat tritt im modernen Kapitalismus als Eigentümer von Kapital und als wirtschaftlicher Unternehmer auf. Jedoch besitzt und betreibt er in der Regel Dienstleistungsunternehmen, wie zum Beispiel Wasserwerke und Verkehrsbetriebe.

Gegenüber den Kapitaleigentümern vertreten die *Gewerkschaften* die Interessen der Arbeitnehmer. Hauptaufgabe der Gewerkschaften ist, möglichst hohe Löhne und gute Arbeitsbedingungen durchzusetzen.

Innerhalb der Entwicklung des Kapitalismus werden drei Zeitabschnitte unterschieden: der Frühkapitalismus vom 16. bis zur Mitte des 19. Jahrhunderts; der Hochkapitalismus bis zum Ersten *Weltkrieg* 1914–1918 und der Spätkapitalismus seit dem Ende des Ersten Weltkrieges.

*Monopol*kapitalismus bezeichnet eine bestimmte Entwicklung im Hochkapitalismus: Im Wettbewerb werden kleinere und schwächere Unternehmen durch größere und stärkere verdrängt. Monopol heißt ‹alleinige Herrschaft› oder ‹marktbeherrschende Stellung›.

Die kapitalistische Wirtschaftsordnung steht im Gegensatz zur *sozialistisch*en Wirtschaftsordnung. In einer sozialistischen Wirtschaftsordnung ist das Kapital nicht mehr Privateigentum, sondern es ist im Besitz der Gemeinschaft. Das Gemeinwohl und der Gewinn für alle Menschen in der *Gesellschaft* soll Vorrang haben vor dem Gewinn und dem Wohlstand einzelner Personen.

Siehe *Sozialismus*, auch *Liberalismus*, *Marktwirtschaft und Planwirtschaft*, *Arbeiterbewegung*.

Kapitulation, wer kapituliert, ergibt sich. Eine Kapitulation ist eine Unterwerfung unter eine stärkere Macht.

Meist wird der Begriff Kapitulation auf eine *militärisch*e Unterwerfung unter einen überlegenen Gegner angewendet. Es gibt Kapitulationen unter bestimmten zwischen den Gegnern ausgehandelten Bedingungen, es gibt auch die bedingungslose Kapitulation.

Kartell, Kartelle werden von Unternehmen der gleichen Branche, das heißt des gleichen *Wirtschaft*szweiges, gebildet. Die Firmen einigen sich zum Beispiel, ihre Erzeugnisse zu einem gleich hohen Preis anzubieten. Auch wenn die Kosten für die Herstellung einer Ware sinken, können dann die einzelnen Firmen den Warenpreis nicht senken.

Auch über die Qualität, das heißt die

Beschaffenheit der Waren, können sich Kartellfirmen absprechen: Sie stellen die Waren nicht immer so haltbar her, wie sie könnten. Derartige Absprachen sind in der *Bundesrepublik Deutschland* durch das Kartell*gesetz* verboten. Doch können bestimmte Vereinbarungen zulässig sein oder erlaubt werden, wenn sie zum Beispiel der *Rationalisierung*, das heißt der zweckmäßigen Vereinfachung von Arbeitsvorgängen, dienen. Da das Kartellgesetz von den Firmen immer wieder umgangen wird, hat das Bundeskartellamt die Aufgabe, Übertretungen des Gesetzes zu verhindern.
Siehe *Marktwirtschaft und Planwirtschaft.*

Kernkraftwerk, KKW, Atome sind die dem Auge nicht mehr sichtbaren Grundbausteine der chemischen Elemente, aus denen alle Stoffe der Welt aufgebaut sind. Elemente sind zum Beispiel Wasserstoff, Sauerstoff, Eisen und Uran. Jedes Atom hat einen Atomkern. Uran gehört zu den Kernbrennstoffen, das heißt zu den radioaktiven Stoffen, deren Atomkerne sich spalten lassen.
Bei der Spaltung von Atomkernen des Grundstoffs Uran werden eine große Wärmeenergiemenge und Strahlung frei. In einem Atom- oder Kernkraftwerk wird die Wärme genutzt, um Strom zu erzeugen: Mit der durch die Spaltung frei werdenden Wärme wird Wasser zu heißem Dampf erhitzt. Mit dem Dampf wird über eine Turbine ein Generator betrieben. Der Generator erzeugt elektrischen Strom.
Die Spaltung von Atomkernen zum Zweck der Gewinnung von Wärmeenergie findet in einem Kernreaktor statt. Der Reaktor ist der wärmeerzeugende Teil eines Atom- oder Kernkraftwerks. Ein Reaktor ist eine Einrichtung, in der chemische und physikalische Vorgänge ablaufen. Der Vorgang der Spaltung läuft in Atombomben in gleicher Weise ab, jedoch außerordentlich schnell und daher mit verheerender Explosionswirkung.
Bei der Kernspaltung in einem Kernkraftwerk entsteht außer der Wärmeenergie radioaktiver Abfall, auch «Atommüll» genannt: Das sind radioaktive Spaltprodukte, zum Beispiel radioaktives Jod, Caesium, aber auch ungespaltene Reste von Uran oder Plutonium. Die von den Spaltprodukten ausgehenden Strahlen können für Menschen, Tiere und Pflanzen schädlich bis tödlich sein. Man spricht von der Radioaktivität der Spaltprodukte.
Ein Reaktor kann mit einer Brennstoffladung des Grundstoffs Uran in Form von Brennstäben etwa zwei Jahre betrieben werden. Danach werden die Brennstäbe als «abgebrannt» bezeichnet, sie sind dann für eine weitere Kettenreaktion nicht mehr zu verwenden. Sie müssen sicher gelagert werden, da ihre schädliche Strahlung erst nach vielen Jahren, Jahrzehnten oder Jahrhunderten abgeklungen sein wird. Die «abgebrannten» Brennstäbe enthalten noch Reste von nicht gespaltenem Uran. Diese können in einer Wiederaufbereitungsanlage teilweise herausgelöst und zu neuen Brennstäben verarbeitet werden.
Ein Endlager, in dem dieser radioaktive Abfall für immer gelagert werden darf, gibt es in der *Bundesrepublik Deutschland* nicht. Die Anwendung der Atom-

energie zur Stromerzeugung ist umstritten, wegen der damit verbundenen Strahlungsgefährdung. Nach Ansicht vieler Fachleute besteht bei dem normalen Betrieb eines Kernkraftwerks eine außerordentlich geringe Gesundheitsgefährdung für die Bevölkerung. Einen sogenannten kerntechnischen Unfall können auch die Fachleute nicht ausschließen. Durch *Gesetze* ist Vorsorge getroffen: Jeder Betreiber eines Kernkraftwerks muss, bevor das Werk in Betrieb geht, eine staatliche Genehmigung einholen. Um diese zu erhalten, müssen die Sicherheitsvorkehrungen für einen Unfall nachgewiesen werden. Die Bundesrepublik Deutschland erließ mehrere Gesetze zum Schutz der Bevölkerung vor Strahlenschäden. 2002 trat ein Gesetz zum Ausstieg aus der Atomenergienutzung in Kraft.
Siehe auch *nukleare Waffen, Atomwaffensperrvertrag, Euratom.*

Klausel heißt Einschränkung und Nebenbestimmung.
Sondervereinbarungen in Verträgen nennt man Klauseln. Sie sind oft kleiner gedruckt als der Haupttext. Besonders in Kauf- und Mietverträgen sollten die vorgedruckten Klauseln beachtet werden, weil sie häufig Nachteile für den enthalten, der den Vertragstext und damit die Klauseln nicht entworfen hat.

kleine Anfrage, siehe *große und kleine Anfrage.*

kleine Koalition, siehe *Koalition.*

Klerikalismus, Klerus, jeder Priester der katholischen Kirche, auch der Papst, ist ein Kleriker, das heißt ein Geistlicher. Alle Kleriker zusammen bilden den Klerus.
Klerikal heißt ‹den Klerus betreffend›. Der Begriff Klerikalismus kennzeichnet eine *Politik*, die den Einfluss der katholischen Kirche in vielen Lebensbereichen erhalten und möglichst steigern will. Die Bezeichnung Klerikalismus haben Gegner dieser Politik geprägt.

Koalition heißt Bündnis und Zusammenschluss, koalieren heißt ‹sich verbünden›.
Zu Koalitionen können sich Personen, *Partei*en und *Staat*en verbinden. Als große Koalition wird das auf begrenzte Zeit abgeschlossene Bündnis zweier großer Parteien bezeichnet, die zusammen die *Regierung* bilden. Verbinden sich eine große und eine kleinere Partei, wird von einer kleinen Koalition gesprochen.
Die Koalitionsfreiheit ist das *Recht*, Vereinigungen zu bilden. In der *Bundesrepublik Deutschland* ist das Recht der Vereinigungsfreiheit allen Bürgern im *Grundgesetz* zugesichert: Jeder darf eine Vereinigung gründen oder einer bestehenden beitreten, um zum Beispiel bessere Arbeitsbedingungen durchzusetzen oder die Interessen einer Berufsgruppe zu vertreten. *Gewerkschaften* und Arbeitgeberverbände beruhen auf dem Recht der Koalitionsfreiheit.

Kodifikation, codex ist lateinisch und heißt das Buch.
Wenn zum Beispiel in der *Bundesrepublik Deutschland* alle geltenden *Ge-*

setze eines Sachgebietes in einem Gesetzbuch zusammengefasst werden, nennt man das eine Kodifikation oder Kodifizierung.
Das Tätigkeitswort zu Kodifikation ist kodifizieren.

Koexistenz, Existenz heißt Dasein, man spricht von der Existenz eines Menschen oder einer Firma. Koexistenz heißt Nebeneinanderbestehen. Der Begriff der ‹friedlichen Koexistenz› wurde insbesondere verwendet, wenn von dem Verhältnis der *Staat*en der *NATO* und denen des *Warschauer Pakt*s gesprochen wurde.
Siehe *Ostblock und Westmächte*, auch *Kapitalismus, Kommunismus.*

Kollektiv, Kollektivierung, das Eigenschaftswort kollektiv heißt zusammen, gemeinschaftlich. Eine Kollektivarbeit ist eine gemeinsame Arbeit, eine Gruppenarbeit. Das Kollektiv ist die Gruppe von Menschen, die zusammen arbeiten. Der Begriff Kollektiv stammt aus dem kommunistischen Sprachgebrauch. In *sozialistisch*en Staaten, in denen die Ziele des Kommunismus für das Zusammenleben der Menschen verwirklicht werden sollen, sind Kollektive Arbeits- und Erziehungseinheiten: in Schulen zum Beispiel Lernkollektive, in denen Schüler gemeinsam Hausaufgaben lösen.
Auch Kollektivierung ist ein kommunistischer Begriff. Kollektivierung bedeutet, dass der landwirtschaftliche Besitz Einzelner in das Eigentum einer Gemeinschaft umgewandelt wird, und zwar der Gemeinschaft, die zusammen arbeitet. In der ehemaligen *Sowjetunion* hießen diese *Genossenschaft*en Kolchosen; daneben gab es *Staat*sgüter, sie hießen Sowchosen. In der ehemaligen *DDR* gab es die *L*andwirtschaftlichen *P*roduktions*g*enossenschaften, *LPG*. Sowohl in der DDR als auch in der Sowjetunion erfolgte die Kollektivierung in der Landwirtschaft unter Anwendung von Zwang gegenüber den einzelnen Bauern.
Siehe auch *Kommunismus.*

Kolonialismus heißt ‹das Streben nach Kolonien›. Eine Kolonie ist ein Land, das nicht von seinen Einwohnern selbst regiert wird, sondern meist von der *Regierung* eines *Staat*es in einem anderen Teil der Welt. Das bedeutet unter anderem, dass diese Regierung und nicht die Einwohner der Kolonie selbst über die Gewinne bestimmen, die sich aus dem Abbau von Bodenschätzen und den Erträgen der Landwirtschaft ergeben.
Seit dem 16. Jahrhundert eroberten einige europäische Staaten, unter anderem Spanien, Portugal, England, Frankreich und Russland, viele Kolonien in Amerika, Asien und Afrika. Im 19. Jahrhundert wurde auch das Deutsche Reich Kolonialmacht. Die meisten dieser Kolonien sind heute selbständige Staaten geworden.
Als *Neo*-Kolonialismus bezeichnet man heute das Bestreben eines Staates, von ihm abhängige Völker *wirtschaftlich* auszunutzen und in Abhängigkeit zu halten.

Kombinat, mehrere einzelne *Industrie*betriebe, die unter einer Leitung zusammengefasst waren, nannte man in der ehemaligen *DDR* ein Kombinat.
In einem Fischkombinat waren zum

K

Beispiel alle Betriebe zusammengefasst, die mit der Fischerei und mit der Fischverarbeitung zu tun hatten: Das reichte vom Fischfang bis zur Herstellung von Fischmehl. Neben dieser Form des Kombinats, in der Haupt- und Nebenfertigung vereinigt waren, gab es noch andere Kombinatsbildungen. Kombinate bestanden vor allem in der Eisen- und Stahlindustrie, in der Braunkohlenindustrie und in der chemischen Industrie.
Auch in der ehemaligen Sowjetunion wurden Zusammenschließungen von Industriebetrieben als Kombinate bezeichnet.

Komitee heißt Ausschuss: Die Belegschaft eines Betriebes zum Beispiel kann aus ihrer Mitte ein Komitee bilden, das ein Fest vorbereiten soll.
Mitglieder eines Komitees sind immer von einem größeren Kreis von Menschen beauftragt, eine besondere Frage zu untersuchen oder eine besondere Arbeit für alle zu erledigen.
Siehe auch *Kommission.*

Kommentar, die Bemerkungen, die eine Lehrerin unter einen Aufsatz schreibt, sind ein Kommentar zu diesem Aufsatz: Ein Kommentar ist eine persönliche Meinung, die man schriftlich oder mündlich äußern kann.
Kommentare können zu *Gesetz*en, zu Büchern, Kunstwerken und zu *politisch*en Ereignissen gegeben werden.

Kommission, die Elternversammlung an einer Schule zum Beispiel kann eine Kommission bilden, die das Problem der zunehmenden Gewalttätigkeit von Schülern untersuchen soll: Aus dem Kreis aller Eltern werden einige ausgewählt und beauftragt, alle Fragen zu dem Problem zusammenzutragen und zu erörtern.
Die Ergebnisse der Arbeit dieser Kommission werden der Elternversammlung vorgetragen.
Eine Kommission ist ein ‹Ausschuss von Beauftragten›.

kommunal heißt ‹die Gemeinde betreffend›, eine *Kommune* ist eine Gemeinde.
In der *Bundesrepublik Deutschland* gibt es Stadtgemeinden, wie zum Beispiel die Stadt Köln, und es gibt Landgemeinden, wie zum Beispiel die Ortschaft Lütjenburg.
In Kommunal*wahl*en wählen die Einwohner einer Gemeinde ihre Vertreter für das Gemeinde*parlament*: Die *Volk*svertretung in Gemeinden kann eine Stadtverordnetenversammlung oder ein Gemeinderat sein. Kommunalwahlen finden alle vier oder alle sechs Jahre statt.
Die ausführende Gewalt, das ist die *Regierung*, liegt in einer Stadtgemeinde bei einem Oberbürgermeister oder Bürgermeister und den Stadträten, in einer Landgemeinde bei einem Bürgermeister und den Gemeinderäten.
Eine Gemeinde ist das unterste Gemeinwesen in einem *Staat*, das das *Recht* hat, sich selbst zu verwalten. Alle Aufgaben, für die nicht der Bund oder die *Bundesländer* zuständig sind, werden von den Gemeinden in eigener Verantwortung ausgeführt: unter anderen die Gesundheitspflege und der Naturschutz.
Eine Gemeinde hat eine *Verfassung*, das ist eine schriftlich niedergelegte

Grundordnung über das Zusammenleben der Menschen in einer Gemeinde. Sie wird als Kommunalverfassung oder als Gemeindeordnung bezeichnet.

Gemeinden schließen sich zu Vereinigungen zusammen, in denen Vertreter der einzelnen Gemeinden ihre Erfahrungen austauschen und auswerten. Das sind die kommunalen Spitzenverbände: der Deutsche Städtetag, der Deutsche Landkreistag, der Deutsche Städtebund und der Deutsche Gemeindetag.

Siehe auch *Bund und Länder, Magistrat.*

Kommune heißt Gemeinde, insbesondere werden Dörfer und Städte als Kommunen bezeichnet.

Die Pariser Kommune oder die Kommune von Paris bezeichnet in der Geschichte Frankreichs die kurze Herrschaft des *sozialistisch*en Gemeinderats von Paris im Jahre 1871.

In den Jahren um 1970 bezeichneten sich auch Wohngemeinschaften junger Leute eine Zeitlang als Kommunen.

Siehe auch *kommunal.*

Kommunikation heißt Mitteilung, auch Verbindung oder Zusammenhang. Gute Kommunikation zwischen Lehrern und Schülern bedeutet, dass Lehrer und Schüler sich verstehen und gut zusammenarbeiten. Gemeinsam lösen sie Probleme, die beide Seiten betreffen. Jeder erfährt von jedem wichtige Neuigkeiten und Veränderungen.

Wichtigstes Mittel der Kommunikation der Menschen untereinander ist die Sprache, sie gilt als Kommunikationsträger. Funk, Film, Fernsehen und Internet gelten als Kommunikationsmittel: Sie vermitteln und verbreiten Nachrichten aus aller Welt in alle Welt und verbinden so die Menschen untereinander. Auch Bücher, Zeitungen und Zeitschriften sind als Mittel der Kommunikation zu verstehen.

Kommuniqué ist ein französisches Wort und wird ohne Übersetzung im Deutschen angewendet. Ein Kommuniqué ist eine Mitteilung, die von einer *Regierung* veröffentlicht wird. Ein Kommuniqué kann zum Beispiel das Ergebnis von Verhandlungen enthalten, die eine Regierung mit der Regierung eines anderen *Staat*es geführt hat.

Kommunismus, es ist ein alter Traum der Menschen, dass es keine Reichen und Armen, keine Herren und Knechte geben soll. Das Ziel des Kommunismus ist es, diesen Traum zu verwirklichen.

Die Vorstellung von einer kommunistischen *Gesellschaft* baut unter anderen auf folgenden Gedanken auf: Die unterschiedliche Bewertung geistiger und körperlicher Arbeit soll entfallen; Mann und Frau sollen gleichberechtigt sein; die Kinder sollen von der Gemeinschaft erzogen werden; es sollen so viele Waren hergestellt werden, dass jeder Mensch seine Bedürfnisse befriedigen kann, gleichgültig, welche Arbeit er leistet; das Geld soll überflüssig werden; die Menschen sollen in der Lage sein, ihr Zusammenleben aus Einsicht und ohne Zwang zu ordnen; es soll keine Herrschaftsordnung mehr geben.

Zwei Voraussetzungen unter anderen müssen erfüllt sein, damit eine solche Gesellschaft verwirklicht werden kann: Alle Menschen müssen gleich gut unterrichtet und ausgebildet werden, alle Menschen müssen Arbeit als ihr erstes Lebensbedürfnis anerkennen.

Zu den bedeutendsten Wegbereitern des Kommunismus seit Beginn des 19. Jahrhunderts gehören Karl Marx und Friedrich Engels. Sie forderten als Voraussetzung für den Kommunismus, das Privateigentum an Kapital, das heißt das private Vermögen an Grund und Boden, Maschinen und Fabriken und anderen *Produktionsmitteln*, abzuschaffen. So soll der *Kapitalismus*, in dem die Produktionsmittel im Besitz weniger sind, überwunden werden. Dieses Ziel sei erreicht, wenn die Allgemeinheit, das heißt die Gemeinschaft aller Menschen, die Herstellung der Güter bestimme und für eine gerechte Verteilung sorge.

Die Entwicklung zur kommunistischen Gesellschaft soll schrittweise erfolgen: Auf der ersten Stufe wird eine *Diktatur des Proletariats* errichtet, das bedeutet, nach einer siegreichen *Revolution* herrscht die Arbeiterklasse, also das *Proletariat*. *Diktatur* bedeutet die uneingeschränkte Herrschaft einer Person oder einer Gruppe über einen *Staat*. Aufgabe der herrschenden Arbeiterklasse sei der Aufbau des *Sozialismus*, der die Übergangsstufe zur kommunistischen Gesellschaft sei, in der es keine Klassen mehr geben soll.

Nach den Vorstellungen von Marx und Engels könne die proletarische Revolution zur Überwindung des Kapitalismus gewaltsam, aber unter Umständen auch friedlich erfolgen. Friedliche Revolution würde bedeuten, dass die Arbeiterklasse eine *Mehrheit* im *Parlament*, das heißt in der *Volks*vertretung eines Staates, erringen und dadurch ohne Gewalt die *Regierung* übernehmen könnte.

Marxismus, Leninismus, Trotzkismus und Stalinismus sind Richtungen innerhalb des Kommunismus, die nach kommunistischen Führern im 19. und 20. Jahrhundert benannt sind. Ihre Meinungen darüber, wie der Kommunismus erreicht werden kann und wie die Übergangsordnungen aufzubauen sind, weichen zum Teil erheblich voneinander ab. Im Namen Lenins fordern viele Kommunisten, dass der Staat und die *Wirtschaft* straff von einer Stelle aus, man sagt zentralistisch, gelenkt werden müssen.

Trotzki konnte sich den Sieg des Sozialismus als Vorstufe zum Kommunismus nur auf der ganzen Welt gleichzeitig vorstellen. Stalin dagegen hielt den Aufbau des Sozialismus in nur einem Land für möglich. Um den Kommunismus in der Sowjetunion durchzusetzen, führte er die Enteignung von Privateigentum an Maschinen, Fabriken und Grund und Boden unter Zwang durch. Die uneingeschränkte Führungsrolle im Staat übertrug er anfangs der Kommunistischen *Partei*, später sich selbst. Gewaltsam wurden persönliche Freiheit und *politische Rechte* des Einzelnen unterdrückt. Stalins Ziel war der Aufbau der Sowjetunion zur kommunistischen Weltmacht. Stalinismus wurde zum Begriff für die Durchsetzung der kommunistischen Ideen mit Mitteln der Diktatur.

Bestrebungen *sozialistisch*er Staaten,

den Aufbau einer kommunistischen Gesellschaft aus den Gegebenheiten des eigenen Landes zu entwickeln, ohne Vorgaben, Richtlinien oder gewaltsame Einmischung durch die Sowjetunion oder andere sozialistische Staaten, wurden als Nationalkommunismus bezeichnet.

In fast allen Ländern gibt es kommunistische Parteien und Gruppen. Einig sind sich alle Kommunisten in der Vorstellung, dass der Kommunismus auf der ganzen Welt verwirklicht sein sollte.

Siehe auch *Volksdemokratie*, *Marktwirtschaft und Planwirtschaft*, *Ostblock und Westmächte*.

Kommunistisches Manifest, ein *Manifest* ist eine öffentliche Erklärung. Das Kommunistische Manifest wurde 1848 von Karl Marx und Friedrich Engels verfasst. Es enthält in einfacher und deutlicher Sprache die Grundsätze des *Kommunismus*. Das Manifest ruft zum Klassenkampf des *Proletariat*s gegen die *Bourgeoisie* auf, das heißt zum Kampf der besitzlosen Arbeiter gegen die vermögenden Bürger. Das Manifest sagt den Sieg der Arbeiterklasse voraus und schließt mit den Worten: «Proletarier aller Länder, vereinigt euch!»

Das Kommunistische Manifest wurde zur Grundlage für die Arbeit der kommunistischen und *sozialistisch*en Parteien in ganz Europa. Es ist in rund fünfzig Sprachen übersetzt worden.

Siehe auch *Diktatur des Proletariats*.

Kompetenz heißt Berechtigung und Zuständigkeit.

Die Zuständigkeit der Melde-, Pass- und Ausweisbehörden zum Beispiel, einen Personalausweis auszustellen, oder die Berechtigung eines Klassenlehrers, die Leistungen eines Schülers zu beurteilen, bezeichnet man als Kompetenz.

Als Richtlinienkompetenz wird die Berechtigung des *Bundeskanzler*s bezeichnet, die Richtlinien der *Politik* zu bestimmen.

Kompromiss, die Tochter möchte am Sonnabend um ein Uhr nachts nach Hause kommen. Die Eltern sagen, sie müsse um elf Uhr daheim sein. Beide Seiten haben also unterschiedliche Meinungen. Sie reden eine Zeitlang darüber und einigen sich: Die Tochter kommt um zwölf Uhr nach Hause. Diese Einigung ist ein Kompromiss.

Jede Vereinbarung zwischen Menschen oder *Staat*en, die durch ein gewisses Nachgeben auf beiden Seiten erreicht wird, nennt man Kompromiss.

Konferenz, eine Konferenz ist eine Sitzung oder eine Besprechung. Konferieren heißt besprechen oder beraten.

Eine Gipfelkonferenz ist das Treffen der Regierungschefs zweier oder mehrerer *Staat*en. Ein Regierungschef leitet die *Regierung* seines Landes.

Konflikt, einen Streit, in dem unterschiedliche Ansichten aufeinanderprallen, nennt man auch einen Konflikt.

Menschen, auch *Staat*en, können in einen Konflikt geraten.

Ein Mensch kann auch mit sich selbst in Konflikt kommen: Er befindet sich in einem Zwiespalt oder in einem Widerstreit mit sich. Er weiß nicht, wie er sich entscheiden soll.

konform heißt einig und ‹übereinstimmend im Denken›.
Wird von der Konformität, das heißt von der Übereinstimmung einer Gruppe von Menschen, gesprochen, ist gemeint, diese Menschen sind gleichgerichtet. Jeder Einzelne hat sich der Gruppe angepasst.
Der einzelne Mensch kann sich aus freiem Willen konform verhalten, die Gruppe kann aber auch einen Druck auf ihn ausüben. Grenzt das Bemühen des Einzelnen, sich konform zu verhalten, an Unterwerfung, so spricht man von konformistischem Verhalten.
Als Nonkonformisten bezeichnet man einen Menschen, der sich ungern oder gar nicht anpasst.

Konfrontation heißt Gegenüberstellung, konfrontieren heißt gegenüberstellen.
Wenn einem Angeklagten vor Gericht ein Zeuge gegenübergestellt wird, nennt man das eine Konfrontation.
Es gibt aber auch die Konfrontation mit Tatsachen: Ein Vater wird zum Beispiel mit der Tatsache konfrontiert, dass sein Sohn einen Automaten geknackt hat.

Kongress, ein Kongress kann zum Beispiel die Zusammenkunft aller führenden Fachleute auf dem Gebiet der Orchideenzucht sein. Das wäre ein Kongress der Orchideenzüchter.
Als ‹der Kongress› wird das *Parlament* der USA bezeichnet.

Konjunktur, Konjunkturpolitik, Konjunktur wird manchmal als Aufschwung, als *Wirtschaft*sblüte oder als ‹günstige Wirtschaftslage› verstanden. Allgemein bedeutet Konjunktur das Auf und Ab einer wirtschaftlichen Entwicklung.
Wirtschaft ist alles, was Menschen eingerichtet haben und tun, um ihren Bedarf an Gütern zu decken.
Dazu gehören die Herstellung und der Verkauf von Waren und Dienstleistungen. Dienstleistungen sind zum Beispiel Leistungen von Banken, Stromanbietern und Verkehrsbetrieben. Es hat sich herausgestellt, dass die Wirtschaft unregelmäßig verläuft. Abwechselnd gibt es in der Herstellung und im Verkauf eine rasche Zunahme und eine Abschwächung, manchmal sogar Rückgänge. Diese Schwankungen folgen aufeinander wie Wellen, sie können mehrere Jahre dauern.
Den Höhepunkt einer guten Wirtschaftslage nennt man Hochkonjunktur, den Tiefstand einer Abwärtsbewegung die Depression oder die Talsohle. Dazwischen liegen Aufschwung und Abschwung. Den Abschwung bezeichnet man auch als *Rezession*.
In einer Zeit der Hochkonjunktur ist die Beschäftigungsrate hoch, es gibt wenige Arbeitslose. Die Wirtschaft hat viele Aufträge. Es wird viel Geld in *Investition*en angelegt, das heißt, viel Geld wird für Neuanschaffungen ausgegeben. Häufig steigen dann auch die Preise. In einer Zeit der Depression entsteht Arbeitslosigkeit, Waren werden nicht verkauft, Investitionen nicht gemacht.
Mit Konjunktur*politik* bezeichnet man alle Bemühungen, die Schwankungen

in der Konjunktur vorauszusehen und abzufangen. Konjunkturpolitik will erreichen, dass sich die Wirtschaft eines Staates möglichst störungsfrei entwickelt: Alle Menschen sollen Arbeit haben, und die Preise sollen nicht zu sehr in die Höhe gehen.
Konjunkturpolitik kann in der *Bundesrepublik Deutschland* von der *Bundesregierung* geplant und ausgeführt werden.
Siehe *Abwertung und Aufwertung*, auch *Marktwirtschaft und Planwirtschaft*.

Konkordat heißt der Vertrag zwischen der katholischen Kirche und einem *Staat*. Ein Konkordat kann zum Beispiel festlegen, dass alle Katholiken in einem Staat ihren Glauben unbehindert ausüben dürfen. Unter vielen anderen werden auch Abmachungen über Religionsunterricht getroffen.
Abkommen, die ein Staat mit anderen Religionsgemeinschaften schließt, heißen Kirchenverträge.
Siehe auch *Vatikan*.

Konsens heißt Einwilligung, Genehmigung oder Übereinstimmung. Heute wird das Wort Konsens vor allem benutzt, wenn mehrere Menschen oder *Staat*en in einer Frage oder in einem Vertrag Übereinstimmung erzielen.

konservativ heißt ‹am Alten festhaltend› oder ‹auf Erhaltung des Überlieferten bedacht›.
Bevor konservative Menschen neue Vorstellungen annehmen, prüfen sie, ob das Alte sich bewährt hat und ob das Neue damit in Einklang zu bringen ist.
Konservative sind oft Anhänger konservativer *Partei*en. Konservative Parteien neigen dazu, die bestehenden Zustände in einem *Staat* zu erhalten und zu bewahren. Sie stehen daher oft im Gegensatz zu fortschrittlichen Parteien, die um neue und ihrer Überzeugung nach notwendige Entwicklungen im Staat bemüht sind.
Die *politisch*e Einstellung, sich an überlieferten Einrichtungen und Vorstellungen in einer *Gesellschaft* auszurichten, wird als Konservatismus oder auch Konservativismus bezeichnet.

Konstellation nennt man das Zusammentreffen bestimmter Umstände. Eine Konstellation kann günstig oder ungünstig sein.
Eine günstige Konstellation ist es zum Beispiel, wenn der 24. Dezember auf einen Mittwoch oder Donnerstag fällt: Zusammen mit den darauffolgenden Weihnachtsfeiertagen ergibt sich so eine Reihe von arbeitsfreien Tagen.

konstituieren heißt gründen und einsetzen. Sich konstituieren heißt ‹zusammentreten, um ein *Programm*, insbesondere um eine *Verfassung* auszuarbeiten›.

konstruktives Misstrauensvotum, siehe *Misstrauensvotum*.

Konsulat heißt die Dienststelle eines Konsuls, auch Amtssitz genannt. Ein Konsul ist ein Beamter, der in größeren ausländischen Städten unter anderem die Interessen seiner Landsleute vertritt. Außerdem erteilt er zum Beispiel Genehmigungen zur Einreise oder Durchreise in seinen *Staat*. Eine solche Erlaubnis heißt *Visum*.

CC ist die Abkürzung für ‹Corps Consulaire›, das heißt konsularisches Korps: Es ist die Gesamtheit aller in einem Staat tätigen ausländischen Konsuln.

Konsultation heißt Befragung und Beratung. Es gibt die Konsultation bei einem Arzt: Der Kranke befragt den Arzt, der Arzt berät den Kranken.
Auch die Beratungen von *Politik*ern werden manchmal als Konsultationen bezeichnet.

Konsum heißt Verbrauch; ein Konsument ist ein Verbraucher.

Konterrevolution, siehe *Revolution.*

Kontingent heißt Anteil und Beitrag. Meist hat Kontingent die Bedeutung von Pflichtanteil: Ein Truppenkontingent ist zum Beispiel der Anteil an Truppen, den ein *Staat* innerhalb eines Bündnisses mit anderen Staaten stellen muss.
Kontingent hat außerdem die Bedeutung von begrenzter Menge: Ein Warenhaus kauft zum Beispiel ein Kontingent modischer Strümpfe ein. Das ist eine begrenzte Warenmenge, von der die Einkäufer meinen, sie verkaufen zu können.

Kontinuität heißt Stetigkeit und ‹lückenloser Zusammenhang›. Kontinuierlich heißt fortlaufend, stetig oder unaufhörlich.

Kontrollrat, nach dem Ende des Zweiten *Weltkrieg*es 1945 war *Deutschland* von den Truppen der Siegermächte USA, Sowjetunion, Großbritannien und Frankreich besetzt und in vier Besatzungszonen aufgeteilt. *Berlin* war entsprechend in vier Sektoren geteilt. Die oberste *Regierung*sgewalt übten die Siegermächte aus: für Deutschland durch den Kontrollrat, für Berlin durch die *Alliierte* Kommandantur, die dem Kontrollrat unterstand. Kontrollrat und Kommandantur waren mit Vertretern der vier Mächte besetzt, die ihre Beschlüsse einstimmig fassen mussten. Der Kontrollrat erließ die Kontrollrats*gesetz*e, nach denen das Zusammenleben der Menschen im besiegten Deutschland geregelt wurde.
In immer stärkerem Maße kam es jedoch zu Auseinandersetzungen zwischen den Vertretern der USA, Großbritanniens und Frankreichs auf der einen Seite und dem Vertreter der Sowjetunion. 1948 verließ die Sowjetunion den Kontrollrat, der dadurch seine Aufgaben nicht mehr wahrnehmen konnte.
Siehe *Ostblock und Westmächte, Berlin-Abkommen.*

Kontroverse ist die Bezeichnung für eine Auseinandersetzung um ein strittiges Problem.
In der Erörterung um eine allgemeine Geschwindigkeitsbegrenzung zeigt sich, dass Autofahrer, Automobilhersteller und Fachleute des Umweltschutzes dazu unterschiedliche Meinungen haben. Die Frage ist kontrovers, das heißt, sie ist strittig. Geraten Autofahrer, Umweltschützer und Automobilhersteller über diese Frage in eine Auseinandersetzung, kann man diese eine Kontroverse nennen.

Konvention heißt Übereinkunft. Im *politisch*en Sprachgebrauch ist es eine Übereinkunft, die mehrere *Staat*en in einem schriftlichen Vertrag miteinander treffen. Siehe dazu *Genfer Konvention.*

Konvention im menschlichen Zusammenleben bedeutet, dass sich in einer *Gesellschaft* Verhaltensregeln und Umgangsformen herausgebildet haben. Sie sind nicht schriftlich niedergelegt, werden aber von den meisten Mitgliedern der Gemeinschaft anerkannt und selbstverständlich erwartet. Konventionen können in verschiedenen Gesellschaften unterschiedlich sein, sie können sich im Verlauf der Zeit auch verändern: So ist es in *Deutschland* üblich, sich bei der Begrüßung die Hand zu geben, in anderen Ländern nicht; früher mussten Kinder zu ihren Eltern «Sie» sagen, heute würde man darüber lachen.

Konventionell heißt herkömmlich oder förmlich. Wer die herkömmlichen Umgangsformen für sich nicht anerkennen will, verhält sich unkonventionell.

konventionelle Waffen, konventionell heißt herkömmlich oder förmlich. Konventionelle oder herkömmliche Waffen sind zum Beispiel Säbel und Gewehre, Panzer und Flugzeuge. Im Gegensatz dazu gibt es die *nuklearen Waffen.*

Siehe auch *ABC-Waffen.*

Konvertierbarkeit, auch Konvertibilität, heißt Austauschbarkeit. Der Begriff wird meist im Zusammenhang mit der Austauschbarkeit von *Währung*en benutzt.

Freie Konvertierbarkeit bedeutet, dass die Währung eines *Staat*es jederzeit und in jeder Menge gegen die Währung eines anderen Staates ausgetauscht werden kann. So können zum Beispiel US-Dollar jederzeit gegen Euro eingetauscht werden.

Siehe auch *Abwertung und Aufwertung.*

Konzentrationslager (KZ) sind Lager, in denen Menschen ohne Urteil durch ein Gericht gefangen gehalten werden.

Der Begriff ist besonders bekannt und berüchtigt seit der Zeit des *Nationalsozialismus* in *Deutschland* 1933–1945: In großer Zahl waren während dieser Zeit Konzentrationslager eingerichtet worden, um *politisch*e Gegner und vor allem *Juden* gefangen zu halten, zu misshandeln und zu Millionen zu töten.

Siehe *Nationalsozialismus.*

Konzept heißt Plan, Entwurf oder ‹erste Fassung›. Einen Entwurf zu einer Rede nennt man ein Konzept.

Eine Konzeption ist ein ‹schöpferischer Einfall›: der schöpferische Einfall eines Künstlers zu einem Werk, der eines Wissenschaftlers zu einer Arbeit oder der eines *Politik*ers zur Verständigung unter den Völkern.

Konzern, wenn sich mehrere große Betriebe oder Unternehmen unter einer einheitlichen Leitung zusammenschließen, entsteht ein Konzern. Die Konzernleitung liegt in der Regel bei dem größten Unternehmen; es wird auch als Mutterunternehmen bezeichnet. Die anderen Unternehmen im Konzern werden auch Tochterunter-

nehmen genannt: Sie bleiben zwar rechtlich selbständig, werden aber von der Muttergesellschaft *wirtschaftlich* beherrscht. Das bedeutet, die Töchter können Verträge abschließen, zum Beispiel einen Mietvertrag über eine Werkhalle. Dagegen bestimmt zum Beispiel häufig die Muttergesellschaft, zu welchen Preisen die Töchter ihre Erzeugnisse anbieten und in welcher Weise sie ihre Gewinne verwenden.
Ein multinationaler Konzern ist ein Konzern, der Tochterbetriebe in mehreren Ländern hat. Damit kann ein Multi, wie man auch sagt, viele Vorteile ausnutzen: Er kann zum Beispiel dort produzieren, das heißt herstellen, wo die Löhne niedrig sind. Wenn multinationale Konzerne groß genug sind, können sie auch die Preise ihrer Waren *international* bestimmen. Große Multis werden deshalb häufig kritisch betrachtet. Hinzu kommt, dass ihre Überwachung durch ein einzelnes Land so gut wie ausgeschlossen ist, weil dessen *Gesetz*e nur für das Land selbst Gültigkeit haben.

konzertierte Aktion, Aktion heißt Handlung, Vorgehen, auch Maßnahme. Der Begriff konzertierte Aktion bezeichnet gemeinsame und aufeinander abgestimmte Handlungen.
Im engeren Sinne kennzeichnet der Begriff die Bemühungen von Vertretern unterschiedlicher Interessengemeinschaften, zum Beispiel *wirtschaftlich*e Probleme gemeinsam zu lösen. Die unterschiedlichen *Interessenvertreter* können eine *Regierung* auf der einen Seite und *Gewerkschaften* auf der anderen Seite sein.

Konzil, ein Konzil ist eine Versammlung, im Besonderen eine Versammlung katholischer Bischöfe.
Die katholischen Konzilien werden vom Papst einberufen. Das letzte große *Vatikan*ische Konzil, das von 1962 bis 1965 stattfand, befasste sich unter anderem mit Fragen des Glaubens und mit dem Verhältnis der katholischen Kirche zu Nichtkatholiken.

Kooperation heißt Zusammenarbeit. Kooperativ heißt zusammenwirkend.

Koordination heißt so viel wie ‹Abstimmen auf ein gemeinsames Vorgehen›.
Eine Kleinstadt will ein öffentliches Schwimmbad bauen. Der Standort für das Bad ist ausgesucht, Geld für den Bau ist vorhanden. Trotzdem sind viele technische Fragen zu klären: Die Baubehörde muss zum Beispiel Forderungen erfüllen, die vom Gesundheitsamt gestellt werden. Damit der Bau des Schwimmbads zügig vorangeht, muss genau festgelegt werden, welche Arbeiten zuerst ausgeführt werden, damit andere daran anschließen können. Die Behörden müssen ihre Planung koordinieren, das heißt, sie müssen sich untereinander abstimmen.

Korruption heißt Bestechung und Bestechlichkeit.
Wer seine berufliche Stellung oder sein öffentliches Amt missbraucht, um sich einen persönlichen Vorteil zu verschaffen, der ihm nicht zusteht, und wer dabei auch andere schädigt, ist korrupt, er begeht die strafbare Handlung der Korruption.
Bauunternehmer Müller bietet zum

Beispiel einem Beamten der Baubehörde an, ihm einen Hausanbau kostenlos zu errichten, wenn er dafür den Auftrag für den Neubau der Stadtbibliothek erhält. Kommt der Handel zustande, missbraucht der Beamte sein Amt, um sich einen persönlichen Vorteil zu verschaffen. Dabei schädigt er andere Bauunternehmer, die nun nicht mehr auf ehrliche Weise in dem Wettbewerb um den Bauauftrag mitbieten können. Kann die Korruption nachgewiesen werden, werden sowohl der Beamte als auch der Bauunternehmer bestraft.

Kredit, Familie Schulz will sich ein eigenes Haus bauen, das gesparte Geld reicht jedoch für den Bau nicht aus. Herr Schulz nimmt bei seiner Bank einen Kredit auf, das heißt, er leiht sich für eine bestimmte Zeit Geld, das er zurückzahlen muss. Ein Kredit ist Geld, das geliehen wird. Die Bank ist der Kreditgeber oder Gläubiger, Herr Schulz der Kreditnehmer oder Schuldner.
Für das Geld, das ihm die Bank leiht, muss Herr Schulz Geld zahlen: Das sind die Zinsen. Man sagt auch, der Kredit wird verzinst.
Unter dem Begriff Kredit*politik* sind alle Maßnahmen zu verstehen, die in einem *Staat* die Aufnahme von Krediten erleichtern oder erschweren. Eine Maßnahme ist, dass die Zinsen für geliehenes Geld herab- oder heraufgesetzt werden. Das bedeutet, dass geliehenes Geld billiger oder teurer wird.

Kreml ist der Name der Moskauer Burg. Sie war Sitz der *Regierung* der ehemaligen Sowjetunion. Heute ist der Kreml Sitz der Regierung Russlands, genauer der Russischen Föderation. Siehe *GUS*, auch *Föderalismus.*

Kriegsverbrechen, das Kriegsrecht ist Teil des *Völkerrecht*s, das die Beziehungen der *Staat*en untereinander regelt. Das Kriegsrecht besteht aus einer Anzahl von Verträgen, die bei verschiedenen Anlässen entstanden und von jeweils verschiedenen Staaten abgeschlossen wurden. Die bedeutsamsten dieser Verträge sind die Haager Landkriegsordnung von 1907 und die vier *Genfer Konvention*en von 1949.
Das Kriegsrecht regelt unter anderem, in welcher Art und Weise ein Krieg geführt werden darf, es regelt außerdem die Beziehungen kriegführender Staaten zu neutralen, das heißt unbeteiligten Staaten.
Es bestimmt weiter: Wer zum Beispiel einen Angriffskrieg plant oder durchführt, wer als Angehöriger eines kriegführenden Staates Geiseln festnimmt, Kriegsgefangene erschießt oder die Zivilbevölkerung grausam behandelt, begeht Kriegsverbrechen. Wer gegen die Regeln des Kriegsrechts verstößt, kann vor dem *Internationalen Strafgerichtshof* wegen Kriegsverbrechen angeklagt werden. Siehe dazu *Internationaler Strafgerichtshof.*
Die wichtigste und bekannteste öffentliche Verhandlung und Verurteilung von Kriegsverbrechen waren die Nürnberger Prozesse 1945–1946 nach dem Zweiten *Weltkrieg.* Ein *internationa*ler Gerichtshof mit Richtern und Anklägern aus Frankreich, Großbritannien, den USA und der Sowjetunion verurteilte in Nürnberg *Minister*, hohe Offiziere und *Partei*führer, die

führende Stellungen in der nationalsozialistischen *Regierung* in *Deutschland* eingenommen hatten. Wegen schwerer Kriegsverbrechen wurden sie zum Tode oder zu hohen Gefängnisstrafen verurteilt.
Siehe *Nationalsozialismus.*

KSZE ist die Abkürzung für ‹*K*onferenz für *S*icherheit und *Z*usammenarbeit in *E*uropa›, auch Europäische Sicherheits*konferenz* genannt.
Siehe *OSZE.*

Kultur bedeutet ursprünglich ‹Pflege des Bodens durch den Bauern›. Menschliche Kultur beginnt daher, wenn Menschen den Boden bearbeiten und Nutzpflanzen anbauen, wenn sie Häuser errichten und das Feuer zu ihren Zwecken verwenden, wenn sie Werkzeuge erfinden und Tiere zähmen.
Im Laufe der Jahrtausende verfeinern sich die Lebensäußerungen: Mit ihrem Verstand und mit ihrer Vorstellungskraft entwickeln die Menschen vielfältigere Sprachen, sie bestimmen Regeln für den Umgang miteinander, sie bilden Familien und *Gesellschaft*en, sie schaffen Religionen, Kunst, Wissenschaft, Erziehung und *Wirtschaft.*
Überall auf der Welt, abhängig auch von Klima und Landschaft, sind ganz verschiedene Sitten, Gebräuche und Verhaltensweisen und damit menschliche Kulturen entstanden.
Für die kulturellen Angelegenheiten in einem *Staat* ist in der Regel ein *Minister* zuständig. Er befasst sich unter anderem mit dem Erziehungs- und Bildungswesen und den Einrichtungen für Kunst und Wissenschaft.
Zur Kultur gehören auch die Fortschritte der *Zivilisation,* die weitgehend von technischen Erfindungen bestimmt ist.
Siehe auch *Tradition.*

Kuratorium heißt Aufsichtsbehörde. Museen zum Beispiel, Universitäten und Wohlfahrtsverbände haben an ihrer Spitze Kuratorien. Sie wachen unter anderem darüber, dass das zur Verfügung stehende Geld zweckmäßig verwendet wird und dass die Ziele der Einrichtungen verwirklicht werden.

Kurie, eine Kirche ist nicht nur ein Gebäude. Jede große christliche Gemeinschaft wird Kirche genannt.
Die Kurie umfasst alle kirchlichen Behörden, mit deren Hilfe der Papst die gesamte katholische Kirche leitet. Ihre genaue Bezeichnung ist Römische Kurie oder Curia Romana.

Kyoto-Protokoll, Kyoto ist eine Stadt in Japan; ein *Protokoll* ist eine schriftliche Zusammenfassung zum Beispiel von Ergebnissen einer Verhandlung.
Das Kyoto-Protokoll unterzeichneten 1997 39 *Industrie*länder; sie verpflichteten sich, den Ausstoß von sogenannten Treibhausgasen in ihren Ländern zu vermindern.
Bis 2009 wurde das Kyoto-Protokoll von 183 *Staat*en ratifiziert, das heißt von deren *Parlament*en, den *Volk*svertretungen, bestätigt. In fortlaufenden Verhandlungen sind die Staaten bemüht, den Ausstoß der Treibhausgase in immer stärkerem Maß einzuschränken.
Treibhausgase sind zum Beispiel Kohlendioxid oder Methan. Diese Gase ver-

ursachen nach Ansicht zahlreicher Wissenschaftler eine fortschreitende Erwärmung der Erde und damit eine Veränderung des Klimas, man spricht von Klimawandel.

L

Landesliste, siehe *Bundestagswahl.*

Landesverrat begeht, wer ein Staatsgeheimnis an eine fremde *Regierung* verrät und dadurch den eigenen *Staat* gefährdet.
Verrat begeht auch, wer das Staatsgeheimnis vorsätzlich an einen Unbefugten gelangen lässt oder es öffentlich bekannt macht und dadurch vorsätzlich den Staat gefährdet.
Staatsgeheimnis sind alle Pläne, die vor fremden Staaten geheim gehalten werden sollen, zum Beispiel Einzelheiten über die Ausrüstung des *Militärs* für den Fall einer Verteidigung.
Wie in anderen Staaten wird Landesverrat auch in der *Bundesrepublik Deutschland* schwer bestraft.

Landflucht, seit dem Beginn des 19. Jahrhunderts sind in fast allen Städten Fabriken gebaut worden. Dadurch haben sich viele neue Berufe ergeben. Mehr Arbeitskräfte wurden notwendig. Auf dem Lande wurden gleichzeitig durch den Einsatz von Maschinen, wie zum Beispiel Mähdreschern und Melkmaschinen, immer weniger Arbeitskräfte gebraucht. Das veranlasste und veranlasst noch immer viele Menschen auf dem Lande, ihre Arbeitsplätze dort zu verlassen und in die Stadt zu ziehen. Sie erhoffen höheren Verdienst, geregelte Arbeitszeit, bessere Ausbildung und Weiterbildung. Diese Bewegung der Menschen vom Land in die Stadt nennt man Landflucht.
Siehe auch *Industrie.*

Landtag, die *Bundesrepublik Deutschland* ist ein *Bundesstaat*, sie besteht aus 16 Ländern.
Es gibt die übergeordnete *Bundesregierung* und die Landes*regierungen*. Die Bundesregierung vertritt die allen gemeinsamen Interessen, die Landesregierungen in den 16 *Bundesländern* vertreten jeweils die Interessen ihres Landes.
Die *Volks*vertretung der Bundesrepublik ist der *Bundestag*, die Volksvertretungen der Länder, also ihre *Parlamente*, sind die Landtage. Ihre *Abgeordneten* heißen Landtagsabgeordnete. Sie beschließen die *Gesetze*, die ihre Länder betreffen, zum Beispiel Gesetze über das Schulwesen. Sie kontrollieren, das heißt, sie überwachen die Landesregierungen. Sie wählen den *Ministerpräsidenten*, den Chef ihrer Regierung. In Berlin heißt die Volksvertretung Abgeordnetenhaus, in Bremen und Hamburg heißen die Volksvertretungen Bürgerschaft; Berlin, Hamburg und Bremen sind Stadtstaaten.
Siehe *Bund und Länder.*

Lastenausgleich, viele Menschen in *Deutschland* haben infolge des Zweiten *Weltkrieg*es große Verluste an Vermögen und Besitz erlitten. Als Folge von Kriegshandlungen, Flucht und Vertreibung war ihr Eigentum zerstört, oder sie hatten es zurückgelassen.

Es gab auch Menschen, die nicht viel oder gar nichts verloren hatten.
Der Begriff Lastenausgleich bezeichnet den Ausgleich der Schäden. Die Geschädigten erhielten Geld, das der weniger geschädigte Teil der Bevölkerung der *Bundesrepublik Deutschland* in Form von besonderen *Steuern* aufgebracht hat.

Lebensstandard, spricht man von einem niedrigen Lebensstandard, ist gemeint, dass nur die einfachen Bedürfnisse der Menschen befriedigt werden können: Nahrung, Wohnung, Kleidung.
Ein hoher Lebensstandard befriedigt zusätzliche Lebensbedürfnisse und Wünsche: Vergnügen, Freizeit, Reisen, Körper- und Gesundheitspflege.
Der Lebensstandard bezeichnet das Maß, in dem Menschen ihre Lebensbedürfnisse befriedigen können. Er ist abhängig davon, wie viel sie verdienen und wie viel Arbeit sie aufwenden müssen, um die verschiedenen Waren kaufen zu können.

legal, Legalität, Legalität heißt Gesetzmäßigkeit; legal heißt gesetzlich, ‹dem *Gesetz* entsprechend›. Wer legal handelt, handelt den Gesetzen entsprechend.
Legalität des Handelns ist ein Begriff, der unterschiedlich auf den einzelnen Bürger und auf die *Staatsgewalt* angewendet wird.
Der einzelne Bürger zum Beispiel verhält sich legal, wenn er tut, was ihm das Gesetz vorschreibt oder gestattet. Ein 14-Jähriger, der am Religionsunterricht in der Schule teilnimmt, handelt ebenso legal wie sein Klassenkamerad, der das nicht tut: Das Gesetz gibt ausdrücklich jedem Jugendlichen ab 14 Jahren das *Recht*, über die Teilnahme am Religionsunterricht selbst zu entscheiden. Ein Schüler verhält sich aber nicht mehr legal, wenn er die Schule schwänzt: Das Gesetz schreibt die Schulpflicht vor.
Der einzelne Bürger verhält sich auch dann legal, wenn er etwas tut, wozu die Gesetze gar nichts sagen: singen zum Beispiel, spazieren gehen oder küssen.
Die Staatsgewalt dagegen – das sind die gesetzgebende Gewalt, die ausführende Gewalt und die *Rechtsprechung* – hat nicht wie jeder Einzelne die Freiheit, alles zu tun, was nicht ausdrücklich verboten ist. *Verwaltungs*behörden zum Beispiel – sie gehören zur ausführenden Gewalt – müssen tun, was das Gesetz ihnen vorschreibt, und sie dürfen keine Maßnahmen treffen, die einem Gesetz widersprechen. Man nennt das den Grundsatz der Gesetzmäßigkeit der Verwaltung.
Siehe *Rechtsstaat*, auch *Norm*.

Legislative, legislativ heißt gesetzgebend.
Als Legislative wird in einem *Staat* die gesetzgebende Gewalt bezeichnet. In der *Bundesrepublik Deutschland* ist das der *Bundestag*, das *Parlament* der Bundesrepublik. Außerdem wirkt der *Bundesrat*, die Vertretung der *Bundesländer*, bei der *Gesetzgebung* mit.
Die Legislative in einem Staat ist zu unterscheiden von der *Exekutive*, das sind die *Regierung* und die *Verwaltung*, und von der *Rechtsprechung*.
Siehe *Gesetzgebung*, *Gewaltenteilung*.

Legislaturperiode, die Legislaturperiode und die *Wahlperiode* umfassen denselben Zeitraum: in der *Bundesrepublik Deutschland* vier Jahre. Es ist der Zeitraum, für den *Abgeordnete* gewählt werden, um unter anderem *Gesetze* zu beschließen. Abgeordnete sind gewählte Vertreter des *Volk*es. Legislatur heißt *Gesetzgebung*. Periode heißt Zeitraum. Die Legislaturperiode ist der Gesetzgebungszeitraum. Siehe auch *Wahlperiode, Wahl.*

legitim heißt rechtmäßig, ‹gesetzlich anerkannt›.
Wenn sich ein Lehrling, der noch nicht 18 Jahre alt ist, darüber beschwert, dass er oft mehr als acht Stunden am Tag arbeiten muss, ist das eine legitime Beschwerde. Sein Anspruch, nicht länger als acht Stunden arbeiten zu müssen, ist im Jugendarbeitsschutzgesetz anerkannt.

Legitimation heißt Anerkennung, Beglaubigung und Vollmacht.
Ein *Diplomat*, zum Beispiel ein Botschafter, hat die Legitimation, für sein Land zu verhandeln: Er ist bevollmächtigt, seinen *Staat* im Ausland zu vertreten.
Außerdem ist eine Legitimation eine schriftliche Bestätigung: Ein Führerschein zum Beispiel bestätigt, dass sein Inhaber ein Auto lenken darf.
Sich legitimieren heißt ‹sich ausweisen› und ‹eine schriftliche Bestätigung vorzeigen›.

Lesung nennt man die Beratung über *Gesetze* im *Parlament*. Im *Bundestag* der *Bundesrepublik Deutschland* finden in der Regel drei Lesungen statt.
Erste Lesung: Das geplante Gesetz wird begründet. Die *Abgeordnete*n, die Vertreter des *Volk*es, äußern ihre unterschiedlichen Ansichten. Man nennt das eine Bundestags*debatte*.
Anschließend wird der Gesetzentwurf an einen oder mehrere *Ausschüsse* gegeben. In den Ausschüssen beraten sachverständige Abgeordnete über die vorgelegten Entwürfe.
Zweite Lesung: Mitglieder der Ausschüsse berichten dem Parlament über die Ergebnisse ihrer Prüfung und schlagen Änderungen vor. Es wird erneut beraten und abgestimmt.
Dritte Lesung: Das Gesetz liegt in der veränderten Fassung allen Abgeordneten schriftlich vor. Die letzte Aussprache findet statt. Im Anschluss daran wird endgültig abgestimmt. Stimmt die *Mehrheit* der Abgeordneten für das Gesetz, ist es beschlossen, man sagt auch verabschiedet.
Siehe *Gesetzgebung, Ausschüsse.*

Liberalismus, der Liberalismus ist eine Lehre über das Zusammenleben der Menschen, über den Aufbau ihrer *Gesellschaft* und *Staat*en und über den Aufbau ihrer *Wirtschaft.*
Im Mittelpunkt des Liberalismus steht der Gedanke der Freiheit des einzelnen Menschen und der Gleichheit aller Menschen vor dem *Gesetz* und in der Gemeinschaft. Seine Anhänger sind davon überzeugt, dass die freie Entfaltung der Persönlichkeit jedes einzelnen Menschen auch Freiheit und Wohlergehen für die Gemeinschaft bedeuten wird.
Der Liberalismus entwickelte sich im 18. Jahrhundert, als sich das Bürgertum aus der Vorherrschaft des Adels

und der Geistlichkeit zu befreien begann.
Während des 19. Jahrhunderts hatte der Liberalismus entscheidenden Einfluss auf große Veränderungen im Leben der Menschen und im Aufbau ihrer Staaten. In fast allen Staaten West- und Mitteleuropas erhielten die Bürger das *Wahl*recht: Seitdem wählen sie *Abgeordnete*, die in den *Parlament*en stellvertretend für das *Volk Gesetz*e beschließen. Auch die Forderung nach einer *Verfassung*, in der der Aufbau des Staates und die *Rechte* des Bürgers festgelegt sind, wurde in vielen Staaten verwirklicht. In vielen Verfassungen wurde die *Gewaltenteilung* bestimmt: Parlament, *Regierung* und *Gerichte*, also gesetzgebende, ausführende und rechtsprechende Gewalt, sollen voneinander unabhängig sein und sich gegenseitig überwachen. Gewaltenteilung bedeutet die Einschränkung der Gewalt des Staates gegenüber dem Bürger, sie bedeutet Sicherheit für die Freiheit des Einzelnen.
Dieser Gedanke von der Freiheit des Einzelnen setzte sich auch in der Wirtschaft durch: Ungehindert durch Eingriffe des Staates entwickelte sich ein freies Unternehmertum. Siehe dazu *Kapitalismus*.
Die Vertreter des Liberalismus im 19. Jahrhundert waren die liberalen *Partei*en, die oft auch den Namen Fortschrittspartei führten. Die Gedanken des Liberalismus wurden von vielen Parteien aufgenommen.
Siehe auch *Menschenrechte*.

links und rechts, die Unterscheidung in links und rechts im *politisch*en Sprachgebrauch geht zurück auf die Sitzordnung im französischen *Parlament* von 1789. Links vor dem Parlaments*präsident*en saßen die sogenannten Fortschrittlichen oder Radikalen, die eine grundsätzliche Veränderung des *Staat*es anstrebten. Rechts saßen die Gemäßigten, die für eine schrittweise und langsame Änderung der Ordnung im Staat eintraten.
Die Unterscheidung zwischen links und rechts wurde danach in ganz Europa üblich: Als rechte *Partei*en wurden die *konservativ*en und *national*en Parteien bezeichnet, als linke die kommunistischen und *sozialistisch*en Parteien.
Heute sind die Beschreibungen der unterschiedlichen politischen Zielsetzungen nicht mehr so eindeutig gegensätzlich wie vor gut 200 Jahren in Frankreich. Sehr allgemein wird unter rechts eine Haltung verstanden, die eher zurückhaltend ist gegenüber grundsätzlichen Veränderungen im Staat und in der *Gesellschaft*: Die bestehenden Besitzverhältnisse sollen möglichst bewahrt bleiben, Neuerungen im politischen Gefüge nur maßvoll betrieben werden.
Unter links versteht man gemeinhin Bestrebungen, die bestehenden Verhältnisse im Staat und in der Gesellschaft zu verändern: Die Besitzstände der Wohlhabenden sollen zugunsten der Ärmeren und Schwachen ausgeglichen werden, in die Zukunft gerichtete Vorhaben sollen gewagt werden, auch wenn ihr Ergebnis nicht immer sicher vorhersehbar ist.
In allen Parteien gibt es sogenannte linke und rechte Flügel. In einer linken Partei zum Beispiel wollen die Mitglieder des rechten Flügels weni-

ger Veränderung als die Mehrzahl der Parteimitglieder. Den Mitgliedern des linken Flügels gehen dagegen die Veränderungen nicht schnell genug.

Umgekehrt gibt es linke Flügel in rechten Parteien.

Man kann demnach sagen, dass es in den großen Parteien rechte Linke und linke Rechte gibt. Bevor man in Gesprächen Menschen und Ansichten in rechts oder links einteilt, sollten die Gesprächsteilnehmer klären, wo ihr gemeinsamer Ausgangspunkt ist und wo der Einzelne steht, links oder rechts.

Die Begriffe linksextrem und rechtsextrem stehen für politische Standpunkte, die mit den Zielsetzungen der *Politik* eines Staates nicht zu vereinbaren sind. Extrem heißt äußerst, ‹am äußersten Punkt›, übertrieben.

Anhänger links- oder rechtsextremer Richtungen lehnen den Aufbau des Staates, in dem sie leben, ab. Viele von ihnen sind darüber hinaus bereit, gewalttätig gegen die Einrichtungen des Staates und gegen Menschen, die ihre Ansichten nicht teilen, vorzugehen.

Siehe auch *Politik*, *Liberalismus*, *Kommunismus*, *Sozialismus*, *Kapitalismus*.

Liquidität, liquid oder liquide heißt flüssig, im übertragenen Sinne auch zahlungsfähig.

‹Die Firma ist liquide› heißt ‹Die Firma ist zahlungsfähig: Sie hat Geld flüssig, also jederzeit zur Verfügung›.

Die Liquidität ist die Fähigkeit eines Betriebes, einer Bank, eines *Staat*es, Zahlungsverpflichtungen pünktlich nachzukommen.

Lobby, viele *Gesetz*e, die im *Parlament* von den *Abgeordnete*n beraten und beschlossen werden, betreffen verschiedene Interessengruppen: Gesetze über den Wohnungsbau zum Beispiel betreffen einerseits die Mieter und andererseits die Vermieter von Wohnungen.

Derartige Interessengruppen bezeichnet man als Lobby, wenn ihre Vertreter versuchen, Beamte oder Abgeordnete im Sinne ihrer Interessengruppen zu beeinflussen. Die Vertreter solcher Interessengruppen nennt man Lobbyisten.

Die Gespräche der Lobbyisten mit Abgeordneten finden manchmal in der Wandelhalle eines Parlamentsgebäudes statt, die englisch ‹lobby› heißt. Abgeleitet von diesem Wort, gibt es in mehreren europäischen Sprachen den Begriff Lobby für bestimmte Interessengruppen.

Lohn-Preis-Spirale bedeutet: Wenn die Arbeiter höhere Löhne bekommen, erhöhen die Hersteller der Waren, also die Unternehmer, die Preise. Sie tun das, um die höheren Löhne bezahlen und gleichzeitig ihre Gewinne behalten zu können. Daraufhin fordern die Arbeiter wieder höhere Löhne, weil die Waren teurer geworden sind: Die Spirale steigt.

Ebenso gut könnte man von einer Preis-Lohn-Spirale sprechen: Wenn die Preise der Waren steigen, fordern die Arbeiter höhere Löhne. Sie tun das, um die erhöhten Preise bezahlen und im gleichen Umfang wie vorher einkaufen zu können: Die Spirale steigt.

Siehe auch *Konjunktur*.

Loyalität, loyal heißt gesetzestreu, regierungstreu und redlich.
Es wird zum Beispiel von der Loyalität der Beamten gesprochen. Gemeint ist ihre ‹Treue zur *Regierung*›, auch ihre Zuverlässigkeit.

LPG ist die Abkürzung für *L*andwirtschaftliche *P*roduktions*g*enossenschaft.
Produktion heißt Herstellung, Erzeugung. Eine *Genossenschaft* ist eine Vereinigung, die den Zweck hat, das *wirtschaftlich*e Fortkommen ihrer Mitglieder durch einen gemeinschaftlichen Geschäftsbetrieb zu fördern.
LPG war eine Einrichtung in der ehemaligen *DDR*: Bauern und Landarbeiter brachten ihren Besitz an Land, Vieh und Werkzeugen entweder freiwillig oder unter dem Druck staatlicher Eingriffe in eine Produktionsgenossenschaft ein. Sie bewirtschafteten das Land gemeinsam, das heißt im *Kollektiv*. Sie teilten den Gewinn, den sie erwirtschafteten, nach den Vorschriften des *Staat*es.
Es gab verschiedene Stufen der LPG. Auf der ersten Stufe hatten die Beteiligten noch Eigentum, zum Beispiel ihr Vieh. Auf der dritten Stufe war alles, bis auf den persönlichen Haushalt, in das Eigentum der Genossenschaft übergegangen.
In der ehemaligen DDR entfielen 1989 95 Prozent der landwirtschaftlich genutzten Fläche auf die LPG.
Am 3. Oktober 1990 fand die Vereinigung der DDR mit der *Bundesrepublik Deutschland* statt. Die LPG bestanden zum Teil weiter bis zu der Entscheidung, wie jeweils ihre Auflösung oder Umwandlung abgewickelt werden konnte. Seit Ende 1991 gibt es keine LPG mehr.

M

Magistrat ist in einigen Städten der *Bundesrepublik Deutschland* die Bezeichnung für die oberste *Verwaltung*sbehörde. Ein Magistrat besteht aus einem Bürgermeister oder Oberbürgermeister und mehreren Stadträten. Wie *Minister* haben die Stadträte eigene Aufgabenbereiche, man sagt auch Dezernate, zum Beispiel für das Schulwesen und für den Verkehr.
Der Magistrat wird von dem Gemeinde*parlament* gewählt, das ist die von den Bürgern einer Stadt gewählte *Volk*svertretung. Ein Gemeindeparlament wird alle vier bis sechs Jahre gewählt.
Siehe auch *kommunal*.

Majorität ist die *Mehrheit*, also eine an Zahl größere Gruppe.

Management, managen heißt leiten, auch ‹geschickt bewerkstelligen›. Ein Mann, der zum Beispiel ein *Industrie*unternehmen oder mehrere Kaufhäuser leitet, ist ein Manager. Er ist nicht Eigentümer des Betriebes, er ist einer der leitenden Angestellten. Er hat die Verantwortung dafür, dass der Betrieb mit dem größtmöglichen Gewinn arbeitet.
Gibt es mehrere leitende Angestellte in einem großen Unternehmen, bilden alle zusammen das Management. Auch die Betreuer von Künstlern und Sportlern bezeichnet man als Mana-

ger. Sie handeln zum Beispiel Verträge und Termine aus.

Mandat heißt Auftrag.
Der Begriff bezeichnet vor allem den Auftrag der Wähler an ihre *Abgeordneten*: Der Abgeordnete, das heißt der *Volks*vertreter, soll im *Parlament Gesetze* beschließen und die *Regierung* beaufsichtigen.
Ein Abgeordneter kann ein imperatives oder ein freies Mandat erhalten.
Das imperative, das heißt das gebundene, Mandat bedeutet: Der Beauftragte ist verpflichtet, nur nach dem Willen seiner Wähler oder nach den Weisungen der *Partei*, die er vertritt, zu handeln.
Das freie Mandat bedeutet: Der Beauftragte ist ermächtigt, nach seinem eigenen Wissen und Gewissen zu handeln, ohne an Weisungen von Wählern oder Parteien gebunden zu sein. Die Abgeordneten in der *Bundesrepublik Deutschland* erhalten von ihren Wählern ein freies Mandat.
Siehe *Fraktion*.

Manifest, ein Manifest ist eine öffentliche Erklärung *politisch*er Grundsätze und Absichten.
Das bekannteste ist das *Kommunistische Manifest*.

Manipulation heißt Handhabung, Kunstgriff und Machenschaft.
Kinder naschen gern. Eine Firma bringt Süßigkeiten in bunten Päckchen mit Sammelbildern auf den Markt. Die Bilder sind nach den Interessen der Kinder ausgesucht: Fußball zum Beispiel oder Popmusik. Die Sammelbilder sind bald bei vielen Kindern sehr begehrt. Nach dem Kauf von etwa zwanzig Päckchen haben sie genügend Bilder gesammelt, die sie miteinander tauschen können, um dann eine vollständige Bilderserie ihrer beliebtesten Fußballer oder Popsänger zu besitzen. Daher wollen viele Kinder bald nur noch diese Süßigkeiten kaufen.
Das ist eine beliebte Form der Manipulation: Geschickt nutzt eine Firma kindliche Interessen und Wünsche aus, um ihre Erzeugnisse zu verkaufen. Nicht nur Werbung, sondern jede Art einseitiger Beeinflussung, die ein gewünschtes Verhalten herbeiführen soll, ist Manipulation.

Marktwirtschaft und Planwirtschaft, mit *Wirtschaft* bezeichnet man alles, was Menschen eingerichtet haben und tun, um ihren Bedarf zu decken. Zum Bedarf gehören viele Dinge, zum Beispiel Nahrungsmittel, Kleidung, Wohnungen, Spielsachen.
Jeder einzelne Mensch ist an der Wirtschaft in unterschiedlicher Weise beteiligt: Er arbeitet und stellt Güter her, er bekommt dafür Geld und kauft für dieses Geld das, was er braucht. Da es aber Millionen von Menschen, viele Tausende von Betrieben und unzählige verschiedene Güter gibt, müssen in einem *Staat* der Bedarf und die Produktion, das heißt die Herstellung, aufeinander abgestimmt werden. Dafür gibt es verschiedene Möglichkeiten. Die Art und Weise der Abstimmung nennt man Wirtschaftsordnung. Gegensätzliche Formen der Wirtschaftsordnung sind die freie Marktwirtschaft und die zentrale Planwirtschaft.
In der freien Marktwirtschaft geht

man davon aus, dass sich die Wirtschaft sozusagen von allein regelt. Die Verbraucher wollen Waren kaufen, und die Hersteller wollen verkaufen. Ist eine Ware knapp, steigt der Preis, und der Hersteller macht hohe Gewinne. Sofort werden andere Unternehmer dieselbe Ware herstellen. Bald ist genug davon vorhanden, und der Preis geht zurück. Gibt es eine Ware im Überfluss, sinkt der Preis, der Hersteller kann nichts mehr daran verdienen. Also wird er seine Ware verändern, verbessern oder durch Werbung bei den Verbrauchern neue Wünsche wecken. So erfolgt die Abstimmung von Bedarf und Produktion – man sagt auch von Angebot und Nachfrage – durch den Preis und dadurch, dass jeder verdienen will. Das alles geht natürlich nicht reibungslos. Wenn sich zum Beispiel viele Unternehmer falsche Vorstellungen über die Wünsche der Verbraucher gemacht haben, kann es zu Arbeitslosigkeit und großen Schwierigkeiten für die Wirtschaft kommen. Gegen die Marktwirtschaft wird eingewendet, dass sie in der reinen Form auf Gewinnstreben beruht und dass deswegen die *sozial* schwachen Gruppen in einer *Gesellschaft* benachteiligt werden. Es hat sich auch herausgestellt, dass die Abstimmung von Angebot und Nachfrage dann nicht mehr wie gewünscht ineinandergreift, wenn ein Unternehmer es erreicht hat, dass er allein den Markt beherrscht. Siehe dazu *Monopol*.

Das Gegenteil der freien Marktwirtschaft ist die zentrale Planwirtschaft. In ihr werden die wichtigsten *wirtschaftlich*en Vorgänge im Voraus festgelegt. Eine zentrale Stelle rechnet aus, welche Güter in welcher Menge wahrscheinlich gebraucht werden. Danach wird ein Plan ausgearbeitet. Dieser Plan ist verbindlich für die Produktion und die Verteilung der Waren. Der Spielraum der Betriebe für eigene Entscheidungen, zum Beispiel, welche Güter sie herstellen und zu welchem Zeitpunkt, ist nur gering.

Auch in dieser Wirtschaftsordnung gibt es Nachteile: Je weiter die Wirtschaft entwickelt ist, desto schwieriger wird es, die Nachfrage richtig einzuschätzen und die Wünsche der Verbraucher zu erfüllen.

In der Planwirtschaft hat sich außerdem herausgestellt, dass die ausschließliche Planung durch den Staat zum Aufbau einer mächtigen und unbeweglichen *Bürokratie* führt. Bürokratie ist die Herrschaft von Beamten und Behörden. Die Erfahrung hat gezeigt, dass bei der zentralen Planwirtschaft viele wichtige Bereiche der Wirtschaft, wie zum Beispiel die Versorgung mit Verbrauchsgütern, der technische Fortschritt oder der Ausbau der *Infrastruktur*, vernachlässigt werden. Zur Infrastruktur gehören die Verbindungs- und Versorgungswege, also zum Beispiel Straßen, Schienen, Rohrleitungen oder das Telefonnetz.

Eine Voraussetzung für die zentrale Planwirtschaft ist, dass alle *Produktionsmittel*, das sind vor allem Fabriken, Maschinen und Rohstoffe, dem Staat gehören. Gehören sie ihm nicht, gibt es nämlich Schwierigkeiten bei der Plandurchführung. In der zentralen Planwirtschaft bestimmt der Staat allein die Preise und die Höhe der Einkommen.

In der freien Marktwirtschaft dagegen

sind die Produktionsmittel Privateigentum. Die Höhe der Preise wird – wie bereits erklärt – durch Angebot und Nachfrage bestimmt. Die Höhe der Einkommen der Arbeitnehmer wird durch freie Verhandlungen zwischen Unternehmern und *Gewerkschaften* festgelegt. Die Gewerkschaften vertreten die Interessen der Arbeitnehmer.

Da beide Arten der Wirtschaftsordnung neben Vorteilen auch Nachteile haben, wird in einigen Staaten versucht, gemischte Formen zu entwickeln, das heißt, Marktwirtschaft und Planwirtschaft zu verbinden.

Die Wirtschaftsordnung der *Bundesrepublik Deutschland* ist die Marktwirtschaft. Man nennt sie ‹soziale Marktwirtschaft›, weil das freie Spiel zwischen Angebot und Nachfrage nicht allein der Entscheidung der Hersteller und der Verbraucher überlassen bleibt. Der Staat gibt zusätzlich Regeln, zum Beispiel, *Gesetz*e für die soziale Sicherheit der Menschen und für den Wettbewerb der Unternehmer.

Die Wirtschaftsordnung der ehemaligen *DDR* war die zentrale Planwirtschaft, man nannte sie dort ‹*sozialistisch*e Planwirtschaft›.

Siehe auch *Kapitalismus*, *Sozialismus*, *Tarif*, *Kartell*, *Liberalismus*.

Marshallplan, nach dem Zweiten *Weltkrieg*, 1939–1945, waren große Teile Europas zerstört: *Industrie*betriebe, Verkehrswege, die Städte, die Häfen. Um den *wirtschaftlich*en Wiederaufbau zu fördern, entwickelte der amerikanische Außen*minister* Marshall den nach ihm benannten Marshallplan: Lebensmittel, Geld und Rohstoffe im Wert von 12,4 Milliarden Dollar wurden nach Europa geschickt.

Um den Marshallplan ausführen zu können, wurden verschiedene Einrichtungen geschaffen: zum Beispiel ein *Komitee*, das das ‹Europäische Wiederaufbauprogramm› ausarbeitete, das ‹*E*uropean *R*ecovery *P*rogram›, abgekürzt ERP.

Das Programm wurde von 16 westeuropäischen *Staat*en angenommen; die Sowjetunion und die mit ihr verbundenen Staaten lehnten die Hilfe ab.

Unter ERP-Mitteln versteht man alle Mittel des Marshallplans, mit deren Hilfe die *Wirtschaft* in den westeuropäischen Ländern, auch in der *Bundesrepublik Deutschland*, wiederaufgebaut wurde.

Die Bundesrepublik erhielt von den USA insgesamt knapp 3,3 Milliarden Dollar aus ERP-Mitteln. Davon hat sie laut Vereinbarung rund 1,1 Milliarden Dollar zurückgezahlt. Die restlichen 2,2 Milliarden Dollar mussten nicht zurückgezahlt werden.

Eine weitere Einrichtung zur Ausführung des Marshallplans war die OEEC, die ‹*Organisation* für europäische wirtschaftliche Zusammenarbeit›. Nach Erfüllung des Marshallplans wurde sie 1961 in die OECD umgewandelt, das heißt ‹*O*rganization for *E*conomic *C*ooperation and *D*evelopment›, deutsch ‹Organisation für wirtschaftliche Zusammenarbeit und Entwicklung›.

Siehe dazu *OECD*, auch *Ostblock und Westmächte*.

Marxismus, Karl Marx und Friedrich Engels haben in der Mitte des 19. Jahrhunderts ihre Anschauungen und Erkenntnisse über die menschliche

Gesellschaft in vielen Schriften niedergelegt. Dazu gehören das ‹*Kommunistische Manifest*›, das 1848 erschien, und ‹Das Kapital›. Marx und Engels beschreiben, wie sich die menschliche Gesellschaft bis zum 19. Jahrhundert entwickelt hat. Sie legen dar, warum diese Entwicklung ihrer Meinung nach so verlaufen musste und wie sich die menschliche Gesellschaft ihrer Ansicht nach entwickeln wird.

Zu den grundsätzlichen Ansichten von Marx gehört, dass es in der Geschichte der Menschheit immer Kämpfe zwischen Klassen gegeben hat: Die Besitzlosen wurden von den Besitzenden unterdrückt. Immer hat sich die unterdrückte Klasse in einer *Revolution* gegen ihre Unterdrücker aufgelehnt, um sich dann selbst zur herrschenden Klasse zu erheben. Zuletzt hat sich gegen Ende des 18. Jahrhunderts das Bürgertum gegen die Vorherrschaft des Adels und der Geistlichkeit aufgelehnt: Das Bürgertum hatte genügend Kapital, das heißt Vermögen an Grund und Boden und Fabriken, in seinen Besitz gebracht, um den Adel an *wirtschaftlich*er Macht zu überflügeln. In den bürgerlichen *Industrie*unternehmen entstand das *Proletariat*, das heißt die Klasse der besitzlosen Arbeiter, die von den besitzenden Bürgern unterdrückt wurde. Karl Marx vertrat die Meinung, die Arbeiterklasse werde sich gegen das Bürgertum erheben und sie werde den bisherigen Ablauf der Geschichte unterbrechen. Sie werde eine Gesellschaft verwirklichen, in der es keine Unterdrücker und keine Klassen mehr geben soll: die kommunistische Gesellschaft.

Die Zeit des Übergangs, in der sich die Menschen von den alten Denkgewohnheiten des Bürgertums lösen müssten, wird als Zeitraum der *Diktatur des Proletariats* bezeichnet. In dieser Zeit werde die Arbeiterklasse herrschen müssen, um mit Hilfe ihrer *Partei* die menschliche Gesellschaft neu zu ordnen und die Menschen für die kommunistische Gesellschaft zu erziehen.

In den Begriff Marxismus, wie er heute benutzt wird, sind die Überlegungen anderer Menschen einbezogen, die die Erkenntnisse von Marx und Engels ergänzten und veränderten. Der Marxismus begreift sich selbst als Wissenschaft, als ‹wissenschaftlichen *Sozialismus*›.

Der Marxismus ist die Grundlage aller kommunistischen Parteien. Immer wieder ist er Anlass zu Auseinandersetzungen über den Aufbau der menschlichen Gesellschaft.

Siehe *Kommunismus, Sozialismus, Kapitalismus, Liberalismus.*

Massaker, von einem Massaker spricht man, wenn Menschen grausam und hinterhältig ermordet werden. Ein Massaker ist ein Blutbad, ein Gemetzel. Massakrieren heißt niedermetzeln, misshandeln.

Massenmedien vermitteln Millionen von Menschen Nachrichten, Wissen und Unterhaltung. Rundfunk und Fernsehen, Internet, Zeitungen und Zeitschriften sind Massenmedien.

Medien sind Mittler oder Vermittler. Die Einzahl heißt: das Medium.

Siehe *Presse.*

MdB ist die Abkürzung für ‹*M*itglied *d*es Deutschen *B*undestages›.
Siehe *Bundestagsabgeordnete.*

MdL ist die Abkürzung für ‹*M*itglied *d*es *L*andtages›.
Siehe *Landtag.*

Mehrheit, die Mehrheit ist der größere Teil.
Ist von Mehrheit bei Abstimmungen, zum Beispiel im *Parlament,* die Rede, ist der größere Teil der *Abgeordnete*n gemeint. Sie stimmen mit Ja oder Nein, oder sie enthalten sich der Stimme.
Es gibt verschiedene Arten von Mehrheiten bei Abstimmungen: Eine Stimme mehr für eine Person oder einen Vorschlag ergibt die einfache Mehrheit. Relative Mehrheit bedeutet, dass bei einer Abstimmung über mehr als zwei Vorschläge oder Personen der gewählt ist, der die meisten Stimmen erhalten hat.
Qualifizierte Mehrheit bedeutet, dass zum Beispiel zwei Drittel aller Stimmen für eine Person oder einen Vorschlag erforderlich sind.
Absolute Mehrheit bedeutet, mehr als die Hälfte oder mehr als alle anderen Stimmen zusammen sind für eine Person oder einen Vorschlag erforderlich. Bei der *Wahl* des *Bundespräsident*en oder des *Bundeskanzler*s zum Beispiel ist die absolute Mehrheit erforderlich. Soll die *Verfassung* der *Bundesrepublik Deutschland,* das *Grundgesetz,* verändert werden, ist eine Zweidrittelmehrheit erforderlich. Eine Verfassung bestimmt das Zusammenleben der Menschen in einem *Staat.*

Mehrheitswahl ist immer eine *Wahl* von Personen. Die *Mehrheit* der abgegebenen Stimmen entscheidet, wer die Wahl gewonnen hat: 30 Kinder einer Klasse wählen ihren Klassensprecher. Die drei *Kandidat*en, das heißt Bewerber, sind Tina, Jan und Stefan. Jan bekommt 12, Tina 10 und Stefan 8 Stimmen. Haben die Kinder vor der Wahl eine relative Mehrheitswahl verabredet, erhält Jan das Amt: Bei der relativen Mehrheitswahl ist nämlich der Bewerber gewählt, der die meisten Stimmen erhält. Haben die Kinder eine absolute Mehrheitswahl verabredet, müssen sie noch einmal wählen, weil kein Bewerber mehr als die Hälfte der Stimmen erhalten hat, wie es notwendig wäre: Sie müssen entweder noch einmal zwischen allen drei Kandidaten wählen oder nur zwischen den ersten beiden, also zwischen Jan und Tina. Man nennt das eine Stichwahl.
Siehe auch *Verhältniswahl.*

Mehrparteiensystem, siehe *Zwei- und Mehrparteiensystem.*

Memorandum, ein Memorandum ist eine Denkschrift.
Professoren der Chemie, Physik und Medizin zum Beispiel verfassen für eine *Regierung* eine Beurteilung der Maßnahmen zum Umweltschutz. Diese Stellungnahme kann als Memorandum bezeichnet werden.
Die Fachleute wollen erreichen, dass die Regierung den Inhalt des Memorandums zur Kenntnis nimmt und danach handelt.

Menschenrechte sind *Rechte*, die jedem Menschen zustehen. Zu den Menschenrechten gehören unter anderem das Recht auf persönliche Freiheit, auf körperliche Unversehrtheit, auf Glaubens- und Meinungsfreiheit, auf die Gleichheit aller Menschen vor dem *Gesetz*, auf die Gleichberechtigung von Mann und Frau.

Persönliche Freiheit bedeutet, dass jeder Mensch arbeiten, wohnen und leben kann, wo und wie er will, solange er anderen Menschen nicht Schaden zufügt. Körperliche Unversehrtheit bedeutet, dass Menschen nicht gefoltert, geschlagen und misshandelt werden dürfen.

Die Menschenrechte sind unantastbar und unverlierbar, das bedeutet, kein Mensch und keine *Regierung* darf einem Menschen diese Rechte absprechen. Sie sollen die Würde des Menschen schützen.

Im Laufe der Geschichte sind die Menschenrechte mehrfach verkündet worden: in der amerikanischen ‹Bill of Rights› 1776, in der ‹Erklärung der Menschen- und Bürgerrechte› 1789 in Frankreich, zuletzt in der ‹Allgemeinen Erklärung der Menschenrechte› 1948 durch die *Vereinten Nationen* und in der ‹Konvention zum Schutze der Menschenrechte und Grundfreiheiten› 1950 durch den *Europarat*.

Die *Verfassung*en vieler *Staat*en sichern in Form der *Grundrechte* ihren Bürgern die Menschenrechte zu. Trotzdem wird immer wieder gegen die Menschenrechte verstoßen.

In einer Verfassung wird das Zusammenleben der Menschen in einem Staat geregelt.

Siehe *Grundgesetz*.

Migration heißt Wanderung, abgeleitet von dem lateinischen Wort migrare.

Der Begriff Migration wird seit etwa 1980 zunächst von Behörden, dann in der *Presse* und zunehmend in der Umgangssprache für Zu- oder Einwanderung in die *Bundesrepublik Deutschland* angewendet. Die Einwanderer und ihre Kinder werden auch als Migranten bezeichnet.

Es gibt mehrere Gründe, warum Menschen aus ihrer Heimat auswandern, die häufigsten sind auf der ganzen Welt die gleichen: Menschen flüchten, weil sie aus *politisch*en oder religiösen Gründen oder weil sie einer bestimmten *Volk*sgruppe angehören, in ihren Heimatländern bedroht, verfolgt oder ausgewiesen werden; andere wandern aus, weil sie in ihrer Heimat keine Arbeit finden und daher für sich und ihre Kinder keine guten Lebensbedingungen sehen.

2010 leben weltweit etwa 214 Millionen Menschen unter vielfältigen Bezeichnungen – Flüchtling, Emigrant, Auswanderer, Einwanderer, Zuwanderer, *Asyl*bewerber, Asylant, Ausländer, Migrant, *Wirtschaft*sflüchtling – in Ländern, die nicht ihre Heimat sind.

Andere von dem lateinischen Wort migrare abgeleitete Begriffe sind: Immigrant für Einwanderer; Emigrant für Auswanderer; Remigrant für Rückwanderer.

Militär, militärisch, Militär ist ein Sammelbegriff für die Soldaten und die Streitkräfte eines *Staat*es. Die Streitkräfte sind unterteilt in Heer, Luftwaffe und Marine. Soldaten sind Mannschaften, Unteroffiziere und Offiziere.

Militärisch heißt ‹das Militär betreffend›, soldatisch oder kriegerisch. Militärische Aktionen sind kriegerische Handlungen.
Die militärische Ausbildung ist die Ausbildung zum Soldaten.
Siehe auch *NATO*, *Bundeswehr*.

militant heißt kämpferisch, streitbar.

Militarismus, der Begriff kennzeichnet das ‹Vorherrschen *militärisch*er Einflüsse in einem *Staat*›. Das bedeutet, dass in einem Staat der Aufbau der Streitkräfte und die Ausgaben dafür Vorrang haben vor allen anderen Aufgaben des Staates.
Militaristisch heißt ‹im Sinne des Militarismus›.

Miliz ist die Bezeichnung für bewaffnete Kampfeinheiten, deren Mitglieder *militärisch* ausgebildet sind.

Minderheiten, die Minderheit ist eine an Zahl kleinere Gruppe. Minderheiten sind Gruppen, die sich freiwillig oder gezwungen von der *Mehrheit* der Bevölkerung unterscheiden: durch ihre Religion zum Beispiel, durch ihre Zugehörigkeit zu einem anderen *Volk*, durch ihre Ansichten über *Politik*.
In vielen *Staat*en sind Minderheiten durch *Gesetz*e geschützt. In Dänemark zum Beispiel bilden die Deutschen eine *national*e Minderheit. Sie dürfen ihre Kinder auf deutsche Schulen schicken, und sie dürfen deutsche Zeitungen drucken.
Trotz der Gesetze, die sie schützen sollen, werden überall auf der Welt Minderheiten benachteiligt, verachtet, auch durch seelische oder körperliche Misshandlungen unter Druck gesetzt oder vertrieben.
Siehe auch *Rassismus*.

Minderheitsregierung, siehe *Zwei- und Mehrparteiensystem*.

Minister heißt ursprünglich Diener. Heute bezeichnet man die Mitglieder einer *Regierung* als Minister. Die Regierung ist die Leitung eines *Staat*es, sie besteht aus dem Regierungschef und den Ministern.
In der Regel leiten Minister ein *Ministerium*. Minister ohne *Ressort*, das heißt ohne einen bestimmten Aufgabenbereich, stehen für besondere Aufgaben zur Verfügung. Man nennt sie auch ‹Minister ohne Portefeuille›. Portefeuille heißt Geschäftsbereich, Arbeitsbereich.
Es gibt keine bestimmte Berufsausbildung oder ein besonderes Studium für das Amt des Ministers. Wer beispielsweise in der *Bundesrepublik Deutschland* in seiner *Partei* erfolgreich gearbeitet hat und zum *Abgeordnete*n gewählt wurde, kann auch zum Minister berufen werden. Es gehört zu den Ausnahmen, dass ein Fachmann zum Beispiel aus der *Wirtschaft* oder der Wissenschaft, der nicht Mitglied des *Parlament*s ist, ein Ministeramt übernimmt. Für die Ernennung zum Minister ist also häufig nicht das Fachwissen ausschlaggebend. Von Bedeutung ist vielmehr die Fähigkeit, die Absichten der Regierung in dem jeweiligen Arbeitsbereich durchsetzen zu können. So ist es möglich, dass ein Minister nacheinander oder gleichzeitig verschiedene Ministerien leiten kann.
In den Ministerien stehen den Minis-

M

tern Beamte und andere Fachleute beratend zur Seite, die meistens unabhängig von den *Wahl*en längere Zeit in ihrem Amt bleiben.
Ein Minister ist kein Beamter auf Lebenszeit, er hat ein *politisch*es Amt. Wenn er das Vertrauen des Regierungschefs oder seiner Partei verliert, muss er damit rechnen, dass er sein Amt zurückgeben muss.
Die Bundesminister in der Bundesrepublik werden auf Vorschlag des *Bundeskanzler*s vom *Bundespräsident*en ernannt. Sie schwören einen *Amtseid*, wenn sie ihr Amt übernehmen.
Das Ministeramt endet, wenn ein neuer *Bundestag* zusammentritt, also in der Regel alle vier Jahre; durch Tod, Rücktritt oder Entlassung des Ministers; durch den Tod oder Rücktritt des Bundeskanzlers; wenn der Bundeskanzler aufgrund des konstruktiven *Misstrauensvotum*s zurücktreten muss.
Siehe auch *Bundesregierung*, *Staatssekretär*.

Ministerium heißt in einem *Staat* eine ‹oberste *Verwaltung*sbehörde mit einem bestimmten Aufgabenbereich›.
Das Gesundheitswesen zum Beispiel ist ein Aufgabenbereich mit einem dazugehörigen Fachministerium, auch *Ressort*ministerium genannt.
Die fünf traditionellen, das heißt herkömmlichen und seit dem letzten Jahrhundert üblichen Ministerien sind die des Auswärtigen, des Innern, der Verteidigung, der *Finanzen*, der *Justiz*.
Darüber hinaus haben alle Staaten Ministerien mit unterschiedlichen Aufgaben eingerichtet, die sich nach den Bedürfnissen und Verhältnissen des jeweiligen Staates richten.
In der *Bundesrepublik Deutschland* gab es 2010 folgende Ministerien: das Auswärtige Amt; die Ministerien des Innern; der Justiz; der Finanzen; der Verteidigung; die Ministerien für Wirtschaft und Technologie; für Arbeit und Soziales; für Ernährung, Landwirtschaft und Verbraucherschutz; für Gesundheit; für Familie, Senioren, Frauen und Jugend; für Verkehr, Bau- und Stadtentwicklung; für Umwelt, Naturschutz und Reaktorsicherheit; für Bildung und Forschung; für wirtschaftliche Zusammenarbeit und Entwicklung. Jedes Ministerium wird von einem *Minister* geleitet.

Ministerpräsident ist der Vorsitzende, der Chef einer *Regierung*. Die Regierung ist die Leitung eines *Staat*es.
In Großbritannien und Frankreich nennt man den Vorsitzenden der Regierung Premier*minister*. Der Regierungschef der *Bundesrepublik Deutschland* heißt *Bundeskanzler*.
Die Regierungschefs der 16 *Bundesländer* der Bundesrepublik werden Ministerpräsidenten genannt. In den Ländern Hamburg und Bremen, die man auch Stadtstaaten nennt, heißen sie ‹Erster Bürgermeister›, in Berlin ‹Regierender Bürgermeister›.
Ministerpräsidenten werden in der Regel von dem jeweiligen *Parlament* gewählt.
Siehe auch *Bundesländer*.

Ministerrat, *Minister* sind Mitglieder einer *Regierung*. Die Regierung ist die Leitung eines *Staat*es.
Eine Regierung kann auch als Ministerrat bezeichnet werden, so zum Beispiel in Frankreich.

Auch Vereinigungen von Staaten können Ministerräte bilden. In der *Europäischen Union, EU*, zum Beispiel gibt es einen Ministerrat, der aus Ministern der Mitgliedsstaaten gebildet wird.

Minorität ist die *Minderheit*, also eine an Zahl kleinere Gruppe.

Mission, eine Mission kann eine Gruppe von Menschen sein, eine Handelsmission zum Beispiel, die ins Ausland reist, um über *Wirtschaft*sfragen zu verhandeln.
Eine Mission kann auch der ‹Auftrag selbst› sein, zum Beispiel der Auftrag, zu verhandeln.
Im Sprachgebrauch der christlichen Kirchen betreffen die Begriffe Mission, missionieren und Missionar den Auftrag, Menschen zum christlichen Glauben zu bekehren.

Misstrauensvotum, das Misstrauens*votum* ist ‹eine Stimmabgabe, die das Misstrauen ausspricht›.
Meint ein *Parlament*, dass eine *Regierung* ihre Arbeit nicht gut oder nicht richtig tut, dann kann es ein Misstrauensvotum abgeben: Einem *Minister* oder einer Regierung wird das Vertrauen entzogen. Der Minister oder die Regierung muss zurücktreten.
In der *Bundesrepublik Deutschland* ist ein Misstrauensvotum gegen einen Bundesminister oder die *Bundesregierung* nicht möglich. Es gibt nur das ‹konstruktive Misstrauensvotum›, das sich gegen den *Bundeskanzler* richtet. Konstruktiv heißt aufbauend.
Das konstruktive Misstrauensvotum bedeutet: Dem Bundeskanzler kann das Vertrauen nur entzogen werden, wenn gleichzeitig dafür gesorgt ist, dass ein neuer Bundeskanzler gewählt wird. Der *Bundestag* muss also in ein und derselben Abstimmung mit der *Mehrheit* seiner Mitglieder dem bisherigen Kanzler das Misstrauen aussprechen und den neuen Kanzler wählen. Damit wird verhindert, dass sich im Parlament lediglich Mehrheiten finden, um Regierungen zu stürzen, und so ein Zeitraum entsteht, in dem es keine Regierung gibt.

Mitbestimmung bedeutet, dass Arbeitnehmer an der Leitung eines Betriebes mitwirkend und mitbestimmend teilnehmen. Die Unternehmer können zum Beispiel nicht allein über die Verwendung von Gewinnen oder über Veränderungen im Betrieb entscheiden. Veränderungen im Betrieb können Entlassungen oder neue Verfahren der Herstellung sein.
Für die Arbeitnehmer des Bergbaus und der Eisen- und Stahl*industrie* ist die paritätische, das heißt gleichberechtigte Mitbestimmung weitgehend durch das Mitbestimmungsgesetz für die Montanindustrie von 1951 verwirklicht. Siehe Schaubild. Andere *Gesetz*e, vor allem das Betriebsverfassungsgesetz von 1972, regeln die Mitbestimmung für die Arbeitnehmer anderer, zum Beispiel privater Unternehmen in eingeschränkter Form.
Für die Angestellten des *öffentlichen Dienstes* regeln Personalvertretungsgesetze, die in den einzelnen *Bundesländern* unterschiedlich sind, die Mitbestimmung. Siehe dazu *Personalrat*.
Besondere Bedeutung hat die Mitbestimmung für die Arbeitnehmer in

Mitbestimmung in der Montanindustrie

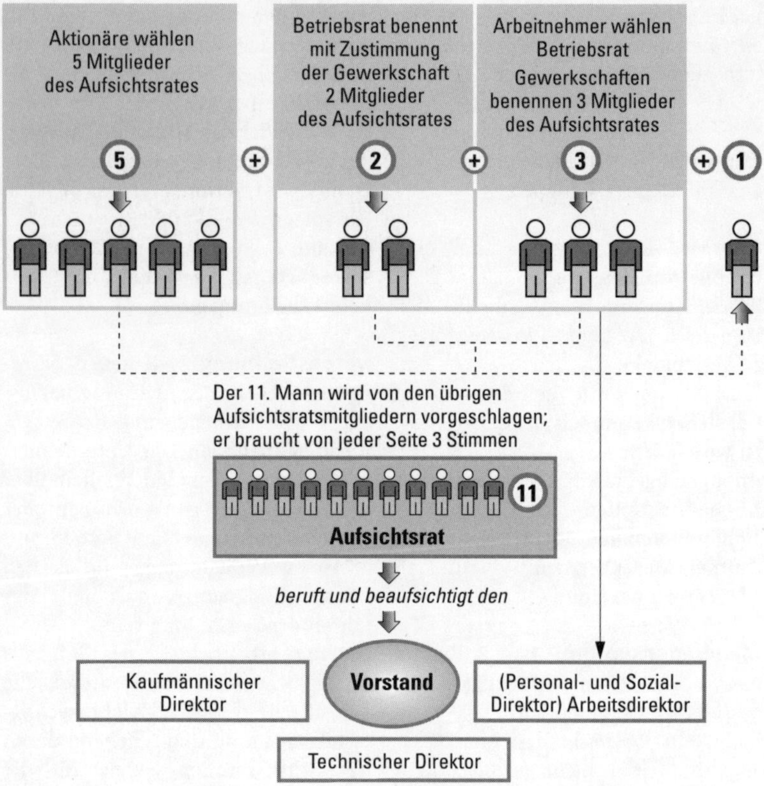

den Aufsichtsräten von *Aktiengesellschaft*en. Fast alle wesentlichen Entscheidungen über die Führung des Unternehmens und seine Entwicklung kann der Vorstand, das ist die Leitung des Unternehmens, nicht ohne den Aufsichtsrat treffen. Die Mitglieder des Aufsichtsrates werden zum Teil von den Aktionären, das heißt von den Eigentümern des Unternehmens, und zum Teil von seinen Arbeitnehmern gewählt.

Das Mitbestimmungsgesetz von 1976 legt fest, dass in den Aufsichtsräten von Unternehmen mit über 2000 Beschäftigten 50 Prozent der Mitglieder von den Arbeitnehmern gestellt werden. Das Gesetz bestimmt allerdings

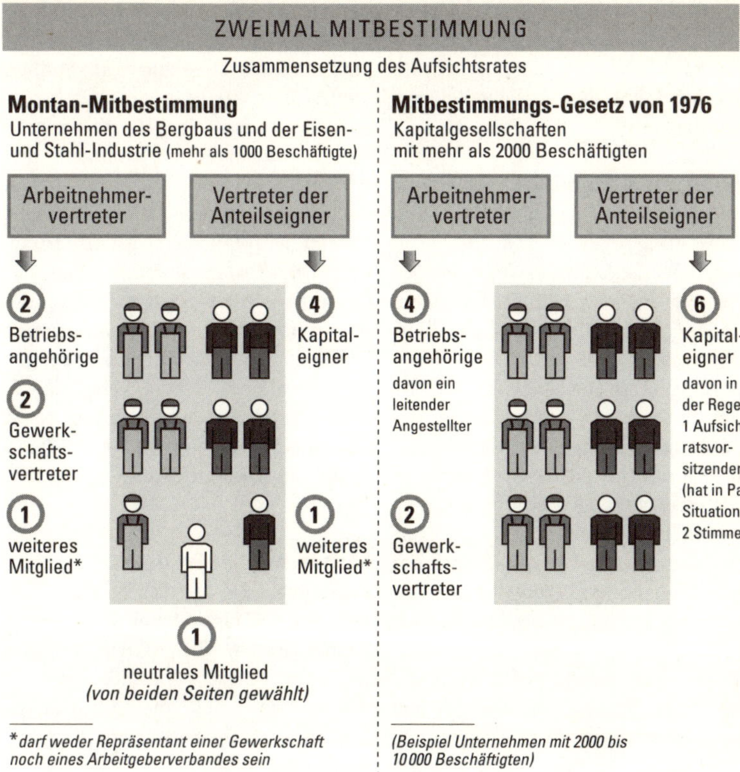

auch, dass bei Stimmengleichheit die Entscheidung bei der Arbeitgeberseite liegt. Daher fordern die *Gewerkschaften* nach wie vor eine uneingeschränkte *Parität*, das heißt Gleichberechtigung. Siehe *Betriebsrat*.

Mittelstand ist die Bezeichnung für eine Gruppe der Bevölkerung. Die Menschen dieser Gruppe sind nicht arm und nicht sehr reich, sie leben sozusagen zwischen den Armen und den Reichen. Sie haben mittlere oder auch höhere Einkommen und leben ohne größere Geldsorgen. Häufig können sie Vermögen bilden: Sie bauen Häuser oder legen Sparkonten an.
Zum Mittelstand gehören die Inhaber mittelgroßer Betriebe der *Industrie*, des Handels und des Handwerks, Landwirte, Beamte und Angestellte. Außerdem gehören dazu die Angehörigen freier Berufe, das sind zum Beispiel Ärzte, Rechtsanwälte und Künstler.
Es gibt *Staat*en, die einen sogenannten breiten Mittelstand haben, wie zum Beispiel die *Bundesrepublik Deutschland*. Es gibt Staaten, in denen nur ein gerin-

ger Teil der Bevölkerung dem Mittelstand angehört, zum Beispiel in Südamerika. Dort ist der Gegensatz zwischen den Armen und den Reichen besonders groß.

mobilisieren, Mobilität, mobil heißt beweglich. Mobilisieren heißt ‹etwas in Bewegung setzen›.
Kräfte oder Geld können für einen bestimmten Zweck mobilisiert werden, zum Beispiel für die Hilfe nach einem Bergwerksunglück.
Mobilität heißt Beweglichkeit und ist unter anderem ein Begriff aus der Bevölkerungs*statistik*: Das Statistische Bundesamt zählt die Bevölkerung und stellt fest, wie viele Menschen in welchem Zeitraum umgezogen sind. Man gewinnt so einen Überblick über die Mobilität der Bevölkerung, der als Unterlage für Planungen des Wohnungs- und Städtebaus dienen kann.
Die Mobilmachung ist die Vorbereitung eines *Staat*es auf einen Krieg: Unter anderem werden Truppen in Bewegung gesetzt oder, wie man auch sagt, mobil gemacht.

Modalitäten sind die Einzelheiten eines Vertrages zum Beispiel zwischen zwei *Staat*en.

modifizieren heißt einschränken oder abändern. Eine Modifikation oder Modifizierung ist die Abänderung oder Einschränkung zum Beispiel eines Vertrages.

Modus Vivendi heißt ‹eine Form erträglichen Zusammenlebens›.
Eine Familie streitet sich fast jeden Tag. Die berufstätigen Eltern und die beiden schulpflichtigen Kinder können sich nie einigen, wer wann welche Hausarbeiten erledigen soll. Endlich stellen sie gemeinsam einen Plan auf, wer an welchem Tag welche Aufgabe hat. Sie versprechen einander, den Plan auch einzuhalten. Damit haben sie eine Abmachung für einen Modus Vivendi getroffen – eine für alle erträgliche Form, miteinander zu leben.
Genauso können *Staat*en Abmachungen treffen, in denen sie sich über eine erträgliche Art, miteinander oder nebeneinander zu leben, verständigen. Eine solche Abmachung muss nicht auf lange Dauer gültig sein, sie kann später durch einen Vertrag ersetzt werden.

Monarchie ist die ‹Herrschaft eines Einzelnen›, die Herrschaft eines Kaisers, eines Königs oder eines Fürsten.
Früher hatten die Monarchen, das heißt die Herrscher, in der Regel absolute, das heißt uneingeschränkte, Macht: Was sie bestimmten, musste geschehen.
Heute gibt es in Europa nur noch wenige Monarchien: Belgien, Dänemark, Großbritannien, Niederlande, Norwegen, Schweden, Spanien und die Fürstentümer Liechtenstein, Luxemburg, Monaco. Es sind parlamentarische oder konstitutionelle Monarchien. Die Macht liegt nicht bei dem König oder Fürsten, sondern bei den Vertretungen des *Volk*es, den *Parlament*en. Das bestimmt die Konstitution, das ist die *Verfassung* eines *Staat*es. Sie legt unter anderem fest, welche *Rechte* jeder Bürger hat und welche Aufgaben und Befugnisse Parlament, *Regierung* und *Rechtsprechung* haben. Die Monarchen

haben in der Regel nur noch die Aufgabe, ihr Land zu repräsentieren. Repräsentieren heißt vertreten, auch ‹würdig vertreten›.
In einigen außereuropäischen Staaten haben die Monarchen auch heute noch sehr große Machtbefugnisse.

Monopol bedeutet Vorrecht, ‹alleiniger Anspruch›, ‹alleinige Macht›, auch so viel wie ‹Beherrschung des Warenmarktes›.
Ein Fabrikbesitzer zum Beispiel kauft alle Fabriken auf, die eine bestimmte Maschine herstellen. Jetzt verkauft er allein die Maschine, er kann bestimmen, was sie kosten soll. Hält er seine Ware zurück, wird sie knapp, und die Verbraucher müssen mehr bezahlen. Der Fabrikbesitzer beherrscht den Markt: Er hat das Monopol für die Maschine.
Reine Monopole sind selten. Häufiger sind monopolähnliche Vereinigungen, in denen Herstellung oder Verkauf zwar nicht in einer Hand, aber doch in den Händen weniger Unternehmer sind. Monopolähnliche Vereinigungen werden auch als Oligopole bezeichnet. Siehe dazu *Kartell.*
Zwei weitere Monopolformen sind das *Staats*monopol und das Gewaltmonopol. Staatsmonopol bedeutet, dass nur der Staat als Verkäufer für eine bestimmte Ware oder als Anbieter einer bestimmten Dienstleistung auftritt. Bis 2008 hatte zum Beispiel die *Bundesrepublik Deutschland* das Postmonopol.
Gewaltmonopol bedeutet, dass nur der Staat befugt ist, Gewalt auszuüben, um Frieden und Ordnung im Staat zu sichern. Dieses Gewaltmonopol übt die Polizei aus.

Moskauer Vertrag, siehe *Ostverträge.*

Münchener Abkommen, das nationalsozialistische *Deutschland*, Großbritannien, Frankreich und Italien schlossen 1938 in München das Münchener Abkommen: Sie vereinbarten, die Tschechoslowakei solle das Sudetenland, in dem etwa drei Millionen Deutsche lebten, an Deutschland abtreten.
Die Tschechoslowakei, die bei den Münchener Verhandlungen nicht vertreten war, gab dem Drängen Großbritanniens und Frankreichs nach, die hofften, so einen Krieg zu verhindern: Die Tschechoslowakei trat das Sudetenland ab.
Diese *Politik* der Beschwichtigung, die auch als Appeasementpolitik bezeichnet wird, konnte jedoch das nationalsozialistische Deutschland nicht zu einem dauerhaften Frieden veranlassen: 1939 brach durch den Einmarsch deutscher Truppen in Polen der Zweite *Weltkrieg* aus. Schon während des Krieges und danach erklärten Großbritannien, Italien und Frankreich das Münchener Abkommen für ungültig. Das bedeutet vor allem, dass das Sudetenland zur Tschechoslowakei gehörte und gehört. Nach langwierigen Verhandlungen mit der Tschechoslowakei erklärte 1973 auch die *Bundesrepublik Deutschland* das Abkommen für nichtig.
1993 gründeten sich aus der Tschechoslowakei zwei *Staat*en, die Tschechische *Republik*, auch als Tschechien bezeichnet, und die Slowakei. Das frühere Sudetenland gehört zur Tschechischen Republik.

multilateral, siehe *bilateral.*

N

Nahost-Konflikt, als Nahost-Konflikt werden die Auseinandersetzungen im Nahen Osten zwischen Israel und den arabischen *Staat*en, insbesondere zwischen Israel und den Palästinensern bezeichnet. Die Entstehung dieser Auseinandersetzung hat vielfältige, weit in der Geschichte zurückliegende Ursachen.

Bis zum Jahr 70 unserer Zeitrechnung hatten die *Juden* in Palästina einen eigenen Staat. Dieser Staat wurde von den Römern zerstört. Viele Juden verließen das Land und lebten später in fast allen Ländern Europas, Nordafrikas und Kleinasiens. Fast überall wurden sie als Außenseiter angesehen, oft verfolgt und verjagt. Ende des 19., Anfang des 20. Jahrhunderts verstärkte sich bei vielen Juden der Wunsch, wieder einen eigenen Staat Palästina zu errichten. Etwa zur gleichen Zeit entwickelten die Araber die Vorstellung, die arabischen Staaten zu einem großen arabischen Reich zu vereinen. Die Bewohner Palästinas waren in der Mehrzahl keine Juden mehr, sie hatten den islamischen oder christlichen Glauben angenommen, sprachen arabisch und empfanden sich als einen Teil der arabischen *Nation.*

Im Ersten *Weltkrieg*, 1914–1918, wurde Palästina, das zu der Zeit unter türkischer Herrschaft stand, von Großbritannien erobert. Der *Völkerbund* beauftragte Großbritannien, Palästina als Mandat, das bedeutet treuhänderisch, zu verwalten. 1923 wurde Transjordanien – heute Jordanien – vom Mandatsgebiet abgetrennt. Der Völkerbund war eine Vereinigung von Staaten, die sich nach dem Ersten Weltkrieg das Ziel gesetzt hatten, Streitigkeiten untereinander friedlich zu lösen.

Während seiner Mandatszeit gestattete Großbritannien vielen Juden, nach Palästina einzuwandern. Die englische *Regierung* hatte sich nämlich während des Ersten Weltkrieges verpflichtet, den Juden eine Heimat in Palästina zu ermöglichen. Die Juden verstanden darunter die Errichtung eines jüdischen Staates. Die Araber bekämpften diesen Plan erbittert. 1929 kam es zu blutigen Ausschreitungen gegen die Juden.

In dem andauernden Streit wurden nach dem Zweiten Weltkrieg, 1939–1945, die *Vereinten Nationen* als Schiedsrichter angerufen: Sie beschlossen 1947, Palästina zwischen Juden und Arabern zu teilen. Die Juden stimmten zu, die Araber lehnten entschieden ab.

Im Mai 1948 endete die Mandatszeit Großbritanniens in Palästina. Die Engländer verließen das Land. Sofort danach verkündeten die Juden die Gründung des Staates Israel. Die Araber erkannten diesen Staat nicht an und forderten seine Beseitigung.

Die Armeen der benachbarten arabischen Staaten griffen Israel an. Der Krieg endete 1949. Rund 850 000 Araber flohen aus Israel. In den angrenzenden arabischen Staaten entstanden große Lager mit Palästina-Flüchtlingen, die große Probleme für die Aufnahmeländer darstellten. Die Palästina-Araber führten einen dauernden Kleinkrieg, auch als *Guerilla* bezeichnet, gegen Israel.

1964 wurde die ‹Palästinensische Be-

Israel und seine Nachbarn

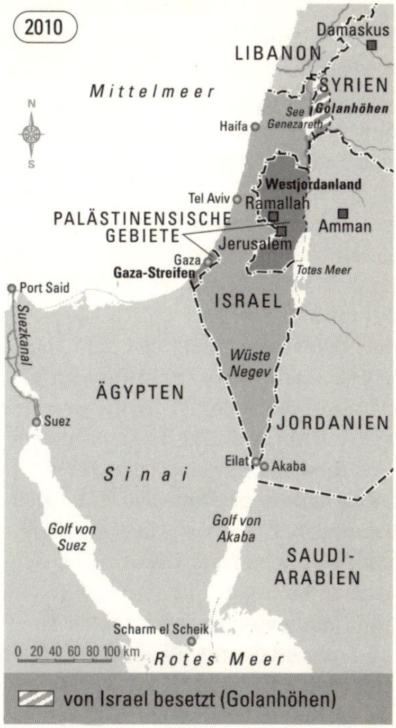

freiungsfront›, englisch ‹*P*alestine *L*iberation *O*rganization›, PLO, gegründet. Mit den ihr angeschlossenen Guerilla-Verbänden steht die PLO unter dem Schutz und dem Einfluss der arabischen Staaten.

Ziel der PLO ist die Errichtung eines eigenen Staates für die Palästinenser, den es bis heute nicht gibt.

Der *politisch*e Einfluss der PLO wechselte. Ihre politischen Vertreter sind in manchen Staaten als *Diplomat*en anerkannt. 1974 wurden der PLO gewisse Vertretungsrechte vor den Vereinten Nationen zuerkannt.

Die tiefgreifenden Spannungen zwischen Israel und den benachbarten arabischen Staaten führten 1956, 1967 und 1973 zu kriegerischen Auseinandersetzungen. In dem sogenannten Sechs-Tage-Krieg 1967 besetzte Israel ägyptisches, jordanisches und syrisches Gebiet. Die Kriege wurden stets durch einen Waffenstillstand, nicht durch einen Friedensschluss beendet.

1977 begannen zwischen Israel und Ägypten Verhandlungen über einen Friedensvertrag, der sowohl von den meisten arabischen Staaten als auch in Israel von *radikal*en *Minderheit*en erbittert bekämpft wurde.

1979 wurde unter Beteiligung der USA ein Friedensvertrag zwischen Ägypten und Israel abgeschlossen.

Die auf den Vertrag aufbauenden Verhandlungen zwischen den beiden Ländern wurden durch unterschiedliche politische Ereignisse immer wieder gestört.

1981 annektierte Israel den von ihm besetzten syrischen Teil der Golan-Höhen: Von der *Mehrheit* der israelischen *Volk*svertretung, der Knesseth, war beschlossen worden, das syrische Gebiet dem Staat Israel einzugliedern. Die Vollversammlung der Vereinten Nationen erklärte dies und im weiteren Israels *Politik* der Besiedlung in den seit 1967 besetzten Gebieten als Verstoß gegen das *Völkerrecht*.

Im April 1982 gab Israel, entsprechend den Vereinbarungen des Friedensvertrages von 1979, den Restteil des von ihm besetzten Sinai an Ägypten zurück.

Im August 1982 erzwang Israel durch den Einmarsch in den Libanon den Abzug der im libanesischen Bürgerkrieg kämpfenden PLO-Verbände in andere arabische Länder. 1985 verließen die Truppen Israels den Libanon wieder. Sie hielten einen Sicherheitsstreifen an der Südgrenze besetzt.

Seit 1988 sind die Palästinenser in den von Israel besetzten Gebieten Westjordanland und Gaza im Aufstand, der von den arabischen Staaten unter anderem mit Geld unterstützt wird. Die Araber bezeichnen den Aufstand als Intifada.

Im September 1993 wurden nach schwierigen, lange Zeit geheimen Verhandlungen zwischen Israel und der PLO *Dokument*e, das heißt Schriftstücke, über die gegenseitige Anerkennung unterschrieben: Die PLO anerkennt den Staat Israel, Israel anerkennt die PLO als Vertreterin des palästinensischen Volkes.

1994 und 1995 unterzeichneten Israel und die PLO ein Abkommen über eine Teil*autonomie* der Palästinenser im Gazastreifen und im Westjordanland: Aufgaben der israelischen *Militär-* und *Zivil*verwaltung wurden nach 27 Jahren israelischer Besetzung von den Palästinensern übernommen. Autonomie heißt Unabhängigkeit.

Die beiden Abkommen stoßen sowohl bei einem Teil der israelischen als auch der palästinensischen Bevölkerung aus unterschiedlichen Gründen auf entschiedenen Widerstand. Auf beiden Seiten kommt es zu Angriffen mit allen Mitteln der Gewalt. Die Tötung Unbeteiligter wird in Kauf genommen.

Der seit 1948 zwischen Israel und Jordanien herrschende Kriegszustand wurde im Juli 1994 durch eine gemeinsam unterzeichnete Erklärung beendet.

Um die Lösung des Nahost-Konflikts wird erbittert gekämpft und immer wieder, auch mit *international*er Beteiligung, in Verhandlungen gerungen.

Nation, national, Nationalismus, der Begriff Nation wird unterschiedlich verwendet. Im Allgemeinen bezeichnet das Wort eine Gruppe von Menschen, die sich durch eine gemeinsame *politisch*e und kulturelle Vergangenheit zusammengehörig fühlt; das bedeutet, sie haben unter anderem eine gemeinsame Sprache, Religion, Heimat oder Geschichte.

National heißt ‹die Nation betreffend, zur Nation gehörend›, auch vaterländisch.

Oft bildet eine Nation einen *Staat*. Es ist jedoch auch möglich, dass eine Nation zwei oder mehrere Staaten bildet. Bis 1990 lebten zum Beispiel Menschen einer Nation in der *Bundesrepublik Deutschland* und in der *DDR*, der *D*eutschen *D*emokratischen *R*epublik. Andererseits können Menschen verschiedener Sprachen und *Kultur* in einem Staat zusammenleben: In der Schweiz sind Deutsche, Franzosen, Italiener und Rätoromanen gleichberechtigte Bürger. Sie bilden die Schweizer Staats-Nation. Die Deutsch-Schweizer gehören trotzdem gleichzeitig der deutschen Kultur-Nation an. Daraus müssen keine politischen Auseinandersetzungen entstehen.

Der Begriff Nationalismus ist gekennzeichnet durch die Ansprüche, die eine Nation gegenüber anderen Nationen erhebt: den Anspruch zum Beispiel auf ein gesichertes, abgegrenztes *Staatsgebiet* und den Anspruch, die eigenen Interessen weitgehend durchzusetzen.

Nationalismus führt zu Krieg und Unterdrückung, wenn diese Ansprüche übersteigert werden und mit den Ansprüchen anderer Nationen so hart zusammenstoßen, dass kein Ausgleich mehr möglich ist.
Siehe auch *Faschismus*, *Chauvinismus*.

Nationale Front, die *SED*, die *S*ozialistische *E*inheitspartei *D*eutschlands, war die herrschende *Partei* in der ehemaligen *DDR*. Sie war eine kommunistische Partei.
Es gab noch vier andere Parteien in der ehemaligen DDR: die *CDU* (*C*hristlich-*D*emokratische *U*nion *D*eutschlands), die LDPD (*L*iberal-*D*emokratische *P*artei Deutschlands), die NDPD (*N*ational-*D*emokratische *P*artei *D*eutschlands) und die DBD (*D*emokratische *B*auernpartei *D*eutschlands). Den Zusammenschluss aller Parteien unter der Führung der SED bezeichnete man als Nationale Front. In der Nationalen Front hatten sich alle Parteien auf die Ziele der SED festgelegt und die Mittel gebilligt, mit denen sie durchgesetzt werden sollten. Der Nationalen Front hatten sich außerdem die Massen*organisation*en angeschlossen, zum Beispiel der ‹*F*reie *D*eutsche *G*ewerkschafts*b*und›, FDGB, und die ‹*F*reie *D*eutsche *J*ugend›, FDJ. Alle Massenorganisationen hatten die Führung durch die SED schriftlich anerkannt.
Die Nationale Front stellte die sogenannten Einheitslisten für die *Wahl*en zur *Volkskammer*, der *Volk*svertretung der ehemaligen DDR, auf. Bei der Aufstellung der Einheitslisten wurden alle *Kandidat*en, das heißt alle Bewerber, ausgeschaltet, die nicht die Absichten und Ziele der SED verfolgten.
Siehe auch *Kommunismus*, *Volksfront*.

Nationalismus, siehe *Nation*.

Nationalität ist die Bezeichnung für die *Staatsangehörigkeit*.

Nationalkommunismus, siehe *Kommunismus*.

Nationalsozialismus war der Name, den sich eine *politisch*e Bewegung nach dem Ersten *Weltkrieg*, 1914–1918, in *Deutschland* gab. Unter der Führung Adolf Hitlers kam sie 1933 an die Macht, löste den Zweiten Weltkrieg aus und brach am Ende dieses Krieges 1945 zusammen.
In dem Namen Nationalsozialismus steckt der Anspruch, die Ziele des *Nationalismus* und des *Sozialismus* miteinander zu verbinden: zum einen Dienst und Hingabe an den eigenen *Staat*, zum anderen Ausgleich der Unterschiede zwischen Reichen und Armen.
In seinem Buch ‹Mein Kampf› verkündete Hitler: Alle Deutschen in Europa sollen in einem großdeutschen Reich vereint leben; sie sollen die Vorherrschaft über andere Staaten und Völker erringen; das deutsche *Volk* soll von einem Führer geführt werden, in strenger Ordnung von oben nach unten. Zu dieser Führung des Volkes durch einen Führer bekannten sich die Nationalsozialisten in bewusster Ablehnung der *Demokratie*, in der das Volk selbst oder seine Vertreter in *Parlament*en das Zusammenleben der Menschen im Staat bestimmen.

Der Aufbau der NSDAP

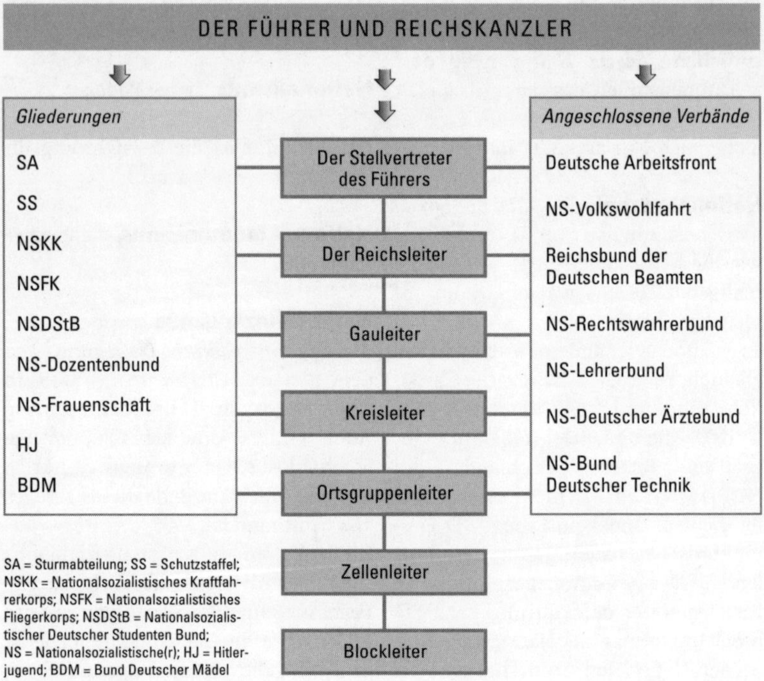

SA = Sturmabteilung; SS = Schutzstaffel; NSKK = Nationalsozialistisches Kraftfahrerkorps; NSFK = Nationalsozialistisches Fliegerkorps; NSDStB = Nationalsozialistischer Deutscher Studenten Bund; NS = Nationalsozialistische(r); HJ = Hitlerjugend; BDM = Bund Deutscher Mädel

Die Ziele der Bewegung sollten mit Hilfe der NSDAP, der *N*ational*s*ozialistischen *D*eutschen *A*rbeiter*p*artei, durchgesetzt werden. Die *Partei* fand ihre Mitglieder nicht nur unter den Arbeitern, sondern in allen Schichten und Berufen. In ihrem Partei*programm* von 1920 versprach die NSDAP die Aufhebung des *Versailler Vertrag*es. Der Versailler Vertrag war der Friedensvertrag, der nach Beendigung des Ersten Weltkrieges den Deutschen unter anderem hohe Schadenersatzleistungen an die Sieger auferlegte. Die nahezu unerfüllbaren Forderungen führten dazu, dass sich in der Bevölkerung Unzufriedenheit über die Belastungen ausbreitete.

Außerdem verkündete die NSDAP in dem Parteiprogramm, dass die deutschen *Juden* nicht mehr als deutsche Staatsbürger anerkannt werden sollten. Hitler machte sie für alle Missstände in der *Wirtschaft*, *Gesellschaft* und *Kultur* verantwortlich. Er bezeichnete sie als minderwertig, das deutsche Volk aber als eine Herrenrasse, dessen Aufgabe es sei, über minderwertige Völker, wie zum Beispiel auch die Slawen, zu herrschen. Siehe dazu *Rassismus*.

1933 errang die NSDAP, die sich mit anderen nationalistischen Parteien verbündet hatte, eine knappe *Mehrheit* bei den *Wahl*en für das Parlament: Hitler wurde Chef der *Regierung*. Er selbst sprach von Machtergreifung und ließ erkennen, dass er nicht gewillt sei, diese Macht im Staat wieder abzugeben oder mit anderen zu teilen. In dem sogenannten Ermächtigungs*gesetz* übertrug das Parlament der Regierung unter Hitler weitreichende Vollmachten, die für alle sichtbar das Ende der Demokratie bedeuteten. Damit war damals die Mehrheit des deutschen Volkes einverstanden.

Mit Hilfe der Parteigruppen SA, *S*turm*a*bteilung, und SS, *S*chutz*s*taffel, festigten die Nationalsozialisten ihre Macht in Deutschland. Politische Gegner, vor allem die Mitglieder der sozialdemokratischen und kommunistischen Parteien, wurden von der *Gestapo*, der *Ge*heimen *Sta*ats*po*lizei, verfolgt. Ohne Gerichtsurteil konnten sie in *Konzentrationslager*n eingesperrt werden. Tausende von politischen Gegnern und Millionen von Juden wurden umgebracht.

Alle Parteien wurden verboten, die NSDAP wurde die einzige Partei im Staat. Unter dem Leitspruch ‹Führer befiehl, wir folgen› wurden Jungen und Mädchen im Sinne des Nationalsozialismus beeinflusst und zu *militärisch*er Disziplin erzogen, notfalls auch gegen den Willen der Eltern.

Ab 1938 bedrohte Hitler die Nachbarstaaten Deutschlands. Ohne Krieg konnte er Österreich und die Tschechoslowakei dem Deutschen Reich anschließen. 1939 jedoch löste der Einmarsch deutscher Truppen in Polen den Zweiten Weltkrieg aus, in dem Großbritannien, Frankreich, die USA und die Sowjetunion als Hauptgegner des Nationalsozialismus Verbündete gegen Deutschland waren.

Mehrfach regte sich in Deutschland während des Krieges Widerstand gegen Hitler. Aber alle Anschläge, auch der hoher Offiziere im Juli 1944, scheiterten. 1945, kurz vor dem Ende des Krieges, beging Hitler Selbstmord. Die Wehrmacht kapitulierte, das heißt ergab sich bedingungslos. Die nationalsozialistische Regierung wurde von den Siegern aufgelöst, die NSDAP verboten. Einige führende Nationalsozialisten kamen wegen *Kriegsverbrechen* vor *Gerichte* der Siegerstaaten.

Als Abkürzung für Nationalsozialisten sprachen Anhänger und Gegner der Bewegung von ‹Nazis›. Der Begriff Entnazifizierung umfasst Maßnahmen und Untersuchungen, mit denen nach 1945 verhindert werden sollte, dass ehemalige Nazis weiterhin in wichtigen Ämtern des Staates tätig würden.

Der Begriff *Neo*nazismus bezeichnet das Wiederaufleben bestimmter nationalsozialistischer Vorstellungen nach 1945, besonders den Ruf nach straffer, politischer Führung von oben nach unten und einseitiger Hervorhebung *national*er Interessen. Keine politische Gruppe jedoch, die diese Vorstellungen in ihr Programm aufgenommen hatte, erlangte bisher in der *Bundesrepublik Deutschland* Bedeutung.

Neonazis, einzeln oder in Gruppen, bekennen sich aber in der Öffentlichkeit immer häufiger zu nationalsozialistischen Ansichten. Es kommt zu Ausschreitungen gegen jüdische Einrichtungen, zu rüden, oft gewalttätigen Angriffen gegen Ausländer und Behinderte, nach den verbrecherischen Behauptungen der Nationalsozialisten minderwertige Menschen.

Die Schrecken des Nationalsozialismus sind in Deutschland, vor allem aber im Ausland, nicht vergessen.

Siehe *Faschismus*, auch *Juden*, *Konzentrationslager*.

NATO ist die Abkürzung für ‹*N*orth *A*tlantic *T*reaty *O*rganization›, auch Atlantik*pakt* oder Nordatlantikpakt genannt. 2010 hat die NATO 28 Mitglieder, ihr Sitz ist in Brüssel.

Die NATO wurde 1949 in Washington in den USA von zwölf *Staat*en – den USA, Kanada und zehn westeuropäischen Staaten – als Verteidigungsbündnis gegründet. Die Mitglieder des Bündnisses verpflichteten sich zu gegenseitiger Hilfe, falls eines von ihnen mit Waffengewalt angegriffen würde; vorrangiges Ziel des Beistandspaktes war, die Staaten des *Ostblock*s unter der Führung der Sowjetunion an einem Angriff gegen westliche Staaten zu hindern. Die Bündnispartner versuchen außerdem, ihre *Wirtschaft*s- und Außen*politik* aufeinander abzustimmen.

1989/1990 – nach den einschneidenden *politisch*en Veränderungen in den Staaten des *Ostblocks* – erhielt die Zielsetzung der NATO zusätzliche, neue Schwerpunkte: Neben der Selbstverteidigung sollen alle Maßnahmen des Bündnisses der Sicherung des Friedens dienen. Die Mitglieder verpflichteten sich, Streitigkeiten untereinander zu verhindern, gefährliche Entwicklungen und Terrorismus möglichst zu verhüten.

Im Mai 1997 erklärten die Staaten der NATO und Russland – in der Nachfolge der seit 1991 aufgelösten Sowjetunion –, sich nicht mehr als Gegner zu betrachten und gemeinsam einen dauerhaften Frieden anzustreben. 2002 wurde diese Erklärung durch den NATO-Russland-Rat ergänzt, in dem Russland eine weitgehend gleichwertige Partnerschaft im Kreis der NATO-Staaten erhielt; allerdings ohne Einspruchsrecht gegen die Entscheidungen der NATO.

Im Rahmen der so bezeichneten NATO-Osterweiterung traten Staaten des ehemaligen *Warschauer Pakt*s und andere osteuropäische Staaten der NATO bei. Überlegungen und Verhandlungen über die Aufnahme weiterer Länder in die NATO sind schwierig und langwierig.

Die Aufgabenbereiche der NATO wurden und werden ständig erweitert, insbesondere durch die Beteiligung der NATO an Maßnahmen der *Vereinten Nationen*, die der Sicherung des Friedens weltweit dienen. Das bedeutet unter anderem, dass Soldaten der Mitgliedsstaaten der NATO auch in anderen Erdteilen oder in *international*en Gewässern zum Schutz des Handels-

28 NATO-Mitgliedsstaaten

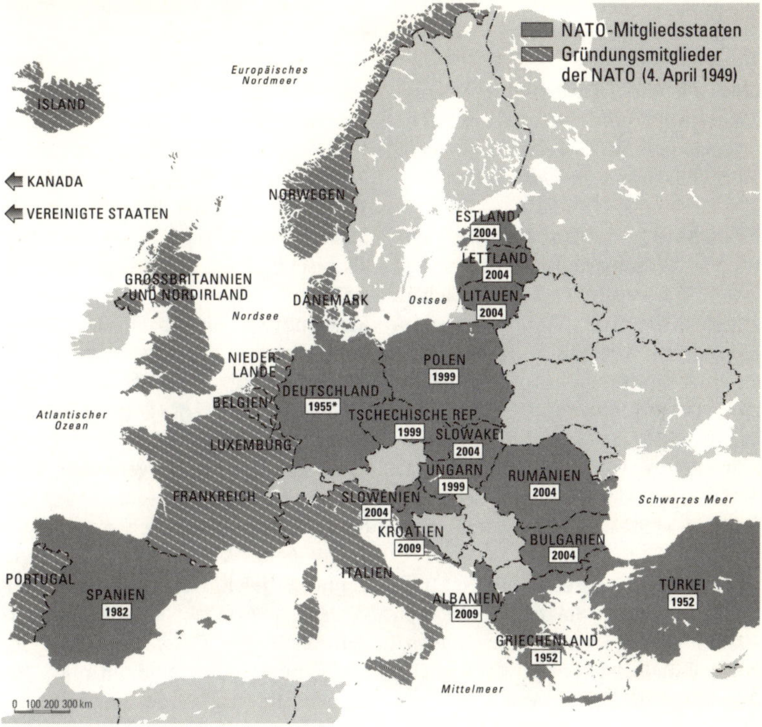

verkehrs vor Piraten eingesetzt werden können.
Siehe *Vereinte Nationen*, auch *Ostblock und Westmächte*.

natürliche Person, siehe *juristische Person*.

Naturalisation heißt Einbürgerung. Grundsätzlich kann jeder Mensch in jedem *Staat* um Einbürgerung, das heißt um Verleihung der *Staatsangehörigkeit*, bitten. Um naturalisierter Staatsbürger eines Landes zu werden, muss man bestimmte Bedingungen erfüllen, die in den einzelnen Staaten unterschiedlich sind. Voraussetzungen für eine Einbürgerung in die *Bundesrepublik Deutschland* sind unter anderem: Man muss etwa zehn Jahre in der Bundesrepublik gelebt haben; man muss unbescholten, das heißt nicht vorbestraft sein; man muss imstande sein, sich selbst zu ernähren.

N

Nazi ist eine Abkürzung für Nationalsozialist.
Siehe *Nationalsozialismus.*

Neo- als Vorsilbe bedeutet Neu-, Jung-. Man spricht zum Beispiel von Neofaschismus und Neonazismus. Siehe *Faschismus* und *Nationalsozialismus.*

Neutralität, Neutralisierung, neutral heißt unparteiisch, unbeteiligt. Neutralität ist die Unparteilichkeit in einem Streit. Das Wort bedeutet im Besonderen, dass ein *Staat* sich nicht an einer bewaffneten Auseinandersetzung anderer Staaten beteiligt.
Wenn ein Staat seine Neutralität erklärt, geht er Verpflichtungen ein. Er darf unter anderem keinen der kriegführenden Staaten mit Waffen beliefern.
Neutralisierung ist dauernde Neutralität. Neutralisierte Staaten verpflichten sich, auch im Frieden keine *militärisch*en Bündnisse zu schließen; also Bündnisse, die sie zu Waffenhilfe verpflichten.
Ein neutraler Staat ist zum Beispiel seit 1845 die Schweiz.

nominieren heißt benennen, ‹namentlich vorschlagen›. Nominierung heißt Benennung, Ernennung. Die Nominierung für eine *Wahl* ist die Benennung eines *Kandidat*en, das heißt eines Bewerbers.
Die Nominierung zum Schuldirektor ist die Ernennung zum Schuldirektor.

Nordatlantikpakt, siehe *NATO.*

Nordatlantikrat, siehe *NATO.*

Norm, Normenkontrolle, Norm heißt Regel, Richtschnur, auch Rechtssatz.
Normen sind Maßstäbe, nach denen Verhalten als gut oder schlecht, als tragbar oder untragbar bezeichnet wird. Am bekanntesten sind die Rechtsnormen: Nach ihnen wird das Verhalten einzelner Bürger oder des *Staat*es als *legal* oder *illegal,* das heißt als gesetzlich oder ungesetzlich, beurteilt.
Rechtsnormen sind nach einer Rangfolge geordnet: Höchste Norm in der *Bundesrepublik Deutschland* ist das *Grundgesetz,* die *Verfassung* der Bundesrepublik. Gegen sie darf kein *Gesetz* und keine Verordnung verstoßen, kein *Parlament* darf ein Gesetz verabschieden, das im Widerspruch zum Grundgesetz steht. Wird ein solches Gesetz dennoch beschlossen, kann das *Bundesverfassungsgericht* angerufen werden, das dieses Gesetz im Wege der sogenannten Normenkontrolle für nichtig erklären würde. Rangfolge der Rechtsnormen bedeutet also, dass alle Normen mit den ihnen übergeordneten Normen in Einklang stehen müssen.
In einem *Bundesstaat,* wie zum Beispiel der Bundesrepublik, gibt es eine weitere Rangfolge: Die Parlamente der *Bundesländer* können nur Gesetze beschließen, die mit den vom *Bundestag* beschlossenen Gesetzen übereinstimmen.
Von den Rechtsnormen sind neben anderen die sogenannten gesellschaftlichen Normen zu unterscheiden: Sie können in der gesamten *Gesellschaft* gelten oder nur in einzelnen gesellschaftlichen Gruppen.

Gesellschaftliche Normen regeln, was man tut oder nicht tut, obgleich die Rechtsnormen darüber nichts aussagen: Man ist zum Beispiel höflich, man versucht vorwärtszukommen. Gesellschaftliche Normen bestimmen also, welche Verhaltensweisen Anerkennung finden. Manchmal weichen Normen, die in einzelnen Gruppen gelten, von den allgemein anerkannten gesellschaftlichen Normen ab.
Siehe auch *Gesetzgebungskompetenz.*

Note, Notifikation, eine schriftliche Mitteilung, die die *Regierung* eines *Staat*es einer anderen Regierung macht, ist eine Note. Die Übergabe einer Note an eine Regierung nennt man Notifikation. Wenn die schriftliche Mitteilung beantwortet wird, findet ein Notenwechsel statt.
Notifizieren heißt bekanntgeben, benachrichtigen.
Es gibt außerdem folgende Bedeutungen des Wortes Note: Banknote = Geldschein; Note = musikalisches Schriftzeichen; Note = Bewertung im Schulzeugnis.

Notstand, Notstandsgesetze, unmittelbar drohende Gefahr für Leib und Leben eines Menschen bedeutet persönlicher Notstand.
Allgemeiner Notstand bedeutet Gefahr für die Allgemeinheit, insbesondere für einen *Staat.* Notstand für einen Staat besteht im Kriegsfall und in den Spannungszeiten, die einem Krieg vorausgehen, außerdem im Falle innerer Unruhen oder bei Naturkatastrophen, wie zum Beispiel Erdbeben oder Überschwemmungen.
In fast allen Staaten gibt es gesetzliche Regelungen für den Fall eines allgemeinen Notstandes. Die *Bundesrepublik Deutschland* ergänzte 1968 das *Grundgesetz* um Notstands*artikel.* Das Grundgesetz ist die *Verfassung* der Bundesrepublik. Es bestimmt unter anderem die *Rechte* der Bürger und die Aufgaben der *Regierung* und des *Parlament*s.
Für den Verteidigungsfall legt zum Beispiel Artikel 12 a des Grundgesetzes fest, dass die Berufsfreiheit eingeschränkt werden kann. Die Bürger können zu Aufgaben herangezogen werden, die für die Verteidigung notwendig erscheinen.
Laut Artikel 115 e übernimmt im Verteidigungsfall der Gemeinsame Ausschuss für den *Bundestag* und den *Bundesrat* die Aufgabe, *Gesetz*e zu geben. Das gilt für den Fall, dass der Bundestag nicht zusammentreten kann oder nicht beschlussfähig ist. Der gemeinsame Ausschuss besteht zu zwei Dritteln aus Mitgliedern des Bundestages, zu einem Drittel aus Mitgliedern des Bundesrates. Die von dem Ausschuss erlassenen Gesetze dürfen weder das Grundgesetz ändern noch außer Anwendung setzen, sie können vom Bundestag mit Zustimmung des Bundesrates jederzeit wieder aufgehoben werden.
Der Artikel 10 schränkt das Brief-, Post- und Fernmeldegeheimnis ein, für den Fall von *Spionage* und von inneren Unruhen, die einen Umsturz befürchten lassen. Laut Artikel 9 zählen *Streik*s und Arbeitskämpfe nicht zu inneren Unruhen.
Die Aufgabe der *Bundeswehr* ist die Verteidigung der Bundesrepublik gegen Feinde von außen. Nach Artikel 35 darf die Bundeswehr bei Unglücksfäl-

len, wie zum Beispiel Bergwerksunglücken oder Naturkatastrophen, auch im Innern der Bundesrepublik eingesetzt werden, außerdem nach Artikel 87 a gegen ‹organisierte und *militärisch* bewaffnete Aufständische›.
Die Artikel 11 und 20 des Grundgesetzes enthalten weitere Bestimmungen über den allgemeinen Notstand.
Schon vor 1968 gab es sogenannte einfache Notstandsgesetze, sie betreffen die Bereiche *Wirtschaft*, Verkehr, Ernährung und Wasser. In einem Spannungsfall ermöglichen sie Maßnahmen der Regierung, um die Versorgung der Bevölkerung sicherzustellen.

Novelle, in der *Gesetzgebung* gibt es die Möglichkeit, ein *Gesetz* durch einen abändernden oder ergänzenden Nachtrag zu novellieren, das heißt zu verändern. Einen solchen Nachtrag nennt man Novelle.
Als Novelle wird auch eine dichterische Erzählung bezeichnet.

NSDAP ist die Abkürzung für *N*ationalsozialistische *D*eutsche *A*rbeiter*p*artei.
Siehe *Nationalsozialismus.*

nukleare Waffen, nucleus ist das lateinische Wort für Kern. Nuklear heißt ‹den Kern betreffend›, gemeint ist der Atomkern. Nukleare Waffen sind also Kernwaffen.
Atome sind die dem Auge nicht mehr sichtbaren Grundbausteine eines chemischen Grundstoffes. Eisen zum Beispiel ist ein chemischer Grundstoff.
Das Atom hat einen Kern. Durch die Spaltung oder Verschmelzung von Atomkernen wird eine große Energiemenge frei, deren Sprengwirkung bei den Atomwaffen ausgenutzt wird. Bei der Spaltung oder Verschmelzung entstehen gleichzeitig Strahlen, die Menschen, Tiere und Pflanzen vergiften oder töten und ganze Gegenden für lange Zeit unbewohnbar machen. Man nennt diese Strahlen ‹radioaktive Strahlen›.
Die verheerenden Wirkungen der Kernspaltung und Kernverschmelzung werden mit der Herstellung von sogenannten nuklearen Waffen für den Krieg ausgenutzt. Bisher gibt es keine Waffe, deren Zerstörungskraft man mit der von nuklearen Waffen, auch Kern- oder Atomwaffen genannt, vergleichen kann.
Siehe *Atomwaffensperrvertrag, Euratom, START,* auch *Kernkraftwerk.*

Nulltarif, ein *Tarif* ist der ‹festgesetzte Preis für eine Leistung›, zum Beispiel für die Leistung eines Verkehrsbetriebes, der auf einer bestimmten Strecke in Bussen oder Straßenbahnen Fahrgäste befördert.
Nulltarif bedeutet, dass der Preis für eine bestimmte Leistung nicht von den Benutzern, sondern von der Allgemeinheit bezahlt wird.

Numerus clausus ist ein lateinischer Begriff und heißt die ‹geschlossene Zahl›.
Der Numerus clausus bezeichnet die Beschränkungen von Zulassungen zu einigen Berufen, insbesondere die Beschränkung von Zulassungen zum Studium an den Universitäten und Hochschulen.

Nuntius, siehe *Vatikan.*

NVA ist die Abkürzung für *N*ationale *V*olks*a*rmee, das waren die Streitkräfte der ehemaligen *DDR*.

O

OAS ist die Abkürzung für ‹*O*rganization of *A*merican *S*tates›. Zur OAS gehören fast alle nord-, mittel- und südamerikanischen *Staat*en; insgesamt hat die OAS 2010 35 Mitglieder.
Die OAS ist eine Vereinigung, die 1948 in Bogotá gegründet wurde, der Hauptstadt Kolumbiens in Südamerika.
Die Ziele der Vereinigung sind unter anderem: Streitfragen untereinander friedlich zu lösen und mögliche Angriffe anderer Staaten gemeinsam abzuwehren.

OAU, siehe AU.

oberste Bundesbehörden, oberste Bundesorgane, oberste Bundesbehörden sind alle Bundesministerien, das Bundespräsidialamt, das *Bundeskanzleramt* und der *Bundesrechnungshof.* Die obersten Bundesorgane sind der *Bundestag*, der *Bundesrat*, der *Bundespräsident* und die *Bundesregierung.* Organ heißt eigentlich Werkzeug, davon ausgehend wird das Wort in verschiedenen Bedeutungen verwendet. In Verbindung mit dem Begriff Bundesorgan bedeutet es Beauftragter oder ‹Gruppe von Beauftragten›. In Verbindung mit dem Begriff *Presse*organ bedeutet es Sprachrohr. *Partei*en zum Beispiel und *Gewerkschaften* verfügen über eigene Presseorgane.

Obstruktion heißt Widerstand, Verhinderung. Bei *Parlament*ssitzungen spricht man von Obstruktion, wenn eine *Partei* versucht, den vorgesehenen Ablauf einer Sitzung zu verhindern. Lange Reden zum Beispiel sind ein Mittel der Obstruktion.

Oder-Neiße-Linie war die Bezeichnung für den Verlauf der Westgrenze Polens bis zu ihrer endgültigen Anerkennung 1990.
Großbritannien, die USA und die Sowjetunion schlossen 1945 nach dem Ende des Zweiten *Weltkrieg*es das *Potsdamer Abkommen.* In dem Abkommen wurde unter anderem festgelegt, dass Polen für seine während des Zweiten Weltkrieges an die Sowjetunion verlorenen Gebiete entschädigt werden sollte. Polen wurden die deutschen Gebiete östlich der Oder und der Neiße als *Verwaltung*sgebiete zugesprochen. Bis zu einer endgültigen Regelung in einem Friedensvertrag sollte die Westgrenze Polens entlang dieser beiden Flüsse verlaufen. Die vorläufige Grenzziehung erhielt den Namen Oder-Neiße-Linie.
1950 erkannte die *DDR* die Grenzlinie als *Staat*sgrenze an. 1972 bestätigte die *Bundesrepublik Deutschland* diese Westgrenze Polens. 1990, nach der Vereinigung der Bundesrepublik Deutschland und der DDR zu einem Staat, unterzeichneten Polen und die Bundesrepublik einen Vertrag über die endgültige Anerkennung der Staatsgrenze zwischen Polen und Deutschland.
Siehe auch *Zwei-plus-vier-Vertrag.*

OECD heißt ‹*O*rganization for *E*conomic *C*ooperation and *D*evelopment›, deutsch ‹Organisation für wirtschaftliche Zusammenarbeit und Entwicklung›. Eine Organisation ist ein Zusammenschluss von Personen, Gruppen oder *Staat*en, die eine gemeinsame Aufgabe bewältigen wollen.

Die OECD wurde 1961 gegründet. 2010 gehören ihr 34 Mitgliedsstaaten an, das sind mit der *Bundesrepublik Deutschland* 25 europäische Staaten und unter anderen die USA, Kanada, Japan und Australien.

Die OECD erarbeitet zum Beispiel Richtlinien, Untersuchungen, *Statistik*en und Berichte mit dem Ziel, die *Regierung*en der Mitgliedsstaaten in ihrer Arbeit zu beraten und zu unterstützen. Die Aufgaben für die OECD liegen unter anderem in den Bereichen der *wirtschaftlich*en Zusammenarbeit, der *Entwicklungshilfe*, der Landwirtschaft, des Umweltschutzes und der Bildung.

Die OECD hat 2009 etwa 2500 Mitarbeiter, sie wird durch Beiträge ihrer Mitglieder finanziert, das bedeutet mit Geldmitteln ausgestattet.

Siehe *PISA-Studie*, auch *Marshallplan.*

öffentliche Hand, der Satz «Dafür muss die öffentliche Hand sorgen» bedeutet, dass der *Staat* für etwas bezahlen soll: zum Beispiel für den Bau von Straßen oder Kinderspielplätzen.

In der *Bundesrepublik Deutschland* sind die öffentliche Hand die Bundesrepublik, man sagt kurz der Bund, und die *Bundesländer* sowie die Stadt- und Landgemeinden.

Siehe auch *Bund und Länder, kommunal.*

öffentlicher Dienst, der Finanzbeamte zum Beispiel ist ein Angehöriger des öffentlichen Dienstes. Alle Behör-

OECD-Mitgliedsstaaten

□ Australien (1971)	■ Island	■ Portugal
■ Belgien	□ Israel (2010)	■ Schweden
□ Chile (2010)	■ Italien	■ Spanien
■ Dänemark	□ Japan (1964)	■ Schweiz
■ Deutschland	■ Kanada	□ Slowakei (2000)
□ Estland (2010)	■ Luxemburg	□ Slowenien (2010)
□ Finnland (1969)	□ Mexiko (1994)	□ Südkorea (1996)
■ Frankreich	□ Neuseeland (1973)	□ Tschechische Republik (1995)
■ Griechenland	■ Niederlande	■ Türkei
■ Großbritannien und Nordirland	■ Norwegen	□ Ungarn (1996)
■ Irland	■ Österreich	■ Vereinigte Staaten
	□ Polen (1996)	

Die Europäische Kommission nimmt neben den EU-Staaten an der Arbeit der OECD teil

■ Gründungsmitglieder (1961) □ Der OECD später beigetreten (Beitrittsjahr in Klammern)

den und Dienststellen des Bundes, der *Bundesländer* und der Gemeinden gehören zum öffentlichen Dienst, das sind zum Beispiel Ministerien, Finanzämter oder alle Einrichtungen der Stadt*verwaltung*.

öffentliches Recht, das *Recht* in der *Bundesrepublik Deutschland* ist unterteilt in: öffentliches Recht und *Privatrecht*.

Das öffentliche Recht regelt das Verhältnis des einzelnen Menschen zum *Staat* und zu dessen Einrichtungen sowie das Verhältnis der staatlichen Einrichtungen zueinander. Zum öffentlichen Recht gehören im Wesentlichen:

1. Das Staatsrecht: Das wichtigste *Gesetz* des Staatsrechts ist das *Grundgesetz*, das ist die *Verfassung* der Bundesrepublik. In der Verfassung, gegen die kein anderes Gesetz verstoßen darf, sind die *Grundrechte* der Bürger aufgeführt, unter anderem das Recht der Meinungsfreiheit und das Recht der Freiheit der Berufswahl. Außerdem regelt das Grundgesetz das Verhältnis zwischen *Bund und Ländern* und zwischen *Parlament*, *Regierung* und *Rechtsprechung*.
2. Das *Verwaltungs*recht: Es regelt die Befugnisse der staatlichen Behörden gegenüber den Bürgern. Hierher gehören zum Beispiel Polizeirecht, Baurecht und Schulrecht.
3. Das *Prozess*recht: Es regelt die Verfahren, in denen Ansprüche vor Gericht geltend gemacht werden können.
4. Das Strafrecht: Es enthält die Rechts*norm*en, das heißt die Rechtssätze, deren Verletzung staatliche Strafe nach sich zieht, und es bestimmt die zulässigen Strafen.

Siehe *Recht*, *Völkerrecht*.

Ökologie war ursprünglich nur die Wissenschaft von den Beziehungen der Lebewesen zu ihrer Umwelt. Heute versteht man darunter vor allem die Lehre von den Wechselbeziehungen zwischen den Menschen, der Natur und der gesamten Umwelt.

Die Ökologie erforscht unter anderem die Voraussetzungen, die notwendig sind, damit Menschen in ihrer Umwelt unter für sie günstigen Bedingungen wohnen, arbeiten und sich erholen können. Die Umweltbedingungen können beeinträchtigt werden, zum Beispiel durch Lärm, Wasserverschmutzung oder Luftvergiftung. Die Ökologie liefert also Grundlagen für die Arbeit des Umweltschutzes.

Der Umweltschutz umfasst Regelungen und Einrichtungen, die verhüten sollen, dass die Umwelt des Menschen geschädigt oder zerstört wird: *Industrie*abwässer, Autoabgase und Düngemittel zum Beispiel können die Gewässer, die Luft und den Boden vergiften.

In der *Bundesrepublik Deutschland* gibt es seit 1972 *Gesetz*e zum Umweltschutz, dazu gehören Bestimmungen über Abfallbeseitigung, Luftreinhaltung und Lärmbekämpfung.

Ökonomie heißt *Wirtschaft*, auch Wirtschaftslehre.

Mit Wirtschaft bezeichnet man alles, was Menschen eingerichtet haben und tun, um ihren Bedarf an Gütern zu decken.

Ökonomie heißt auch Wirtschaftlichkeit. Ökonomisch heißt *wirtschaftlich*, auch sparsam.

Ökumene heißt ‹die bewohnte Erde›, auch ‹die gesamte Christenheit›. Ökumenisch heißt weltumspannend, ‹die ganze bewohnte Erde betreffend›. Die Begriffe werden vor allem in kirchlichem Zusammenhang benutzt.

Offensive, offensiv heißt angreifend oder zumindest angriffslustig. Eine Offensive ist ein Angriff. Beide Begriffe werden meist in Berichten über Kriege verwendet.

offiziell hat vielerlei Bedeutungen: amtlich, öffentlich, verbürgt, beglaubigt und feierlich, förmlich.
Drei Beispiele:
Sie geben ihre Verlobung offiziell bekannt heißt, sie geben ihre Verlobung öffentlich bekannt.
Der offizielle Neujahrsempfang des *Bundespräsident*en ist der förmliche Neujahrsempfang des Bundespräsidenten.
Eine offizielle Mitteilung der *Bundesregierung* ist eine amtliche, eine verbürgte Mitteilung der Bundesregierung: Die Bundesregierung steht dafür ein, dass die Mitteilung wahr ist.
Eine offiziöse Mitteilung dagegen ist eine Meldung, für deren Wahrheit sich niemand verbürgt. Man muss also abwarten, ob sie bestätigt wird oder – wie in manchen Fällen – sich als Gerücht herausstellt. Offiziös heißt halbamtlich, nicht verbürgt.

Okkupation, wenn die Truppen eines *Staat*es das Gebiet eines anderen Staates okkupieren, das heißt besetzen, spricht man von einer Okkupation, das heißt Besetzung.

Oligarchie heißt ‹Herrschaft von wenigen›. Oligarchie bezeichnet die Machtausübung einer kleinen Führungsgruppe, sei es in Verbänden und *Partei*en oder auch in einem *Staat*. Die Herrschaft einer solchen Führungsgruppe wird möglich, wenn zum Beispiel Parteimitglieder oder Staatsbürger ihre *Rechte*, mitzubestimmen und Einfluss zu nehmen, nicht ausnutzen. Die Oligarchie kann die Vorstufe zu einer *Diktatur* sein, das ist die uneingeschränkte Herrschaft einer Person oder einer Gruppe von Personen.

OPEC ist die Abkürzung für ‹*O*rganization of the *P*etroleum *E*xporting *C*ountries›, das heißt auf Deutsch ‹*Organisation* Erdöl exportierender Länder›. OPEC wurde 1960 in Bagdad im Irak gegründet, der Sitz ist in Wien in Österreich.
2010 hat die OPEC zwölf Mitglieder, in Afrika: Algerien, Angola, Libyen, Nigeria; im Nahen Osten: Irak, Iran, Katar, Kuwait, Saudi-Arabien, Vereinigte Arabische Emirate; in Südamerika: Ecuador, Venezuela.
Die Mitglieds*staat*en der OPEC verfügen 2010 über etwa 40 Prozent der weltweiten Erdölproduktion; ihr Zusammenschluss erfolgte mit dem Ziel, auf dem Weltmarkt die Interessen der Mitgliedsstaaten gemeinsam zu vertreten. Erhöhen oder senken sie gemeinsam die Fördermenge ihres Erdöls, können sie damit die Preise auf dem weltweiten Erdölmarkt zu ihrem Vorteil beeinflussen. Das wiederum wirkt sich überall auf der Welt auf die Benzin- und Heizölpreise der Verbraucher aus. An den Beschlüssen, die die OPEC trifft, sind nicht immer alle Mitglieds-

staaten beteiligt. Länder mit großen Erdölvorkommen, die nicht zur OPEC gehören, sind unter anderen Russland, USA und China.
Siehe auch *Kartell*.

Opportunismus ist das ‹Handeln nach Zweckmäßigkeit; die Anpassung an die gegebenen Verhältnisse›.
Herr Kramer zum Beispiel ist Angestellter und hofft, in nächster Zeit eine besser bezahlte Stellung in seiner Firma zu bekommen. Herr Kramer vertritt seinen Kollegen gegenüber nachdrücklich die Meinung, dass jeder Angestellte Mitglied der Gewerkschaft sein müsse. Eine Gewerkschaft vertritt die Interessen der Arbeitnehmer gegenüber den Arbeitgebern.
Der Inhaber des Betriebes, in dem Herr Kramer arbeitet, ist gegen die Mitgliedschaft seiner Angestellten in einer Gewerkschaft. Ihm gegenüber vertritt Herr Kramer nicht seine eigene Meinung, weil er fürchtet, dann die besser bezahlte Stellung nicht zu bekommen. Herr Kramer ist ein Opportunist: ein Mensch, der sich, wenn er es für nützlich hält, bereitwillig der jeweiligen Lage anpasst.
Opportun heißt zweckmäßig, angebracht.

Opposition heißt Gegensatz, Widerspruch und Widerstand.
In *parlamentarische*n *Demokratie*n, das heißt in *Staat*en, in denen *Abgeordnete* stellvertretend für das *Volk* im *Parlament* *Gesetz*e beschließen und die *Regierung* beaufsichtigen, wird die Regierung häufig von der stärksten *Partei* gebildet. Es können sich auch zwei oder mehrere Parteien zu einer *Koalition*, das heißt zu einem Bündnis, zusammenschließen, um gemeinsam die Regierung zu bilden. Alle Parteien, die nicht an der Regierung beteiligt sind, bilden ‹die Opposition›. Sie sind Oppositionsparteien.
In einer *Demokratie* hat die Opposition zwei entscheidende Aufgaben: Sie soll die Regierung ständig überwachen und sie kritisieren, wenn sie ihre Pläne für falsch hält; sie soll eigene Pläne entwickeln und vortragen. Erfüllt eine Opposition diese Aufgaben, kann sie die *Politik* der Regierung beeinflussen. Gleichzeitig nimmt sie Einfluss auf die Bürger: Sie unterstützt sie, sich eine Meinung zu bilden und ihren Willen zu äußern. Überzeugen die Vorschläge der Opposition die *Mehrheit* der Wähler, kann sie bei einer nächsten *Wahl* die meisten Stimmen gewinnen: Sie bildet die Regierung und versucht, die Interessen und den Willen ihrer Wähler durchzusetzen. Die bisherige Regierungspartei geht in die Opposition.
Eine Opposition, die ihre Aufgaben wahrnimmt, schützt die Demokratie. Sie kann verhindern, dass die Gruppen in der Bevölkerung, die mit der Regierung unzufrieden sind, den Staat mit Gewalt verändern. Sie kann verhindern, dass die Regierung diktatorische, das heißt uneingeschränkte, Macht ausübt. Gruppen, die im Gegensatz zu einer Regierung stehen und nicht im Parlament vertreten sind, bezeichnet man als außerparlamentarische Opposition.

Option heißt ‹freie Wahl› oder ‹freier Wille›.
In *politisch*-geschichtlichem Zusammenhang angewendet, bedeutet Op-

tion ‹die Entscheidung für einen bestimmten *Staat* und die entsprechende *Staatsangehörigkeit*›. In der Vergangenheit musste nach einem verlorenen Krieg der besiegte Staat in der Regel Land an den Sieger abtreten. Häufig wurde den Einwohnern des abgetretenen Gebietes die freie Entscheidung darüber zugebilligt, ob sie die Staatsangehörigkeit des Siegers annehmen oder ihre alte behalten wollten. Diese Möglichkeit ist eine Option.
Meist mussten diejenigen, die sich für die alte Staatsangehörigkeit entschieden, das abgetretene Gebiet verlassen.

Organisation, eine Organisation ist ein Zusammenschluss von Personen, von Gruppen oder von *Staat*en, die eine gemeinsame Aufgabe bewältigen wollen. Die Ziele können sehr unterschiedlich sein. Jeder Verein zum Beispiel und jede *Partei* ist eine Organisation. Die *Vereinten Nationen* sind eine Organisation von Staaten.
Organisieren heißt ‹planmäßig ordnen, gestalten›. Organisation in einem Betrieb bedeutet, dass der Arbeitsablauf planmäßig geordnet wird, um Leerlauf zu vermeiden und um in möglichst kurzer Zeit möglichst viel herzustellen.

Ostblock und Westmächte, die mächtigsten Gegner *Deutschland*s im Zweiten *Weltkrieg*, 1939–1945, waren Großbritannien, die USA und die Sowjetunion. Ihr gemeinsames Ziel war, den *Nationalsozialismus* in Deutschland zu vernichten.
Schon bald nach Ende des Krieges war zu erkennen, dass die Einigkeit der Kriegsverbündeten im Frieden nicht zu erhalten war. Die Interessen der USA und der Sowjetunion waren zu unterschiedlich. Ihre *Wirtschaft*sordnungen, der Aufbau ihrer *Staat*en und die Ziele ihrer Außen*politik* waren zu verschieden. Der Versuch, das besetzte Deutschland gemeinsam zu verwalten, scheiterte. Die widerstreitenden Interessen der beiden Großmächte ließen eine Einigung auch über die neue Ordnung in Deutschland nicht zu. Deutschland wurde gespalten.
Die Sowjetunion trat ab 1948 dafür ein, dass in den von ihr beeinflussten Staaten eine *Gesellschaft*sordnung nach dem Vorbild der Sowjetunion eingeführt wird: eine Gesellschaft, in der die *Produktionsmittel*, das sind vor allem Maschinen, Fabriken und Rohstoffe, Eigentum der Gemeinschaft sind; eine Gesellschaft, die unter der Führung der Kommunistischen *Partei* die Verwirklichung des *Kommunismus* anstrebt.
Die USA traten für eine Gesellschaft ein, in der die Produktionsmittel privates Eigentum bleiben sollen, als Grundlage für eine freie, vom Staat unbeeinflusste Wirtschaft; eine Gesellschaft, in der die Bürger – oder stellvertretend für sie die *Abgeordnete*n in den *Parlament*en – das Zusammenleben der Menschen nach den Grundsätzen der *parlamentarische*n *Demokratie* bestimmen.
Beide Großmächte waren bemüht, möglichst viele Völker in ihren Einflussbereich zu ziehen. Es bildeten sich zwei Blöcke: Die Sowjetunion und ihre Verbündeten wurden als Ostblock bezeichnet, die USA mit ihren Verbündeten als Westmächte.
Innerhalb der beiden Blöcke schlossen die Staaten Wirtschaftsbündnisse mit-

einander, um das eigene Bündnis *wirtschaftlich* zu stärken. Das Wirtschaftsbündnis des Ostblocks hieß ‹*R*at für *g*egenseitige *W*irtschaftshilfe›, *RGW*, auch COMECON genannt; es wurde 1949 gegründet. In allen Staaten des Bündnisses wurde die Wirtschaft zentralistisch, das heißt von einer Stelle aus, gelenkt. Auf westlicher Seite wurde 1957 die ‹*E*uropäische *W*irtschafts*g*emeinschaft›, EWG, gegründet, die später zur ‹*E*uropäischen *G*emeinschaft›, EG – seit 1993 *Europäische Union* –, *EU*, erweitert wurde. Die Wirtschaftsordnungen der westlichen Staaten beruhen auf der Grundlage der Marktwirtschaft. Siehe dazu *Marktwirtschaft und Planwirtschaft*.

Innerhalb der beiden Blöcke schlossen die Staaten *Militär*bündnisse miteinander, mit der Begründung, einen möglichen Angriff der anderen Seite abwehren zu können. Das Militärbündnis der Westmächte, die *NATO*, wurde 1949 geschlossen, das des Ostblocks, der *Warschauer Pakt*, 1955.

Die Zeit zwischen 1947 und 1962 wird als die Zeit des ‹Kalten Krieges› bezeichnet: Beide Blöcke beschuldigten sich gegenseitig der Kriegsabsicht. Jede Seite behauptete von der anderen, dass sie die Menschen in ihrem Teil der Welt unterdrücke. Nach 1962 bemühten sich die USA und die Sowjetunion, ihr Verhältnis zueinander in ‹friedlicher *Koexistenz*› zu entspannen und zu verbessern. Die Entspannung war immer wieder gefährdet, unter anderem durch die Bemühungen der beiden Blöcke, Einfluss auf die übrigen Staaten der Welt zu nehmen, und durch Uneinigkeiten in Fragen der Rüstung und *Abrüstung*. Das Ende des ‹Kalten Krieges› wird daher auch mit 1989 angegeben.

In allen Staaten des Ostblocks war der Führungsanspruch der jeweiligen *K*ommunistischen *P*artei, KP, des Landes festgeschrieben, und die Vormachtstellung der Sowjetunion wurde von den *Regierung*en der Staaten Osteuropas anerkannt. Bestrebungen nach *politisch*en Veränderungen in einigen Staaten des Ostblocks wurden von der Sowjetunion unter anderem mit dem Einsatz von Panzern und Soldaten unterdrückt, zum Beispiel 1956 in Ungarn und 1968 unter Beteiligung anderer Ostblockstaaten in der Tschechoslowakei.

Seit 1981 kam es zu unterschiedlichen Zeiten und mit wechselndem Nachdruck in den einzelnen Staaten zu stärkerem Widerstand der Bevölkerung. Die meist gewaltlosen Auflehnungen richteten sich vor allem gegen die Bevormundung durch die Kommunistische Partei. Dieser Widerstand und der wirtschaftliche Zusammenbruch in allen Ländern leiteten weitreichende Veränderungen in den Staaten des Ostblocks ein.

Ende 1989/Anfang 1990 kam es in den Staaten Osteuropas zu einschneidenden politischen Umwandlungen: Die Vorherrschaft der Kommunistischen Partei in den Ländern wurde beendet und freie *Wahl*en ermöglicht; wirtschaftliche Maßnahmen nach Grundsätzen der Marktwirtschaft wurden eingeleitet.

Der Warschauer Pakt und der RGW wurden im Sommer 1991 aufgelöst. Der Beitritt der *DDR* zur *Bundesrepublik Deutschland* wurde mit Billigung der Siegermächte des Zweiten Weltkrieges, Sowjetunion, USA, Großbritannien und Frankreich, im Oktober 1990 vollzogen.

Die Sowjetunion hörte Ende 1991 auf zu bestehen, die meisten *Republik*en wurden selbständige Staaten.

Siehe *GUS*, *Zwei-plus-vier-Vertrag*, auch *Kommunismus*, *Sozialismus*, *Kapitalismus*, *OSZE*, *START*, *Berlin*.

Ostverträge, der Zweite *Weltkrieg* begann 1939 mit dem Einmarsch deutscher Truppen in Polen. 1941 griff *Deutschland* die Sowjetunion an. 1945 war der Krieg zu Ende. Deutschland kapitulierte, das heißt, ergab sich bedingungslos. Polen und große Teile der Sowjetunion waren verwüstet. Zwanzig Millionen Russen und sechs Millionen Polen waren im Krieg gefallen oder von den Deutschen ermordet worden.

Die Entwicklung nach dem Krieg führte zur Bildung zweier deutscher *Staat*en, der *Bundesrepublik Deutschland* und der *DDR*, der *D*eutschen *D*emokratischen *R*epublik. Die Beziehungen zwischen der Bundesrepublik einerseits und Polen und der Sowjetunion andererseits blieben nahezu zwanzig Jahre gespannt. Nachdem 1955 eine erste Annäherung zwischen der Sowjetunion und der Bundesrepublik stattgefunden hatte, leiteten 1969 Gespräche der drei Staaten eine deutliche Verbesserung ihrer Beziehungen ein. Ergebnis dieser Gespräche waren der Moskauer Vertrag mit der Sowjetunion und der Warschauer Vertrag mit Polen, zusammengefasst unter der Bezeichnung Ostverträge. Der Moskauer Vertrag sichert einen gegenseitigen Verzicht auf Gewalt bei strittigen Fragen zu. Die *Politik* beider Staaten soll der Sicherung des Friedens auf der Welt dienen. Die in Europa bestehenden Grenzen werden als unverletzlich anerkannt.

Der Warschauer Vertrag bekräftigt, dass die bestehenden Grenzen unverletzlich sind und dass keiner der Staaten Gebietsansprüche an den anderen hat.

Beide Verträge wurden 1970 unterzeichnet und 1972 vom *Bundestag*, der *Volk*svertretung der Bundesrepublik, ratifiziert, das heißt bestätigt.

Siehe *Oder-Neiße-Linie*.

OSZE ist die Abkürzung für ‹*O*rganisation für *S*icherheit und *Z*usammenarbeit in *E*uropa›. Eine *Organisation* ist ein Zusammenschluss von Personen, von Gruppen oder von *Staat*en, die eine gemeinsame Aufgabe bewältigen wollen.

2010 gehören zur OSZE 56 Mitgliedsstaaten, das sind alle Staaten Europas, die Nachfolgestaaten der Sowjetunion, die USA und Kanada. Sitz der OSZE ist Wien in Österreich.

Die OSZE ging 1995 aus der *KSZE*, der ‹*K*onferenz für *S*icherheit und *Z*usammenarbeit in *E*uropa› hervor. Die erste Gesprächsrunde der KSZE fand 1973 in Helsinki in Finnland statt; sie wurde 1975 mit der Unterzeichnung der sogenannten Schlussakte von Helsinki beendet.

Die Teilnehmer an der *Konferenz* waren 35 west- und osteuropäische Staaten sowie die USA, die Sowjetunion und Kanada. In der Schlussakte erklärten sie unter anderem, die Unverletzlichkeit der Staatsgrenzen, das Verbot der Nichteinmischung in innere Angelegenheiten sowie die Gleichberechtigung und das *Selbstbestimmungsrecht* der Völker anzuerkennen. Als tragender Grundsatz wurde die Achtung der *Menschenrechte* und Grundfreiheiten herausgestellt, zum Beispiel das *Recht* auf persönliche Freiheit oder das Recht auf Glaubens- und Meinungsfreiheit. Vorrangiges Ziel der Konferenz war, dem Ostblock und den Westmächten ein geregeltes Nebeneinander zu ermöglichen.

Für viele *Bürgerrechtsbewegung*en in den *sozialistisch*en Ländern in Osteuropa war die Schlussakte von Helsinki Antrieb, ihre Rechte auf Selbstbestimmung zu verlangen. In der Folge wurden die Bürgerrechtsbewegungen zu einer einflussreichen Antriebskraft für die großen *politisch*en Veränderungen im Ostblock. Siehe dazu *Ostblock und Westmächte.*

Nach der ersten KSZE-Konferenz fanden zahlreiche Folgekonferenzen statt, die sich über Monate und Jahre erstreckten. In Schlussdokumenten wurden die jeweiligen Ergebnisse der Treffen veröffentlicht, unter anderem Vorschläge für die Zusammenarbeit in den Bereichen *Wirtschaft* und Umwelt.

1990 fand in Paris ein Gipfeltreffen der Regierungschefs der Mitgliedsstaaten der KSZE statt. Hier erklärten die 22 Mitgliedsstaaten der *NATO* und des *Warschauer Pakt*s den ‹Kalten Krieg› für beendet.

Die Dauer des Kalten Krieges wird unterschiedlich bestimmt: In den Jahren 1947–1962 beschuldigten sich die Staaten des Ostblocks und die der Westmächte der gegenseitigen Kriegsabsicht. In den folgenden Jahren bemühten sich beide Seiten, ihr Verhältnis zueinander zu verbessern. Dennoch wird das Ende des Kalten Krieges auch mit 1989 angegeben.

Auf dem Gipfeltreffen vereinbarten die Staaten der NATO und des Warschauer Pakts, sich fortan nicht mehr als Gegner zu bezeichnen und außer zur Selbstverteidigung auf die Anwendung von Gewalt zu verzichten. Die 22 Regierungschefs unterzeichneten gleichzeitig das bis dahin umfassendste *Abrüstung*sabkommen auf dem Gebiet der *konventionell*en *Waffen*, das sind unter anderem Panzer und Kampfflugzeuge.

Mit dem Ergebnis dieses Gipfeltreffens hat die KSZE entscheidenden Einfluss auf die Bemühungen um Frieden in Europa und die Gestaltung der europäischen Sicherheit gehabt.

In den folgenden Konferenzen einigten sich die Mitgliedsstaaten, dass alle weiteren Abrüstungsbemühungen und alle Gespräche zur gegenseitigen Vertrauensbildung und zur Verhütung von Streitigkeiten in Europa unter dem Dach der KSZE stattfinden sollten.

1994 beschloss die KSZE auf einem Gipfeltreffen in Budapest in Ungarn die Umbenennung in OSZE zum 1. Januar 1995. Die OSZE setzt die Arbeit der KSZE in allen Bereichen fort.

Siehe *NATO*, *Warschauer Pakt.*

P

Pakt, ein Pakt ist ein Vertrag, ein Bündnis zwischen zwei oder mehreren *Staat*en.

Pan- als Vorsilbe bedeutet Ganz-, All-, Gesamt-.
Es gibt sogenannte Pan-Bewegungen, das sind Einigungsbewegungen von *Staat*en- oder Völkergruppen.
Die Anhänger der Paneuropa-Bewegung zum Beispiel sehen als Ziel die ‹Vereinigten Staaten von Europa›.

Paragraph, ein Paragraph ist ein nummerierter Abschnitt, zum Beispiel in *Gesetz*en, Gesetzbüchern, Verträgen. Das Jugendarbeitsschutzgesetz zum Beispiel enthält 72 Paragraphen. Jeder Paragraph enthält jeweils eine Bestimmung des Gesetzes.
Das Zeichen für Paragraph sieht so aus: §.

paraphieren heißt abzeichnen im Sinne von unterschreiben. Abgeleitet ist der Begriff von dem Wort Paraphe. Die Paraphe ist der Namenszug, im Besonderen der abgekürzte Namenszug oder ein Zeichen dafür.
Die Paraphierung ist das Abzeichnen des Entwurfes einer Vereinbarung zwischen *Staat*en. Oft wird jede einzelne Seite des Entwurfs abgezeichnet.
Zum gültigen Vertrag wird diese Vereinbarung erst, wenn die fertige Vertragsurkunde unterzeichnet wird, oder sogar erst durch die *Ratifikation.* Siehe dazu *Ratifikation.*

Pariser Verträge, siehe *Deutschland-Vertrag.*

Parität heißt Gleichstellung und Gleichberechtigung. Paritätisch heißt gleichgestellt, gleichberechtigt.
Paritätische *Mitbestimmung* bedeutet gleichberechtigte Mitbestimmung von Arbeitnehmern und Arbeitgebern bei wichtigen Entscheidungen für ihre Betriebe, zum Beispiel über die Verwendung der Gewinne oder über Entlassungen.

Parlament, ein Parlament ist die ‹Vertretung des *Volk*es›.
Das älteste Parlament in der europäischen Geschichte ist das englische: Schon im Mittelalter vertrat es das Volk gegenüber dem König.
Ein Parlament wird von *Abgeordnete*n gebildet. Die Bürger eines *Staat*es wählen sie aus ihrer Mitte, in der Regel benennen *Partei*en die *Kandidat*en, das heißt die Bewerber für dieses Amt. Die gewählten Abgeordneten, man nennt sie auch Parlamentarier, sollen die Interessen des ganzen Volkes im Parlament vertreten, nicht allein die ihres *Wahl*kreises oder ihrer Wähler.
Ein Parlament hat die Aufgabe, *Gesetz*e zu beschließen und die *Regierung,* das heißt die Leitung des Staates, zu beaufsichtigen. Die Kontrolle über die Regierung übt ein Parlament vor allem durch die jährliche Bewilligung des *Haushaltsplan*es aus: Er enthält, wie viel Geld die Regierung durch *Steuern* einnimmt und wie viel Geld sie für die verschiedenen Aufgaben ausgibt.
In vielen Staaten, wie in der *Bundesrepublik Deutschland,* wählt das Parlament den Chef der Regierung: Er ist dann von dem Vertrauen und der Zustimmung der *Mehrheit* der Abgeordneten abhängig.
Parlamente bestehen in der Regel aus so vielen Abgeordneten, dass sie *Ausschüsse* bilden müssen, das sind kleinere Arbeitsgruppen. In ihnen wird wichtige Vorarbeit geleistet für die

Entscheidungen des gesamten Parlaments.
Die Zuständigkeiten der Parlamente sind in den verschiedenen Staaten unterschiedlich geregelt. Das Parlament der Bundesrepublik Deutschland ist der ‹Deutsche *Bundestag*›.
Siehe auch *parlamentarische Demokratie, Einparteisystem.*

parlamentarische Demokratie, *Demokratie* heißt ‹Herrschaft des Volkes›. In einem großen *Staat* kann das *Volk* nicht direkt, das heißt unmittelbar, herrschen. Es wählt deshalb Vertreter in ein *Parlament*, die stellvertretend für das Volk die *Gesetz*e beschließen.
Unter parlamentarischer Demokratie versteht man eine Staatsform, in der die *Regierung*, das ist die Leitung eines Staates, vom Parlament gewählt wird und deshalb auch vom Parlament abgewählt werden kann. Die parlamentarische Demokratie ist also eine Staatsform, in der dem Parlament, der gesetzgebenden Gewalt, eine hervorgehobene Stellung zugewiesen ist. Diese Gliederung, dass nämlich in einem Staat ein Parlament das Gegengewicht zur Regierung bilden soll, wird auch als Parlamentarismus bezeichnet. Die *Bundesrepublik Deutschland* zum Beispiel ist eine parlamentarische Demokratie.
Anders ist es in einer Präsidialdemokratie: In ihr kann die Regierung nicht vom Parlament abgewählt werden. Der *Präsident*, der *Staatsoberhaupt* und Chef der Regierung in einer Person ist, wird vom Volk direkt oder durch vom Volk bestimmte Wahlmänner gewählt. Die USA zum Beispiel sind eine präsidiale Demokratie, in der der Präsident eine starke Stellung gegenüber der gesetzgebenden Gewalt des Parlaments hat.
Siehe auch *repräsentative Demokratie.*

Parlamentarischer Rat, das *Grundgesetz*, das ist die *Verfassung* der *Bundesrepublik Deutschland*, wurde von dem 1948 dafür gebildeten Parlamentarischen Rat ausgearbeitet. Eine Verfassung bestimmt das Zusammenleben der Menschen in einem *Staat*.
Der Parlamentarische Rat setzte sich aus 65 *Abgeordnete*n, 61 Männer und 4 Frauen, zusammen, die in den *Landtag*en der westdeutschen Länder gewählt worden waren.
Der vom Parlamentarischen Rat geschaffene Verfassungsentwurf wurde mit Ausnahme Bayerns von den Länder*parlament*en angenommen und als Grundgesetz für die Bundesrepublik Deutschland am 23. Mai 1949 verkündet.
Siehe auch *Bundesrepublik Deutschland, Grundgesetz.*

Parole, Truppen im Krieg oder bei einer *militärisch*en Übung erhalten jeden Tag eine neue Parole, das heißt ein neues Kenn- oder Losungswort. Kennt der Soldat die Parole, gibt er zu erkennen, dass er nicht zum Feind gehört.
Eine Parole kann auch ein Leit- oder Wahlspruch sein. *Partei*en zum Beispiel stellen während eines *Wahl*kampfes Parolen auf: Kurz und einprägsam, manchmal auch kurz und einfallslos verkünden sie ihre Ziele.

Partei, in einer Partei finden sich Menschen mit gleichen Interessen und gemeinsamen *politisch*en Absich-

ten zusammen: Sie wollen die Ordnung ihres *Staat*es beeinflussen oder bestimmen. Ihre Ziele und Absichten geben sie in ihren Partei*programm*en bekannt.
Jede Partei versucht, so groß und einflussreich wie möglich zu werden, um allein oder in Zusammenarbeit mit anderen Parteien ihre Ziele durchzusetzen. In fast allen Staaten werden der Aufbau des Staates und seine *Politik* von den Parteien beeinflusst. Auch in der *Bundesrepublik Deutschland* wirken die Parteien an der politischen Willensbildung des *Volk*es mit, das bedeutet, sie geben den Bürgern die Möglichkeit, ihre Interessen und ihren Willen durchzusetzen. In der Regel werden Mitglieder von Parteien als *Abgeordnete* für das *Parlament* gewählt: Sie beschließen stellvertretend für das Volk die *Gesetz*e.
Die größte Versammlung jeder Partei ist der Parteitag: Er findet in der Regel einmal im Jahr statt und dauert mehrere Tage. Teilnehmer sind gewählte Delegierte, das heißt Abgesandte aus allen Teilen des Landes. Diese Vertreter der sogenannten unteren Gruppen sind unter anderem bevollmächtigt, die Mitglieder für den Vorstand der Partei zu wählen, der die wichtigsten Aufgaben der Partei übernimmt.
Je reger die Mitarbeit in den unteren Gruppierungen einer Partei ist, umso geringer ist die Gefahr, dass der Parteivorstand allein über die Ziele und Maßnahmen seiner Partei entscheidet.
Die Ausgaben der Partei, zum Beispiel für Mitarbeiter, Büros, Werbung und *Wahl*kämpfe, werden zum größten Teil aus Mitgliedsbeiträgen und Spenden bezahlt. In der Bundesrepublik wird ein Teil der Ausgaben für die Wahlkämpfe aus Steuermitteln ersetzt. 2010 gab es in der Bundesrepublik Deutschland knapp 62,2 Millionen wahlberechtigte Bürger, davon haben gut 44 Millionen gewählt.
Siehe auch *Einparteisystem, Zwei- und Mehrparteiensystem, Bundestagswahl.*

Parteien im Bundestag, die Vertreter aller *Partei*en in der *Bundesrepublik Deutschland* erklären, das Beste für die Bürger erreichen zu wollen. Nur der Vergleich zwischen den einzelnen Parteien kann daher mehr Klarheit für jeden Bürger ergeben. Zeitungen, Rundfunk, Fernsehen und Internet bieten die Möglichkeit, die verkündeten Ziele der Parteien, deren Verwirklichung und die dafür eingesetzten Mittel zu beobachten. Die Darstellung der Parteien ist hier auf einen kurzen Überblick beschränkt:

Bündnis 90/Die Grünen

ist die Bezeichnung für ein Parteienbündnis: 1992 schloss sich die *Partei* Die Grünen mit dem Bündnis 90, einer Vereinigung von fünf eigenständigen Bürgerbewegungen in der ehemaligen *DDR*, zusammen.
Die Grünen in den westdeutschen *Bundesländer*n wurden in früheren Jahren auch als *G*rüne *L*iste, GL, bezeichnet. Im Januar 1980 gründeten sich die Grünen als Partei, entstanden aus dem Zusammenschluss vieler Bürger*initiativen* und alternativer Listen in den einzelnen Bundesländern:
Bürgerinitiativen nennt man Gruppierungen von Bürgern, die gemeinsam etwas unternehmen, um für sich und

andere etwas zu erreichen. Alternativ heißt wahlweise oder abwechselnd; *a*lternative *L*isten, kurz AL genannt, waren parteiähnliche Interessenvertretungen vorwiegend junger Menschen. Sie verstanden sich in ihren *Programm*en und in ihrer *Organisation* als Wahlmöglichkeit im Gegensatz zu den seit langem im *Bundestag* vertretenen Parteien.

Bündnis 90 setzte sich zunächst zusammen aus dem ‹Neuen Forum›, ‹Demokratie jetzt› und ‹Initiative für Frieden und Menschenrechte›; für die erste gesamtdeutsche *Bundestagswahl* 1990, daher der Name, schloss Bündnis 90 ein *Wahl*bündnis mit dem ‹Unabhängigen Frauenverband› und den ostdeutschen Landesverbänden der Grünen.

Bündnis 90/Die Grünen setzt sich vor allem dafür ein, dass die Natur vor Schädigung und Zerstörung geschützt werden soll. Sie kämpft gegen eine weitere Verwendung von Kernenergie, gegen Atomwaffen und Aufrüstung. Sie tritt ein für eine unmittelbare Beteiligung der Bürger an *politisch*en Entscheidungen, sie kämpft entschieden gegen eine Ausgrenzung von Ausländern. Bündnis 90/Die Grünen unterscheidet sich in zwei Punkten von den anderen im Bundestag vertretenen Parteien: Die Hälfte aller wichtigen Ämter in der Partei und ihrer *Abgeordnete*nsitze besetzt die Partei mit Frauen; es wird in der Partei eine Trennung von Amt und *Mandat* verwirklicht, das heißt, wer als Grüner ein Amt in der Partei innehat, kann nicht Abgeordneter sein.

Bündnis 90/Die Grünen erhielt bei der Bundestagswahl am 27. September 2009 10,7 Prozent der Wählerstimmen, die Partei hat 68 Sitze im Bundestag.

Bündnis 90/Die Grünen zählt Ende 2009 rund 48 000 Mitglieder.

Wer mehr über Bündnis 90/Die Grünen wissen möchte, kann sich an deren Bundesgeschäftsstelle wenden: Platz vor dem Neuen Tor 1, 10115 Berlin, Tel. 030/28 44 20.

CDU

ist die Abkürzung für ‹*C*hristlich-*D*emokratische *U*nion Deutschlands›. Nach dem Ende des Zweiten *Weltkrieg*es 1945 wurden in vielen Gemeinden *Deutschland*s Gruppen christlich-demokratisch gesinnter Bürger beider Glaubensbekenntnisse gebildet, die größten und wichtigsten Vereinigungen in *Berlin* und Köln. Die einzelnen Parteigruppen in den *Bundesländern* schlossen sich 1950 zur Bundespartei CDU zusammen.

Während die CDU im ‹Ahlener *Programm*› 1947 noch für die *Sozialisierung*, das heißt die Vergesellschaftung, des Bergbaus und der Stahl*industrie* eintrat, forderte sie 1949 in den ‹Düsseldorfer Leitsätzen› und 1960 in der ‹Grundsatzentschließung von Karlsruhe› die soziale *Marktwirtschaft* und Eigentum für alle. Nach Auffassung der CDU fördert die *sozial*e Marktwirtschaft das private Eigentum, sie gewährleistet, dass die *wirtschaftlich*en Erträge gerecht verteilt werden. Durch eine soziale *Gesetzgebung* sollen die vermögenslosen Schichten der Bevölkerung bessere Lebensbedingungen erhalten.

Bei der ersten *Bundestagswahl* 1949 errang die CDU zusammen mit ihrer bayerischen Schwesterpartei *CSU* 31 Prozent der Wählerstimmen. In *Koalition*en, das heißt in Bündnissen mit anderen Parteien, vor allem mit der *FDP*, führten CDU/CSU von 1949 bis 1969 die *Bundesregierung*. In den 20 Jahren ihrer *Regierung*stätigkeit verwirklichte die CDU/CSU unter anderem zwei Ziele: die enge Bindung der Bundesrepublik an die *Staat*en der westlichen Welt und die Entwicklung der sozialen Marktwirtschaft in der Bundesrepublik. Gegenüber den Staaten des *Ostblocks*, vertrat die CDU/CSU mehr eine *Politik* der Stärke als eine Politik der Annäherung oder der Versöhnung.

1966 ging die CDU/CSU eine große Koalition mit der *SPD* ein, 1969 wurde sie *Opposition*spartei, als SPD und FDP ein Regierungsbündnis schlossen.

Nachdem sich im November 1982 die *Mehrheit* der Abgeordneten der FDP im *Bundestag* wieder für ein Bündnis mit der CDU/CSU entschieden hatte, kam es zu einer neuen Regierungskoalition zwischen CDU/CSU und FDP, sie bestand bis 1998.

Im Verlauf der Ereignisse, die im Oktober 1990 zur deutschen Vereinigung führten, schloss sich die CDU in der Bundesrepublik mit der CDU in der *DDR* zusammen. Bereits vorher hatten sich die *D*emokratische *B*auernpartei *D*eutschlands, DBD, und der *D*emokratische *A*ufbruch, DA, mit der Ost-CDU vereinigt. DBD und Ost-CDU waren *Blockparteien*, das heißt, sie waren mit der *SED* in der *Nationalen Front* zusammengeschlossen.

Nach der Bundestagswahl 2005 schloss die CDU/CSU eine große Koalition mit der SPD. Bei der Bundestagswahl am 27. September 2009 hatte die CDU/CSU einen Stimmenanteil von 33,8 Prozent, sie hat 239 Sitze im Bundestag. Sie bildet mit der FDP eine Regierungskoalition. Die CDU zählt 2010 knapp 518 000 Mitglieder.

Sie hat unter anderem folgende Sonder*organisation*en eingerichtet: Frauen-Union; *Junge Union* Deutschlands (JU); die Sozialausschüsse, eine Vereinigung der Arbeitnehmer; *Wirtschafts*rat, eine Interessenvertretung der Industrie, und die Kommunalpolitische Vereinigung.

Wer mehr über die CDU wissen möchte, kann sich an deren Bundesgeschäftsstelle wenden: Klingelhöferstraße 8, 10785 Berlin, Tel. 030/22 07 00.

CSU

ist die Abkürzung für ‹*C*hristlich-*So*ziale *U*nion›, die selbständige Schwester*partei* der *CDU* in Bayern.

Die CSU wurde 1945 gegründet. In ihren Anschauungen und Zielen stimmt die CSU weitgehend mit der CDU überein. Sie unterscheidet sich von der CDU vor allem in zwei Punkten: In der Innenpolitik berücksichtigt die CSU besonders die Belange des Bundeslandes Bayern; in der Außenpolitik vertritt sie mit Nachdruck nationale, das bedeutet allein die Bundesrepublik betreffende Interessen.

In Bayern bestimmte die CSU seit 1946 die *Politik* der Landes*regierung*, sie hatte von 1962 bis 2009 die absolute *Mehrheit*, das bedeutet mehr als die Hälfte der Sitze, im Bayerischen *Landtag* inne.

Im *Bundestag* bilden die Parteien CDU

und CSU die *Fraktions*gemeinschaft CDU/CSU. Von 1949 bis 1969 führte die CDU/CSU die *Bundesregierung*.
1969 wurde die CDU/CSU *Opposition*spartei, als *SPD* und *FDP* ein Regierungsbündnis schlossen. Nachdem sich im November 1982 die *Mehrheit* der *Abgeordnete*n der FDP im Bundestag wieder für ein Bündnis mit der CDU/CSU entschieden hatte, kam es zu einer neuen Regierungs*koalition* zwischen CDU/CSU und FDP. Diese Regierungskoalition endete mit der *Bundestagswahl* 1998. 2005 schloss die CDU/CSU eine große Koalition mit der *SPD*.
Bei der Bundestagswahl am 27. September 2009 erhielt die CSU 6,5 Prozent der Wählerstimmen, sie verfügt über 45 Sitze im Bundestag.
Die CSU hat Arbeitsgemeinschaften gebildet, die in der Hauptsache denen der CDU ähnlich sind. Die CSU zählt 2009 rund 173 000 Mitglieder.
Wer mehr über die CSU wissen möchte, kann sich an ihre Landesleitung wenden: 80335 München, Nymphenburger Straße 64, Tel. 089/124 30.

Die Linke
ist hervorgegangen aus der Partei, deren vollständiger Name ‹Die Linkspartei› war, und in der Abkürzung Die Linke auch mit dem Zusatz PDS verwendet wurde.
PDS ist die Abkürzung für ‹*P*artei des *D*emokratischen *S*ozialismus›. Die PDS ist – zunächst unter der Bezeichnung ‹SED-PDS› – die Nachfolgepartei der *SED*, der ‹*S*ozialistischen *E*inheitspartei *D*eutschlands›. Die SED war die herrschende Partei in der *DDR*. Die SED-PDS betonte, dass sie sich in Parteiverständnis und Partei*programm* grundsätzlich von der ehemaligen SED unterscheide.
1990 wurde der Namensteil SED aus dem Parteinamen entfernt. 2005 erfolgte die Umbenennung in Die Linkspartei. Der Zusatz PDS wurde wahlweise benutzt.
Die Linkspartei versteht sich als eine Partei, die grundlegende Kritik an der bestehenden *Gesellschaft* übt. Vom Geld beherrscht, habe diese Gesellschaft zerstörerische Kräfte hervorgebracht. Dagegen fordert Die Linke unter anderem, *sozial*e Gerechtigkeit zu gewährleisten, im weltweiten Interesse der Menschheit den Frieden zu sichern und ein ausgewogenes Verhältnis der Menschen zur Natur zu schaffen.
Für die *Bundestagswahl* 2005 ließ Die Linkspartei Mitglieder der im Januar 2005 neugegründeten Partei WASG auf ihren offenen Listen kandidieren. WASG ist die Abkürzung für ‹Arbeit & soziale Gerechtigkeit – Die Wahlalternative›. In den so bezeichneten offenen Listen können Parteien auch Parteilose oder Mitglieder anderer Parteien zur *Wahl* aufstellen.
Bei der Bundestagswahl 2005 wurde das Bündnis Linkspartei/WASG mit 8,7 Prozent der Wählerstimmen in den *Bundestag* gewählt. 2007 wurde die Vereinigung der beiden Parteien beschlossen und damit die Partei Die Linke gegründet. Bei der Bundestagswahl am 27. September 2009 erhielt Die Linke 11,9 Prozent der Wählerstimmen, sie verfügt über 76 Sitze im Bundestag. Die Linke zählt 2009 rund 78 000 Mitglieder.
Wer mehr über die Die Linke wissen

möchte, kann sich an die Pressestelle der Partei wenden: Kleine Alexanderstraße 28, 10178 Berlin, Tel. 030/ 24009543.

FDP
ist die Abkürzung für ‹*F*reie *D*emokratische *P*artei›.
Die FDP wurde 1948 als Zusammenschluss mehrerer liberaler Parteigruppen in den *Bundesländer*n gegründet. Im Mittelpunkt aller Ziele der FDP steht der Gedanke des *Liberalismus*: die Freiheit und die Würde des einzelnen Menschen. Grundsatz der *Partei* ist, dass es ohne Bildung und ohne Eigentum des Einzelnen keine Freiheit im Zusammenleben der Menschen in einem *Staat* gibt. In den ‹Freiburger Thesen› hat die Partei 1972 diesen liberalen Grundgedanken erneut ausgedrückt und ihre Einstellung zu den Problemen der *Mitbestimmung*, der Vermögens*politik*, des Boden*recht*s und des Umweltschutzes aus liberaler Sicht klargemacht. Die gegenwärtigen *politisch*en Leitlinien der FDP sind in den Wiesbadener Grundsätzen von 1997 niedergelegt.
Seit der ersten *Bundestagswahl* 1949 war die FDP bis 1955 in einer *Koalition* mit der CDU/CSU an der *Bundesregierung* beteiligt. 1961 und 1965 ging die Partei nochmals Koalitionen mit der CDU/CSU ein, 1966 ging die FDP in die *Opposition*.
1969 bildeten FDP und *SPD* eine Koalition, die bis zum November 1982 bestand. Zu diesem Zeitpunkt entschied sich die *Mehrheit* der *Abgeordnete*n der FDP im *Bundestag* wieder für ein Bündnis mit der CDU/CSU, das bis 1998 bestand.
Im Verlauf der Ereignisse, die am 3. Oktober 1990 zur deutschen Vereinigung führten, schloss sich die FDP mit dem ‹*B*und *F*reier *D*emokraten – Die Liberalen› in der *DDR* zusammen. Der ‹Bund Freier Demokraten – Die Liberalen› war ein Zusammenschluss mehrerer liberaler Parteien, die zum Teil bereits bestanden hatten, zum anderen Teil neu gegründet worden waren: Die *L*iberal-*D*emokratische *P*artei, LDP, die vorher *L*iberal-*D*emokratische *P*artei *D*eutschlands, LDPD, hieß, und die *N*ational-*D*emokratische *P*artei *D*eutschlands, NDPD, waren vorher als *Blockparteien* mit der *SED* in der *Nationale*n *Front* zusammengeschlossen. Die *F*reie *D*emokratische *P*artei, FDP, und die Deutsche Forumspartei hatten sich in der DDR neu gegründet.
Bei der Bundestagswahl am 27. September 2009 erhielt die FDP 14,6 Prozent der Wählerstimmen, sie verfügt über 93 Sitze im Bundestag.
Die FDP hat 2009 rund 72 000 Mitglieder.
Die *Satzung* der Partei sieht die Bildung von Fach*ausschüssen* und Arbeitskreisen vor. Eine *Organisation* der Partei sind die ‹*Jungen Liberalen*›.
Wer mehr über die FDP wissen möchte, kann sich an die Bundesgeschäftsstelle der FDP wenden: Reinhardtstraße 14, 10117 Berlin, Tel. 030/ 2849580.

SPD
ist die Abkürzung für ‹*S*ozialdemokratische *P*artei *D*eutschlands›.
Die SPD ist die älteste *Partei Deutschland*s. Ihre Anfänge gehen auf den 1863 in Leipzig gegründeten ‹Allge-

meinen Deutschen Arbeiterverein› zurück, der sich 1875 mit der ‹Sozialdemokratischen Arbeiterpartei› vereinigte. Siehe dazu *Arbeiterbewegung*.

Von 1878 bis 1890 war die Partei durch die sogenannten Sozialisten*gesetze* verboten. Seit 1890 trägt sie ihren heutigen Namen. 1912 war die SPD stärkste Partei im Reichstag, dem *Parlament* des damaligen Deutschen Reiches. Bis zum Ausbruch des Ersten *Weltkrieg*es 1914 hatte sie über eine Million Mitglieder. In der Zeit der *Weimarer Republik*, 1918–1933, stellte die SPD wiederholt den Kanzler der Reichs*regierung*.

In der Zeit des *Nationalsozialismus*, 1933–1945, war die SPD, wie alle Parteien außer der NSDAP, verboten.

Nach dem Ende des Zweiten Weltkrieges wurde die SPD neu gegründet. In der *s*owjetischen *B*esatzungs*z*one (SBZ) kam es zu einer Zwangsvereinigung der SPD mit der KPD zur *SED*, der *S*ozialistischen *E*inheitspartei *D*eutschlands. In den von Großbritannien, Frankreich und den USA besetzten Westzonen erklärte die SPD, dass sie in Zukunft, über die Interessen der *Industrie*arbeiter hinaus, auch die Interessen des *Mittelstand*s vertreten wolle.

In ihrem Partei*programm* von 1959, dem Grundsatzprogramm der SPD, auch ‹Godesberger Programm› genannt, bekennt sich die SPD zum demokratischen *Sozialismus*: Die Ziele des Sozialismus sollen im Rahmen der *Demokratie* verwirklicht werden. Das bedeutet: Gerechte und gleiche Bedingungen für alle Menschen sollen mit der Zustimmung der *Mehrheit* der Bevölkerung erreicht werden.

Das geltende Grundsatzprogramm der SPD ist das Berliner Programm, das im Dezember 1989 in *Berlin* beschlossen wurde.

Seit der ersten *Bundestagswahl* 1949 ist die SPD im *Bundestag* vertreten. Von 1949 bis 1966 war sie in der *Opposition*, von 1966 bis 1969 regierte sie gemeinsam mit der *CDU/CSU* in einer Großen *Koalition*, von 1969 bis November 1982 führte sie in einer Koalition mit der *FDP* die *Bundesregierung*. Nachdem sich im November 1982 die Mehrheit der *Abgeordnete*n der FDP im Bundestag für ein Bündnis mit der CDU/CSU entschieden hatte, ging die SPD in die Opposition.

Im Verlauf der Ereignisse, die am 3. Oktober zur deutschen Vereinigung führten, gründete sich im Januar 1990 die *S*ozialdemokratische *P*artei *D*eutschlands, SPD, in der *DDR* von neuem. Ende September 1990 schloss sich die SPD der Bundesrepublik mit der SPD der DDR zusammen.

Nach der Bundestagswahl 1998 wurde die SPD in einer Koalition mit Bündnis 90/Die Grünen *Regierung*spartei. Bei der Bundestagswahl am 27. September 2009 erhielt die SPD 23 Prozent der Wählerstimmen, sie hat 146 Sitze im Bundestag. Die SPD zählt 2010 rund 502 000 Mitglieder.

Wichtige Arbeitsgemeinschaften in der SPD, die besondere Aufgaben erfüllen, sind unter anderen: ‹Arbeitsgemeinschaft der *Ju*ng*so*zialisten› (*Jusos*), ‹Arbeitsgemeinschaft Sozialistischer Frauen›, ‹Arbeitsgemeinschaft für Arbeitnehmerfragen› und die ‹Arbeitsgemeinschaft der Selbständigen›.

Wer mehr über die SPD wissen möchte, kann sich an deren Bundesvor-

P

stand wenden: Wilhelmstraße 141, 10963 Berlin, Tel 030/25 99 13 00.

Die *Partei*en sind in Orts-, Kreis-, Bezirks- und Landesverbände gegliedert und mit Ausnahme der CSU in jeweils einen Bundesverband. Wichtigste und größte Versammlung der jeweiligen Gesamtpartei ist ihr Bundesparteitag, der in der Regel alle zwei Jahre zusammentritt und aus Abgesandten der Landesverbände besteht. Der Bundesparteitag jeder Partei beschließt die Grundlinien der Partei*politik* und wählt den jeweiligen Bundesvorstand der Partei. Der Bundesvorstand ist die wichtigste Führungsgruppe in jeder Partei. Er führt die Beschlüsse des Parteitages aus und leitet die Partei.
Zur Bundestagswahl 2009 aufgestellte, aber nicht in den Bundestag gewählte Parteien:
Ab jetzt ... Bündnis für Deutschland, für Demokratie durch Volksabstimmung – Volksabstimmung; Allianz der Mitte – ADM; Bayernpartei – BP; Bürgerrechtsbewegung Solidarität – BüSo; CHRISTLICHE MITTE – Für ein Deutschland nach GOTTES Geboten – CM; Deutsche Kommunistische Partei – DKP; DEUTSCHE VOLKSUNION – DVU; Deutsche Zentrumspartei – ZENTRUM; DIE REPUBLIKANER – REP; Die Violetten (Für spirituelle Politik) – DIE VIOLETTEN; Familien-Partei Deutschlands – FAMILIE; Freie Wähler Deutschlands – FWD; Marxistisch-Leninistische Partei Deutschlands – MLPD; Mensch Umwelt Tierschutz – Die Tierschutzpartei; Nationaldemokratische Partei Deutschlands – NPD; Ökologisch-Demokratische Partei – ödp; Partei Bibeltreuer Christen – PBC; Partei für Soziale Gleichheit, Sektion der Vierten Internationale – PSG; Piratenpartei Deutschland – PIRATEN; Rentnerinnen und Rentner Partei – RRP; Rentner-Partei-Deutschlands – RENTNER.

Partikularismus, in einem *Bundesstaat* sind mehrere Gliedstaaten zu einem *Staat* zusammengeschlossen. Es gibt eine übergeordnete *Bundesregierung*, die gemeinsame Interessen vertritt, zum Beispiel die Beziehungen zu anderen Staaten. Es gibt die *Regierungen* der Glied- oder Teilstaaten, die deren jeweilige Interessen vertreten. Partikularismus ist das Bestreben eines Teilstaates, Unabhängigkeit von der Regierung des Bundes zu erlangen, auch wenn das den Bestand des Bundesstaates gefährden könnte.
Siehe auch *Föderalismus.*

Partisan, Partisanen, auch Freischärler genannt, bilden bewaffnete Gruppen, die nicht den ordnungsgemäßen Streitkräften eines *Staat*es angehören. Sie kämpfen im Krieg hinter der Front gegen den Feind und setzen häufig nach dem Krieg ihren Kampf in den vom Feind besetzten Gebieten fort. Partisanen kämpfen auch zusammen mit dem Feind gegen die Herrschaft im eigenen Land.
Werden Partisanen verwundet oder gefangen genommen, sollen sie nach einer Übereinkunft vieler Staaten wie die Soldaten der ordnungsgemäßen Truppen behandelt werden. Diese Übereinkunft gehört zur *Genfer Konvention.*
Siehe auch *Guerilla.*

passiver Widerstand bedeutet ‹Widerstand ohne Gewalt›.
Passiver Widerstand richtet sich gegen Herrschaft: Das kann die Herrschaft einer *Regierung* sein oder die Herrschaft fremder Truppen in einem besetzten Gebiet. Auch die ungerechte Behandlung von Arbeitnehmern kann zu passivem Widerstand herausfordern. *Demonstration*en zum Beispiel oder langsames Arbeiten sind zwei der vielen Möglichkeiten des passiven Widerstandes.

passives Wahlrecht ist das *Recht* eines Staatsbürgers, gewählt zu werden. In der *Bundesrepublik Deutschland* darf jeder Staatsbürger, der wahlberechtigt und volljährig ist, zum *Abgeordnete*n gewählt werden.
Siehe auch *aktives Wahlrecht*.

Passus, ein Passus ist ein Abschnitt einer Rede, eines Vertrages oder irgendeines Schriftstückes.

Pazifikpakt, siehe *ANZUS-Pakt*.

Pazifismus heißt das leidenschaftliche Eintreten für den Frieden und die Ablehnung jeder Gewalt.
Ein Pazifist ist ein Kriegsgegner. Er lehnt jede Form des Krieges ab, auch den Verteidigungskrieg. Schon die Vorbereitung auf eine kriegerische Handlung wird von ihm verurteilt. Pazifisten verweigern aus diesem Grund jeglichen Kriegs- oder Wehrdienst. In vielen *Staat*en müssen sie dafür mit Gefängnisstrafen rechnen.
Seit dem 19. Jahrhundert wird der Gedanke des Pazifismus in verschiedenen Friedensgesellschaften vertreten. Auf sie geht die heutige Friedensforschung zurück.
Siehe auch *Wehrpflicht*.

Pentagon, das Verteidigungs*ministerium* der USA ist nach einem fünfeckigen Grundriss gebaut worden.
Auf Griechisch heißt Fünfeck Pentagon, und so erhielt der Bau den Namen Pentagon.

Perestroika, siehe *Glasnost*.

Permanenz heißt Dauer, Fortdauer.
Permanent heißt dauernd, ununterbrochen.

Personalrat, Arbeiter, zum Beispiel in einer Fabrik, können einen *Betriebsrat* wählen, der ihre Interessen gegenüber ihrem Arbeitgeber vertritt.
Die Beamten, Angestellten und Arbeiter im *öffentlichen Dienst*, zum Beispiel bei Behörden oder bei der Polizei, wählen einen Personalrat, der ihre Interessen vertritt. Ihr Arbeitgeber ist der *Staat*, stellvertretend für den Staat ist es der Leiter der jeweiligen Behörde, zum Beispiel der eines Finanzamtes.
Der gewählte Personalrat hat die Aufgabe, allen Beschäftigten Mitwirkung und *Mitbestimmung* am Arbeitsplatz zu ermöglichen, er muss zum Beispiel gehört werden, wenn Mitarbeiter entlassen oder befördert werden sollen.
Rechte und Pflichten der Personalräte wie auch der einzelnen Arbeitnehmer sind in den so bezeichneten Personalvertretungs*gesetz*en geregelt. Diese sind in den einzelnen *Bundesländer*n unterschiedlich.

Können sich der Leiter einer Behörde und der Personalrat nicht einigen, entscheidet der zuständige *Minister* oder ein *Verwaltungs*gericht.
Siehe *Mitbestimmung, Betriebsrat.*

Persona (non) grata, Persona grata ist eine Person, die willkommen ist.
Der Begriff wird meist für *Diplomat*en angewendet: Ein Botschafter ist in dem *Staat*, in dem er sein Land vertritt, willkommen. Gestattet die *Regierung* des Gastlandes ihm den Aufenthalt aus irgendeinem Grund nicht mehr, wird er zur ‹Persona non grata›, das heißt zur unerwünschten Person.

Petition heißt Bittschrift, Gesuch.
Das Petitions*recht* ist das Recht jedes Bürgers, sich mit Bitten oder Beschwerden an die *Parlament*e oder an Behörden zu wenden. Er kann allein oder mit mehreren anderen Bürgern eine Petition verfassen: Zum Beispiel kann die Einrichtung einer Spielstraße für Kinder vorgeschlagen werden, oder es kann Beschwerde erhoben werden, dass eine Fabrik nicht genügend Lärmschutzeinrichtungen gebaut hat.
Das Petitionsrecht gehört in der *Bundesrepublik Deutschland* zu den *Grundrecht*en eines jeden Bürgers.
In den Parlamenten, also im *Bundestag* und in den *Landtag*en, gibt es Petitions*ausschüss*e.
Ein Petitionsausschuss prüft ein Gesuch und leitet es an zuständige Behörden weiter. Diese müssen die notwendigen Auskünfte geben, damit der Petitionsausschuss das Gesuch bearbeiten und, soweit möglich, für Abhilfe sorgen kann. Der Antragsteller des Gesuches hat einen Anspruch darauf, eine Antwort oder eine Entscheidung zu erfahren.
Siehe auch *Ausschüsse.*

PISA-Studie, PISA ist die Abkürzung für ‹*P*rogramme for *I*nternational *S*tudent *A*ssessment›, deutsch heißt das ‹Programm zur Internationalen Schülerbewertung›. Studie heißt Untersuchung.
Der Begriff PISA-Studie bezeichnet eine Reihe *international*er Untersuchungen über Schulleistungen. Die Fähigkeiten und Leistungen von 15-jährigen Schülern in den Fächern Lesen, Mathematik und Naturwissenschaften werden ermittelt und verglichen. Die Ergebnisse der Vergleiche ermöglichen den teilnehmenden *Staat*en, gezielte Veränderungen in ihren Bildungseinrichtungen vorzunehmen.
Diese Untersuchungen werden seit 2000 alle drei Jahre von der *OECD* durchgeführt. 2006 nahmen 30 Mitgliedsstaaten der OECD und 27 andere Staaten an den Vergleichen teil.
In deutscher Übersetzung heißt OECD ‹Organisation für wirtschaftliche Zusammenarbeit und Entwicklung›. Eine *Organisation* ist ein Zusammenschluss von Personen, Gruppen oder Staaten, die eine gemeinsame Aufgabe bewältigen wollen. Die OECD hat die Aufgabe, ihre Mitgliedsstaaten unter anderem auf den Gebieten der *Wirtschaft*, der Bildung oder der Landwirtschaft zu beraten.
Siehe *OECD.*

Planwirtschaft, siehe *Marktwirtschaft und Planwirtschaft.*

Plebiszit, siehe *Referendum.*

Plenum heißt Vollversammlung, man sagt auch Plenarversammlung oder Plenarsitzung.
Vollversammlung bedeutet, dass alle Mitglieder, zum Beispiel eines *Parlament*es, sich versammeln.
Der Raum, in dem eine Vollversammlung stattfindet, kann als Plenarsaal bezeichnet werden.
Plenar- als Vorsilbe benutzt, heißt Voll-, Gesamt-.

pluralistische Gesellschaft, siehe *Gesellschaft*.

Pogrom, mit Billigung des Zaren wurden in vielen Teilen Russlands gegen Ende des 19. Jahrhunderts die *Juden* verfolgt. Sie wurden aus ihren Wohnungen vertrieben und misshandelt, ihr Eigentum wurde zerstört. Das russische Wort Pogrom heißt Zerstörung und bezeichnet seitdem die Judenverfolgungen in aller Welt.

Polarisierung ist ein Ausdruck für die Verhärtung zweier Meinungen zu gegensätzlichen Standpunkten.
Polar heißt ‹die Pole betreffend›. Die beiden Pole bezeichnen die Endpunkte der Erdachse.

Polemik, eine Polemik ist eine wissenschaftliche, *politisch*e oder religiöse Auseinandersetzung zwischen Menschen mit unterschiedlichen Ansichten. Polemiken werden oft schriftlich, können aber auch mündlich ausgetragen werden.
Häufig wird das Wort auch im abwertenden Sinne gebraucht: Es bezeichnet dann einen unsachlichen Angriff auf eine Person oder eine Meinung. Polemisieren heißt ‹gegen jemand mit geistigen Waffen kämpfen›, im abwertenden Sinne bedeutet es ‹jemanden unsachlich angreifen›.
Polemisch heißt streitbar und kann ‹unsachlich tadelnd oder beanstandend› bedeuten.

Politbüro ist die Bezeichnung für eine der wichtigsten Führungsgruppen innerhalb einer kommunistischen *Partei*: Es besteht aus mehreren Personen und entspricht in etwa dem Vorstand anderer großer Parteien.

Politik, politisch, der griechische Philosoph Aristoteles hat sich im 4. Jahrhundert vor Christus als einer der ersten Menschen im Abendland mit den Problemen des menschlichen Zusammenlebens beschäftigt. Er kennzeichnete den Menschen als ein ‹politisches Wesen›. Damit meinte er, dass kein Mensch für sich allein leben könne: Der Mensch braucht andere Menschen, um geschützt zu sein und seine Wünsche verwirklichen zu können. Es bilden sich also Gruppen von Menschen mit gleichen Wünschen und Interessen. Die Gruppen müssen in Auseinandersetzungen geraten mit anderen Gruppen, die entgegengesetzte Wünsche haben. Jede Gruppe wird versuchen, ihre Interessen zu vertreten und ihre Wünsche zu verwirklichen.
Politik ist alles, was Menschen auf das Ziel hin tun, ihr Zusammenleben möglich zu machen. Dabei versucht jede Gruppe, ihre Interessen möglichst vollständig zu wahren. Die Gruppen können *Partei*en sein, *Gewerkschaften* und Berufsverbände.
Politik ohne Macht ist erfolglos. Jede

politische Gruppe ist daher bestrebt, Macht zu erlangen, diese Macht zu verteidigen oder die bestehenden Machtverhältnisse zu verändern.
Die stärkste politische Macht in einem *Staat* hat die *Regierung*. Alles, was sie im Staat selbst, alles, was sie in Beziehung zu anderen Staaten unternimmt, ist Politik. Die Politik einer Regierung ist in die beiden großen Bereiche Innenpolitik und Außenpolitik unterteilt. Zur Innenpolitik gehören zum Beispiel die *Wirtschafts*-, *Finanz*- und Bildungspolitik, die *Sozial*politik, die Gesundheits- und die Verkehrspolitik. Zur Außenpolitik gehören die Verteidigungs- und Bündnispolitik und die Mitsprache in *international*en Organisationen, zum Beispiel in den *Vereinten Nationen* oder in der *Europäischen Union, EU*. Politologie ist die Wissenschaft von der Politik: Sie untersucht vor allem Ursachen und Zusammenhänge von Macht und Herrschaft in *Gesellschaft* und Staat.

Populist und populistisch sind Begriffe, die von dem lateinischen Wort populus, das *Volk*, abgeleitet sind. In der Umgangssprache werden die Begriffe meist abwertend verwendet.
Ein Politiker, der Ängste, Unzufriedenheit, Bedürfnisse und Vorurteile vieler Menschen nutzt, um Wähler für sich und seine *Partei* zu gewinnen, ist ein Populist. Eine als populistisch beschriebene *Politik* übertreibt eine schwierige Sachlage in unangemessener Art und verbreitet vermeintlich einfache Lösungen zu anstehenden Problemen.

Potenzial heißt Leistungsfähigkeit. Das *Industrie*potenzial eines Landes ist die Leistungsfähigkeit seiner gesamten Industrie.

Potsdamer Abkommen, nach dem Ende des Zweiten *Weltkrieg*es kamen 1945 die *Regierung*schefs der Siegermächte Großbritannien, Frankreich, USA und Sowjetunion in Potsdam nahe bei *Berlin* zu einer Verhandlung zusammen. Ihre Beschlüsse, wie die Verhältnisse in *Deutschland* nach dem Krieg geregelt werden sollten, bezeichnet man als das Potsdamer Abkommen. Unter anderem wurde festgelegt: Deutschland wird in vier Besatzungszonen eingeteilt, in die britische, französische, amerikanische und sowjetische; die oberste *Regierung*sgewalt übernimmt ein *Kontrollrat*, der aus Vertretern der vier Besatzungsmächte gebildet wird; Berlin wird in vier Sektoren, das heißt Großbezirke, eingeteilt; Deutschland darf keine Waffen und keine Soldaten haben; Teile Ostdeutschlands werden bis zu einem Friedensvertrag der Sowjetunion und Polen zur *Verwaltung* überlassen; die Deutschen dürfen wieder *Gewerkschaften* und eine freie *Presse* aufbauen; *Partei*en werden zugelassen.
Siehe auch *Ostverträge*, *Oder-Neiße-Linie*, *Bundesrepublik Deutschland*, *DDR*.

Präambel, eine Präambel ist eine Vorrede oder ein Vorspruch zu einem Vertrag, einer *Verfassung* oder zu *Gesetz*en. Die Präambel zum *Grundgesetz* der *Bundesrepublik Deutschland* zum Beispiel erläutert die Bedeutung, den Zweck und die Entstehung des Grundgesetzes.

Präsenz ist die Anwesenheit, präsent heißt anwesend.

Präsident, Präsidium, Präsident heißt Vorsitzender. In vielen *Staat*en wird das *Staatsoberhaupt* als Präsident bezeichnet.
Das Staatsoberhaupt der *Bundesrepublik Deutschland* ist der *Bundespräsident*.
Unter anderen werden Vorsitzende von *Verwaltung*s- und Gerichtsbehörden Präsidenten genannt: Es gibt zum Beispiel Polizeipräsidenten und Gerichtspräsidenten.
Präsidium heißt Vorsitz oder Vorstand, es wird von mehreren Personen gebildet.
Ein Präsidium kann auch das Amtsgebäude eines Präsidenten sein, beispielsweise das Polizeipräsidium.

Präsidialsystem, siehe *parlamentarische Demokratie*.

Präzedenzfall, ein Präzedenzfall ist ein Musterfall.
Die Entscheidung über eine strittige Frage zwischen *Staat*en wird zum Präzedenzfall, wenn sich zu einem späteren Zeitpunkt andere Staaten in einer ähnlichen Auseinandersetzung auf diese Entscheidung berufen.

Pragmatiker, pragmatisch, pragmatisch heißt sachlich, ‹auf den Erfolg ausgerichtet›. Pragmatiker sind Menschen, die vorhandene Tatsachen als gegeben hinnehmen und etwas Nützliches unternehmen, um durch Handeln zu einem schnellen Erfolg zu kommen.
Zum Beispiel wollen fast alle Menschen verhindern, dass andere Menschen leiden. Sie möchten die Welt von Krieg und Hunger befreien. Sie versuchen das auf verschiedene Weise: Die einen wollen bestehende *Gesellschaft*sformen von Grund auf verändern oder Menschen anders als bisher erziehen, andere rufen auf, den Kriegsdienst zu verweigern.
Zur gleichen Zeit gibt es nach wie vor Menschen, die hungern oder unter den Folgen eines Krieges leiden.
Pragmatiker nehmen Krieg und Hunger als zurzeit gegebene Tatsachen hin. Sie überlegen, was sofort zu tun ist. Zum Beispiel bemühen sie sich, Hilfs*organisation*en wie das Rote Kreuz einzuschalten, um wenigstens einigen notleidenden Menschen schnell und wirkungsvoll zu helfen.
Pragmatiker ziehen den kleinen, sicheren Erfolg einem großen, fernen Ziel vor, das im Augenblick nicht zu verwirklichen ist.

Presse, Pressefreiheit, Presse ist die Bezeichnung für gedruckte Veröffentlichungen, die in regelmäßigen Zeitabständen erscheinen: Das sind vor allem Zeitungen und Zeitschriften. Zur Presse gehören außerdem die Rundfunk- und Fernsehanstalten, Nachrichtenagenturen, die Nachrichten aus aller Welt an Zeitungen, Rundfunk und Fernsehen vermitteln. Seit es möglich ist, zahlreiche Zeitungen, Zeitschriften und auch Nachrichtendienste im Internet zu lesen, zählt im weiteren Sinn auch das Internet zur Presse.
Pressefreiheit bedeutet, dass die Presse in einem *Staat* über alles, was sie erfährt, uneingeschränkt und unbeaufsichtigt berichten kann. Die Presse-

freiheit gilt nicht nur für Zeitungen und Zeitschriften, sondern auch für Rundfunk- und Fernsehsendungen.
In der *Bundesrepublik Deutschland* ist die Pressefreiheit gesetzlich gesichert. Dieses *Recht* wird eingeschränkt durch gesetzliche Bestimmungen zum Schutz der Jugend und zum Schutz der persönlichen Ehre eines Menschen.
Es gibt Staaten, in denen es keine Pressefreiheit gibt oder in denen sie durch Maßnahmen der *Regierung*en weitgehend eingeschränkt ist.
Aber nicht nur Regierungen, auch große Firmen oder Verlage können die Pressefreiheit beeinträchtigen.
Große Firmen zum Beispiel können ihre Aufträge für Werbeanzeigen in einer Zeitung zurückziehen, wenn ihnen deren Berichterstattung nicht passt. Da das Anzeigengeschäft die Haupteinnahmequelle jeder Zeitung ist, kann dies das Ende einer Zeitung bedeuten. Je mehr Zeitungen es aber in einem Land gibt, umso vielfältiger sind die Möglichkeiten für die Bürger, sich ihre eigene Meinung zu bilden.
Außerdem ist die Pressefreiheit gefährdet, wenn zu viele Zeitungen nur einem Verleger gehören. Die Gefahr, dass die Verlagsleitung allein bestimmt, was in den verschiedenen Zeitungen gedruckt werden darf, ist groß. Eventuell wird dadurch die Freiheit der Berichterstattung eingeschränkt und Leser werden nur noch einseitig unterrichtet.
Siehe auch *Zensur*.

Prestige heißt Ansehen und Geltung.
Eine Prestigefrage ist eine Angelegenheit, in der das Ansehen einer Person, einer Gruppe oder eines *Staat*es die entscheidende Rolle spielt: Das Wichtigste ist, wie die Sache in den Augen anderer aussieht. Manche Lehrer zum Beispiel meinen, es schade ihrem Prestige, wenn sie zugeben, dass sie etwas nicht wissen.

Priorität, das lateinische Wort prior heißt ‹der Erste, der Ältere von zweien›, auch höherstehend.
Die Priorität ist in jedem Zusammenhang das, was den Vorrang hat. Prioritäten setzen heißt die Reihenfolge der Wichtigkeit bestimmen.

Privatrecht, das *Recht* in der *Bundesrepublik Deutschland* ist unterteilt in *öffentliches Recht* und Privatrecht.
Das Privatrecht wird auch Zivilrecht oder bürgerliches Recht genannt.
Das Privatrecht regelt die Beziehungen der einzelnen Menschen zueinander: zum Beispiel *Rechte* und Pflichten von Eheleuten, von Eltern und Kindern und von Vertragspartnern. Vertragspartner sind Personen, die beispielsweise Mietverträge, Kaufverträge oder Arbeitsverträge abschließen.
Siehe *Recht, Rechte, BGB.*

Produktionsmittel sind Arbeitsmittel und Arbeitsgegenstände.
Arbeitsmittel sind zum Beispiel Maschinen, Werkzeuge, die Ausrüstung der Betriebe, auch Rohrleitungen und Güterwagen, sowie die Fabrikgebäude.
Arbeitsgegenstände sind alle Rohstoffe, zum Beispiel Holz, Kohle, Erz, Öl.

Profit heißt Gewinn oder Nutzen.

Prognose heißt Vorhersage.
Die Prognose eines Arztes versucht, den Verlauf und den Ausgang einer Krankheit vorherzubestimmen. Dazu muss der Arzt wissen, in welchem Gesundheitszustand der Kranke vorher war und wie sich die Krankheit bei ihm äußert. Außerdem muss der Arzt gelernt haben, wie unterschiedlich Krankheiten bei verschiedenen Menschen verlaufen können.
Wer eine Prognose stellt, muss also wissen, was vorher war und was jetzt ist. Außerdem muss er imstande sein, Vergleiche mit ähnlichen Fällen zu ziehen. Dann kann er mehr oder weniger genau eine Vorhersage machen.

Programm, programmatisch, das Wort Programm hat mehrere Bedeutungen: «Hier hast du ein Programm» heißt «Hier hast du einen Ankündigungszettel», zum Beispiel für ein Konzert.
«Das Programm sieht Flötenkonzerte von Bach vor» meint, dass Flötenkonzerte von Bach «die vorgesehene Folge» sind.
Programm heißt auch Ziel oder Zielsetzung: Eine Schule hat das Programm, ihre Schüler zu selbständigen *Staats*bürgern zu erziehen.
Programmatisch heißt richtungweisend, zielsetzend oder ‹dem Programm gemäß›.

progressiv heißt fortschreitend, ‹sich entwickelnd›. Das Wort wird immer im zustimmenden Sinne benutzt: fortschrittlich, im Gegensatz zu rückständig oder rückschrittlich.
Progression heißt ‹fortschreitende Steigerung›. Dieser Begriff wird auch im Steuer*recht* benutzt: Ein Unternehmer, der doppelt so viel verdient wie ein Angestellter, muss nicht nur doppelt so viel *Steuern* zahlen wie dieser, sondern mehr als das Doppelte. Das bedeutet, dass bei einem höheren Einkommen die prozentuale Belastung mit Steuern im Verhältnis zu einem geringeren Einkommen steigend ist.

Proklamation, eine Proklamation ist ein Aufruf, eine Bekanntmachung. Eine Proklamation kann von einer *Regierung*, einer *Partei*, einer *politisch*en Gruppe oder von mehreren *Staat*en gemeinsam verkündet werden.
Eine Proklamation soll viele Menschen gleichzeitig und eindrucksvoll in Kenntnis setzen oder zu gemeinsamem Verhalten aufrufen.

Proletariat, im alten Rom waren die ‹proletarii› die Besitzlosen: Menschen, die zu arm waren, *Steuern* zu bezahlen. Karl Marx, einer der Wegbereiter des *Kommunismus* im 19. Jahrhundert, bezeichnete als Proletariat die Arbeiterklasse: Menschen, die als einzigen Besitz ihre Arbeitskraft haben.

Prominenz, prominent heißt hervorragend, bedeutend, maßgebend und ‹weithin bekannt›.
Eine prominente Person kann also eine bedeutende, kann aber auch nur eine weithin bekannte Person sein.
Die Prominenz zum Beispiel einer Stadt sind ‹alle prominenten Persönlichkeiten›.

Propaganda ist Werbung für eine Ansicht.
Alle *Partei*en, alle *politisch*en Gruppen

und die Kirchen versuchen mit Hilfe von Propaganda, die eigenen Ansichten so weit wie möglich zu verbreiten. Mittel der Propaganda sind: Plakate, Reden auf Versammlungen, im Rundfunk und im Fernsehen, *Artikel* in Zeitungen und Zeitschriften und im Internet.

Proporz, Proportion heißt ‹das Verhältnis der Maße zueinander›. Proportional heißt verhältnismäßig, ‹im gleichen Verhältnis stehend›.
Proporz ist eine Kurzform des Wortes Proportional*wahl*, das heißt *Verhältniswahl*. Es bedeutet auch ‹Verteilung der Sitze nach dem Verhältnis der abgegebenen Stimmen›.
Der Begriff Proporz wird oft im Zusammenhang mit der Verteilung von Ämtern benutzt. In der *Bundesrepublik Deutschland* zum Beispiel achten vor allem die *Partei*en und die beiden großen Kirchen streng darauf, dass die anderen Parteien oder die andere Glaubensgemeinschaft bei der Verteilung der öffentlichen Ämter nicht bevorzugt werden.

Prosperität bedeutet ganz allgemein Erfolg oder ‹guter Fortgang›, im Besonderen ist der *wirtschaftlich*e Aufschwung eines *Staat*es gemeint.

Protest, protestieren heißt ‹Einspruch erheben›, widersprechen. Wer protestiert, ist anderer Meinung.
Ein Protest, das heißt Einspruch oder Widerspruch, kann mündlich oder schriftlich geäußert werden.
Der öffentliche Protest mehrerer Menschen findet häufig in Form einer *Demonstration* statt.
Den schriftlichen Einspruch einer *Regierung* bei der Regierung eines anderen *Staat*es nennt man eine Protest*note*.

Protokoll, nach einem Verkehrsunfall nehmen Polizisten ein Protokoll auf, einen schriftlichen Bericht über den Unfall und seine Ursachen.
Protokolle sind schriftliche Zusammenfassungen und Niederschriften von privaten und öffentlichen Verhandlungen und Sitzungen, zum Beispiel von Gerichtsverhandlungen.
Bei Verhandlungen und Verträgen zwischen *Staat*en gibt es außer den üblichen Protokollen sogenannte Schluss- und Zusatzprotokolle. Sie enthalten eine Zusammenfassung der Ergebnisse oder zusätzliche Vereinbarungen.
Als Protokoll bezeichnet man auch die Regeln der Höflichkeit, die *Diplomat*en beachten müssen: Bei dem Empfang eines ausländischen *Staatsoberhaupt*es zum Beispiel schreibt das Protokoll vor, in welcher Reihenfolge der Gast die anwesenden *Minister* begrüßt.

Provokation, jemanden provozieren heißt ihn aufreizen, ‹ihn so lange reizen, bis er etwas sagt oder tut, was er gar nicht wollte›.
Stefan weiß zum Beispiel, dass die Mutter abends ins Theater gehen will. Er weiß auch genau, dass sie dem Vater versprochen hat, bis dahin einen wichtigen Brief zu schreiben. Trotzdem kommt Stefan unentwegt mit Fragen, die er auch allein beantworten könnte. Irgendwann verliert die Mutter die Geduld, und sie schreit Stefan an. Sie fühlt sich von Stefan provoziert.

Wie zwischen Menschen sind Provokationen, das heißt Herausforderungen, auch zwischen *Staat*en möglich.

Prozess heißt Ablauf, Verlauf oder Entwicklung.
Der ‹Prozess der Meinungsbildung› ist die Entwicklung einer bestimmten Meinung, zum Beispiel der Eltern über Vorschulerziehung.
Ein Prozess ist auch eine Verhandlung vor Gericht, eine Gerichtsverhandlung.

Publikation, publizieren heißt veröffentlichen, eine Publikation ist eine gedruckte Veröffentlichung. Publikationen erscheinen unter anderem in Zeitungen, Zeitschriften, Büchern und im Internet.
Als Publizisten werden insbesondere *politisch*e Schriftsteller bezeichnet, die ihre Schriften in der *Presse* veröffentlichen.
Etwas publik machen heißt es offenkundig machen.

Putsch ist schweizerisch und heißt der Stoß.
Als Putsch wird der plötzliche Aufstand gegen eine *Regierung* bezeichnet. Putsch heißt Umsturz und Umsturzversuch.
Siehe auch *Staatsstreich.*

Q

Quai d'Orsay ist der Name einer Straße am Ufer der Seine in Paris, in der das französische Außen*ministerium* seinen Sitz hat. Davon abgeleitet wird das französische Außenministerium oft auch als Quai d'Orsay bezeichnet.

qualifizierte Mehrheit, siehe *Mehrheit.*

Quotenregelung, die Quotenregelung ist eine Verteilungsregel, bei der zum Beispiel Ämter, *Recht*e oder Tätigkeiten nach einem bestimmten Verteilungsschlüssel oder einer bestimmten Quote vergeben werden. Eine Quote ist der ‹Anteil, der bei der Aufteilung eines Ganzen auf den Einzelnen oder eine Gruppe entfällt›.
Eine Schulleitung beschließt zum Beispiel, dass die in den Klassen zur Verfügung stehenden Computerplätze so auf Jungen und Mädchen verteilt werden, wie es ihrem Anteil in der Klasse entspricht. Damit wird eine Quotenregelung auf der Grundlage der Geschlechter beschlossen: Wenn in einer Klasse für 16 Mädchen und 8 Jungen 6 Computerplätze zu verteilen sind, müssen sich die Mädchen die Arbeit an vier Computern, die Jungen an zwei Computern teilen.
In *Partei*en zum Beispiel oder anderen großen Einrichtungen gibt es Quotenregelungen.

R

radikal, Radikalismus, radikal ist abgeleitet von dem lateinischen Wort radix, das heißt ‹die Wurzel›. Radikal heißt ‹an die Wurzel gehend›, auch gründlich und unbedingt. Wer radikal handeln will, will etwas gründlich tun, jedoch nicht immer gewalttätig.

Radikalismus ist eine *politisch*e Einstellung, die eine *Gesellschaft* von Grund auf verändern will, unter Umständen auch mit Gewalt. Es gibt zwei radikale politische Richtungen, den Rechts- und den Linksradikalismus. Siehe dazu *links und rechts*.

Räterepublik, die Räterepublik ist eine *Staat*sform, in der das *Volk* seine Herrschaft möglichst unmittelbar ausüben soll. Sie steht damit im Gegensatz zur *repräsentativen Demokratie*, in der *Abgeordnete* im *Parlament* das Volk vertreten.

Volksvertreter in den Räten der Räterepublik sollen jederzeit von ihren Wählern abberufen werden können; sie sollen an die Weisungen ihrer Wähler gebunden sein: Sie erhalten ein imperatives *Mandat*, das bedeutet einen an die Weisungen von Wählern gebundenen Auftrag. Die Abgeordneten in Parlamenten dagegen haben in der Regel ein freies Mandat: Sie können nicht abberufen werden; die Wähler haben lediglich die Möglichkeit, sich bei der nächsten *Wahl* für einen anderen *Kandidat*en, das heißt für einen anderen Bewerber, zu entscheiden.

Gewaltenteilung soll es in der Räterepublik nicht geben: *Gesetzgebung* und *Regierung* und *Rechtsprechung* sind nicht voneinander getrennt, sondern sollen von den Räten gemeinsam ausgeübt werden.

In einer Räterepublik wären Wohngemeinden und Betriebe sozusagen die unterste Ebene der *Gesellschaft*. In den Wohngemeinden und Betrieben würden die Wähler Beauftragte bestimmen, die den Rat für die Gemeinde oder den Betrieb bilden sollen. Dieser Rat würde Vertreter für den Rat der nächsthöheren Ebene wählen, etwa einer Provinz oder eines *Industrie*zweiges, bis hinauf zu einem zentralen Rat für den ganzen Staat. Zentral heißt ‹im Mittelpunkt›. Ein solcher zentraler Rat würde sich von dem Parlament in einer repräsentativen Demokratie vor allem dadurch unterscheiden, dass er nicht unmittelbar von den einzelnen Bürgern gewählt würde.

Die Räterepublik konnte nie für längere Zeit verwirklicht werden.

Rassismus bedeutet ‹übersteigertes Rassenbewusstsein›.

Den Begriff Rasse gibt es in der Biologie: Er ordnet die Gattungen Tier und Mensch in Untergruppen mit gemeinsamen Merkmalen. Die Menschen werden vor allem sehr grob nach der Farbe ihrer Haut unterteilt: Es gibt Weiße, Schwarze oder Gelbe. Eine Einteilung in minderwertige oder höherwertige Rassen gibt es in der Biologie nicht.

Trotzdem fühlen sich Menschen anderen Menschen überlegen, weil sie weiße, schwarze oder gelbe Haut haben. Überall auf der Welt werden Menschen wegen ihrer Rasse diskriminiert, das heißt abgewertet.

In den USA sind zwar vor dem *Gesetz* alle Menschen gleich, tatsächlich jedoch sind die Schwarzen nach wie vor in vielen Bereichen benachteiligt. Dies hat dazu geführt, dass auch viele Schwarze rassistisch denken: Sie sind nicht nur stolz darauf, schwarz zu sein, sondern nehmen häufig den Weißen gegenüber eine unversöhnliche Haltung ein.

In der Zeit des *Nationalsozialismus* in *Deutschland*, 1933–1945, wurden 6 Millionen *Juden* getötet. Die Nationalsozialisten hatten die Behauptung aufgestellt, dass Juden einer besonderen und minderwertigen Rasse angehören. Das ist eine rassistische Behauptung, sie war für die Juden tödlich. Es gibt keine jüdische Rasse: Juden sind Angehörige der jüdischen Glaubensgemeinschaft und des jüdischen *Volk*es.

In den letzten Jahren kommt es in der *Bundesrepublik Deutschland* wieder häufiger zu gewaltsamen Ausschreitungen gegen Juden und fremdländisch aussehende Ausländer, die in der Bundesrepublik arbeiten oder hier Schutz vor Verfolgung suchen.

Siehe auch *Chauvinismus, Bürgerrechtsbewegung.*

Rat der Europäischen Union, der Rat der Europäischen Union wird auch als EU-Ministerrat oder kurz als der Rat bezeichnet. Der Rat ist die oberste Entscheidungsbehörde der *Europäischen Union, EU.* Die EU ist eine Gemeinschaft von 27 europäischen *Staat*en.

Der EU-Ministerrat setzt sich 2010 aus 27 *Minister*n zusammen, die von den *Regierung*en der Mitgliedsstaaten entsendet werden. Jeder Minister vertritt im Rat die Interessen seines Landes, er handelt im Auftrag seiner Regierung. Der Rat der Europäischen Union kann, je nach Sachverhalt, in neun unterschiedlichen Zusammensetzungen tagen. So kommen bei Verhandlungen zum Beispiel über Straßenverkehr die Verkehrsminister, bei Erörterungen über fälschungssichere Ausweise die Innenminister zusammen. Als oberste Entscheidungsbehörde der EU erlässt der Ministerrat Verordnungen, oft zusammen mit dem *Europäischen Parlament.* So wie ein *Parlament* die *Volk*svertretung eines Staates ist, bildet das Europäische Parlament die Vertretung aller Völker der EU-Staaten.

Verordnungen des Ministerrats gelten in den Mitgliedsstaaten unmittelbar, das heißt, sie gelten als *Gesetz.*

Der Rat beschließt außerdem Richtlinien, aufgrund deren die einzelnen Mitgliedsstaaten verpflichtet sind, in ihren Ländern Gesetze zu erlassen. Es ist Aufgabe des EU-Ministerrats, dafür zu sorgen, dass die Mitgliedsstaaten ihre *Wirtschaft*spolitik aufeinander abstimmen.

Der Rat schließt Abkommen und Verträge mit anderen Staaten und *Organisation*en.

Der Vorsitz im Rat wechselt nach einer bestimmten Reihenfolge alle sechs Monate.

Nicht zu verwechseln mit dem eben beschriebenen Rat der Europäischen Union ist der *E*uropäische *R*at, ER. In diesem Rat kommen seit 1975 die Staats- und Regierungschefs der Mitgliedsstaaten in der Regel zweimal im Halbjahr zusammen. Auf diesen Gipfel*konferenz*en werden Beschlüsse zu grundsätzlichen Fragen der EU gefasst.

Siehe *Europäische Union, EU, Europäisches Parlament, Europäische Kommission.*

Rat für gegenseitige Wirtschaftshilfe, siehe *RGW.*

R

Ratifikation, *Staat*en regeln ihre Beziehungen zueinander durch Verträge. Solche Verträge werden von *Diplomat*en vorbereitet. Sind sie sich über den Inhalt und den Wortlaut der Verträge einig, werden diese oft zunächst im Entwurf paraphiert, das heißt abgezeichnet, und danach von *Minister*n unterzeichnet. Besondere Verträge sind damit aber noch nicht gültig. Sie müssen noch von den *Parlament*en ratifiziert, das heißt bestätigt, werden.
In der *Bundesrepublik Deutschland* kommen dafür die *Abgeordnete*n im *Bundestag* zusammen und stimmen ab, ob sie den Vertrag billigen oder nicht. Stimmt der Bundestag und in bestimmten Fällen auch der *Bundesrat* zu, erfolgt die Ratifikation oder Ratifizierung. Durch die Unterschrift des *Bundespräsident*en und die Veröffentlichung im *Bundesgesetzblatt* wird der Vertrag zum *Gesetz*.
Bei Verträgen zwischen zwei Staaten werden die Ratifikationsurkunden ausgetauscht. Haben mehrere Staaten einen Vertrag miteinander geschlossen, wird ein Ort bestimmt, an dem die Urkunden hinterlegt werden.
Siehe auch *Bundesrat, paraphieren.*

Rationalisierung ist die Vereinfachung und Straffung von Arbeitsvorgängen durch zweckmäßigere und besser durchdachte Arbeitsverfahren. Früher standen zum Beispiel in Frau Meiers Küche die Geschirrspülmaschine und der Geschirrschrank weit voneinander entfernt. Viele kleine Gänge waren notwendig, um das Geschirr nach dem Abwasch in den Schrank zu räumen. Heute steht der Geschirrschrank gegenüber der Spülmaschine: Frau Meier braucht sich nur umzudrehen, um das Geschirr einzuräumen. Ein Arbeitsvorgang wurde rationalisiert, das heißt zweckmäßiger eingerichtet.
Wie im Haushalt ist Rationalisierung auch in Fabriken und Büros und an vielen anderen Arbeitsplätzen möglich. Wichtige Voraussetzungen der Rationalisierung sind die Normung industrieller Erzeugnisse und der Einsatz von Maschinen. Normung bedeutet ‹einheitliche Gestaltung›.
Siehe auch *Automation.*

reaktionär heißt rückschrittlich.
Ein Reaktionär stellt sich einer fortschrittlichen Entwicklung in einer *Gesellschaft* entgegen.
Beide Begriffe werden vorwiegend im *politisch*en Sprachbereich angewendet. Da es unterschiedliche Auffassungen darüber gibt, was fortschrittliche *Politik* ist, kommt es auf den eigenen Standpunkt an, wen man als reaktionär bezeichnet.
Das Wort Reaktion hat mehrere Bedeutungen: Es heißt einmal Antwort und Gegenhandlung. Zum anderen ist es im Sprachbereich der Politik ein Schlagwort und bedeutet Fortschrittsfeindlichkeit.

Recht, Rechte, die Gesamtheit der Regeln, die das Zusammenleben der Menschen in einem *Staat* bestimmen und deren Einhaltung der Staat unter Umständen mit Gewalt durchsetzt, bildet das ‹objektive Recht›, das heißt das allgemein gültige Recht.
Aus dem objektiven Recht ergeben sich die ‹subjektiven Rechte›: Sie umfassen die Ansprüche, die dem einzelnen Menschen innerhalb einer Ge-

meinschaft zuerkannt werden. Das Erziehungsrecht der Eltern zum Beispiel und das Recht, Verträge zu schließen und zu kündigen, gehören zu den subjektiven Rechten des einzelnen Menschen.
Siehe auch *Menschenrechte, öffentliches Recht, Privatrecht.*

rechts, siehe *links und rechts.*

Rechtsmittel, jeder Bürger kann Entscheidungen von *Gerichte*n und Behörden nachprüfen. Dafür gibt es die Mittel der Beschwerde, Berufung und Revision, das heißt Nachprüfung. Man sagt, es werden *Recht*smittel eingelegt.
Das Arbeitsgericht zum Beispiel hat entschieden, dass ein Arbeitgeber einen Arbeitnehmer zu Recht fristlos entlassen hat. Der Arbeitnehmer ist mit der Entscheidung nicht einverstanden. Er kann das Rechtsmittel der Berufung einlegen und vor das nächsthöhere Gericht, das Landesarbeitsgericht, gehen.
In besonderen Fällen kann auch mit dem Rechtsmittel der Revision das Bundesarbeitsgericht angerufen werden.

Rechtsprechung, neben der gesetzgebenden Gewalt, der *Legislative*, und der ausführenden Gewalt, der *Exekutive*, ist die Rechtsprechung, die Judikative, die dritte Gewalt in einem *Staat.*
Die Rechtsprechung wird in der *Bundesrepublik Deutschland* von den *Gerichte*n der *Bundesländer*, von den obersten Gerichtshöfen des Bundes und vom *Bundesverfassungsgericht* ausgeübt. Die rechtsprechende Gewalt ist den Richtern übertragen, die nur dem *Gesetz* und ihrem Gewissen unterworfen sind. Richter sind unabhängig, das bedeutet, sie sind frei in der Auslegung des Gesetzes, wenn sie Entscheidungen treffen, und sie können grundsätzlich nicht abgesetzt werden.
Außer den Berufsrichtern gibt es an den Gerichten bei Strafprozessen ehrenamtliche Richter, die auch als Laienrichter bezeichnet werden: Das sind Schöffen und Geschworene. Sie sind unbescholtene Bürger, die nicht Rechtswissenschaft studiert haben, die jedoch unabhängig wie Berufsrichter sind und die gleichen Pflichten haben. Laienrichter werden von den Gemeindevertretungen für jeweils zwei Jahre gewählt.
Strafsachen, wie zum Beispiel Diebstahl, Totschlag und Mord, werden von Staatsanwälten untersucht, die Täter werden vor Gericht angeklagt. Staatsanwälte sind öffentliche Ankläger, das bedeutet, sie vertreten die Interessen aller Menschen in einem Staat. Staatsanwälte sind im Gegensatz zu den Richtern nicht unabhängig: Sie müssen Weisungen befolgen, die ihnen zum Beispiel der *Minister* für *Justiz* vorschreibt.
Siehe *Gewaltenteilung, öffentliches Recht, Privatrecht, Gerichte.*

Rechtsstaat, Voraussetzungen für einen Rechtsstaat sind: eine meist schriftlich niedergelegte *Verfassung*, Zusicherung von *Grundrechte*n an die Bürger, *Gewaltenteilung*, Gesetzmäßigkeit der *Verwaltung.*
Eine Verfassung bestimmt, welche *Rechte* jeder Bürger hat, welche Aufga-

ben *Regierung* und *Parlament* haben und wie diese aufgebaut sind.
Zu den Grundrechten gehört zum Beispiel die Gleichheit aller Menschen vor dem *Gesetz*.
Gewaltenteilung bedeutet, dass die gesetzgebende Gewalt, die ausführende Gewalt und die *Rechtsprechung* voneinander unabhängig sind und sich gegenseitig überwachen. Die drei Gewalten sind in dem Begriff *Staatsgewalt* zusammengefasst.
In einem Rechtsstaat ist die Staatsgewalt an die Verfassung als oberstes Gesetz gebunden: Kein Gesetz, keine Verordnung, kein Richterspruch darf den in der Verfassung festgelegten Grundsätzen widersprechen.
Gesetzmäßigkeit der Verwaltung bedeutet, dass alle Maßnahmen der Regierung, der Ministerien und der Behörden sich streng und ohne Ausnahme an die Gesetze und das Recht halten müssen. Alle Maßnahmen der Verwaltung, die den Bürger selbst betreffen, kann er gerichtlich überprüfen lassen. Die Rechte des Bürgers sind durch unabhängige Richter geschützt.
Die *Bundesrepublik Deutschland* zum Beispiel ist ein Rechtsstaat.
Siehe *Grundgesetz*, auch *Legalität*.

Rechtsverordnung, die *Gesetz*e für die *Bundesrepublik Deutschland* werden vom *Bundestag*, dem *Parlament* der Bundesrepublik, unter Mitwirkung des *Bundesrat*es beschlossen und im *Bundesgesetzblatt* veröffentlicht. Rechtsverordnungen sind keine Gesetze, sie können von der *Bundesregierung*, den Bundes*minister*n oder den *Regierung*en der *Bundesländer* ohne Mitwirkung der Parlamente erlassen werden. Die Erlaubnis dazu muss ihnen jedoch vorher in einem Gesetz übertragen worden sein.
Rechtsverordnungen regeln sogenannte einfache Tatbestände: Der Bundesminister für Verkehr zum Beispiel kann Rechtsverordnungen für Straßenbau und -nutzung erlassen.
Rechtsverordnungen haben wie Gesetze für Bürger und *Staat* die gleiche verbindliche Wirkung. Sie sind notwendig, weil nicht alle Lebensverhältnisse durch Gesetze geregelt werden können.

reduzieren heißt mindern, verkleinern und ‹zurückführen auf eine frühere Stufe oder Menge›.

Referendum heißt Volksentscheid: Das *Volk* kann in einer Volksabstimmung selbst eine Entscheidung treffen, zum Beispiel über ein *Gesetz*. In den meisten Staaten ist das Referendum eine Ausnahme. Die Regel ist, dass stellvertretend für das Volk die *Abgeordnete*n im *Parlament* die Gesetze beschließen. Das Parlament ist die Vertretung des Volkes.
Für die gesamte *Bundesrepublik Deutschland* ist ein Volksentscheid nur für den Fall vorgesehen, dass die Grenzen der *Bundesländer* verändert werden sollen. In einigen Ländern der Bundesrepublik ist ein Volksentscheid dagegen möglich, allerdings nur bei Entscheidungen, die das jeweilige Bundesland betreffen.
Einem Volksentscheid in den Bundesländern muss ein Volksbegehren vorausgehen: Innerhalb einer festgelegten Frist müssen die Bürger, die zum Beispiel den Bau einer neuen Auto-

bahnstrecke verhindern wollen, eine bestimmte Zahl von Unterschriften wahlberechtigter Bürger sammeln und dem Parlament vorlegen. Das Parlament kann das Begehren annehmen oder ablehnen. Bei einer Ablehnung können die Bürger einen Volksentscheid verlangen, in dem dann alle Wahlberechtigten entscheiden.
Die Bedingungen für ein Volksbegehren sind in den einzelnen Bundesländern unterschiedlich.
Ein anderes Wort für Referendum ist Plebiszit.
Siehe auch *Initiative*.

Referent, ein Referent ist ein Berichterstatter. In der Regel ist er Fachmann auf dem Gebiet, über das er vor großen oder kleinen Versammlungen referiert, das heißt berichtet.
Häufig gibt er mit seinem Referat, das heißt mit seiner Berichterstattung, ein Gutachten ab: Er begründet sein Urteil mit seinen Kenntnissen.
Referent ist auch die Bezeichnung für einen Sachbearbeiter einer Behörde oder eines *Ministeriums*. Der persönliche Referent ist einem *Minister* oder Senator unmittelbar zugeordnet: Er berät und unterstützt ihn und übernimmt Aufgaben in eigener Verantwortung.
Senator ist in den Stadtstaaten Hamburg, Bremen, *Berlin* die Bezeichnung für die Minister der Landes*regierungen*.

Reform, eine Reform ist die Umgestaltung bisher bestehender Verhältnisse. Eine Reform wird immer mit der Absicht geplant, die Zustände nicht nur zu verändern, sondern sie zu verbessern.
Wenn zum Beispiel erreicht ist, dass in keiner Klasse mehr als 25 Kinder unterrichtet werden, ist ein Teil der Schulreform verwirklicht.

regenerative Energien, siehe *Energiekrise*.

Regierung, regieren heißt leiten, lenken, ‹Herrschaft ausüben›.
Die Regierung ist die Leitung eines Staates, die Gruppe von Menschen, die den *Staat* lenkt. In der Regel gehören zu einer Regierung der Regierungschef und die *Minister*, das können Männer und Frauen sein. Die Regierung regelt die Beziehungen des eigenen Staates zu anderen Staaten, sie veranlasst und beaufsichtigt, was im eigenen Land geschieht. Man sagt auch, die Regierung führt die Staatsgeschäfte.
Wie eine Regierung den Staat lenkt, ist abhängig von dem jeweiligen *Regierungssystem*. Siehe dazu *Regierungssysteme*.
Die *Bundesrepublik Deutschland* besteht aus 16 *Bundesländern*. Die Regierung eines Bundeslandes heißt Landesregierung, ihr Regierungschef ist ein *Ministerpräsident*. Die Regierung der Bundesrepublik heißt *Bundesregierung*, ihr Regierungschef *Bundeskanzler*.

R

Regierungserklärung, Regierungsprogramm, die *Regierung* ist die Leitung eines *Staates*.
In der *Bundesrepublik Deutschland* wird die Regierung für jeweils vier Jahre gebildet.
In einer Regierungserklärung am Anfang der Regierungszeit gibt der *Bundeskanzler* vor dem *Bundestag* das Re-

gierungs*programm* bekannt: Er erklärt, wie die Beziehungen zu anderen Staaten geregelt und welche Aufgaben in der Bundesrepublik gelöst werden sollen.
Andere Anlässe für Regierungserklärungen sind wichtige innen- oder außen*politisch*e Ereignisse.
Der Bundeskanzler ist der Regierungschef, der Bundestag die *Volks*vertretung der Bundesrepublik.

Regierungspartei, siehe *Opposition.*

Regierungssystem, die *Regierung* ist die Leitung eines *Staat*es. System heißt ‹geordneter Aufbau›.
Der Begriff Regierungssystem bedeutet aber nicht nur ‹Aufbau der Regierung und ihrer *politisch*en Einrichtungen›, sondern gleichzeitig ‹Struktur, das heißt innere Gliederung des Staates insgesamt›. Politische Einrichtungen im parlamentarischen Regierungssystem der *Bundesrepublik Deutschland* sind zum Beispiel: *Bundespräsident, Bundeskanzler, Kabinett, Bundestag, Bundesrat, Bundesverfassungsgericht.*
Es gibt viele unterschiedliche Regierungssysteme. Siehe also *Demokratie, Diktatur, Monarchie, parlamentarische Demokratie, repräsentative Demokratie, Räterepublik, Einparteisystem, Zwei- und Mehrparteiensystem.*

Regime heißt Herrschaft, Regierungsform: Die *Regierung* ist die Leitung eines *Staat*es.
Militärregime bedeutet, dass die Herrschaft in einem Staat vom *Militär*, in der Regel von hohen Offizieren, ausgeübt wird.
Der Begriff Regime wird häufig benutzt, um Missachtung gegenüber der so bezeichneten Regierung auszudrücken.

regional, eine Gegend, ein Gebiet, einen Bereich oder Bezirk bezeichnet man als Region.
Regional heißt ‹auf ein bestimmtes Gebiet beschränkt›. Regionales Fernsehen zum Beispiel ist nur in einem begrenzten Bezirk zu empfangen.

Rehabilitation heißt Wiedereingliederung. Im Besonderen umfasst der Begriff alle Maßnahmen, die ermöglichen, dass körperlich und seelisch erkrankte Menschen nach ihrer Gesundung wieder in die *Gesellschaft* eingegliedert werden. Dazu gehört zum Beispiel, dass sie für einen Beruf ausgebildet werden, der ihren Fähigkeiten entspricht, und dass passende Arbeitsstellen für sie beschafft oder geschaffen werden.

relative Mehrheit, siehe *Mehrheit.*

relegieren heißt verweisen. Mit Relegation ist immer die Verweisung eines Studenten von der Hochschule oder die Entfernung eines Schülers von der Schule gemeint.

relevant heißt erheblich, wichtig. Die Relevanz ist die Wichtigkeit.

remilitarisieren heißt wiederbewaffnen. Remilitarisierung heißt Wiederbewaffnung.

Rente, als Rente werden regelmäßige Zahlungen bezeichnet, zum Beispiel aus einem Vermögen, das man besitzt,

oder aufgrund eines *Recht*es, auf das man einen Anspruch hat. So gibt es unter anderem die Kapitalrente, das ist die Rente aus Vermögen, und die gesetzliche Altersversorgung.
In der *Bundesrepublik Deutschland* ist die wichtigste Form der Altersversorgung die Altersrente aus der *Rentenversicherung.* Durch *Gesetz* ist geregelt, dass alle Bürger Beiträge an die sogenannten Versicherungsanstalten der *Sozialversicherung* – zu der die Rentenversicherung gehört – zahlen können; für die Arbeitnehmer ist es Pflicht, einen bestimmten Anteil des Einkommens an diese Einrichtungen abzuführen, solange ihr Einkommen eine bestimmte Höhe nicht übersteigt. Die Versicherungsanstalt zahlt dann später die Rente aus.
Man bekommt die Rente, wenn man alt ist und aufhört zu arbeiten. In der Regel erhalten Männer und Frauen sie mit 65 Jahren. Auf Antrag ist es möglich, die Rente auch zu einem früheren Zeitpunkt, aber nicht vor dem 60. Lebensjahr, zu erhalten. Der frühere Beginn der Rente kann die Höhe der Zahlung verringern, die sich im Wesentlichen danach richtet, wie lange man Beiträge und wie viel Geld man eingezahlt hat. Außerdem wird die Höhe der Rentenzahlung der allgemeinen Entwicklung der Einkommen der arbeitenden Bevölkerung angeglichen. Im Rahmen der Rentenversicherung werden auch an Witwen und Waisen und an Menschen, die arbeitsunfähig geworden sind, Renten gezahlt.
Um die Arbeitsunfähigkeit infolge von Krankheit oder Behinderung zu mindern oder zu verhindern, bezahlt die Rentenversicherung unter anderem Heilbehandlungen, Aufenthalte in Reha-Kliniken oder Umschulungen in andere Berufe. Reha ist die Abkürzung von *Rehabilitation*, das bedeutet in diesem Zusammenhang ‹Wiederherstellung der Leistungsfähigkeit und Gesundheit eines Menschen›.
Seit 1989 wird den zukünftigen Rentenempfängern empfohlen, zusätzlich zu der gesetzlichen Rente mit weiteren Versicherungs- oder Sparmaßnahmen ihre Versorgung im Alter abzusichern. Die Höhe der Rentenzahlungen aus der Sozialversicherung wird in der Zukunft nicht – wie früher – ausreichen, um alle bis dahin gewohnten Lebensbedürfnisse befriedigen zu können. Gründe für die Empfehlung sind unter anderem *wirtschaftlich*e Entwicklungen und der sich stetig verändernde Aufbau der Bevölkerung. In der *Bundesrepublik Deutschland* gibt es zunehmend mehr alte Menschen, die Rente erhalten, und immer weniger junge Menschen, die durch ihre Beiträge zur Rentenversicherung die Rentenzahlungen an die alten Menschen absichern.
2006 hat die *Bundesregierung* beschlossen, dass das Alter für den Beginn der Rentenzahlung ab 2012 schrittweise von 65 auf 67 Jahre erhöht werden soll.
Siehe *Sozialversicherung, Lebensstandard,* auch *Demographie.*

Rentenversicherung, siehe *Sozialversicherung.*

Reparationen, in der Regel muss nach einem Krieg der Besiegte dem Sieger Schadenersatz für die erlitte-

Regierungssysteme

STAAT	VERFASSUNG	STAATSOBERHAUPT
allgemein	in der Regel schriftlich niedergelegt (Ausnahme: Großbritannien)	vertritt völkerrechtlich, empfängt ausländische Diplomaten, ernennt den Regierungschef und Beamte, ist oberste Gnadeninstanz und in der Regel oberster Befehlshaber der Streitkräfte
Bundesrepublik Deutschland	Grundgesetz vom 23. 5. 1949	*Bundespräsident* auf 5 Jahre gewählt, ernennt Bundeskanzler und Bundesminister, fertigt Gesetze aus und verkündet sie
Großbritannien	keine geschriebene Verfassung	*König(in)* ernennt Premierminister, Vetorecht gegen vom Parlament beschlossene Gesetze (seit 1707 nicht ausgeübt)
Frankreich	Verfassung von 1958, mit Änderungen zuletzt 2000	*Präsident der Republik* Wahlzeit 5 Jahre, ernennt Premierminister, kann Volksentscheide über Gesetzentwürfe anordnen und in Notzeiten aktiv eingreifen
USA	Verfassung vom 17. 9. 1787	*Präsident der USA* ist zugleich Regierungschef, Wahlzeit 4 Jahre, hat aufschiebendes Veto gegen Gesetze, ernennt Staatssekretäre (Minister)
Schweiz	Bundesverfassung vom 18. 4. 1999	*Bundesrat* auf 4 Jahre gewählt (ein jährlich gewähltes Mitglied hat als Bundespräsident repräsentative Funktionen)
Russische Föderation	Verfassung der Russischen Föderation vom 24. 12. 1993	*Präsident* Wahlzeit 4 Jahre, leitet Außenpolitik, oberster Befehlshaber der Streitkräfte, unterzeichnet u. veröffentlicht Gesetze, kann Volksentscheide ansetzen u. Verordnungen ohne Parlament erlassen

GESETZGEBENDE KÖRPERSCHAFTEN (Parlament, ggf. zweite Kammer)		REGIERUNG
gesetzgebendes Organ, kontrolliert die Regierung	zweite Kammer mit mehr oder weniger Einfluss auf die Gesetzgebung	oberstes Organ zur Ausführung der Gesetze und Verwaltung
Bundestag 622 Abgeordnete, vom Volk auf 4 Jahre gewählt	*Bundesrat* (Vertreter der 16 Länderregierungen) wirkt mit bei Gesetzgebung; bei bestimmten Ges. Zustimmung erforderlich, im Übrigen Einspruchsrecht	*Bundesregierung* bestehend aus Bundeskanzler und Bundesministern, Richtlinien der Politik bestimmt der Bundeskanzler
House of Commons (Unterhaus) 650 Mitglieder, auf 5 Jahre gewählt	*House of Lords* 734 Mitglieder (Hochadel, hohe Geistlichkeit, hohe Richter), aufschiebendes Veto außer bei Finanzgesetzen	*Premierminister* leitet die Regierung, mitverantwortlich sind die Minister, die dem Parlament angehören sollen
Nationalversammlung 577 Abgeordnete, auf 5 Jahre in direkter Wahl gewählt *Parlament*	*Senat* 343 Mitglieder, auf 9 Jahre gewählt	*Premierminister* ist Chef der Regierung, schlägt Minister vor
Repräsentantenhaus 435 auf 2 Jahre gewählte Vertreter der 50 Staaten *Kongress*	*Senat* 100 Mitglieder, kontrolliert den Präsidenten, aufschiebendes Veto bei Gesetzen	*Präsident der USA* ist gleichzeitig Regierungschef, Minister werden «Secretary» tituliert
Nationalrat 200 auf 4 Jahre gewählte Mitglieder beide Häuser bei der Gesetzgebung gleichberechtigt *Bundesversammlung*	*Ständerat* 46 Mitglieder	*Bundesrat =* Kollegium von 7 Bundesräten (für 4 Jahre von Bundesversammlung gewählt)
Staatsduma 450 auf 4 Jahre gewählte Abgeordnete *Föderalversammlung*	*Föderationsrat* 166 Mitglieder, je 2 Vertreter aus den 83 sogenannten Subjekten der Föderation	*Ministerpräsident* schlägt Minister vor

Zahlenangaben 2010

nen Schäden und Verluste leisten. Diese Schadenersatzleistungen werden Reparationen genannt.
Reparationen sind unter anderem: Der Besiegte zahlt Geld an den Sieger; der Besiegte liefert unentgeltlich Waren an den Sieger; der Sieger baut Fabriken in dem besiegten Land ab, um sie bei sich aufzubauen. Einen solchen Abbau nennt man Demontage.

Report heißt Bericht.
Ein Reporter ist ein Berichterstatter für Zeitungen, Fernseh- und Rundfunkanstalten. Eine Reportage ist eine Berichterstattung.

Repräsentant, der Bürgermeister einer Stadt lädt von jeder Schule Lehrer ein. Die Sonderschule schickt Herrn Müller: Er ist der Repräsentant, das heißt ‹der beauftragte Vertreter›, der Sonderschule. Repräsentieren heißt vertreten, im Besonderen ‹würdig vertreten›.
Ein *Abgeordnete*r im *Parlament* ist ein Repräsentant des *Volk*es. Der höchste Repräsentant der *Bundesrepublik Deutschland* ist der *Bundespräsident.*

repräsentative Demokratie, *Demokratie* heißt ‹Herrschaft des *Volk*es›. In einem großen *Staat* kann das Volk nicht direkt, das heißt unmittelbar, herrschen. Das Volk wählt deshalb Vertreter, man sagt auch *Repräsentant*en, in ein *Parlament.* Die Volksvertreter beschließen stellvertretend für das Volk die *Gesetz*e und kontrollieren, das heißt beaufsichtigen, die *Regierung.* Die Regierung ist die Leitung eines Staates. Von einer repräsentativen Demokratie spricht man, wenn die Volksvertreter frei sind, nach eigenem Urteil *politisch* zu entscheiden. Ihre Wähler haben keine Möglichkeit, sie abzuberufen oder ihnen Weisungen zu erteilen. Die *Abgeordnete*n können sogar die *Partei* verlassen, als deren Mitglieder sie sich um einen Sitz im Parlament beworben haben, und doch behalten sie den Sitz bis zu der nächsten *Wahl.*
Der Sinn dieser Regelung ist, den einzelnen Abgeordneten im Parlament möglichst unabhängig zu machen. Nur dann, so glauben die Anhänger der repräsentativen Demokratie, sind die Mitglieder eines Parlamentes frei und stark genug, um die Regierung zu kontrollieren.
Anhänger der direkten Demokratie fürchten, dass in der repräsentativen Demokratie zu viel von dem Grundgedanken verlorengeht, dass das ganze Volk herrschen soll. Sie wollen möglichst viel von der direkten Demokratie erhalten, wie sie früher in kleinen selbständigen Landgemeinden möglich war: Alle Bürger stimmten über alle Fragen des gemeinsamen Lebens zu jeder Zeit frei ab.
Sind in der *Verfassung* eines Staates Abstimmungen des ganzen Volkes über bestimmte Gesetze vorgesehen, bleiben Merkmale der direkten Demokratie gewahrt. Siehe dazu *Referendum.* Das gilt auch, wenn der *Präsident* eines Staates vom ganzen Volk direkt gewählt wird.
Siehe auch *parlamentarische Demokratie.*

Repressalie heißt Druckmittel, Vergeltungsmaßnahme. Repressalien sind meist Zwangsmaßnahmen eines *Staa*tes gegen einen anderen. Eine Repressalie im Frieden ist zum Beispiel, wenn ein Staat seine Handelsbeziehungen zu einem anderen Staat abbricht, weil dieser einen bestimmten Punkt eines Vertrages nicht eingehalten hat.

Repressalien im Krieg sind zum Beispiel, wenn ein Staat in dem von ihm besetzten Gebiet den Besitz der Bevölkerung enteignet oder ihre Vermögen beschlagnahmt.

Republik ist eine Bezeichnung für alle *Staat*en, die nicht von einem Kaiser oder König regiert werden, die also keine *Monarchie*n sind.

Aus dem Wort Republik ist nicht zu ersehen, wie der jeweilige Staat regiert wird. Es gibt Republiken mit sehr unterschiedlichen *Regierungssystem*en: die *Bundesrepublik Deutschland* zum Beispiel und die Volksrepublik China.

Resolution, eine Resolution ist eine Entschließung, ein Beschluss.

In einem Wohnblock haben zum Beispiel die Eltern kleiner Kinder in einer Versammlung beschlossen, die Rasenfläche vor dem Haus gemeinsam und abwechselnd zu pflegen. Dafür soll die Wohnungsbaugesellschaft erlauben, dass die kleinen Kinder den Rasen als Spielfläche benutzen. Ihren Beschluss, den sie nach gemeinsamer Beratung gefasst haben, legen die Eltern schriftlich nieder und leiten ihn an die Wohnungsbaugesellschaft weiter.

Resolutionen werden immer aufgrund von Beratungen und mit der Absicht gefasst, Einfluss zu nehmen und Veränderungen zu veranlassen.

Resozialisierung, die Einordnung jedes einzelnen Menschen in eine Gemeinschaft bezeichnet man als Sozialisation. Die Gemeinschaft kann die Familie sein, die Schule, die Arbeitsstelle, die *Gesellschaft* im *Staat.*

Verstößt ein Mensch gegen die *Gesetze*, die sich eine Gesellschaft gegeben hat, kann er bestraft werden: Ein Dieb zum Beispiel kommt ins Gefängnis.

Resozialisierung ist das schrittweise Wiedereingliedern von entlassenen Strafgefangenen in die Gesellschaft.

Alle Maßnahmen der Resozialisierung sollen den entlassenen Gefangenen ermöglichen, sich wieder in das Leben in Freiheit einzuordnen, Arbeit und Wohnung zu finden und zu leben, ohne erneut Straftaten zu begehen.

Bei der Resozialisierung sind Ärzte, Lehrer, Psychologen und Sozialarbeiter tätig. Helfen können außerdem alle Menschen, die sich darum bemühen.

Ressort, ein Ressort ist ein Arbeitsbereich oder Aufgabengebiet. Die Innen*politik* zum Beispiel ist das Ressort des Innen*minister*s.

Auch die verschiedenen Arbeitsbereiche einer Zeitung heißen Ressorts: Es gibt unter anderem die für Sport und Politik.

Restauration heißt Wiederherstellung.

In *politisch*em Zusammenhang ist die Wiederherstellung früherer Verhältnisse in der *Gesellschaft* oder in einem *Staat* gemeint: die Wiederherstellung von Zuständen, wie sie zum Beispiel vor einem Umsturz geherrscht haben.

Restriktion heißt Einschränkung. Restriktiv heißt einschränkend.

Revanchismus, Revanche heißt Rache, Vergeltung.
Revanchismus bedeutet so viel wie ‹der Gedanke an Vergeltung›. Mit dem Begriff wird eine *politisch*e Einstellung bezeichnet, die zum Beispiel nach einem verlorenen Krieg die Rückeroberung der im Krieg verlorengegangenen Gebiete anstrebt.

Revolution ist ein plötzlicher, meist gewaltsamer Umsturz bestehender Verhältnisse.
Bezogen auf das Zusammenleben der Menschen in einem *Staat*, bedeutet Revolution, dass die Ordnung in einem Staat und der Aufbau seiner *Gesellschaft* grundlegend verändert werden.
Zu den entscheidenden Revolutionen in der neueren Zeit gehören die Französische Revolution 1789 und die Oktoberrevolution 1917 in Russland.
Ein Beispiel für eine Revolution, die nicht gewaltsam verlief, ist der in der ehemaligen *DDR* 1989 herbeigeführte Umbruch, der zur Vereinigung der DDR und der *Bundesrepublik Deutschland* führte.
Eine Konterrevolution, das heißt eine Gegenrevolution, versucht, den Zustand in einem Staat wiederherzustellen, wie er vor einer Revolution geherrscht hat.
Im übertragenen Sinn bezeichnet Revolution eine grundlegende Veränderung in bestimmten Teilbereichen einer Gesellschaft, zum Beispiel in der *Wirtschaft*, ohne dass der gesamte Aufbau des Staates verändert wird. Den Übergang von Handwerksbetrieben zur Herstellung mit Maschinen in Großbetrieben am Anfang des 19. Jahrhunderts bezeichnet man zum Beispiel als industrielle Revolution.
Siehe auch *Evolution*, *Restauration*.

Rezession heißt ‹das Zurückgehen›.
In der *Wirtschaft* gibt es den Begriff *Konjunktur*. Er bezeichnet das Auf und Ab einer *wirtschaftlich*en Entwicklung. Die Rezession ist die Abwärtsbewegung. In einer Zeit der Rezession werden unter anderem weniger Waren hergestellt, und es gibt mehr Arbeitslose.
Siehe *Konjunktur*.

RGW ist die Abkürzung für ‹*R*at für *g*egenseitige *W*irtschaftshilfe›; das Bündnis wurde auch COMECON genannt, das ist die Abkürzung für ‹*Co*uncil for *M*utual *Econ*omic Assistance›. RGW war die 1949 gegründete *Wirtschaft*sgemeinschaft der *Staat*en des ehemaligen *Ostblock*s.
Mitglieder des RGW waren 1989 Bulgarien, Tschechoslowakei, *DDR*, Kuba, Mongolische Volksrepublik, Polen, Rumänien, Sowjetunion, Ungarn, Vietnam. Abkommen zur Zusammenarbeit gab es mit Finnland, Irak, Mexiko und Nicaragua. Die Mitglieder des Bündnisses stimmten unter anderem ihre Wirtschaftspläne aufeinander ab. Sie tauschten wissenschaftliche und technische Erfahrungen aus und bauten gemeinsame Einrichtungen, wie Ölleitungen und Transportwege.
Im Juni 1991 wurde der RGW als Folge der *wirtschaftlich*en und *politisch*en Veränderungen in den Staaten Osteuropas aufgelöst.
Siehe *Ostblock und Westmächte*.

Richtlinienkompetenz siehe *Kompetenz.*

Rot-Rot-Grün, Rot-Gelb-Grün, die Farben Rot, Schwarz, Grün und Gelb werden häufig anstelle der Parteinamen zur Kennzeichnung der großen *Partei*en in der *Bundesrepublik Deutschland* verwendet.
Die Farbe Rot steht für die *SPD*, die *S*ozialdemokratische *P*artei *D*eutschlands, und für Die Linke. Die Farbgebung geht zurück auf die roten Mützen der Jakobiner. Sie waren eine *politisch*e Gruppierung während der Französischen *Revolution* 1789.
Schwarz ist die Farbe der christlich-bürgerlichen Parteien *CDU/CSU*, sie wurde ihnen von politischen Gegnern zugeschrieben. Die Farbe sollte an die schwarzen Talare der Priester erinnern, und sie unterstellte die Abhängigkeit der Parteien von den christlichen Kirchen. CDU/CSU haben die Farbe als Kennzeichnung ihrer Parteien angenommen: Schwarz ist für sie die Farbe von Kraft und Würde.
Die Farbe Grün steht für die Partei Bündnis 90/Die Grünen. Die Partei hieß bis 1992 Die Grünen. Mit dieser Farbe bekundet die Partei ihr Anliegen für eine intakte, das heißt unversehrte, Natur.
Die Farbe Gelb für die liberale Partei *FDP* geht zurück auf einen Vorschlag von Werbefachleuten.
Die Zusammensetzung der Farben Schwarz-Rot bedeutet, dass die Parteien CDU/CSU und SPD eine *Koalition* miteinander geschlossen haben. Eine Koalition ist ein Bündnis von zwei oder mehreren Parteien. Rot-Rot-Grün steht für eine Koalition von SPD, Die Linke und Bündnis 90/Die Grünen. Die anderen Farbverbindungen ergeben sich aus den jeweiligen Bündnissen der Parteien.
Für zwei Koalitionen haben sich infolge der Farbgebungen besondere Namen ergeben. Die sogenannte Ampelkoalition ist die Verbindung Rot/SPD mit Gelb/FDP und Grün/Bündnis 90/Die Grünen.
Eine Koalition Schwarz-Gelb-Grün wird Jamaika-Koalition genannt, nach den Landesfarben Jamaikas.
Siehe *Parteien im Bundestag.*

S

Sabotage ist jede mutwillige Zerstörung oder Behinderung lebenswichtiger und für den Erhalt des *Staa*tes notwendiger Einrichtungen. Elektrizitätswerke, Eisenbahnen und Telefonleitungen zum Beispiel sind solche Einrichtungen.
Sabotage wird im Krieg wie im Frieden von allen Staaten bestraft.

SALT ist die Abkürzung für ‹*S*trategic *A*rms *L*imitation *T*alks›. Siehe *START.*

Sanierung, das lateinische Wort sanare heißt heilen. Das Wort Sanierung bedeutet ‹Maßnahmen zur Gesundung›.
Mit Sanierung wird die Verbesserung von Altbauten oder von Stadtteilen mit überwiegend alten, abbruchreifen Gebäuden bezeichnet.
Sanierung bezeichnet auch die Maßnahmen, mit deren Hilfe ein Unternehmen, das Verluste oder Schulden

hat, wieder zum Erfolg geführt werden soll.

Sanktionen, Sanktion heißt Zustimmung, Billigung. Sanktionieren heißt bestätigen, anerkennen, ‹Gesetzeskraft geben›.
Die Mehrzahlbildung Sanktionen bedeutet Zwangsmaßnahmen.
Sanktionen können von überstaatlichen *Institution*en wie den *Vereinten Nationen* verhängt werden gegen einen *Staat*, der *international*e Verträge oder Verpflichtungen nicht einhält. Auch von einzelnen Staaten können Sanktionen eingesetzt werden, um innen- oder außen*politisch*e Ziele durchzusetzen. *Blockade*n zum Beispiel und der Abbruch von Handelsbeziehungen sind solche Zwangsmaßnahmen. Eine Blockade ist die Sperrung von Zufahrtswegen.
Siehe auch *Völkerrecht*.

Satellitenstaat, ein *Staat*, der in seinen Entscheidungen von einem mächtigeren Staat abhängig ist, kann als Satellitenstaat bezeichnet werden.

Satzung, ein Verein zum Beispiel kann sich eine Satzung geben: Regeln, nach denen sich die Mitglieder des Vereins richten müssen. Eine Satzung ist ‹schriftlich niedergelegtes *Recht*›; in der Regel muss sie bei einem *Gericht* abgegeben, man sagt auch hinterlegt, werden.
Auch Universitäten zum Beispiel und *Genossenschaft*en haben Satzungen.

Schengener Abkommen, 1985 vereinbarten Belgien, Frankreich, Niederlande, Luxemburg und die *Bundesrepublik Deutschland* in Schengen in Luxemburg, die Personen- und Warenkontrollen an ihren gemeinsamen Grenzen schrittweise abzubauen. In den folgenden Jahren wurden einzelne Bestimmungen des Abkommens, insbesondere über Fragen der Sicherheit, verändert, erweitert und verbindlich festgelegt. 1995 trat das Schengener Abkommen in Kraft. 2010 sind 25 Staaten Mitglieder des Abkommens.
Die notwendige Sicherheit für die *Staat*en und ihre Bürger ist durch gemeinsame Maßnahmen und Einrichtungen gewährleistet. Ein Zentralcomputer in Straßburg in Frankreich zum Beispiel ermöglicht Länder übergreifende Fahndungen und damit eine schnellere und bessere Zusammenarbeit der Staaten bei der Bekämpfung von Verbrechen. An den Grenzen zu den Staaten, die nicht am Abkommen beteiligt sind, wurden die Kontrollen verschärft.
1999 wurde das Schengener Abkommen in die Zuständigkeit der *Europäischen Union, EU*, überführt.

Schlichtung, in *Tarif*verträgen legen Arbeitgeber und Arbeitnehmer Löhne und Arbeitsbedingungen fest. In den vorhergehenden Tarifverhandlungen kann es zu langwierigen und schwierigen Auseinandersetzungen kommen.
Die Schlichtung ist der Versuch, solche Auseinandersetzungen beizulegen: Um ihren Streit zu schlichten, bilden Arbeitgeber und Arbeitnehmer freiwillig einen Schlichtungsausschuss. Er besteht aus einem unparteiischen Vorsitzenden und der gleichen Anzahl von Arbeitnehmern und Arbeitgebern.

Schengener Abkommen: Mitgliedsstaaten

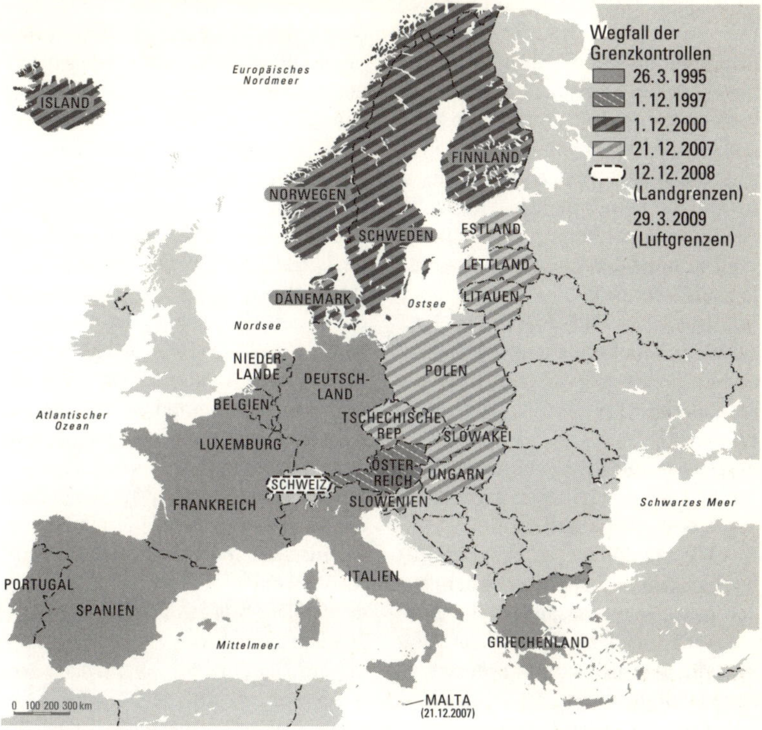

In der Regel ist der Schiedsspruch, also die Entscheidung des Schlichtungsausschusses, nur eine Empfehlung. Niemand kann die Arbeitgeber und Arbeitnehmer zwingen, den Schiedsspruch anzunehmen.

Schwarz-Gelb, Schwarz-Gelb-Grün, siehe *Rot-Rot-Grün.*

Schwellenländer sind Länder, die in ihrer *wirtschaftlich*en Entwicklung auf der Schwelle zum *Industrie*land stehen. In der Regel sind das *Entwicklungsländer*, das sind unterentwickelte Länder in Afrika, Asien und Südamerika.

Siehe dazu *Entwicklungshilfe*, *Entwicklungsländer.*

SDI ist die Abkürzung für ‹Strategic Defense Initiative›, das heißt ‹Strategische Verteidigungs*initiative*›. Strategisch bedeutet so viel wie ‹umfassend geplant›, Initiative bedeutet ‹erster Schritt›.

SDI ist ein amerikanisches Forschungs*programm*, das 1984 mit dem Ziel begonnen wurde, ein Abwehrsystem gegen feindliche Raketen und

S

Flugkörper mit Atomsprengköpfen zu entwickeln. Damit sollen vor allem Interkontinentalraketen abgewehrt werden, die eine Reichweite von mindestens 5500 km haben, das bedeutet, sie können von einem Erdteil zum anderen geschossen werden. Das Abwehrsystem soll aus Anlagen bestehen, die sowohl auf dem Erdboden als auch im Weltraum zum Einsatz kommen. Der Weltraum ist der Raum außerhalb der Lufthülle der Erde.

SDI ist in den USA umstritten. Nach Aussagen von Fachleuten soll das Programm nicht nur unbezahlbar, sondern auch technisch nicht durchführbar sein.

Befürworter des Programms erhoffen für die USA einen lückenlosen Schutz vor Atomwaffenangriffen.

Das Für und Wider der Wissenschaftler, Techniker und *Politik*er zu der Frage der Abwehr interkontinentaler Raketen wird von den wechselnden *Regierung*en der USA mit unterschiedlichem Interesse verfolgt.

Siehe *nukleare Waffen*, *START*.

SED ist die Abkürzung für ‹*S*ozialistische *E*inheitspartei *D*eutschlands›, sie war die herrschende *Partei* in der ehemaligen *DDR*.

Nach dem Zweiten *Weltkrieg*, 1939 bis 1945, war *Deutschland* von den Siegermächten Großbritannien, Frankreich, USA und Sowjetunion in vier Besatzungszonen eingeteilt worden. *Berlin* wurde als besonderes Gebiet in vier Sektoren unterteilt. In der sowjetisch besetzten Zone schlossen sich 1946 die ‹*K*ommunistische *P*artei *D*eutschlands›, KPD, und die ‹*S*ozialdemokratische *P*artei *D*eutschlands›, *SPD*, zur SED zusammen. Dies geschah auf Veranlassung der KPD und unter dem Druck der Sowjetunion. Der Zusammenschluss sollte den Wettbewerb der beiden Parteien um die Wählerstimmen verhindern, der zugunsten der SPD ausgegangen wäre.

In der 1949 gegründeten DDR gab es außer der SED vier Parteien: die *C*hristlich-*D*emokratische *U*nion *D*eutschlands, *CDU*, die *L*iberal-*D*emokratische *P*artei *D*eutschlands, *LDPD*, die *N*ational-*D*emokratische *P*artei *D*eutschlands, NDPD, und die *D*emokratische *B*auernpartei *D*eutschlands, DBD. Sie schlossen sich mit der SED in der *Nationale*n *Front* zusammen, sie wurden auch als *Blockparteien* bezeichnet.

Das Fernziel der SED war die kommunistische *Gesellschaft*: eine klassenlose Gesellschaft, in der kein Mensch andere Menschen ausbeutet oder unterdrückt. Die SED forderte, dass alle Mitglieder der Partei gemeinsam an diesem Ziel arbeiten sollten: Jedes Mitglied war verpflichtet, andere Menschen davon zu überzeugen, dass das Ziel und die dafür eingesetzten Maßnahmen der Partei*politik* richtig seien; jedes Mitglied musste sich den Beschlüssen der Partei unterordnen und sie durchführen; gefordert waren Kritik und öffentliche Selbstkritik. Die SED erlaubte nicht, dass sich innerhalb der Partei Gruppen bildeten, die eigene Ansichten vertraten.

Der Parteitag, der bis 1989 in der Regel alle vier bis fünf Jahre zusammentrat und aus gewählten Mitgliedern aus der gesamten DDR bestand, wählte das ZK, das heißt das *Z*entral*k*omitee. Das ZK bestand aus 216 Mitgliedern einschließlich der *Kandidat*en.

Die Kandidaten waren bei Abstimmungen nicht stimmberechtigt. Das ZK hatte unter anderem die Aufgabe, die wichtigsten Führungsgruppen der SED zu wählen: das *Politbüro* und das ‹Sekretariat des Zentralkomitees›.

Das Politbüro traf alle wichtigen Entscheidungen für die Partei und für den *Staat*. Es bestand aus 22 Vollmitgliedern und fünf Kandidaten. Der Leiter des Politbüros war gleichzeitig Erster Sekretär des Zentralkomitees. Das Sekretariat des Zentralkomitees führte die Beschlüsse des Politbüros aus, von denen es viele selbst vorbereitet hatte. Das Sekretariat hatte etwa 2000 Mitarbeiter, geleitet wurde es von elf Sekretären, die gleichzeitig Mitglieder oder Kandidaten des Politbüros sein konnten.

In enger Anlehnung an die *K*ommunistische *P*artei *d*er *S*owjet*u*nion, die KPdSU, war die SED nach dem Grundsatz des ‹demokratischen Zentralismus› aufgebaut, das bedeutet unter anderem: Alle wichtigen Beschlüsse wurden von der Parteispitze getroffen, die Mitarbeit der Parteimitglieder in den unteren Gruppen war gefordert. Außerdem waren die wichtigsten Ämter des Staates und der Massen*organisation*en, wie zum Beispiel des ‹*F*reien *D*eutschen *G*ewerkschafts*b*undes›, FDGB, mit führenden Mitgliedern der SED besetzt. Mehr als die Hälfte der Mitglieder des *Ministerrat*es, der *Regierung* der DDR, waren gleichzeitig Mitglieder des ZK.

Die gleichzeitige Besetzung von hohen Partei- und Staatsämtern mit denselben Personen verstärkte die Machtstellung der SED im Staat. Die führende Rolle der SED in der DDR war seit 1968 in der *Verfassung* festgeschrieben. Eine Verfassung bestimmt das Zusammenleben der Menschen in einem Staat.

Der zunehmende Widerstand der Bevölkerung der DDR gegen Maßnahmen der Partei und der Regierung fand 1989 in Massen*demonstration*en auch öffentlich Ausdruck. Gefordert wurden vor allem freie *Wahl*en und Reisefreiheit. Unter dem Druck der Bevölkerung gingen die SED und die Regierung auf die Veränderungsansprüche ein: Im Dezember 1989 wurde der Führungsanspruch der SED aus der Verfassung gestrichen, und ZK und Politbüro sollten durch ein *Präsidium* und einen Vorstand ersetzt werden. Die Partei gab sich den Namen ‹SED-*P*artei des *d*emokratischen *S*ozialismus›, SED-PDS. Die Blockparteien lösten die Nationale Front auf.

Die von Teilen der Bevölkerung und auch von Gruppen in der Partei geforderte Selbstauflösung der SED wurde 1990 von der *Mehrheit* des Parteivorstandes abgelehnt. Die Partei nannte sich nun PDS. 2005 fand die Umbenennung in ‹Die Linkspartei› statt.

Siehe *DDR*, *Parteien im Bundestag*, auch *Kommunismus*, *Volksfront*.

Selbstbestimmungsrecht ist das *Recht* jedes Menschen, frei und eigenverantwortlich für sich selbst Entscheidungen zu treffen. In der Gemeinschaft wird dieses Recht durch *Gesetz*e eingeschränkt und durch die Rücksicht auf den anderen Menschen, der das gleiche Recht hat.

Das Selbstbestimmungsrecht der Völker ist ein Grundsatz, nach dem jedes *Volk* das Recht hat, selbst zu bestimmen, wie sein *Staat* und seine *Gesellschaft* aufgebaut sein sollen. Dieses Recht der Völker wird häufig verletzt. Siehe *Option*, auch *Völkerrecht*.

Senat heißt so viel wie ‹Rat der Alten›. Zur Zeit des Römischen Reiches waren Adlige Mitglieder des Senats in Rom, der großen Einfluss auf die Leitung des ganzen Reiches hatte.
Heute heißen bestimmte führende Gruppen Senat:
1. Die *Regierung*en der Stadtstaaten *Berlin*, Hamburg und Bremen, ihre Mitglieder heißen Senatoren.
2. Gruppen von Richtern bei den oberen *Gericht*en, zum Beispiel beim *Bundesverfassungsgericht*.
3. Die Leitung einer Universität, sie heißt Akademischer Senat.
4. In den USA ein Teil der *Volk*svertretung, die aus Senat und Repräsentantenhaus besteht.

Separatismus, separat heißt getrennt, losgelöst. Separieren heißt trennen, loslösen.
Das Wort Separatismus bezeichnet die Absicht, einen Teil eines *Staatsgebiet*es von einem *Staat* zu lösen. Meist handelt es sich um Grenzgebiete: Die Einwohner wollen entweder einen eigenen Staat gründen, oder sie wollen ihr Gebiet dem Nachbarstaat anschließen. Menschen, die das wollen, nennt man Separatisten.

Shoah, siehe *Holocaust*.

Sicherheitsrat, auch Weltsicherheitsrat genannt. Siehe *Vereinte Nationen*.

Signatarstaat, Signatur heißt Bezeichnung, Unterschrift. Der Signatar ist der Unterzeichner.
Signatar*staat*en haben einen Vertrag miteinander geschlossen und signiert. Signieren heißt unterschreiben, ‹mit dem Namenszeichen versehen›.

Söldner, der Sold ist ‹die Bezahlung für bestimmte Dienste›. Davon abgeleitet werden die Wörter Soldat, Söldner, auch Besoldung.
Die meisten Soldaten werden nur für ihr eigenes Land Soldat; für ihren *Staat* und seine Menschen sind sie bereit zu kämpfen.
Söldner dagegen sind Soldaten, die ausschließlich für Geld kämpfen.

Solidarität, solidarisch heißt gemeinsam, ‹füreinander einstehend›, eng verbunden. Solidarität heißt Übereinstimmung.
Die Belegschaft einer Autofabrik zum Beispiel streikt, das heißt, sie hört auf zu arbeiten, weil ihre Forderung nach höheren Stundenlöhnen nicht erfüllt wird. Die Belegschaft der benachbarten Autoreifenfabrik erklärt sich in einem einstündigen Warn*streik* solidarisch: Sie bekundet damit, dass sie bereit ist, auch zu streiken, wenn die Forderungen der Arbeiter in der Autofabrik nicht erfüllt werden. Sich solidarisieren heißt ‹sich mit anderen Menschen oder Gruppen verbunden fühlen und zu gemeinsamem Handeln bereit erklären›.

Solidaritätszuschlag, solidarisch heißt füreinander einstehen, Solidarität heißt Zusammengehörigkeitsgefühl, Übereinstimmung. Sich solidari-

sieren heißt ‹sich einander verbunden fühlen› und ‹sich zu gemeinsamem Handeln bereit erklären›.
Nach der Vereinigung der *Bundesrepublik Deutschland* mit der *DDR* im Oktober 1990 beschloss der deutsche *Bundestag*, die *Volks*vertretung der Bundesrepublik, 1991 den Solidaritätszuschlag: Alle Steuerzahler, das heißt alle Bürger, die Einkommensteuer, und alle Unternehmen, die Körperschaftsteuer bezahlen, müssen eine zusätzliche Abgabe von 7,5 Prozent auf diese *Steuern* leisten. Die zusätzliche Abgabe ist bestimmt für den Aufbau und die Unterstützung des *wirtschaftlich*en Aufschwungs in den neuen *Bundesländer*n Brandenburg, Mecklenburg-Vorpommern, Sachsen, Sachsen-Anhalt und Thüringen. Siehe dazu *DDR*.
Der Solidaritätszuschlag wurde erstmals ab Mitte 1991 für ein Jahr geleistet; er muss ab 1995 auf eine noch nicht begrenzte Zeit gezahlt werden. 1998 wurde die Höhe des Solidaritätszuschlags für einen nicht benannten Zeitraum auf 5,5 Prozent festgesetzt.
Steuern sind Geldbeträge, die an den *Staat* gezahlt werden, sie sind die Haupteinnahmequelle des Staates.

Souveränität heißt Unabhängigkeit.
Bezogen auf einen *Staat*, bedeutet Souveränität ‹die höchste Herrschaftsgewalt eines Staates›, auch *Staatsgewalt* oder Hoheitsgewalt.
Die Souveränität eines Staates nach innen bedeutet: Der Staat hat die Befugnis, sein *Recht* selbst zu ordnen, seine *Regierung*sform zu bestimmen und die Einmischung anderer Staaten abzulehnen.
Die Souveränität eines Staates nach außen bedeutet: Ein Staat ist unabhängig von fremder Gewalt.
Sowohl die innere als auch die äußere Souveränität eines Staates kann eingeschränkt werden: Unter dem Druck mächtigerer Staaten oder freiwillig durch Verzicht auf Unabhängigkeit, zum Beispiel durch den Anschluss an eine größere Gemeinschaft wie die *Europäische Union, EU*.
Auch der *Atomwaffensperrvertrag* bedeutet eine freiwillige Einschränkung der Souveränität: Die Staaten, die keine Atomwaffen besitzen, verpflichten sich, die für die Herstellung von Atomkraft nötigen Rohstoffe nur zu friedlichen Zwecken zu nutzen. Sie haben eine gegenseitige Überwachung dieser Abmachung vorgesehen. Siehe auch *Breschnew-Doktrin*.

Sowjet ist russisch und heißt Rat.
In der russischen *Revolution* von 1917 bildeten sich Arbeiter-, Bauern- und Soldatenräte. Sie wurden in den Städten und Dörfern von den Arbeitern, Bauern und Soldaten gewählt und übernahmen als deren Vertreter die Leitung des *Staates*. Die Räte wurden die Grundlage für den Aufbau des neuen Staates Sowjetunion, in voller deutscher Übersetzung ‹Vereinigung der sozialistischen Räterepubliken›.
Die *Wahl*en zu den Sowjets wurden bestimmt von der *K*ommunistischen *P*artei *d*er *S*owjet*u*nion, KPdSU, der einzigen *Partei* der Sowjetunion.
Siehe *Volksdemokratie*, *GUS*, *Ostblock und Westmächte*.

S

sozial, sozialistisch, sind zwei Wörter, die, weil sie ähnlich klingen, häufig verwechselt werden. Sie haben aber verschiedene Bedeutungen.
Wer sich sozial verhält, verhält sich gemeinschaftsfördernd, tut etwas Gutes für die Gemeinschaft.
Der soziale Aufbau eines *Staat*es ist der Aufbau seiner *Gesellschaft.*
Die Sozialfürsorge hat die Aufgabe, den *wirtschaftlich* Schwachen zu helfen und die Notleidenden zu schützen. Sozial kann also heißen: gemeinschaftsfördernd, ‹die menschliche Gesellschaft betreffend› und ‹die Versorgung der wirtschaftlich Schwachen betreffend›.
Das Wort sozialistisch dagegen bedeutet ‹zum Sozialismus gehörend, auf ihm beruhend, auf den Sozialismus bezogen›. Erklärtes Ziel des Sozialismus ist, allen Menschen die gleichen Voraussetzungen zum Leben zu verschaffen. Sozialistische *Partei*en und Staaten wollen den Sozialismus verwirklichen.
Siehe dazu *Sozialismus.*

soziale Marktwirtschaft, siehe *Marktwirtschaft und Planwirtschaft.*

Sozialisierung bedeutet, dass die *Produktionsmittel*, das sind unter anderem Maschinen und Fabriken und Grund und Boden, aus dem Besitz einzelner Personen in das Eigentum der Gemeinschaft überführt werden. Diese Gemeinschaft kann der *Staat* sein, aber auch eine Stadtgemeinde oder die Gesamtheit der Arbeiter in einem Unternehmen. Sozialisierung bedeutet Vergesellschaftung.
Sozialisierung kann also auf verschiedene Weise erfolgen. Betriebe können verstaatlicht werden. Sie können sich auch als *Genossenschaft*en organisieren, das heißt aufbauen; sie sind dann gemeinsames Eigentum der Arbeiter.
In der ehemaligen *DDR* zum Beispiel gab es beide Formen der Sozialisierung: Die *wirtschaftlich* wichtigen Betriebe gehörten dem Staat, er plante ihre Arbeit, leitete sie und verteilte ihren Gewinn. Die meisten landwirtschaftlichen Betriebe und ein Teil der Handwerksbetriebe waren Genossenschaften, die Produktionsgenossenschaften hießen.
In westlichen *Industrie*staaten, zum Beispiel in Frankreich und in der *Bundesrepublik Deutschland*, sind nur einzelne Unternehmen verstaatlicht: Betriebe, die die Versorgung der Bevölkerung zur Aufgabe haben, wie zum Beispiel Elektrizitätswerke und Verkehrsbetriebe, sind teilweise im Eigentum der Gemeinden oder Länder. Der überwiegende Teil aller Unternehmen ist in privater Hand.
Siehe auch *Marktwirtschaft und Planwirtschaft.*

Sozialismus, seit Beginn der uns bekannten Geschichte hat es immer reiche und arme, bevorzugte und benachteiligte Menschen gegeben. Fast überall auf der Welt gibt es sie noch. Der Sozialismus ist eine Bestrebung, die allen Menschen die gleichen Voraussetzungen zum Leben verschaffen will: Niemand soll durch Reichtum oder Herkunft bevorzugt sein; die Güter, die die Menschen herstellen, und der Gewinn aus ihrer Arbeit sollen gleichmäßig verteilt werden; das Gemeinwohl soll das Ziel der gemeinsamen Arbeit aller Menschen sein.

Innerhalb der *sozialistisch*en Bewegung gibt es vielfältige Ansichten, wie das Ziel erreicht werden soll. Eines aber halten alle Sozialisten für unbedingt erforderlich: Die *Produktionsmittel*, das sind vor allem Fabriken, Maschinen und Rohstoffe, dürfen nicht einzelnen Menschen gehören. Sie müssen aus dem Besitz Einzelner in das Eigentum der *Gesellschaft* überführt werden. Siehe dazu *Sozialisierung*.
Wie weit die Sozialisierung, man sagt auch Vergesellschaftung, gehen soll, ist umstritten. Am weitesten gehen die Kommunisten. Für sie ist der Sozialismus eine Vorstufe auf dem Weg zur kommunistischen Gesellschaft. In den von ihnen als *Volksdemokratie*n bezeichneten ehemaligen sozialistischen *Staat*en Osteuropas zum Beispiel haben sie die Vergesellschaftung von Maschinen, Fabriken und Grund und Boden umfassend und unter Zwang durchgesetzt.
Sozialisten in Westeuropa und in anderen Teilen der Welt gehen andere Wege und vertreten einen gemäßigteren Sozialismus: Die Sozialisierung soll zunächst nur in *wirtschaftlich* wichtigen Bereichen und schrittweise erfolgen. Die Mehrheit der Bürger – oder stellvertretend für sie die *Abgeordnete*n in den *Parlament*en – soll den Maßnahmen der Sozialisierung zustimmen.
Siehe *Marktwirtschaft und Planwirtschaft, Kommunismus, Kapitalismus, Liberalismus*, auch *Ostblock und Westmächte*.

Sozialpartner, in *Tarif*verhandlungen werden die Löhne und Arbeitsbedingungen der Arbeitnehmer ausgehandelt. Diese Verhandlungen werden von Arbeitgeberverbänden und *Gewerkschaften* geführt.
Arbeitgeberverbände vertreten die Interessen der Arbeitgeber. Gewerkschaften vertreten die Interessen der Arbeitnehmer. Arbeitgeberverbände und Gewerkschaften sind die Sozialpartner.

Sozialstaat, ein *Staat*, der als Sozialstaat bezeichnet wird, verpflichtet sich, die *sozial*en Verhältnisse in seinem Staat zu gestalten. Dazu gehören wirtschafts*politisch*e Maßnahmen, damit die *Wirtschaft* sich ohne Störungen entwickelt und Arbeitslosigkeit verhindert wird. Siehe dazu *Konjunkturpolitik*.
Dazu gehören soziale Maßnahmen zur Unterstützung von in Not geratenen Bürgern, wie zum Beispiel Unterstützungszahlungen der Sozialämter.
Dazu gehören Einrichtungen der Vorsorge, wie zum Beispiel Versicherungsanstalten, die gegen Beitragszahlungen die Bürger im Alter, bei Krankheit oder Unfällen versorgen. Siehe dazu *Sozialversicherung* und *Rente*.
Wird die soziale Sicherheit überbetont und erhält sie Vorrang vor der persönlichen Freiheit und Verantwortung der Menschen für sich selbst, kann man von einem Wohlfahrts- oder Versorgungsstaat sprechen. Dieser Begriff hat meist eine abwertende Bedeutung.

Sozialversicherung, die Sozialversicherung ist eine gesetzliche Versicherung in der *Bundesrepublik Deutschland*. Dazu gehören die Arbeitslosenversicherung, die Rentenversicherung, die

Krankenversicherung, die Unfallversicherung und die Pflegeversicherung.
Alle Arbeitnehmer in der Bundesrepublik müssen Mitglieder der Sozialversicherung sein, solange ihr Einkommen eine bestimmte Höhe nicht übersteigt. Sie müssen einen festgesetzten Prozentsatz ihres Einkommens an die Sozialversicherung zahlen. Im Alter, bei Krankheit, Pflegebedürftigkeit, Unfall oder Arbeitslosigkeit sind sie dadurch versorgt, sie haben Anspruch auf die Zahlung von Geldbeträgen und unter Umständen auf Sachleistungen. Zu den Sachleistungen müssen unterschiedliche Zuzahlungen von den Versicherten geleistet werden.
Die Beiträge für die Sozialversicherung werden mit unterschiedlichen Anteilen von Arbeitnehmern und Arbeitgebern gezahlt, nur die Unfallversicherung trägt der Arbeitgeber allein. Diese Ausgaben der Arbeitnehmer und Arbeitgeber für die Sozialversicherung werden als Soziallasten bezeichnet. Zur Rentenversicherung zahlt der *Staat* Zuschüsse aus *Steuer*mitteln.
Freiwillige Mitglieder der Renten- und Krankenversicherung können Arbeitnehmer werden, deren Einkommen über der festgesetzten Grenze für Pflichtmitglieder liegt, außerdem selbständige Geschäftsleute und Angehörige freier Berufe, zum Beispiel Ärzte und Künstler. Auch Hausfrauen können sich freiwillig versichern.
In *Deutschland* wurde die gesetzliche Sozialversicherung zwischen 1881 und 1888 eingeführt.
Siehe auch *Rente*.

SPD, siehe *Parteien im Bundestag*.

Spionage, wenn Meiers hinter Müllers herspionieren, um endlich zu erfahren, wo Müllers jeden Abend hingehen, so ist dieses Auskundschaften zwar schlechtes Benehmen, aber keine Spionage.
Mit Spionage bezeichnet man das Auskundschaften von Geheimnissen fremder *Staat*en. Im Krieg spielt die Spionage eine große Rolle, wenn es darum geht, Kenntnisse vor allem über die *militärisch*en Pläne des Gegners zu erlangen:
Wirtschafts- und Werkspionage dagegen wird zu allen Zeiten und auch im eigenen Land betrieben. Es geht darum, geheime Herstellungsverfahren, Erfindungen und erfolgversprechende Pläne eines Betriebes zu erkunden, um sie selbst zu verwerten. Spione können also im Auftrag einer *Regierung* arbeiten oder im Auftrag großer Betriebe. Spionage wird in allen Staaten hoch bestraft.

SSD ist die Abkürzung für *S*taats*s*icherheits*d*ienst. Der Staatssicherheitsdienst, auch die Stasi, die Staatssicherheit, genannt, war der Nachrichten- oder Geheimdienst der ehemaligen *DDR*. Er unterstand einer eigenen Behörde, dem *Ministerium* für Staatssicherheit, MfS.
Aufgaben der *Geheimdienste* aller *Staaten* sind unter anderem *Spionage* im Ausland und Abwehr ausländischer Spionage im eigenen Land. Daneben war die Hauptaufgabe des SSD in der DDR jedoch, die eigene Bevölkerung zu überwachen. Beobachtung, Bespitzelung, Verfolgung, Erpressung und Verhaftungen sollten die Menschen gefügig machen, damit sie sich nicht

gegen die *Regierung* und nicht gegen die Maßnahmen der *SED*, der herrschenden *Partei* in der DDR, auflehnten.
Beinahe überall arbeiteten Spitzel, in Betrieben, Schulen, Universitäten, in den Nachbarschaften. Sie erforschten die persönlichsten Angelegenheiten unzähliger Menschen. Furchtbare Folgen waren Angst und Misstrauen der Menschen untereinander.
Die Auflösung des SSD, die im Verlauf der *politisch*en Veränderungen in der DDR 1989 von der Bevölkerung nachdrücklich gefordert wurde, erfolgte gegen großen Widerstand der Stasi. Der SSD verhinderte – unter anderem durch Vernichtung von Akten – genaue Erkenntnisse über den Aufbau des SSD und die Aufklärung von Straftaten ehemaliger Mitarbeiter.
Bekannt ist, dass es in den 15 Bezirken der DDR einschließlich Ost-*Berlin* je eine Bezirks*verwaltung* des SSD sowie 207 Kreisdienststellen gab. Den Kreisdienststellen gleichgestellt waren sieben Objektdienststellen, zum Beispiel in den Leuna-Werken. Die Stasi hatte in ihrer Behörde etwa 92 000 hauptamtliche Mitarbeiter. Darüber hinaus gab es rund 170 000 aktive Spitzel, so bezeichnete *i*noffizielle *M*itarbeiter, abgekürzt IM genannt. Inoffiziell heißt nichtamtlich. Die IM arbeiteten gegen Bezahlung und waren zum Teil durch Erpressung zur Mitarbeit gezwungen worden. Als abgelegt wurden im SSD Spitzel bezeichnet, die irgendwann einmal, kurz- oder langfristig, für den Geheimdienst gearbeitet hatten. Es sollen etwa 100 000 gewesen sein.
Zum Vergleich: Die DDR hatte 17 Millionen Einwohner, sie verfügte über eine Armee, die Nationale Volksarmee, mit 173 000 Soldaten.
Die Stasi soll 6 Millionen Handakten mit Angaben und Hinweisen über Bürger der ehemaligen DDR und auch der Bundesrepublik angelegt haben.
1991 wurden etwa 1200 Meter Material, das verhältnismäßig leicht zu sichten war, sichergestellt. In etwa 5600 Säcken fand sich zerrissenes, in rund 12 000 Säcken zerschnipseltes Material.
Im Dezember 1991, nach der Vereinigung der beiden deutschen Staaten, *Bundesrepublik Deutschland* und Deutsche Demokratische Republik, wurde durch *Gesetz* die Behörde ‹Der Bundesbeauftragte für die Unterlagen des Staatssicherheitsdienstes der ehemaligen Deutschen Demokratischen Republik› eingerichtet. Diese Behörde ermöglicht Bürgern, Wissenschaftlern und Medien auf Antrag Einsicht in die Unterlagen.
So ist jeder durch die Stasi betroffene Bürger in der Lage, seine Vergangenheit aufzuklären; so sind aufgrund prüfbarer Unterlagen wissenschaftliche Untersuchungen und Berichte in den Medien möglich. Die Sichtung der Akten wird die Behörden und die Öffentlichkeit in der Bundesrepublik noch lange Zeit beschäftigen.
Siehe auch *Diktatur*.

Staat, eine Familie ist eine Gemeinschaft. Sie soll jedem Mitglied ermöglichen, geschützt durch die Gemeinschaft zu leben und sich zu entwickeln. Dafür erwartet sie, dass der Einzelne etwas für die Gemeinschaft der Familie tut, je nach Alter und Kraft.

Auch die Mitglieder eines Staates, die Staatsbürger, sollen geschützt durch die Gemeinschaft leben. Auch sie müssen je nach ihrer Kraft etwas für die Gemeinschaft, für die *Gesellschaft*, leisten. Sie haben *Rechte* und Pflichten.

Ein Staat wird von Menschen eingerichtet und hat die Aufgabe, das Zusammenleben der Menschen zu ermöglichen. Alles, was Menschen auf dieses Ziel hin tun, ist *Politik*. Der größte und wichtigste Rahmen für Politik ist der Staat. Die Politik eines Staates beschränkt sich jedoch nicht nur auf die Ordnung im Innern, die *internationale* Politik zwischen den Staaten wird immer wichtiger.

Zu einem Staat gehören ein *Staatsgebiet*, ein Staats*volk* und die Staatsgewalt.

Staatsgewalt setzt sich zusammen aus: *Gesetzgebung*, *Regierung* und *Rechtsprechung*.

Gesetzgebung bedeutet, dass *Gesetz*e gegeben werden, nach denen sich das Zusammenleben der Menschen richten muss.

Regierung heißt die Leitung eines Staates. Dazu gehört die *Verwaltung*. Rechtsprechung bedeutet, dass es *Gerichte* gibt und Richter, die dafür sorgen, dass die Gesetze eingehalten werden.

Die Staatsgewalt kann unterschiedlich verteilt sein. Sie kann ganz in einer Hand oder in den Händen einer kleinen Gruppe liegen, man spricht dann von einer *Diktatur*. Sie kann grundsätzlich bei allen Bürgern liegen, das ist der Grundgedanke der *Demokratie*. Die Bürger üben ihre Gewalt aus, indem sie Vertreter in ein *Parlament* wählen, das die Gesetze beschließt.

Sind in einem Staat die drei Gewalten der Staatsgewalt voneinander unabhängig, damit sie sich gegenseitig überwachen, besteht *Gewaltenteilung*.

Welche Aufgaben der Staat zu erfüllen hat, welche Ziele er anstreben soll, wie weit er regelnd in das Leben des einzelnen Menschen eingreifen darf, sind Fragen, die sowohl von Politikern wie von Staatsbürgern immer wieder erörtert werden.

Siehe *Regierungssystem*.

Staatenbund, ein Staatenbund ist ein Zusammenschluss von *Staat*en, die ihre *Souveränität*, das heißt ihre Herrschaftsgewalt, behalten.

In einem Staatenbund vereinigte Staaten wollen zum Beispiel gemeinsam Frieden, Sicherheit und Wohlstand für ihre Staaten erreichen. Die *Vereinten Nationen* zum Beispiel sind ein Staatenbund.

Der Staatenbund darf nicht mit dem *Bundesstaat* verwechselt werden.

Staatsangehörigkeit, die Staatsangehörigkeit eines Menschen ist seine Zugehörigkeit zu einem bestimmten *Staat*. Mit einer Staatsangehörigkeit sind *Rechte* und Pflichten verbunden: zum Beispiel das Recht zu wählen und die Pflicht, *Steuern* zu zahlen.

In manchen Staaten wird die Staatsangehörigkeit eines Menschen durch die Abstammung bestimmt, in anderen Staaten durch den Geburtsort: Ein Kind erhält dieselbe Staatsangehörigkeit, wie sie die Eltern haben, oder es erhält die Staatsangehörigkeit des Landes, in dem es geboren ist.

Es ist möglich, dass man zwei Staatsangehörigkeiten besitzt: sowohl die durch Abstammung als auch die durch den Geburtsort. In der Regel entscheidet man sich später für nur eine. Ehepartner können durch Heirat eine neue oder eine zweite Staatsangehörigkeit erhalten.

Staatsgebiet, das Staatsgebiet ist die abgegrenzte Landfläche eines bestimmten *Staat*es. Die Grenzen heißen Staatsgrenzen. Außer der Landfläche gehören der Luftraum über und der Bereich unter der Erde zu einem Staatsgebiet. Außerdem gehören Buchten und Mündungsgebiete der Flüsse sowie in der Regel 12 Meilen des Meeres vor der jeweiligen Küste eines Landes dazu. Einige Staaten erheben Anspruch auf mehr, bis zu 50 Meilen des Meeres vor ihrer Küste. Man spricht auch von dem Hoheitsgebiet und den Hoheitsgewässern.
Die Gesamtheit der Bewohner eines Staatsgebietes bildet das Staats*volk*. Siehe auch *Dreimeilenzone*.

Staatsgewalt, siehe *Staat*.

Staatsoberhaupt, das Staatsoberhaupt ist der höchste *Repräsentant*, das heißt der höchste Vertreter, seines *Staat*es. In einer *Monarchie* ist das Staatsoberhaupt ein Kaiser, König oder Fürst. In einer *Republik* wird das Staatsoberhaupt in der Regel als *Präsident* bezeichnet. In der *Bundesrepublik Deutschland* ist der *Bundespräsident* das Staatsoberhaupt.
Der Einfluss des Staatsoberhauptes auf die *Regierung*, das heißt auf die Leitung des Staates, ist in den verschiedenen Staaten unterschiedlich groß.
Siehe *Regierungssystem*. Siehe auch *parlamentarische Demokratie*.

Staatsrat der *D*eutschen *D*emokratischen *R*epublik, der ehemaligen *DDR*. In der DDR gab es bis 1960, wie in anderen *Staat*en, ein *Staatsoberhaupt*, den ‹*Präsident*en der Republik›. 1960 wurde dieses Amt einem größeren Personenkreis übertragen, dem Staatsrat. Er bestand aus dem Staatsratsvorsitzenden, seinen Stellvertretern, dem Sekretär und anderen Mitgliedern; zusammen waren das 30 Personen.
Der Staatsrat wurde für fünf Jahre von der *Volkskammer*, der *Volk*svertretung der DDR, gewählt. Die meisten Aufgaben des Staatsrates entsprachen denen eines Staatsoberhauptes in anderen Staaten: Er verkündete die *Gesetz*e, er schloss und kündigte *international*e Verträge, er ernannte *Diplomat*en und berief sie ab.

Staatssekretär, ein Staatssekretär ist der höchste Beamte in einem *Ministerium* und Stellvertreter des *Minister*s innerhalb des Ministeriums.
Staatssekretäre sind Fachleute auf dem Gebiet, für das ihr Ministerium zuständig ist.
Daneben gibt es Parlamentarische Staatssekretäre, die zugleich *Abgeordnete*, also Angehörige des *Parlament*s, sind. Sie unterstützen und vertreten die Minister vor allem gegenüber dem Parlament.

Staatsstreich, ein Staatsstreich oder eine *Revolution* kann die *Regierung* eines *Staat*es gewaltsam verändern. Revolution bedeutet in der Regel, dass das *Volk* die Veränderung erzwingt. Ein Staatsstreich dagegen kann entweder von einem oder von mehreren Mitgliedern der bisherigen Regierung

oder vom *Militär*, meist von hohen Offizieren, eingeleitet und ausgeführt werden.
Ziel eines Staatsstreiches ist, die Regierung zu stürzen oder das *Parlament*, das heißt die *Volk*svertretung, abzuschaffen oder die *Rechte* des Parlaments stark einzuschränken. Diejenigen, die einen Staatsstreich ausführen, wollen in der Regel selbst die Macht im Staat ausüben.

Stabilität, stabil heißt standfest oder beständig. Stabilität heißt Beständigkeit oder Dauerhaftigkeit. Stabilisieren heißt festigen, ‹etwas standfest, dauerhaft machen›.
Wenn von Stabilisierung die Rede ist, ist die Bemühung um Stabilität gemeint. Man spricht zum Beispiel von einer Stabilisierung der *Wirtschaft*. Beständige Verhältnisse in der Wirtschaft eines *Staat*es herrschen, wenn alle Menschen Arbeit haben und genug verdienen können.
Siehe auch *Konjunktur*.

Stagnation ist der Stillstand, die Stockung. Wenn etwas stagniert, hat es aufgehört, sich zu entwickeln.
Innerhalb der *Konjunktur*, das ist das Auf und Ab einer *wirtschaftlich*en Entwicklung, ist Stagnation ein zeitlicher Abschnitt: Die Erzeugung von Gütern gerät ins Stocken. Das kann zu einem Abschwung führen.
Siehe auch *Konjunktur*.

Stalinismus, siehe *Kommunismus*.

START ist die Abkürzung für ‹*S*trategic *A*rms *R*eduction *T*alks›, das heißt ‹Verhandlungen über die Verringerung strategischer Waffen›. SALT ist die Abkürzung für ‹*S*trategic *A*rms *L*imitation *T*alks›, das heißt ‹Verhandlungen über die Begrenzung strategischer Waffen›.
Strategische Waffen sind weit reichende, mit Atomköpfen ausgerüstete Interkontinentalraketen, die eine Reichweite von mehr als 5500 Kilometern haben. Sie können von einem Erdteil zum anderen geschossen werden. Zu dem strategischen Waffensystem gehören außerdem Flugzeuge und U-Boote als Träger von Raketen mit atomaren Sprengköpfen sowie Einrichtungen am Boden, von denen Interkontinentalraketen abgeschossen werden können. System heißt Gesamtheit, ‹Gefüge von Teilen, die zusammenwirken›.
Die SALT- und START-Verhandlungen wurden ab 1969 zwischen den USA und der Sowjetunion geführt und seit 1993 zwischen den USA und Russland – in der Nachfolge der Sowjetunion. Siehe dazu *Ostblock und Westmächte*.
Ziel aller Verhandlungen und Abkommen und der daraus folgenden Verträge ist, die strategischen Waffensysteme beider *Staat*en in einem ausgeglichenen Verhältnis schrittweise und fortlaufend zu begrenzen und zu verringern.
Die im Rahmen von SALT und START abgeschlossenen Verträge SALT I und II sowie START I und II sind ausgelaufen oder wegen langwieriger Nachverhandlungen nicht in Kraft getreten.
2010 wurde von den *Regierung*en der USA und Russlands ein weiterer START-Vertrag unterschrieben, der erneut die Begrenzung der strategischen

Waffensysteme vorsieht. Der Vertrag wurde im Dezember 2010 von den USA, im Januar 2011 von Russland ratifiziert, das heißt von den jeweiligen *Volk*svertretungen bestätigt.
Siehe auch *OSZE*, *nukleare Waffen*, *Ratifikation*.

Stasi ist die Abkürzung für *Sta*atssicherheitsdienst. Siehe *SSD*.

Statistik ist das Sammeln und Zählen von Tatsachen, die sich wiederholen oder in großem Umfang auftreten, und die übersichtliche Darstellung der Ergebnisse. Eine Statistik ist zum Beispiel eine Übersicht darüber, wie viele Schüler bei der letzten Klassenarbeit die Note 1, 2, 3, 4 oder 5 geschrieben haben: Die Schüler können sehen, wie viele Mitschüler besser oder schlechter als sie selbst gewesen sind, und der Lehrer merkt, ob die Kinder im Unterricht alles verstanden haben. Statistiken gibt es auch im Großen: Man zählt die Bevölkerung, die Geburten, die Wohnungen, die Verkehrsunfälle, die Diebstähle, die Obstbäume und vieles andere.
In der *Bundesrepublik Deutschland* werden die durch *Gesetz*e veranlassten statistischen Erhebungen von den Statistischen Landesämtern und dem Statistischen Bundesamt durchgeführt. Diese Ämter veröffentlichen die zusammengefassten Ergebnisse in Jahrbüchern und Monatsheften.
Aus Statistiken kann man nützliche Erkenntnisse ziehen: zum Beispiel für den Wohnungsbau, für die Neuplanung von Schulen, für die Verkehrsplanung.
Siehe auch *Demoskopie*.

Status heißt Stand, Zustand.
Spricht man von dem Blutstatus eines Menschen, meint man den Zustand seines Blutes. Aus ihm kann man Rückschlüsse auf die Gesundheit des Menschen ziehen.
Wird von dem Status eines Menschen gesprochen, meint man seinen Stand in der *Gesellschaft*. Man spricht zum Beispiel von dem Status des Schülers, des Arbeiters, der Hausfrau. Sogenannte Statussymbole sollen den Stand eines Menschen in der Gesellschaft oder in einer Gruppe kennzeichnen. Es gibt echte und unechte Statussymbole: Die Uniform eines Soldaten lässt seinen tatsächlichen Stand in der Armee erkennen, ein großes Auto dagegen kann vortäuschen, dass jemand ein reicher Mann sei.
Symbol heißt Zeichen.

Status quo (ante), Status quo heißt so viel wie ‹der gegenwärtige Zustand›. Zwei *Staat*en mit gemeinsamer Grenze führten zum Beispiel einen Krieg gegeneinander. Der Krieg ist zu Ende, und sie schließen einen Friedensvertrag. Die gemeinsame Grenze ist jedoch während des Krieges durch Landgewinne der einen Seite verändert worden.
In dem Vertrag können die beiden Staaten die Grenze festlegen, wie sie jetzt ist, also bei Vertragsabschluss: Sie vereinbaren die Grenze nach dem Status quo, das heißt nach dem gegenwärtigen Zustand. Die beiden Staaten können aber auch die Grenze vereinbaren, die vor dem Krieg zwischen beiden bestand: In dem Falle würden sie einen Vertrag nach dem Status quo ante schließen. Ante heißt vor – es

wäre also in dem Vertrag der Zustand vor dem Krieg zugrunde gelegt.

Statut, ein Statut ist eine *Satzung*. Siehe *Satzung*.

Steuern sind Geldbeträge, die an den *Staat* gezahlt werden. Die meisten Bürger und alle Unternehmen müssen Steuern zahlen. Steuern sind die Haupteinnahmequelle des Staates.
Es gibt etwa vierzig verschiedene Steuerarten. Die ertragreichste und damit wichtigste Steuer ist die Lohnsteuer, sie wird von den Arbeitnehmern gezahlt und richtet sich nach der Höhe des Einkommens. Die zweitgrößte Steuer ist die Mehrwertsteuer oder Umsatzsteuer, sie muss gezahlt werden, wenn man Waren kauft oder Dienstleistungen in Anspruch nimmt. Dienstleistungen sind zum Beispiel die Leistungen von Frisören und Gaststätten. Bestimmte Waren werden besonders besteuert, zum Beispiel Mineralöl, Tabak, Branntwein, Bier und sogar Streichhölzer und Zucker. Diese Steuern nennt man Verbrauchsteuern. Außerdem gibt es zum Beispiel Erbschaft-, Kraftfahrzeug- und Hundesteuer.
Der einzelne Bürger weiß nicht, ob mit seinen Steuern eine neue Straße gebaut wird oder ob Uniformen für die *Bundeswehr* gekauft werden. Der Bürger weiß aber, dass der Staat mit dem Geld aller Steuerzahler viele Aufgaben erfüllen muss: Es werden zum Beispiel Straßen und Bahnhöfe gebaut, die Beamten werden bezahlt.
Alle *Gesetze*, die Steuern betreffen, sind im Steuer*recht* zusammengefasst.

StGB ist die Abkürzung für *St*raf*ge*setz*b*uch. In ihm sind die meisten Strafbestimmungen des Straf*recht*s zusammengefasst, sie betreffen zum Beispiel Diebstahl, Betrug, Mord, Totschlag und *Hochverrat*.
Das Strafgesetzbuch von 1871 wurde seit 1949 häufig geändert. Die bisher letzte Strafrechts*reform* trat 1998 in Kraft, sie verschärfte unter anderem die Strafen für tätliche Angriffe.
Siehe auch *öffentliches Recht*.

Stichwahl, siehe *Mehrheitswahl*.

Strategie, Susis Strategie beim ‹Fang-den-Hut-Spiel› ist: alle Hütchen so schnell wie möglich ins Spiel zu bringen, damit sie weiterspielen kann, auch wenn eines ihrer Hütchen gefangen wird. Susis Taktik, welches Hütchen jeweils bewegt wird, ist abhängig vom Verlauf des Spieles und dem Verhalten der Mitspieler.
Strategie ist ‹Planung und Führung nach großen Gesichtspunkten›, auch ‹langfristige Planung›. Der Begriff Taktik kennzeichnet einzelne Maßnahmen innerhalb einer langfristigen Planung.
Im *militärisch*en Sprachbereich, aus dem beide Begriffe stammen, ist die Strategie die Feldherrenkunst, die Taktik die ‹Lehre von der Führung eines Gefechts›.

Streik, auch als Ausstand bezeichnet, bedeutet, dass nicht gearbeitet wird.
Der Streik ist ein Mittel des Arbeitskampfes der Arbeitnehmer, zum Beispiel, um bessere Arbeitsbedingungen oder höhere Löhne durchzusetzen: Arbeitsstunden oder ganze Arbeitstage

fallen aus. Der Arbeitgeber verdient weniger. Das veranlasst ihn unter Umständen, auf die Forderungen der Arbeitnehmer einzugehen.

Es gibt den organisierten Streik: Er wird von den *Gewerkschaften* eingeleitet und verantwortet.

Organisieren heißt aufbauen, ‹planmäßig ordnen›.

Eine Gewerkschaft ist eine Vereinigung von Arbeitnehmern, die die Interessen der Arbeitnehmer gegenüber den Arbeitgebern und dem *Staat* vertritt.

Einem organisierten Streik müssen 75 Prozent der Arbeitnehmer zustimmen: Es muss vorher eine Abstimmung durchgeführt werden, die man als *Urabstimmung* bezeichnet.

Ein Streik kann mehrere Tage, manchmal auch Wochen dauern. Für die Dauer des Streiks erhalten die Streikenden eine Unterstützung von ihrer Gewerkschaft. Ein Streik endet meist mit dem Abschluss eines neuen *Tarifvertrag*es, in dem Löhne und Arbeitsbedingungen vereinbart werden.

Der sogenannte wilde Streik wird von den Arbeitnehmern eines oder mehrerer Betriebe selbständig durchgeführt, ohne Zustimmung der Gewerkschaften.

Bei einem Generalstreik hören alle oder fast alle Arbeitnehmer in einem Land auf zu arbeiten.

Punktstreik bedeutet, dass zum Beispiel in einem Betrieb nur eine Abteilung oder dass nur ein Betrieb eines bestimmten Gewerbes streikt.

Bummelstreik bedeutet, dass die Arbeitnehmer ihren Dienst streng nach Vorschrift ausüben: Sie arbeiten nicht mehr und nicht länger und nicht schneller, als sie laut Vertrag unbedingt müssen.

Ein Warnstreik dauert nur kurze Zeit: Die Arbeitnehmer wollen darauf hinweisen, dass sie entschlossen sind, auch länger zu streiken.

Beamte dürfen in der *Bundesrepublik Deutschland* nicht streiken.

Eine Gegenmaßnahme der Arbeitgeber gegen einen Streik ist die Aussperrung: Das bedeutet die fristlose Entlassung der streikenden Arbeitnehmer. Der Arbeitgeber kann aber das Arbeitsverhältnis nur zeitweilig, nicht endgültig, auflösen. Nach Beendigung des Streiks ist er verpflichtet, die Arbeitnehmer wieder einzustellen. In der Bundesrepublik haben Streik und Aussperrung nur suspendierende Wirkung, das bedeutet, das Arbeitsverhältnis wird nur zeitweilig aufgehoben, nicht endgültig gelöst.

Struktur heißt Aufbau und Gliederung.

Die Untersuchung der Struktur einer Schule zum Beispiel kann Aufschluss darüber geben, wie viele Schüler die Schule hat und welche Altersgruppen zusammen in einer Klasse sind. Strukturuntersuchungen sind notwendig, wenn Änderungen im Aufbau einer Einrichtung, zum Beispiel einer Schule, geplant sind.

substanziell heißt wesentlich, ‹zur Sache gehörig›. Die Substanz ist ‹der Gehalt oder der Kern einer Sache›.

Subvention heißt Unterstützung. Im Besonderen bezeichnet der Begriff finanzielle, das heißt geldliche, Zuwendungen, die der *Staat* an bestimmte

*Wirtschaft*szweige oder Unternehmen zahlt oder bestimmten Personengruppen bewilligt. Subventionen müssen nicht zurückgezahlt werden.
In der *Bundesrepublik Deutschland* werden zum Beispiel an die Landwirtschaft und an den Kohlebergbau Subventionen in Form von Finanzhilfen gezahlt.
Es gibt auch die Subvention in Form des Steuernachlasses, das bedeutet, der Begünstigte zahlt weniger *Steuern*.
Subventionen werden bewilligt, um zum Beispiel bestimmte Unternehmen zu erhalten, um Neugründungen von Betrieben zu unterstützen oder um energiesparende Verfahren zu fördern.
Siehe auch *Steuern*.

subversiv heißt umstürzlerisch. Eine Subversion ist ein Umsturz.
Wer von ‹subversiven Elementen› spricht, will damit Personen bezeichnen, die seiner Meinung nach die Gemeinschaft gefährden und den Umsturz der *Gesellschaft* wollen. Mit dem Wort Elemente wird dabei Minderwertigkeit unterstellt.

supranational heißt über*national*, über*staat*lich. *Organisation*en, Bündnisse oder Vereinbarungen, die über den Staaten stehen, werden so bezeichnet. Die Mitgliedsstaaten haben vereinbart, dass alle oder bestimmte zukünftige Beschlüsse für alle Mitglieder bindend sind. Sie müssen nicht – wie bei *international*en Organisationen – von den einzelnen Mitgliedern erneut anerkannt werden. Die *Europäische Union*, EU, ist eine supranationale Organisation.
Siehe auch *Souveränität*.

Synode heißt Zusammenkunft. Im Besonderen ist es eine Versammlung evangelischer Christen, deren Mitglieder von ihren Gemeinden als Vertreter gewählt worden sind. Auf Synoden werden Beschlüsse gefasst, die das kirchliche Leben betreffen. Eine Synode ist eine Art *Parlament*.
Die Synode der ‹*E*vangelischen *K*irche in *D*eutschland›, *EKD*, zum Beispiel tritt einmal im Jahr zusammen. Eine ihrer Aufgaben ist, Kirchen*gesetz*e zu beschließen. Es sind in der Hauptsache *Verwaltung*sgesetze, zum Beispiel über die Verwendung des verfügbaren Geldes.

System hat mehrere Bedeutungen: Verfahrensweise, Gliederung, ‹geordneter Aufbau› und ‹Gefüge von Teilen, die voneinander abhängig sind, ineinandergreifen oder zusammenwirken›.
Ein Schüler, der bei seinen Hausaufgaben immer zuerst die schwierigen erledigt, arbeitet nach einem bestimmten System. Systematisch arbeiten heißt planmäßig arbeiten.
Das *Regierungssystem* oder die Regierungsform wird auch kurz ‹das System› genannt: Gemeint ist, wie eine *Regierung* aufgebaut ist und wie sie den *Staat* lenkt.

T

Tag der Deutschen Einheit, seit der Vereinigung der *Bundesrepublik Deutschland* und der *D*eutschen *D*emokratischen *R*epublik, *DDR*, zu einem deutschen *Staat* Bundesrepublik

Deutschland im Jahre 1990 ist der 3. Oktober der ‹Tag der Deutschen Einheit› und gesetzlicher Feiertag. Siehe dazu *Einigungsvertrag.*

Tagesordnung ist die Bezeichnung für das *Programm* oder die Reihenfolge, nach der auf einer Sitzung oder in einer Versammlung Fragen besprochen und beraten werden. Für jede *Parlament*ssitzung zum Beispiel gibt es eine Tagesordnung.

Vorschläge für eine Tagesordnung müssen rechtzeitig eingereicht werden. Die Vorschläge ergeben die sogenannten Tagesordnungspunkte, ihre Reihenfolge die Tagesordnung.

Durch Abstimmung der Sitzungsteilnehmer kann beschlossen werden, Tagesordnungspunkte abzusetzen oder ihre Reihenfolge zu ändern. Die Reihenfolge kann von Bedeutung sein: Steht ein wichtiger Punkt am Ende einer langen Tagesordnung, wird er unter Umständen nicht sorgfältig beraten.

Taktik, siehe *Strategie.*

Tarif, Tariflohn, Tarifvertrag, unter Tarif versteht man einen einheitlich festgelegten Preis für eine bestimmte Leistung. Die Posttarife zum Beispiel legen fest, wie viel die Beförderung eines Briefes kostet.

Tariflohn ist ein vereinbarter Lohn für eine bestimmte Arbeit. Tariflöhne werden in Tarifverhandlungen zwischen Arbeitnehmern und Arbeitgebern ausgehandelt, die man auch die Tarifvertrags*partei*en oder Tarifpartner nennt. Ziel einer Tarifverhandlung ist die Vereinbarung eines Tarifvertrages.

In der Regel werden Tarifverträge von den Arbeitgeberverbänden und von den *Gewerkschaften* geschlossen. Die Arbeitgeberverbände vertreten die Interessen der Arbeitgeber, die Gewerkschaften die der Arbeitnehmer.

Tarifverträge gelten für alle Arbeitnehmer, gleichgültig ob sie der vertragschließenden Gewerkschaft angehören oder nicht. Wird der Tarifvertrag von einem Arbeitgeber nicht eingehalten, haben jedoch nur Gewerkschaftsmitglieder das *Recht*, ihre Ansprüche durchzusetzen.

In den Lohntarifverträgen werden die Löhne geregelt. In den Manteltarifverträgen wird außerdem vieles andere geregelt, zum Beispiel Arbeitszeit, Urlaub, Altersversorgung. In der *Bundesrepublik Deutschland* spricht man von Orts-, Bezirks-, Landes- oder Bundestarifen, je nachdem für welches Gebiet sie gelten.

Für die einzelnen Berufsgruppen gibt es unterschiedliche Tarifverträge: Die Arbeitnehmer der Metall*industrie* haben andere Verträge als die des Baugewerbes.

Tarifverträge werden für eine bestimmte Zeit abgeschlossen, in der Regel für ein Jahr.

Die *Regierung* der Bundesrepublik mischt sich grundsätzlich nicht in die Tarifverhandlungen ein: Die Tarifpartner sind frei in ihren Entscheidungen und dafür verantwortlich. Diese Unabhängigkeit der Tarifpartner vom *Staat* wird als Tarif*autonomie* bezeichnet, sie ist in einem *Gesetz*, dem Tarifvertragsgesetz, bestimmt.

Siehe auch *Gewerkschaften, Streik, Schlichtung.*

T

Technokratie, eine Gruppe von Jugendlichen beschließt, eine Ferienfahrt zu unternehmen: Sie wollen sich gegenseitig besser kennenlernen, persönliche Probleme besprechen und so den Zusammenhalt untereinander festigen. Drei aus der Gruppe übernehmen die Planung der Fahrt: wohin man fährt, ob mit dem Rad oder mit der Bahn, welches Gepäck mitgenommen wird und dergleichen mehr.
Die drei stellen Listen auf und Fragebogen, sie rechnen und schreiben. Ihre Fragen und Vorschläge, wie die Fahrt zu bewerkstelligen sei, beherrschen die Erörterungen der Gruppe. Als sie eines Tages die Frage stellen, ob man das Gepäck besser in Rucksäcken oder in Tornistern mitnehme, werden sie als Spinner beschimpft. Man könnte sie auch als Technokraten bezeichnen: Menschen, denen die reibungslose Durchführung eines Planes häufig wichtiger ist als das Ziel, das mit dem Plan erreicht werden soll.
Technokratie ist ‹die Herrschaft der Technik›. Das bedeutet, dass in einer Planung nicht so sehr die Wünsche und Bedürfnisse der Betroffenen, sondern die technischen Mittel und ihre Verwalter bestimmend sind. Der Begriff Technokrat wird daher oft auch als Schimpfwort benutzt.
Technik heißt Arbeitsweise, Handhabung, auch Kunstfertigkeit. Es gibt zum Beispiel die Technik der Malerei: Der Maler weiß, wie er sein Handwerkszeug – Farbe, Pinsel und Leinwand – benutzen muss, um ein Bild herzustellen.

Technologie ist ‹die Lehre von der Umwandlung von Rohstoffen in Fertigprodukte›. Rohstoffe sind zum Beispiel Erze oder Quarzsand, Fertigprodukte sind zum Beispiel Kochtöpfe oder Gläser, die aus den umgewandelten Erzen beziehungsweise dem umgewandelten Quarzsand hergestellt werden. Den jeweiligen Umwandlungsverfahren der Rohstoffe liegen biologische, chemische oder physikalische Vorgänge zugrunde.
Der Begriff Technologie wird häufig auch anstelle des Wortes Technik benutzt. Man spricht zum Beispiel von der Technologie des Fliegens und meint die Technik des Fliegens, nämlich die Handhabung des Flugzeugs. Die Technologie des Fliegens umfasst alles, was dazu geführt hat, dass der Mensch sich in die Luft erhob. In diesem Fall bedeutet Technologie die Lehre von der Entwicklung der Technik in ihrem Zusammenhang mit den Menschen.
Die Bedeutung des Begriffs Technologie ist nicht einheitlich.
Siehe auch *Technokratie.*

Tendenz, tendenziös, das Wort Tendenz hat mehrere Bedeutungen: Neigung, Absicht, Richtung, Entwicklungslinie.
Tendenziös heißt ‹einseitig Stellung nehmend›, ‹etwas bezweckend›.
Ein Fernsehbericht über das Verhältnis der Weißen und der Schwarzen in den USA ist zum Beispiel tendenziös, wenn er nur herablassende und hochmütige Weiße zeigt. Im entgegengesetzten Sinne tendenziös ist der Bericht, wenn er nur verkommene und ungebildete Schwarze zeigt.

In beiden Fällen würde der Zuschauer einseitig beeinflusst: in dem einen Fall gegen die Weißen, in dem anderen gegen die Schwarzen.
Eine tendenziöse Darstellung erschwert dem Leser, Hörer oder Zuschauer, sich unverfälschten Überblick über ein Problem zu verschaffen.

Terminologie, eine Terminologie ist eine Zusammenfassung von Fachausdrücken. «Matt!», ruft zum Beispiel ein Schachspieler und meint damit, dass sein Gegner besiegt ist. ‹Matt› ist ein Fachausdruck beim Schachspielen. Es gibt mehrere solcher Ausdrücke, die alle zusammen die Terminologie des Schachspiels bilden.
Jedes Spiel, jeder Beruf, jede Wissenschaft hat heute eine eigene Terminologie. Sie wird oft nur von deren Kennern verstanden. Dieses Buch soll ermöglichen, die Terminologie der *Politik* zu verstehen.

Territorium heißt Gebiet, insbesondere ist es das *Staatsgebiet.* Territorial heißt ‹zu einem Gebiet gehörend› und ‹ein Gebiet betreffend›.
Nach einem Krieg kann der Sieger auf territoriale Ansprüche an den Verlierer verzichten: Er fordert kein Land von ihm.

Terror, Menschen terrorisieren heißt sie bedrohen, sie unterdrücken, sie in Angst und Schrecken versetzen. Terror heißt Schrecken, Terrorismus heißt Schreckensherrschaft, das bedeutet die Herrschaft des Schreckens über Menschen, verursacht von Menschen.
Terrorakte oder Terroraktionen sind Handlungen von Menschen, die andere Menschen durch Rücksichtslosigkeit, Gewalttätigkeit und Mord bedrohen oder vernichten.
In Terror*organisation*en vereinigen sich Menschen, die aus *politisch*en oder religiösen Gründen ihre Ziele weltweit oder in ihren eigenen *Staaten* mit Terrormaßnahmen durchsetzen wollen.
Terroristen – die Angehörigen einer so bezeichneten Terrororganisation – verstehen sich selbst als Freiheitskämpfer, da sie von der *Recht*mäßigkeit ihrer Ziele überzeugt sind. Sie glauben, sie nicht anders als mit Gewalt durchsetzen zu können.

These, der Satz «Da Männer die Welt regieren, gibt es so viele Kriege» ist eine These, nämlich eine Behauptung, die bewiesen werden muss.
Der Satz «Wenn Frauen die Welt regieren würden, gäbe es keine Kriege mehr» ist die Antithese, nämlich die Gegenbehauptung, die auch bewiesen werden muss.

Toleranz, das lateinische Wort tolerare heißt ertragen.
Toleranz heißt Duldsamkeit: Es ist die Bereitschaft und die Entschlossenheit, die Meinung anderer Menschen gelten zu lassen und zu achten.
Wollen Menschen gleichberechtigt miteinander leben, sei es in der kleinen Gemeinschaft der Familie, sei es in einem *Staat,* müssen sie einander tolerieren, das heißt dulden und ‹gewähren lassen›. Meinungsfreiheit, *Pressefreiheit* und Vereinigungsfreiheit in einem Staat sind *Grundrecht*e auf der Grundlage der Toleranz: Die Menschen kön-

nen ihre Meinung frei äußern und sind gleichzeitig aufgefordert, tolerant gegenüber anderen Menschen zu sein, die andere Ansichten vertreten. In der *Bundesrepublik Deutschland* sind diese *Rechte* in der *Verfassung* gesichert. Siehe dazu *Grundgesetz*.
Toleranz findet ihre Grenzen, wenn Menschen die ihnen gewährte Toleranz zum Schaden anderer missbrauchen.

totalitär, total heißt restlos, vollständig. Totalitär heißt ‹alles erfassend und vollständig durchdringend›. Der Begriff totalitär wird auf *Staat*en und ihre *Gesellschaft*sordnungen angewendet.
In einer totalitären Gesellschaft sind die Menschen in allen Lebensbereichen, zum Beispiel am Arbeitsplatz, in der Schule und in der Freizeit, durch Anordnungen, Verbote und Regeln der *Regierung* in ihrer Freiheit eingeschränkt. Die Einhaltung der Bestimmungen wird vom Staat streng überwacht. Der Wettstreit unterschiedlicher Interessengruppen, zum Beispiel unterschiedlicher *Partei*en, ist ausgeschlossen.
Siehe auch *Diktatur*, *Einparteisystem*.

Tradition, in vielen Ländern ist es Tradition, Weihnachten Kerzen anzuzünden. Man kann auch sagen: Es ist Brauch, Weihnachten Kerzen anzuzünden.
Tradition heißt Überlieferung: Menschen übernehmen Sitten, Kenntnisse und Erfahrungen von den Menschen vor ihnen und überliefern sie an die Menschen nach ihnen.
Traditionen können im Laufe der Zeit ihren Sinn verlieren oder unter veränderten Zuständen unmöglich werden: Die Tradition, Menschen in Särgen zu begraben, könnte eines Tages unmöglich werden, weil nicht genügend Platz auf den Friedhöfen ist. Die Menschen werden überlegen, sich von dieser Überlieferung zu trennen und andere Formen der Bestattung zu wählen.
Siehe *Kultur*.

Transit heißt Durchgang, Durchfuhr. Ein Transit*visum* ist die Erlaubnis, durch ein Land durchreisen zu dürfen.

Transparenz ist Durchsichtigkeit. Transparent heißt durchsichtig, durchscheinend.
Transparenz ist nicht nur die Durchsichtigkeit eines Materials, sondern auch die Durchschaubarkeit von Vorgängen.
Es ist oft von der Forderung nach ‹Transparenz in der *Politik*› die Rede. Damit ist unter anderem gemeint, dass die Vorgänge, durch die *Regierung*en oder *Partei*en zu Beschlüssen kommen, für alle durchschaubar gemacht werden sollen.

U

Überhangmandat siehe *Bundestagswahl*.

Ultimatum, «Wenn du nicht ab morgen jeden Tag rechtzeitig deine Schularbeiten machst, darfst du abends nicht fernsehen!»
Dieser Satz ist ein Ultimatum: eine

letzte Aufforderung, innerhalb einer bestimmten Frist etwas zu tun, verbunden mit einer Drohung.
Stellt ein *Staat* einem anderen Staat ein Ultimatum, ist die Kriegserklärung die stärkste Drohung.
Ultimativ heißt ‹in Form eines Ultimatums›, auch nachdrücklich.

UN ist die Abkürzung für ‹*U*nited *Na*tions›. Siehe *Vereinte Nationen.*

Union, eine Union ist eine Vereinigung, ein Bündnis. Zu einer Union können sich Kirchen, *Staat*en oder *Partei*en vereinigen.

UNO, verkürzt manchmal auch nur UN, ist die Abkürzung für ‹*U*nited *Na*tions *O*rganization›.
Siehe *Vereinte Nationen.*

UPI ist die Abkürzung von ‹*U*nited *P*ress *I*nternational›. UPI ist eine amerikanische Nachrichtenagentur.
Eine Nachrichtenagentur vermittelt Nachrichten aus aller Welt an Zeitungen, Rundfunk- und Fernsehsender.

Urabstimmung, eine Urabstimmung ist jede Abstimmung, in der die Betroffenen selbst abstimmen müssen: zum Beispiel Arbeitnehmer über einen *Streik.* Niemand darf stellvertretend für sie eine Entscheidung treffen, auch nicht die Gewerkschaft.
Gewerkschaften sind Vereinigungen von Arbeitnehmern, die die Interessen der Arbeitnehmer gegenüber den Arbeitgebern und gegenüber dem *Staat* vertreten.

Utopie, das griechische Wort utopia heißt Nirgendland, Traumland.
Das weltberühmte Buch ‹Utopia› wurde 1516 von einem englischen Schriftsteller geschrieben, der darin eine erfundene Insel und die glücklichen Verhältnisse ihrer Bewohner schildert.
Heute bezeichnet das Wort Utopie die Vorstellung von einer vollkommenen *Gesellschaft* in der Zukunft. Der Begriff wird auch verächtlich im Sinne von Hirngespinst benutzt.
Utopisch heißt unerfüllbar, unwirklich, wirklichkeitsfremd. Ein Utopist ist ein Schwärmer, der in den Augen der anderen Menschen undurchführbare Pläne und wirklichkeitsfremde Ziele hat.

V

Vatikan nennt man den Vatikanpalast, die Vatikanstadt und ‹die Leitung der katholischen Kirche›.
Der Vatikanpalast ist der Wohnsitz des Papstes in Rom. Die Vatikanstadt, auch Vatikanstaat genannt, ist durch einen Vertrag mit dem italienischen *Staat* ein souveräner Staat auf dem *Staatsgebiet* Italiens, in Rom. Die *Regierung* liegt in der Hand des Papstes.
Souveräner Staat bedeutet, dass ein Staat seine inneren und äußeren Angelegenheiten nach eigenem Ermessen entscheiden kann. Der Vatikan regelt seine Beziehungen zu anderen Staaten durch Staatsverträge, die *Konkordat*e heißen.
Der Papst entsendet *Botschafter* als seine Vertreter in andere Staaten. Ein päpstlicher Botschafter heißt Nuntius.

Häufig ist von dem Vatikan die Rede, wenn die Leitung der katholischen Kirche durch den Papst und hohe Geistliche gemeint ist.
Siehe auch *Kurie*.

VEB ist die Abkürzung für ‹*V*olks*e*igener *B*etrieb›.
Volkseigene Betriebe waren staatliche Betriebe in der ehemaligen *DDR*: Sie gehörten dem *Staat*, nicht einzelnen Personen.
80 Prozent aller Betriebe in der ehemaligen DDR waren volkseigen. Viele von ihnen waren in VVB oder *Kombinat*en zusammengefasst. VVB heißt ‹*V*ereinigung *v*olkseigener *B*etriebe›.

Verbalnote, verbal heißt mündlich, ‹mit Worten›. Eine *Note* ist eine schriftliche Mitteilung. In einer Verbalnote ist schriftlich zusammengefasst, was zum Beispiel ein *Botschafter* im Auftrag seiner *Regierung* der Regierung seines Gastlandes mündlich mitgeteilt hat.

ver.di ist die Abkürzung für ‹*Ver*einte *Di*enstleistungsgewerkschaft›. In ver.di sind seit 2001 die fünf früheren Einzelgewerkschaften vereint: DAG, die ‹*D*eutsche *A*ngestellten *G*ewerkschaft›; DPG, die ‹*D*eutsche *P*ost*g*ewerkschaft›; HBV, die Gewerkschaft ‹*H*andel, *B*anken und *V*ersicherungen›; IG Medien, die ‹*I*ndustrie *G*ewerkschaft Medien – Druck und Papier, Publizistik und Kunst›; ÖTV, die Gewerkschaft ‹*Ö*ffentliche Dienste, *T*ransport und *V*erkehr›.
ver.di hat 2010 rund 2,3 Millionen Mitglieder aus rund 1000 Berufen.
ver.di ist die zweitgrößte der acht *Gewerkschaften*, die im *DGB*, dem ‹*D*eutschen *G*ewerkschafts*b*und›, zusammengeschlossen sind.

Vereinte Nationen ist die Übersetzung von *U*nited *N*ations, UN, der Kurzform von ‹*U*nited *N*ations *O*rganization›, UNO, die in Frankreich ‹*O*rganisation des *N*ations *U*nies›, ONU, genannt wird. Die UNO hat ihren Sitz in New York.
Die Vereinten Nationen wurden 1945 nach dem Ende des Zweiten *Weltkrieg*es, 1939–1945, gegründet. 2010 gehören der UN 192 *Staat*en an, das sind alle Staaten der Welt, außer Sahara (DARS), Republik China (Taiwan) und *Vatikan*stadt.
Die Ziele der Vereinten Nationen sind in der ‹Charta der Vereinten Nationen› niedergelegt, die 1945 von 51 Staaten unterzeichnet wurde. Die Staaten verpflichteten sich, den Frieden und die Freundschaft zwischen den Völkern der Welt zu sichern. Sie vereinbarten, die Entwicklung ihrer Länder zum Wohle der Menschen zu lenken, die *Menschenrechte* zu fördern und Streitigkeiten friedlich zu regeln.
Im Jahre 2000 haben sich die UN-Staaten zudem weitreichende Ziele gesetzt: Sie wollen dabei helfen, Hunger und Armut und die Kindersterblichkeit zu verringern; sie wollen Maßnahmen gegen die Ausbreitung der Krankheit Aids unterstützen; sie wollen verstärkt Bildung und Ausbildung von Kindern und Erwachsenen fördern; sie setzen sich dafür ein, dass die Missachtung von Frauen, die in Teilen der Welt herrscht, bekämpft wird; sie wollen dazu beitragen, dass die Zerstörung der Umwelt verhindert wird.

Die Generalversammlung, das heißt die Hauptversammlung der UN, tagt mindestens einmal im Jahr. In ihr sind alle Staaten gleichberechtigt: Jedes Land hat eine Stimme, gleichgültig wie groß oder bedeutend es ist. Wichtige Beschlüsse müssen mit Zweidrittel*mehrheit* gefasst werden.

Von größerer Wichtigkeit als die Generalversammlung ist der Sicherheitsrat, auch Weltsicherheitsrat genannt. Er ist in seinen Entscheidungen unabhängig. Der Sicherheitsrat besteht aus 15 Mitgliedern. Ständige Mitglieder sind die USA, Großbritannien, Frankreich, China und Russland in der Nachfolge für die seit 1991 aufgelöste Sowjetunion. Die übrigen zehn Mitglieder werden alle zwei Jahre von den Mitgliedern der Generalversammlung neu gewählt.

Hauptaufgabe des Sicherheitsrates ist es, Streitigkeiten zwischen den Staaten der Welt beizulegen. Der Rat kann Verhandlungen zwischen den streitenden Staaten veranlassen; er kann UN-Mitglieder auffordern, Waffenlieferungen an die streitenden Länder einzustellen oder die *wirtschaftlich*en Beziehungen zu ihnen abzubrechen; er kann schließlich Truppen entsenden, die von den Mitgliedsstaaten zur Verfügung gestellt werden.

Einem Beschluss des Sicherheitsrates müssen mindestens 9 der 15 Mitglieder zustimmen. Die fünf Stimmen der ständigen Mitglieder müssen hierin enthalten sein.

Die ständigen Mitglieder des Rates haben somit ein *Veto*recht, das heißt ein Einspruchs*recht*: Erhebt einer von ihnen Einspruch gegen einen Beschluss, kommt er nicht zustande. Eine Stimmenthaltung bedeutet keine Verweigerung.

Für die Wahrnehmung seiner Verantwortung für den Frieden zwischen den Staaten stehen dem Sicherheitsrat die UN-Friedenstruppen zur Verfügung. Sie werden auch ‹Blauhelme› genannt: Die Soldaten tragen hellblaue Helme. Für die Zusammensetzung dieser Truppe stellen zahlreiche Staaten freiwillig Soldaten zur Verfügung: Ihre Aufgabe ist es, in Krisengebieten den Frieden zu erhalten oder zu schaffen. Krise bedeutet ‹schwierige Zustands- oder Entscheidungslage›. Seit 1948 wurden mehr als 750 000 Menschen in über 50 solcher Maßnahmen eingesetzt.

Einige Male konnten die Vereinten Nationen die Ausweitung von Streitigkeiten verhindern. Die widerstreitenden Interessen der fünf ständigen Mitglieder des Sicherheitsrates verhindern indessen jedoch häufig notwendige Beschlüsse.

Der Internationale Gerichtshof der UN entscheidet Streitfälle zwischen Mitgliedsstaaten, die ihm von den beteiligten Staaten vorgetragen werden.

Die *Verwaltung* der UN liegt bei dem Sekretariat, auch Generalsekretariat genannt, das seinen Sitz in New York hat und drei Außenstellen in Genf, Nairobi und Wien. Wichtigste Aufgaben sind: die Unterstützung der Arbeit der zahlreichen *Organisation*en der UN; das Verfassen von Studien und Berichten; die Organisation, das heißt den Aufbau, der UN-Sitzungen. Geleitet wird das Sekretariat von dem Generalsekretär, der umfangreiche und vielfältige Verwaltungs- und *politisch*e Aufgaben hat.

Die Vereinten Nationen haben zahlreiche *Institution*en, das heißt Einrichtungen und Sonderorganisationen mit unterschiedlichen Aufgaben, zum Beispiel in den Bereichen *Wirtschaft*, Gesundheit, Bankwesen. Zu den allgemein bekanntesten zählen WHO, UNESCO und UNICEF.

WHO ist die Abkürzung von ‹*W*orld *H*ealth *O*rganization›, auf Deutsch ‹Weltgesundheitsorganisation›. Die WHO hat sich unter anderem die Aufgaben gestellt, die weltweit verbreiteten Seuchen Malaria, Grippe und Aids zu bekämpfen und zur Erhaltung und zum Aufbau von Gesundheitseinrichtungen in den *Entwicklungsländer*n beizutragen.

Die UNESCO, die ‹*U*nited *N*ations *E*ducational *S*cientific *C*ultural *O*rganization›, auf Deutsch ‹Organisation der Vereinten Nationen für Erziehung, Wissenschaft und Kultur›, bemüht sich zum Beispiel nach Umweltkatastrophen und nach *militärisch*en Kämpfen um den Wiederaufbau von Schulen in den betroffenen Gebieten. Die Bildung und Ausbildung Erwachsener in den Entwicklungsländern gehört genauso zu ihren zahlreichen Aufgaben wie der Schutz von selten gewordenen Sprachen, alten Tänzen und Bräuchen.

UNICEF ist die Abkürzung von ‹*U*nited *N*ations *I*nternational *C*hildren's *E*mergency *F*und›, das ist das Kinderhilfswerk der Vereinten Nationen. UNICEF unterstützt insbesondere Kinder und Mütter in der ganzen Welt in den Bereichen Gesundheit, Ernährung und Bildung. Zu den wichtigen Aufgaben von UNICEF gehört, Müttern und Kindern in Flüchtlingslagern zu helfen. Außerdem versucht UNICEF Einfluss zu nehmen, wenn Kinder als Soldaten missbraucht werden.

Siehe auch *Völkerbund*.

Verfassung, Verfassungsschutz, die Verfassung eines *Staat*es, auch Konstitution genannt, ist meist schriftlich niedergelegt.

Die Verfassung bestimmt, welche Aufgaben und Befugnisse die *Regierung* und das *Parlament* haben und wie sie aufgebaut sind. Sie bestimmt auch, welche *Rechte* der Staat an den Bürger und welche Rechte der Bürger an den Staat hat.

Die Rechte des Bürgers sind die *Grundrechte*.

Die Verfassung der *Bundesrepublik Deutschland* ist das *Grundgesetz*.

Da eine Verfassung das Leben in einem Staat zwar grundsätzlich, aber nicht in allen Einzelheiten regelt, kann man eine Verfassung interpretieren, das heißt auslegen. In der Bundesrepublik Deutschland entscheidet das *Bundesverfassungsgericht* Streitigkeiten über die Auslegung des Grundgesetzes.

Die Änderung einer Verfassung ist eine schwerwiegende Entscheidung. Daher ist in der Bundesrepublik eine Änderung des Grundgesetzes nur möglich, wenn ihr zwei Drittel der *Bundestagsabgeordnete*n und zwei Drittel der Mitglieder des *Bundesrat*es zustimmen.

Jeder Staat schützt sich gegen Feinde seiner Verfassung. Das bedeutet, ein Staat geht gegen Menschen vor, die die verfassungsmäßigen Rechte dazu missbrauchen, die Verfassung und die verfassungsmäßigen Rechte anderer Menschen abzuschaffen.

In der Bundesrepublik übernimmt das Bundesamt für Verfassungsschutz die Aufgabe, die Bundesrepublik vor Feinden der Verfassung zu schützen. In den einzelnen *Bundesländern* gibt es die Landesämter für Verfassungsschutz. Das Bundesamt und die Landesämter sind Teil des *Geheimdienstes* der Bundesrepublik.

Der Verfassungsschutz hat nicht die Befugnisse der Polizei. Er kann zum Beispiel Verhaftungen nur veranlassen, aber nicht selbst durchführen.

Verhältniswahl, auch Proportional*wahl* und Listenwahl genannt.

Die Verhältniswahl ist ein Wahlverfahren, in dem die Wähler nicht Personen, sondern *Partei*en wählen.

Dieses Wahlverfahren ermöglicht, dass auch kleinere Parteien in einem *Parlament* ihren Einfluss geltend machen können.

Alle Parteien erhalten ihre Sitze im Parlament im Verhältnis der für sie abgegebenen Stimmen. Wie viele Sitze jede Partei erhält, kann mit unterschiedlichen Verfahren errechnet werden. Bei *Bundestagswahl*en in der *Bundesrepublik Deutschland* wird seit 2009 das Sainte-Laguë-Verfahren, nach dem Mathematiker André Sainte-Laguë, angewendet. Es ist ein so bezeichnetes Höchstzahlverfahren.

Ein Beispiel: 10 000 Personen wählen zwischen drei Parteien, 10 Sitze sind zu verteilen. Partei X hat 5200 Wählerstimmen erhalten, Partei Y 1700 und Partei Z 3100 Stimmen. Die Zahl der Stimmen für jede Partei wird durch 0,5; 1,5; 2,5; 3,5 ... geteilt, bis sicher ist, dass man die Zahl der Sitze errechnet hat (siehe Tabelle).

Anschließend werden die Zahlen der Größe nach geordnet, bis die Anzahl der Sitze erreicht ist. In unserem Beispiel ergibt die Anzahl der fettgedruckten Zahlen unter der Partei X 5 von 10 Sitzen für diese Partei; entsprechend ergeben sich für die Partei Y 2 von 10 Sitzen und für die Partei Z 3 von 10 Sitzen.

Ein Divisor ist ‹eine Zahl, durch die eine andere geteilt wird›.

Siehe *Mehrheitswahl*, *Bundestagswahl*.

Vermittlungsausschuss, siehe *Gesetzgebung*.

Versailler Vertrag heißt der Friedensvertrag, der 1919 nach Beendigung des Ersten *Weltkrieg*es in Versailles bei Paris geschlossen wurde.

In dem Vertrag wurden *Deutschland* von den Siegern unter anderen folgende Bedingungen auferlegt: Alle Kolonien, das heißt alle Besitzungen in Übersee, und reiche Gebiete im Osten und Westen Deutschlands mussten an die Sieger abgetreten werden. Deutsch-

Divisor	Partei X		Partei Y		Partei Z	
0,5	**1**	10 400,00	**4**	3 400,00	**2**	6 200,00
1,5	**3**	3 466,67	**10**	1 133,33	**6**	2 066,67
2,5	**5**	2 080,00		680,00	**8**	1 240,00
3,5	**7**	1 485,71		485,71		885,71
4,5	**9**	1 155,56		377,78		688,89

land durfte nur ein Heer von 100 000 Mann behalten. Hohe *Reparationen*, das sind Schadenersatzleistungen, wurden verlangt.
Die Bedingungen des Vertrages zu erfüllen war nahezu undurchführbar. In der deutschen Bevölkerung breitete sich Unzufriedenheit über die Belastungen aus. Siehe dazu *Nationalsozialismus*.

Vertrauensfrage, die Vertrauensfrage stellen bedeutet, dass eine *Regierung* das *Parlament* fragt, ob sie noch das Vertrauen des Parlamentes besitzt. Die Antwort der *Abgeordnete*n bestimmt, ob eine Regierung zurücktreten muss oder im Amt bleibt. Die Regierung ist die Leitung eines *Staat*es, ein Parlament ist die ‹Vertretung des *Volk*es›.
In der *Bundesrepublik Deutschland* kann der *Bundeskanzler* die Vertrauensfrage stellen. Spricht ihm die *Mehrheit* der Mitglieder des *Bundestag*es das Vertrauen nicht aus, kann der *Bundespräsident* auf Vorschlag des Bundeskanzlers binnen 21 Tagen den Bundestag auflösen. Der Bundestag wird nicht aufgelöst, wenn er mit der Mehrheit seiner Mitglieder einen neuen Bundeskanzler wählt.
Die Ablehnung der Vertrauensfrage ist die einzige Möglichkeit, vor Ablauf einer *Wahlperiode* Neuwahlen zu erreichen.

Verwaltung, die Verwaltung soll gewährleisten, dass alle Aufgaben, die zum Beispiel ein Betrieb, eine *Partei* oder ein *Staat* zu leisten haben, ausgeführt werden.
Das Lohnbüro zum Beispiel ist Teil der Verwaltung eines Betriebes: Es hat dafür zu sorgen, dass die Arbeiter und Angestellten ihre Löhne und Gehälter erhalten.
Die Verwaltung eines Staates wird als öffentliche Verwaltung bezeichnet, an deren Spitze die *Regierung* steht. Die obersten Verwaltungsbehörden sind die Ministerien. Im Auftrag der Regierung führen sie mit Hilfe der verschiedenen Behörden die *Gesetz*e aus. Die Verwaltung eines Staates ist Teil der *Exekutive*, das heißt der ausführenden Gewalt.
Zur öffentlichen Verwaltung gehören unter anderem die Polizeibehörden, die den Ministerien des Innern unterstehen, und die Finanzämter, die die *Steuern* einziehen.
Innerhalb der Verwaltung haben die Beamten und Angestellten fest umrissene Aufgabenbereiche, für die sie zuständig sind und über die hinaus sie nicht entscheiden dürfen.
Siehe auch *Bürokratie*.

Veto ist lateinisch und heißt ‹ich verbiete›. Ein Veto ist ein Einspruch. Das Vetorecht ist das *Recht*, Einspruch zu erheben.
Vereinigungen von Menschen und *Staat*en können das Einspruchsrecht für Abstimmungen beschließen: Der Einspruch eines einzelnen Mitgliedes kann dann einen Beschluss verhindern.
Es gibt einmal das absolute, das heißt das uneingeschränkte, Veto: Ein Beschluss ist endgültig abgelehnt. Zum anderen gibt es das aufschiebende Veto: Über den Beschluss muss erneut beraten werden.
Siehe auch *Vereinte Nationen*.

Viermächte-Abkommen, siehe *Berlin-Abkommen.*

Visum nennt man einen ‹Sichtvermerk in einem Pass›.
Wenn zum Beispiel der Bürger eines *Staat*es in einen Staat einreisen will, in dem Visumpflicht besteht, muss er sich die Einreise vorher genehmigen lassen. Er beantragt die Genehmigung bei einem *Konsulat*: Erhält er die Einreiseerlaubnis, bekommt er in seinen Pass einen Stempel oder einen Vermerk, ein Visum.
Ein Konsulat ist eine Behörde, die von nahezu allen Staaten im Ausland eingerichtet wird, damit unter anderen die Anliegen der eigenen Landsleute vertreten werden können.

Vize- wird als Vorsilbe benutzt und heißt ‹an Stelle von›, stellvertretend.
In der *Bundesrepublik Deutschland* nennt man den Stellvertreter des *Bundeskanzlers* Vizekanzler, er ist einer der Bundes*minister.*

Völkerbund, nach dem Ende des Ersten *Weltkrieg*es wurde der Völkerbund von den Siegermächten, mit Ausnahme der USA, gegründet. Zeitweise gehörten ihm 59 *Staat*en an. Alle im Völkerbund zusammengeschlossenen Staaten wollten den Frieden in der Welt sichern, die Zusammenarbeit zwischen den Völkern fördern und eine allgemeine *Abrüstung* erreichen.
Die Mitglieder verpflichteten sich, Streitigkeiten friedlich zu lösen oder den Völkerbundsrat um Vermittlung anzurufen. Der Völkerbundsrat bestand zeitweilig aus den vier Großmächten Großbritannien, Frankreich, Italien und Japan und vier Vertretern der übrigen Mitgliedsstaaten. Bei Streitigkeiten der Völker untereinander sollten die Mitglieder des Rates Lösungen suchen und vorschlagen. Der Völkerbund hatte allerdings keine Möglichkeiten, derartige Vorschläge durchzusetzen: Die Staaten mussten sie freiwillig anerkennen. Unter anderem daran scheiterte der Völkerbund.
Der Völkerbund konnte den Ausbruch des Zweiten Weltkrieges 1939 nicht verhindern. Nach dem Zweiten Weltkrieg übernahmen die *Vereinten Nationen* die Aufgaben des Völkerbundes.

Völkerrecht, das Völkerrecht regelt die Beziehungen der *Staat*en zueinander.
Das Völkerrecht ist nicht wie das *Recht* in den einzelnen Staaten in Gesetzbüchern festgelegt. Es ergibt sich vor allem aus Verträgen, die die Staaten miteinander schließen oder geschlossen haben. Friedens-, Nichtangriffs-, Waffenstillstands- und *Wirtschaft*sabkommen sind Grundlagen des Völkerrechts. Es gibt keine Maßnahmen, das Völkerrecht mit Gewalt durchzusetzen. Ob es eingehalten wird, ist also abhängig davon, dass die Staaten einmal geschlossene Verträge auch halten und damit das Völkerrecht freiwillig anerkennen.
Vor dem Völkerrecht sollen alle Völker gleichberechtigt sein. Die Gleichberechtigung wird eingeschränkt, wenn Großmächte den Inhalt von Verträgen zu ihren Gunsten bestimmen.
Siehe *Vereinte Nationen*, auch *Kriegsverbrechen.*

Volk, eine Erklärung des Wortes ist: Ein Volk sind alle Menschen, die durch eine gemeinsame Sprache, Abstammung und *Kultur* miteinander verbunden sind.
Die heute gebräuchlichste Erklärung des Wortes ist: Das Volk sind alle Menschen, die einem *Staat* angehören, also das Staatsvolk. Im *Grundgesetz* der *Bundesrepublik Deutschland* zum Beispiel heißt es: «Alle Staatsgewalt geht vom Volke aus», gemeint sind alle Bürger der Bundesrepublik.
Die Volksvertretung, die Vertretung eines Volkes, ist das *Parlament.*
Siehe auch *Nation, Referendum.*

Volksbegehren, Volksentscheid, siehe *Referendum.*

Volksdemokratie ist die Bezeichnung für eine *Staat*sform. *Demokratie* heißt *Volk*sherrschaft.
In Volksdemokratien ist die *K*ommunistische *P*artei, KP, die größte und führende *Partei.* Ihre Verbindung mit anderen Parteien bezeichnet man als *Volksfront,* in der *DDR* hieß sie *Nationale Front.*
Innerhalb der Volksfront haben sich alle nichtkommunistischen Parteien im *Parlament* auf die Ziele der Kommunistischen Partei festgelegt. Gleichzeitig haben sie die Mittel gebilligt, mit denen die Ziele durchgesetzt werden sollen. Es gibt demzufolge im Parlament, der Volksvertretung, keine *Opposition,* das heißt keinen Widerstand gegen die *Politik* der *Regierung.* Politik ist alles, was Menschen tun, um ihr Zusammenleben zu regeln. Die Regierung ist die Leitung eines Staates.
Volksdemokratien sind *sozialistisch*e Staaten. Sie werden von den Kommunisten als eine Übergangsform zu der von ihnen angestrebten kommunistischen *Gesellschaft* angesehen. Siehe dazu *Kommunismus, Sozialismus.*
Siehe auch *Ostblock und Westmächte, DDR.*

Volksfront heißt der Zusammenschluss der *K*ommunistischen *P*artei, KP, mit anderen *Partei*en, um die Macht im *Staat* zu gewinnen.
Ziel einer Volksfront ist es, unter Führung der KP einen *sozialistisch*en Staat zu errichten. In ihm werden die *Produktionsmittel,* das sind zum Beispiel Maschinen und Fabriken, vergesellschaftet, gehören also nicht einzelnen Personen, sondern der Gemeinschaft.
Die *Nationale Front* in der ehemaligen *DDR* war eine Volksfront.

Volkskammer war die Bezeichnung für das *Parlament,* das heißt die *Volk*svertretung, der ehemaligen *DDR.* Die Mitglieder der Volkskammer wurden für vier Jahre gewählt. Siehe dazu *Nationale Front.*
Siehe auch *SED.*

Votum heißt Urteil und Stimme. Meist wird das Wort mit dem Sinn Stimmabgabe benutzt: Menschen geben ihr Votum für oder gegen etwas ab. Votieren heißt abstimmen.
Siehe auch *Misstrauensvotum.*

W

Währung, die Hausfrau, die Brot kauft, muss dafür bezahlen, genauso wie ein Tischlereibetrieb für das Holz, das er beim Großhändler einkauft. Für alle sogenannten Tauschbeziehungen ist also Geld unentbehrlich. In jedem Land gibt es für das Geld eine bestimmte Ordnung, die durch *Gesetz*e bestimmt ist. So ist es zum Beispiel verboten, selbst Geld zu drucken. Auch die Bezeichnung und Unterteilung des Geldes, auch Zahlungsmittel genannt, ist gesetzlich geregelt: In der *Bundesrepublik Deutschland* ist, wie in 16 anderen europäischen *Staat*en auch, 1 Euro in 100 Cent eingeteilt.
Die Gesetze und Verordnungen im Zusammenhang mit Geld bilden die Geldordnung oder Geld*verfassung*, auch Währungsordnung oder kurz Währung eines Landes genannt.
Siehe *Bundesbank*, *Europäische Zentralbank*.

Wahl, Menschen, die gemeinsame Interessen haben, brauchen einen Sprecher, der ihre Interessen gegenüber anderen vertritt: Klassensprecher vertreten die der Schüler; *Abgeordnete* vertreten ihre Wähler; eine *Regierung* vertritt die Interessen des *Staat*es.
Wahlen finden meist in regelmäßigen Abständen statt. Es ist also möglich, Personen nicht wieder zu wählen, die ihr Amt nicht im Sinne der Wähler ausgeübt haben. Wähler können außerdem ihre Meinung im Laufe der Zeit ändern. Regelmäßige Wahlen ermöglichen, dass diese Wähler ihre veränderten Ansichten von anderen Personen vertreten lassen können.
Vor Wahlen finden in der Regel Wahlkämpfe statt, die man auch als Wahlkampagnen bezeichnet: Mit Versammlungen, Reden, Plakaten, Handzetteln und Annoncen wird für die *Kandidat*en geworben.
Für viele Wahlen, insbesondere für *Parlament*swahlen, werden die Bewerber von *Partei*en aufgestellt. Diese treffen eine Vorauswahl, die von den Wählern nicht beeinflusst werden kann. Für Parlaments- und Regierungswahlen gibt es in allen Staaten Wahl*gesetze*. Sie regeln zum Beispiel, nach welchem Wahl*system*, das heißt nach welchem Wahlverfahren, in dem jeweiligen Staat gewählt wird. *Mehrheitswahl* und *Verhältniswahl* sind unterschiedliche Wahlverfahren. Außerdem bestimmen Wahlgesetze die Wahl*rechte* der Bürger, zum Beispiel, wer wählen und wer gewählt werden darf.
Siehe *Bundestagswahl*, *Zwei- und Mehrparteiensystem*.

Wahlperiode, Periode heißt Zeitraum. Die Wahlperiode ist der Zeitraum, für den *Abgeordnete* für ein *Parlament* gewählt werden. Die Wahlperiode ist nicht, wie oft angenommen wird, der Zeitraum, in dem gewählt wird oder in dem der *Wahl*kampf stattfindet.
In der *Bundesrepublik Deutschland* dauert eine Wahlperiode in der Regel vier Jahre. Das gilt sowohl für den *Bundestag* als auch für die *Landtag*e.
Siehe auch *Legislaturperiode*, *Bundestagswahl*.

Wall Street ist eine Straße in New York, in der die *Börse* und viele Banken ihren Sitz haben. Der Name wird auch

benutzt, wenn von amerikanischer Finanz*politik* die Rede ist.
Siehe auch *Finanzen.*

Warschauer Pakt, ein *Pakt* ist ein Bündnis. Der Warschauer Pakt, genaue Bezeichnung ‹Warschauer Vertrag über Freundschaft, Zusammenarbeit und gegenseitigen Beistand›, war das Verteidigungs- und Beistandsbündnis der *Staat*en des *Ostblock*s.
Der Pakt wurde 1955 von der Sowjetunion, der *DDR*, Polen, Bulgarien, Ungarn, Rumänien, der Tschechoslowakei und Albanien in Warschau in Polen geschlossen.
Im Juli 1991 wurde infolge der *politisch*en und *wirtschaftlich*en Veränderungen in den Staaten des Ostblocks die Auflösung des Vertrages beschlossen. Die Mitgliedschaft der ehemaligen DDR endete bereits im September 1990, kurz vor der Vereinigung der ehemaligen DDR mit der *Bundesrepublik Deutschland* am 3. Oktober 1990.
Die Truppen des Warschauer Paktes standen unter der Leitung eines hohen sowjetischen Offiziers; in allen Gremien, das heißt in allen *Ausschüss*en des Paktes, waren die sowjetischen Mitglieder in der Überzahl vertreten, sodass die Entscheidungen der Sowjetunion stets durchgesetzt wurden.
Die einzige *militärisch*e Aktion des Bündnisses war 1968 der Einmarsch von Truppen des Warschauer Paktes in eines seiner Mitgliedsländer: Die Tschechoslowakei hatte versucht, eine von der Sowjetunion unabhängige *Politik* zu führen.
Siehe dazu *Ostblock und Westmächte.*

Warschauer Vertrag, siehe *Ostverträge.*

Wehrbeauftragter, der Wehrbeauftragte des *Bundestag*es wird von den *Bundestagsabgeordnete*n gewählt. In ihrem Auftrag beaufsichtigt er die *Bundeswehr* und schützt die *Rechte* jedes Soldaten: Jeder Soldat kann sich mit einer Beschwerde an ihn richten; der Soldat darf deswegen nicht bestraft werden; alle Dienststellen der Bundeswehr sind verpflichtet, ihm Auskunft zu geben.

Wehrpflicht, in der *Bundesrepublik Deutschland* bestimmt das *Grundgesetz*, dass alle Männer über 18 Jahre verpflichtet werden können, der Wehrpflicht nachzukommen. Das bedeutet, sie müssen während einer bestimmten Zeit eine *militärisch*e Ausbildung durchlaufen. Im Falle eines Krieges können sie dann zum *Militär* einberufen und sofort als Soldaten eingesetzt werden.
Jeder Wehrpflichtige hat das *Recht*, den Kriegsdienst mit der Waffe und damit auch den Wehrdienst zu verweigern. Die Verweigerung muss begründet und anerkannt werden. Wird sie anerkannt, kann ein so bezeichneter Ersatzdienst gefordert werden, zum Beispiel in einem Krankenhaus oder in einem Pflegeheim. Der Ersatzdienst wird auch als Zivildienst bezeichnet.
Zivil heißt bürgerlich; Zivilist bedeutet ‹Bürger im Gegensatz zum Soldaten›.
2010 beschloss die *Bundesregierung*, die Wehrpflicht ab Juli 2011 auf unbestimmte Zeit auszusetzen. Das bedeutet, die Verpflichtung zum Wehr-

dienst bleibt im Grundgesetz erhalten und kann jederzeit wieder in Kraft gesetzt werden.

Weimarer Republik, *Republik* ist eine Bezeichnung für alle *Staat*en, die nicht von einem Kaiser oder König regiert werden, die also keine *Monarchie*n sind. Der Name Weimarer Republik kennzeichnet in der Geschichte *Deutschlands* den Zeitabschnitt von 1919 bis 1933. Der Name entstand, weil die *Verfassung* der Republik in Weimar beschlossen wurde. Eine Verfassung ist die Grundordnung eines Staates: Sie bestimmt unter anderem, welche Aufgaben und Befugnisse *Parlament* und *Regierung* haben und welche *Rechte* jeder Bürger hat.

Weißes Haus, das Weiße Haus in Washington ist der Amtssitz des *Präsident*en der USA. Häufig sagt man Weißes Haus und meint damit die amerikanische *Regierung*.

Weltbank ist die Kurzbezeichnung für die ‹Internationale Bank für Wiederaufbau und Entwicklung›, die 1945 gegründet wurde. Sie hatte zunächst den Zweck, den Wiederaufbau in den im Zweiten *Weltkrieg*, 1939 – 1945, zerstörten Ländern in Europa mit Geldmitteln zu unterstützen.
Seit Beginn der fünfziger Jahre des vergangenen Jahrhunderts wurden die Aufgaben der Weltbank erweitert. Ihre Mittel werden seitdem dafür eingesetzt, die Armut in der Welt zu bekämpfen und die *Wirtschaft* und damit die Lebensbedingungen in den weniger entwickelten Mitgliedsländern zu fördern und zu verbessern.
Um diese Ziele zu erreichen, vergibt die Weltbank langfristige Darlehen, sie vermittelt technische Hilfe, Beratung und notwendiges Wissen.
Die Weltbank ist Teil der Weltbankgruppe, die insgesamt aus fünf *Organisation*en mit unterschiedlichen Aufgabenbereichen besteht.
Die Weltbank ist eine Sonderorganisation der *Vereinten Nationen*. Eine Organisation ist ein Zusammenschluss von Personen, von Gruppen oder von *Staat*en, die eine gemeinsame Aufgabe bewältigen wollen.
Hauptsitz der Weltbank ist Washington; 2010 zählt sie 185 Mitgliedsstaaten. *Rechte* und Pflichten der Mitglieder richten sich nach der Höhe der von ihnen eingezahlten Beiträge in den gemeinsamen Geldvorrat.
Siehe *Internationaler Währungsfonds*, auch *G-20-Gruppe*, *Entwicklungshilfe*, *Entwicklungsländer*.

Weltkrieg, zwei große Kriege im vorigen Jahrhundert bezeichnet man als Weltkriege. Der Erste Weltkrieg dauerte von 1914 bis 1918, der Zweite Weltkrieg von 1939 bis 1945. In beide Kriege waren die mächtigsten *Staat*en der Welt verwickelt, die in einem vorher nie gekannten Ausmaß Unmengen von Waffen einsetzten. In beiden Kriegen war die Zivilbevölkerung in besonderem Maß betroffen: Vor allem im Zweiten Weltkrieg wurden viele Städte, auch hinter der Front, durch Flugzeugangriffe zum Teil völlig zerstört.
Der Erste Weltkrieg wurde auf der einen Seite von *Deutschland*, Österreich-Ungarn, der Türkei und später Bulgarien, auf der anderen Seite vor allem

von Frankreich, Großbritannien, Russland und den USA geführt. 1918 endete der Krieg mit einem Waffenstillstand. Deutschland und seine Verbündeten hatten den Krieg verloren. Für Deutschland wurden die Kriegsfolgen im *Versailler Vertrag* festgelegt: Deutschland verlor Grenzgebiete im Osten und im Westen, musste seine Armee auf 100 000 Soldaten verringern und sollte hohe *Reparationen*, das heißt Schadenersatzleistungen, an die Sieger zahlen.

Im Ersten Weltkrieg wurden insgesamt etwa 10 Millionen Menschen getötet.

Der Zweite Weltkrieg wurde 1939 von Deutschland ausgelöst, das später von Italien und Japan unterstützt wurde; die Gegner waren vor allem Großbritannien, Frankreich, die Sowjetunion und die USA. Insgesamt waren 27 Staaten in den Krieg verwickelt. In Europa waren fast alle Länder unmittelbar durch das Kriegsgeschehen betroffen. Nach groben Schätzungen kamen 55 Millionen Menschen, Soldaten und Zivilisten, ums Leben. Deutschland verlor 4 Millionen Soldaten und etwa 500 000 Zivilisten, die Sowjetunion beklagte über 20 Millionen Tote, davon waren 8,5 Millionen gefallene und 2,6 Millionen in deutscher Gefangenschaft verstorbene Soldaten. Polen verlor 6 Millionen Menschen, überwiegend Zivilisten. 6 Millionen *Juden* wurden von den Deutschen ermordet.

Im Mai 1945 endete der Zweite Weltkrieg in Europa: Deutschland ergab sich bedingungslos. Der Krieg gegen Japan endete im September 1945 nach dem Abwurf von zwei Atombomben durch die USA. Deutschland wurde von Truppen der Sowjetunion, Großbritanniens, der USA und Frankreichs besetzt, seine *Regierung* aufgelöst. Japan blieb unter amerikanischer Besetzung als einheitlicher Staat erhalten. Siehe *Nationalsozialismus*, *Ostblock und Westmächte*, auch *Bundesrepublik Deutschland*, *DDR*.

Weltsicherheitsrat, auch Sicherheitsrat genannt. Siehe *Vereinte Nationen*.

Weltwährungsfonds, siehe *Internationaler Währungsfonds*.

Westmächte, siehe *Ostblock und Westmächte*.

Wiederaufbereitungsanlage, siehe *Kernkraftwerk*.

Wiedergutmachung, von 1933 bis 1945 herrschte in *Deutschland* der *Nationalsozialismus*: Mitglieder der Nationalsozialistischen Deutschen Arbeiterpartei, der NSDAP, bildeten eine diktatorische *Regierung*, das heißt, sie herrschten mit uneingeschränkter Gewalt.

Viele Menschen, die gegen diese Regierung waren, wurden von den Nationalsozialisten verfolgt, misshandelt und getötet oder aus Deutschland verjagt. Viele Menschen wurden wegen ihres Glaubens, ihrer Abstammung oder ihrer Weltanschauung verfolgt. Vor allen anderen waren *Juden* die Opfer der Nationalsozialisten.

Von der *Bundesrepublik Deutschland* erhalten Menschen, die durch den Nationalsozialismus an Leben, Körper, Gesundheit, Freiheit, Eigentum, Ver-

mögen, an beruflichem oder *wirtschaftlich*em Fortkommen geschädigt wurden, eine Wiedergutmachung.
Die Bundesrepublik versucht, wenigstens die Schäden wiedergutzumachen, die mit Geld gutzumachen sind.
Im Rahmen der Wiedergutmachung hat der jüdische *Staat* Israel 3,45 Milliarden DM erhalten.

Wirtschaft, wirtschaftlich, alle Menschen haben Bedarf an Gütern: Sie müssen essen, wohnen, sich kleiden; sie wollen zum Beispiel lesen, basteln, fernsehen, spielen.
Alle Menschen haben Bedarf an Dienstleistungen: Sie müssen zu ihrer Arbeit fahren, sie wollen sich über die Verwendung ihres Geldes beraten lassen, sie wollen sich gegen Krankheit und Unfall versichern, sie wollen einkaufen. Banken, Versicherungen und Verkehrsbetriebe zum Beispiel sind Dienstleistungsbetriebe; Frisör, Verkäufer und Busfahrer sind Dienstleistungsberufe.
Alles, was Menschen eingerichtet haben und tun, um ihren Bedarf an Gütern und Dienstleistungen zu befriedigen, nennt man zusammenfassend Wirtschaft.
Zur Wirtschaft gehören viele Zweige, zum Beispiel Landwirtschaft und Bergbau, Handwerk und *Industrie*, der Handel und die Dienstleistungsbetriebe.
Wie weit ein *Staat* ordnend oder bestimmend in den Ablauf der Wirtschaft eingreift, ist kennzeichnend für die Wirtschaftsordnung eines Staates. Siehe dazu *Marktwirtschaft und Planwirtschaft.*
Die Erforschung der Wirtschaft ist Aufgabe der Wirtschaftswissenschaften. Wirtschaftlich heißt ‹die Wirtschaft betreffend›.

WTO ist die Abkürzung für ‹*W*orld *T*rade *O*rganisation›, die Welthandelsorganisation.
Eine *Organisation* ist ein Zusammenschluss von Personen, von Gruppen oder von *Staat*en, die eine gemeinsame Aufgabe bewältigen wollen.
WTO ist aus GATT hervorgegangen, dem ‹*G*eneral *A*greement on *T*ariffs and *T*rade›, das heißt auf Deutsch ‹Allgemeines Zoll- und Handelsabkommen›. GATT war 1947 von 23 Staaten gegründet worden, mit dem Ziel, Beschränkungen im Handel zwischen den Staaten abzubauen und Zölle herabzusetzen. Zölle sind Abgaben, die an einen Staat gezahlt werden, wenn eine Ware über seine Grenzen ein- oder ausgeführt wird.
Das Vorhaben, einen unbeschränkten Freihandel, das heißt eine von Verboten und Beschränkungen freie Ein- und Ausfuhr von Waren, bei weltweitem Wettbewerb zu schaffen, wurde und wird jedoch dadurch beeinträchtigt, dass viele Staaten ihre eigene *Wirtschaft* zum Beispiel durch Einfuhrbeschränkungen schützen.
Mit der Gründung der Welthandelsorganisation, WTO, 1995 einigten sich 124 Staaten in Marrakesch in Marokko, eine weiter gehende neue Ordnung des Welthandels herbeizuführen. Damit verpflichteten sich die Mitgliedsstaaten erstmals zu bindenden Regelungen in ihren Handelsbeziehungen; sie sicherten zu, ihre Durchführung zu überprüfen und Streitigkeiten möglichst zu schlichten.
2008 hat die WTO 153 Mitglieder, zu

denen auch die 27 Mitgliedsstaaten der *Europäische*n *Union* zählen. Seit 1995 ist die *EU* außerdem als einzige Staatengemeinschaft mit einer Stimme Mitglied der Welthandelsorganisation. In der Regel übt die EU bei Abstimmungen der WTO das Stimm*recht* für alle ihre Mitglieder aus, sie verfügt dann über 27 Stimmen, und ihre eigene Stimme als selbständiges Mitglied entfällt.
Sitz der WTO ist Genf in der Schweiz.

Z

Zensur, eine Zensur, die alle kennen, ist die Bewertung einer Klassenarbeit in der Schule.
Unter der Zensur der *Presse* versteht man, dass Veröffentlichungen in Zeitungen und Büchern, im Rundfunk und im Fernsehen von staatlichen oder kirchlichen Behörden kontrolliert, das heißt überwacht werden. Seit es möglich ist, zahlreiche Zeitungen, Zeitschriften und auch Nachrichtenagenturen im Internet zu lesen, zählt im weiteren Sinne auch das Internet zur Presse.
Zweck einer staatlichen Pressezensur ist, dass der Staatsbürger nur nach dem Willen einer *Regierung* unterrichtet werden soll: Nur in ihrem Sinne soll er sich seine Meinung bilden. Das wird unter anderem durch eine Vorzensur zu erreichen versucht. Vorzensur bedeutet, dass eine staatliche Behörde, meist ein dafür eingerichtetes *Ministerium*, alle Veröffentlichungen genehmigen muss, bevor sie erscheinen. Die Übermittlung von Nachrichten aus aller Welt an Zeitungen und Sender wird auch von einer staatlichen Behörde beaufsichtigt.
In *Staat*en, in denen die *Pressefreiheit* gewährleistet ist, wie in der *Bundesrepublik Deutschland*, ist eine Vorzensur durch die Regierung ausgeschlossen. In bestimmten Fällen ist eine Nachzensur möglich, das bedeutet, dass Veröffentlichungen nach ihrem Erscheinen beschlagnahmt werden. Sie dürfen nicht mehr verkauft werden. In der Bundesrepublik ist eine Nachzensur nur möglich, wenn sich Veröffentlichungen gegen das *Grundgesetz*, also gegen die *Verfassung*, richten, außerdem wenn sie gegen Bestimmungen des Jugendschutz*gesetz*es verstoßen oder die persönliche Ehre eines Menschen angreifen.

Zentralisierung, Zentralismus, zentral heißt ‹in der Mitte›. Als Vorsilbe heißt es Mittelpunkt- oder Haupt-, zum Beispiel in dem Wort Zentralbehörde. Ein Haus mit einer Zentralheizung wird von einer Stelle aus beheizt, vom Heizkessel im Keller. Man könnte von Zentralisierung der Heizung sprechen, nämlich von der ‹Vereinigung in einem Punkt›.
In einem *Staat* bedeutet Zentralisierung oder Zentralisation, dass möglichst viele Aufgaben von einer Zentralbehörde aus geleitet werden.
Zentralismus bedeutet, dass ein Staat zentral geleitet wird: Die Landkreise und Gemeinden zum Beispiel haben keine Möglichkeit zu eigenen Entscheidungen. Sie müssen die Anordnungen und Beschlüsse der *Regierung* ausführen.
Dezentralisation heißt Aufgliederung oder Aufteilung und ist das Gegenteil

von Zentralismus: Landkreise und Gemeinden zum Beispiel erledigen bestimmte Aufgaben der *Verwaltung* in eigener Verantwortung.
Siehe *Föderalismus.*

Zionismus, Zion ist der Name eines Hügels im Stadtgebiet von Jerusalem. Um das Jahr 1000 vor Christus stand auf diesem Hügel die Burg Zion. Sie wurde von dem israelitischen König David erobert, der dort seine Hauptstadt baute, die später Zion genannt wurde und heute Jerusalem heißt.
Zionismus ist seit dem Ende des 19. Jahrhunderts die Bezeichnung für das Bestreben der *Juden*, in dem Land ihrer Vorfahren, in Palästina, einen eigenen *Staat* zu gründen. 1948 war das Ziel erreicht: Der jüdische Staat Israel wurde gegründet.
Siehe *Nahost-Konflikt.*

Zivilisation ist ein zusammenfassender Begriff für die durch Technik und Wissenschaft verbesserten Lebensbedingungen der Menschen. Abgeleitet von dem lateinischen Wort civis, das heißt der Bürger, bezeichnete es ursprünglich alle Verfeinerungen der Lebensweise der Menschen in der Stadt im Gegensatz zum einfachen Leben der Bauern auf dem Lande. In der Stadt gab es zum Beispiel bessere Beleuchtung auf den ausgebauten Straßen, mehr Bequemlichkeit und bessere Ausstattung in den Wohnungen.
Heute gehen die Unterschiede zwischen der Lebensweise auf dem Lande und in der Stadt zurück: Überall gibt es zum Beispiel Elektrizität, Fernsehen, Telefon, Autos und Internet.
Die Zivilisation hat aber nicht nur Vorteile, sie hat auch Nachteile gebracht, man spricht von den Zivilisationskrankheiten: bestimmte Krankheiten, für die der Mensch durch seine verfeinerte und bequemere Lebensweise anfälliger geworden ist.
Mit einem besonders großen Nachteil der Zivilisation, der Umweltverschmutzung, haben sich heute alle zivilisierten *Staat*en der Welt auseinanderzusetzen.
Siehe auch *Kultur, Ökologie.*

Zivilrecht, siehe *Privatrecht.*

ZK ist die Abkürzung für *Zentral*-*k*omitee.
Ein *Komitee* ist ein Ausschuss: eine aus einem großen Kreis ausgewählte kleinere Gruppe von Menschen, die bestimmte Aufgaben erfüllen soll.
Zentral- als Vorsilbe benutzt heißt Haupt-.
Das ZK ist der größte Ausschuss einer kommunistischen *Partei*, der vom Parteitag gewählt wird. Der Parteitag ist die größte Versammlung von Mitgliedern einer Partei. Das ZK wählt aus seiner Mitte die weiteren wichtigsten Führungsgruppen, zum Beispiel das *Politbüro* und das Sekretariat des Zentralkomitees.

Zoll ist Geld, das an einen *Staat* gezahlt wird, wenn eine Ware über seine Grenzen ausgeführt oder eingeführt wird.
In der Regel erheben Staaten nur Einfuhrzoll, der meist ein Schutzzoll ist: In einem Land zum Beispiel werden Autos sehr billig gebaut. Die Menschen in anderen Ländern wollen die-

se billigen Autos kaufen und nicht die teuren, die in ihrem eigenen Land hergestellt werden. Der Staat erhebt daher Einfuhrzoll für die billigen Autos aus dem Ausland, um seine eigene Auto*industrie* zu schützen: Der Einfuhr- oder Schutzzoll erhöht den Preis für die eingeführten Autos.

Zollverträge zwischen Staaten regeln, wie hoch der Zoll für bestimmte Waren sein soll.

Staaten, die im Warenverkehr miteinander keinen Zoll erheben wollen, gründen eine Zoll*union*, das heißt eine Zollvereinigung: Sie erheben nur Zoll im Handel mit Staaten, die nicht der Union angehören.

Siehe auch *EFTA*, *Europäische Union*, *WTO*.

Zwei-plus-vier-Vertrag, der Abschluss des Zwei-plus-vier-Vertrages war Voraussetzung für die Vereinigung der *Bundesrepublik Deutschland* und der *D*eutschen *D*emokratischen *R*epublik, *DDR*, zu einem deutschen *Staat* Bundesrepublik Deutschland.

Als Folge des Zweiten *Weltkrieg*es, 1939–1945, hatten die beiden deutschen Staaten über vierzig Jahre lang getrennt bestanden.

Der Vertrag wurde am 12. September 1990 in Moskau von der DDR und der Bundesrepublik und von den ehemaligen Siegermächten des Zweiten Weltkrieges, USA, Sowjetunion, Großbritannien und Frankreich, unterzeichnet, daher die Bezeichnung ‹zwei plus vier›.

Der Zwei-plus-vier-Vertrag legt unter anderem fest, dass

die Außengrenzen des vereinten *Deutschland* die der Bundesrepublik und der DDR sind; diese Grenzen sind endgültig;

das vereinte Deutschland keinerlei Gebietsansprüche an andere Staaten stellt und solche auch nicht in Zukunft erheben wird;

das vereinte Deutschland und die *Republik* Polen die zwischen ihnen bestehende Grenze in einem Vertrag bestätigen;

von deutschem Boden nur Frieden ausgehen wird;

das vereinte Deutschland auf die Herstellung, den Besitz und die Verfügungsgewalt *a*tomarer, *b*iologischer und *c*hemischer Waffen, *ABC-Waffen*, verzichtet.

In Artikel 7 des Vertrages erklären die USA, die Sowjetunion, Großbritannien und Frankreich, dass ihre bis dahin geltenden Einspruchs*rechte* als ehemalige Siegermächte beendet sind und alle entsprechenden Einrichtungen aufgelöst werden. Dazu gehört auch, dass ihre auf deutschem Gebiet aufgestellten Streitkräfte nach einem bestimmten Zeitplan abgezogen werden.

Artikel 7 legt weiter fest, dass demgemäß das vereinte Deutschland volle *Souveränität* erhält, das heißt, von nun an über seine inneren und äußeren Angelegenheiten nach eigenem Ermessen entscheiden kann.

Der Zwei-plus-vier-Vertrag ist Grundlage für den *Einigungsvertrag*.

Siehe *DDR*, *Berlin*, *Berlin-Abkommen*, *Einigungsvertrag*, auch *OSZE*.

Zwei- und Mehrparteiensystem, *System* heißt ‹geordneter Aufbau›. Zweiparteiensystem bedeutet, dass in einem *Staat* zwei große *Partei*en die *Politik* des Staates beeinflussen und sich in der *Regierung*, das heißt in der Leitung des Staates, abwechseln können. Politik ist alles, was Menschen auf das Ziel hin tun, ihr Zusammenleben möglich zu machen. Der größte und wichtigste Rahmen für Politik ist der Staat. *Politisch*e Parteien werden im *Parlament* durch *Abgeordnete* vertreten. Das Parlament ist die *Volk*svertretung. Gibt es in einem Parlament nur zwei Parteien und hat eine davon eine klare *Mehrheit*, dann kann diese Partei allein die Regierung bilden. Die andere Partei übernimmt die Rolle der *Opposition* im Parlament.

Die regierende Partei hat die eindeutige Verantwortung für die Politik, die sie bis zu einer nächsten *Wahl* langfristig planen kann. Die Oppositionspartei überwacht die Regierung und kritisiert sie, wenn sie ihre Pläne für falsch hält, und sie macht eigene Vorschläge. Der Bürger kann bei der nächsten Wahl für die bisherige Regierungspartei stimmen, wenn er die Politik der Regierung bejaht. Er kann für die Oppositionspartei stimmen, wenn er mit der Regierungspolitik unzufrieden ist.

Um diese Form des Zweiparteiensystems zu erreichen, kann ein Staat ein bestimmtes Wahlverfahren einführen, die *Mehrheitswahl*: Die Bevölkerung jedes Wahlkreises wählt einen Abgeordneten mit der relativen Mehrheit der abgegebenen Stimmen. Das bedeutet, wer die meisten Stimmen hat, ist gewählt. Die Stimmen, die für den anderen Bewerber abgegeben wurden, werden nicht berücksichtigt. Bei einem solchen Wahlverfahren setzen sich in der Regel nur die beiden stärksten Parteien in einem Land durch.

Es kann durchaus geschehen, dass keine klare Mehrheit zustande kommt, sondern zwei große Parteien fast gleich viele Abgeordnete stellen. Die Überlegenheit der Regierungspartei ist dann nicht eindeutig. Sie muss häufig in ihren Entscheidungen auf die Opposition Rücksicht nehmen, um bei Abstimmungen mit Hilfe der Stimmen der Opposition eine notwendige Mehrheit zu erlangen. Siehe dazu *Mehrheit*.

In einem Staat mit Mehr- oder Vielparteiensystem wird meist nach einem anderen Wahlverfahren gewählt, nach der *Verhältniswahl*: Die Sitze im Parlament werden nach dem Verhältnis der abgegebenen Wählerstimmen auf die Parteien verteilt. Erreicht keine der Parteien allein die Mehrheit im Parlament, müssen sich mehrere Parteien zu einer *Koalition*, das heißt zu einem Bündnis, zusammenschließen und gemeinsam die Regierung bilden. Dafür muss jede Partei dem oder den Koalitionspartnern Zugeständnisse machen.

Im Mehrparteiensystem können also auch kleine Parteien ihren Einfluss im Parlament geltend machen. Es ist allerdings auch möglich, dass sich die Wählerschaft und das Parlament in sehr viele kleine Parteien zersplittern. Aufgrund der vielen unterschiedlichen Interessen der verschiedenen Parteien wird es dann besonders schwierig, eine Koalition zu bilden, die in der Lage ist, zu regieren.

Ist es aufgrund der Stimmenverteilung auf die Parteien unmöglich, eine Koalition mit einer wenn auch geringen Mehrheit zu bilden, kann die Bildung einer so bezeichneten Minderheitsregierung notwendig werden.

Voraussetzung ist, dass eine der Oppositionsparteien oder auch einzelne Abgeordnete mit ihren Stimmen die Bildung der Regierung ermöglichen. Man spricht von der Tolerierung, das heißt Duldung der Regierung.

Da *Gesetz*e nur mit der Mehrheit der Stimmen beschlossen werden können, ist eine Minderheitsregierung auch während ihre Regierungszeit bei allen notwendigen Abstimmungen abhängig von der Unterstützung durch die Opposition.

Das Mehrparteiensystem gibt es zum Beispiel in Frankreich, Italien und in der *Bundesrepublik Deutschland,* das Zweiparteiensystem zum Beispiel in den USA.

Siehe *Bundestagswahl, Einparteisystem.*

Zweitstimme, siehe *Bundestagswahl.*

MIX
Papier aus verantwortungsvollen Quellen
FSC® C019821

Das für dieses Buch verwendete FSC®-zertifizierte Papier
Lux Cream liefert Stora Enso, Finnland.